KB119878

긍정심리학 기반
성격 강점
개입 가이드

성격 강점의 중용적 적용

Character Strengths
Interventions

A Field Guide for Practitioners

Ryan M. Niemiec 저
안도연 역

학지사

역자 서문

성격 강점이라 하면 우리는 주로 긍정적인 측면을 생각하기 마련이다. 그러나 과유불급(過猶不及)이라 아무리 좋은 것도 지나치면 해가 될 때가 있다. 내담자나 학생들에게 강점검사를 실시하면 자신의 대표 강점을 두고 "이것 때문에 제가 힘들어요."라고 답하는 경우가 종종 있다. 또한 관련 연구를 통해서도 나타났듯이 성격 강점의 경직되고 과도한 사용은 오히려 어려움을 초래한다. 이렇듯 강점의 활용에 있어서 맥락에 따른 적절한 사용을 가능하게 하는 중용(中庸)적 태도가 요구된다.

상담이나 교육 현장에서 강점을 적용할 때 바로 이러한 중용적 접근이 필요하다고 느끼고 있던 차에, 이 책을 만나게 되었다. 저자는 강점의 과다사용과 과소사용의 문제를 지적하면서 최적의 사용에 대해 안내한다. 더불어 강점 간 발생하는 시너지와 충돌, 강점과 관련되어 갑자기 부적절한 반응을 보이게 되는 핫버튼 등에 대해서 폭넓은 이해를 제공한다. 이뿐만 아니라, 정신분석적 입장이나 인지행동적 입장 등 기존의 이론적 지향에 강점 개입을 어떻게 접목시킬수 있는지, 개입의 시기와 목표에 따른 70개의 활동과 목적에 따른 활동 묶음, 영화를 통한 강점 설명, 성격 강점에 대해 흔히 묻는 질문에 대한 응답 등 실무에서 즉시 활용 가능한 다양한 실제적 개입법을 제시한다. 특히 저자는 다수의 연구를 검토하여 개입마다 충분한 근거를 마련해 놓고 있다. 따라서 이 책은 강점 개입에 대한 연구를 종합적으로 리뷰하고자 하는 연구자에게 풍부한 근거를 제시함은 물론, 실무자가 현장에서 적용하기에 매우 실용적인 가이드가 되기에 성격 강점 기반의 심리학자들에게 다각적인 도움이 될 것으로 생각된다.

북리딩에 함께 참여한 노고은 선생과 임형민 선생에게 고마운 마음을 전하며, 마지막으로 이 책이 출간되기까지 많은 도움을 주신 학지사 관계자 여러분께 감사드린다.

2021년 8월
안도연

추천사

핵심으로 바로 들어가자. Ryan Niemiec 박사는 성격 강점의 연구, 실무 및 교육에서 세계 최고의 권위자이다. 그는 실무자가 자기 스스로 그리고 내담자와 함께 작업할 때 꼭 알아야 하는 새로운 지식을 명료하면서도 실제적인 용어로 이 책에 담았다. 나는 이 책이 인지심리학적 통찰 이후, 긍정적인 인간의 가능성을 실현하기 위한 가장 중요한 통찰을 실무자에게 제공한다고 생각한다. 성격 강점 과학은 '새로운' 심리학의 중추로서, 모든 인간에게 스며들어 있는 아름다운 심리적 특성의 모음에 초점을 맞춘 심리학이다. 그러한 특성은 우리 각자가 개인적으로 그리고 집단적으로 우리의 삶을 가장 온전히 살도록 돕는 데 사용될 수 있다.

Martin E. P. Seligman 박사가 미국심리학회(American Psychological Association: APA) 학회장이 되고 1년 후인 1999년에, 그는 경험의 '좋은 측면'에 대한 과학적 지식을 발전시킴으로써, 심리적 고통을 이해하고 개선하려는 노력을 증대시키고자 하는 심리 과학의 필요성에 관한 저술을 시작하였다. 이는 어떻게 하면 우리가 높은 수준의 몰입이나 의미와 함께 긍정 정서, 관계 및 성취로 삶을 구성할 수 있을까에 대한 것이었다. 즉, 심리학자들에게 인간이 번영하게 되는 과정을 배우도록 요청한 것이다. 그는 이 새로운 '긍정심리학'의 '중추'가 되는 긍정적 특성인 긍정 감정, 긍정적인 심리적 특성 및 긍정적 조직을 이해하기 위한 노력을 구상했다. 임상심리학자로서 그리고 자선 단체의 장으로서 나는 이 영역으로 초대한 그의 부름에 응했다. 한마디로 말해서, Seligman 박사와 나는 모든 새로운 과학적 노력이 필요한 두 가지 기본 도구, 즉 우리가 이해하고자 하는 바를 위한 지적인 틀과 언어 그리고 측정 도구를 만드는 3년간의 프로젝트를 위해 함께 작업하였다. 세계적으로 이 노력을 함께 이끌어 가기에 가장 적합한 사람이 누구냐는 질문에 Seligman 박사는 망설임 없이 미시간 대학교의 Christopher Peterson 박사를 지목하였다. 운 좋게도 우리는 Peterson 박사가 온전히 이 프로젝트에 집중할 수 있도록 그의 소속 대학교로부터 3년간의 책임 안식년을 얻어 그를 채용할 수 있었다.

나머지는 이미 알고 있는 그대로이다! Seligman과 Peterson 박사는 55명의 저명한 학자와 긍정 청소년 발달 실무자로부터 의견을 받아서, 인류의 가장 좋은 점 및 우리 자신과 타인을 위해 충만하고 번영하는 삶을 만드는 방법을 알기 위한 가장 포괄적이고 강력한 노력에 착수하였다. 그 작업은 『성격 강점과 덕목의 분류(Character Strengths and Virtues: A Handbook and Classification)』라는 제목의 획기적인 출판물로 2004년에 발표되었다. 이 책은 24개의 보편적 심리적 특성의 분류인 VIA 분류체계의 지적 기반과 성인 및 청소년에게 이러한 특성을 측정하는 전략을 소개하고 있다. 동시에 VIA 성격 연구소는 홈페이지에서 어떤 광고도 없이 VIA 검사를 무료로 받을 수 있도록 하였다. 그리고 1년 후 전 세계의 100만 명 이상이 VIA 검사를 했다! 그 후 몇 년간 사람들은 자신의 성격 강점을 발견하기 위해 계속 그 사이트에 몰려들었고, 긍정심리학 학술지와 협회가 만들어졌다. 그리고 긍정심리학의 새로운 하위 분야가 뿌리를 내리고 나타나기 시작했다. 오늘까지 세계 각국에서 약 500만 명 이상의 사람이 VIA 검사를 받았다. VIA 검사는 37개 언어로 번역되었으며, 검사와 관련해서 전문 학술지에 약 300건 이상의 과학적 논문이 발표되었다.

Niemiec 박사는 이 일에 열심히 뛰어든 첫 번째 심리학자 중 한 명이다. 그는 2008년에 Danny Wedding과 함께 영화와 성격 강점에 관한 책을 썼으며, VIA 연구소(VIA Institute)에서 상임 소장을 임명하기 시작한 후 첫 번째 직원이 되었다. 내가 Niemiec 박사를 처음 면담했을 때, 그는 VIA 연구소가 있는 오하이오주 신시내티로 이주하면서 직장을 알아보고 있던 차였다. 그때는 VIA가 그를 고용할 수 있는 능력을 아직 갖추지 않았을 때이다. 그래서 내가 그에게 자리가 날 때까지 얼마나 기다릴 수 있는지 묻자, 그는 "VIA 연구소는 저에게 꿈의 직장과도 같습니다. 영원히 기다릴 수 있어요!"라고 답하였다. 일에 대한 그의 열정은 믿기 힘들 정도로 커지기만 했고, 그는 이 분야에서 세계적으로 핵심적인 교육자가 되었다. 이에 더해 그는 2014년에 『Mindfulness and Character Strengths』를 출간하였고, 마음챙김에 기반한 강점 훈련 프로그램(Mindfulness-Based Strengths Practice: MBSP)을 만들어 그의 개인적 관심사를 계속 융합해 오고 있다. VIA 연구소의 중심 인물로서 Niemiec 박사는 인류를 더 나은 본성으로 인도하고자 하는 중요한 작업의 가능성에 관한 연구소의 지속적인 발전적 고찰에 깊게 관여해 왔다. 이 책에서 그는 대표 강점, 상황적 강점, 강점 간의 역동성, 과다사용과 과소사용, 강점맹 등의 주제들과 관련된 가장 최근의 사유와 연구를 나누고 있다.

그렇다면 성격 강점이 뭐가 그렇게 중요한 것인가? 15년 이상 1,000시간이 넘게 사람들이 자신의 삶에서 앞으로 나아가는 것을 돕고자 노력해 온 심리치료자로서 나는 그러한 작업을 해 오는 동안 이러한 지식의 이점을 가졌더라면 좋았을 것이라고 분명하게 말할 수 있다. 실무자들은 늘 도구가 필요하다. Skinner가 강화 수반성 계획이 어떻게 인간 행동에 영향을 주는지 그 과정을 밝혔을 때, 그것은 내담자의 행동을 변화시키는 것을 돕고자 한 실무자들에게 도구가 되었다. 인지심리학의 거장들인 Ellis, Beck, Seligman이 독특한 생각의 형태가 감정과 행동에 영향을 미치는 과정을 밝혔을 때, 그것은 실무자들에게 원치 않는 감정 및 그와 관련된 부적응적 행동을 변화시키기 위해 생각을 바꾸는 전략을 제공하였다. 이런 맥락에서 24개 성격 강점이 위치한 인간 정신의 비밀스러운 장소를 발견하는 것은 실무자들에게 성취를 활성화하고, 웰빙을 증진시키며, 최선의 자신이 되기를 고무시키는 지렛대를 제공한다.

조금 더 구체적으로 살펴보자. 만약 한 커플이 관계 문제로 훈련을 시작했다면, 치료자는 그들에게 VIA 검사를 받고, 서로의 강점 사용에 대해 논의하며, 규칙적으로 서로의 강점에 대해 인식하고 가치를 인정하는 과정을 강화시키도록 관계를 구조화하라고 요청할 수 있다. 만약 어떤 사람을 일에 더 몰입시키고 만족감을 얻게 하고 싶다면, 관리자나 상담자는 그가 상위 성격 강점들을 직무에 의도적으로 적용하고, 일에서 자신의 정체성과 가장 잘 맞는 역할을 선택하도록 돕는 프로그램을 만들 수 있다. 부모나 교사가 아이의 삶이 번영하도록 돕고 싶다면, 아이가 성격 강점을 드러내고 기르며 인식하는 데 초점을 맞출 수 있으며, 성격 강점과 관련된 자신의 이야기인 자기개념을 발달시키도록 도울 수 있다. 심리치료자들은 강점과 약점을 평가하는 관점에서 내담자와의 관계를 구축할 수도 있다. 성격 강점의 다양한 적용은 끝이 없는 것 같다. 이것은 매우 새로운 분야이다!

Niemiec 박사는 이 책에서 수많은 근거를 지닌 수십 개의 특정한 적용 프로그램을 조직하고 설명한다. 다른 책과는 달리, 이 책에서는 각각의 프로그램에 대해 발표 당시 실제로 존재하는 근거의 종류가 명확한지 또는 모호한지를 구분하였다. 어떤 적용법은 이중맹검에 플라세보로 통제된 연구에서 반복 검증된 근거가 있고, 다른 적용법은 많은 일화적 근거를 가지고 있다. 실무자들은 지지되는 근거 수준의 정도와 내담자와의 관련성에 대해 충분한 정보를 보고 적용할 수 있는 프로그램을 선택할 수 있다. 그리고 어느 분야나 그렇듯이, 그것은 예술적이기도 하고 동시에 과학적이기도 하다. 그래서 영민한 실무자들은 자신들이 적합하다고 여기는 맞춤형 개입을 위한 자신들의 응용법을 촉진하고자 하는 방향으로 책의 내용을 이용한다.

이 책은 성격 강점 심리학의 실제적 영역을 연다. Peterson과 Seligman이 한 VIA 작업의 천재성은 중요한 심리적 특성을 나열하는 것보다는 이제 겨우 이해되기 시작하는 역동성 있는 심리적 체계를 드러내는 것에 있다. Niemiec 박사는 그 체계에 관한 최신의 이야기를 꺼낸다. 그가 성격 강점을 사용하여 우리 모두가 함께 최고의 잠재력을 실현할 수 있는 방법을 점점 더 많이 발견함으로써 앞으로도 우리의 선도적인 안내자로 남을 것이라고 확신한다!

VIA 성격 연구소 소장

Neal H. Mayerson, PhD

저자 서문

2004년, 사회과학 분야에서 획기적인 일이 발생했다. 역사상 처음으로 인간의 최선의 특성을 서술하는 범문화적인 공통 언어가 탄생한 것이다. 이는 바로 성격 강점 및 덕목의 VIA 분류체계이다. 인간 성격에 새로운 과학이 찾아온 것이다. 이와 더불어 긍정 특성의 평가 도구가 전 세계적으로 확산되었다. 이 새로운 작업의 실제적 영향은 상당하다. 하버드 대학교의 연구자이자 다중지능 이론가인 Howard Gardner는 그것을 긍정심리학에서 가장 광범위한 노력 중 하나이자 지난 세기의 심리학에서 가장 중요한 독창적 기획으로 보았다.

한편, 2004년에 나는 세인트루이스에서 임상심리학자로서 실무자로 일하느라고 바빴다. 매일 임상 통증관리 분야에서 심리 및 종교적 프로그램을 실시하였고, 외래 환자들이 고통을 경감시키고 정신, 신체, 사회 및 영적인 건강함을 찾도록 돕기 위해 애썼다. 그러던 중 나는 Peterson과 Seligman의 VIA 분류체계를 알게 되었다. 그리고 그것의 전체적(holistic) 본성에 매료되었다. 나는 아주 짧은 구애 후 사랑에 빠졌다. 그리고 나의 미래를 계획하기 시작했다. 이미 나와 내 동료는 정신병리 렌즈를 통해 영화를 분류해 봤기 때문에, 긍정적 렌즈를 통해 영화를 분류해 보는 것(Wedding & Niemiec, 2014)으로 시작하였다. 나의 연구는 내담자와 VIA 분류체계로 실험하고, 질문하고, 궁금해하고, 가치를 인정하는 작업을 하도록 이끌었다. 몇 년 후, 아내와 나는 본가와 더 가까운 신시내티로 이사하기로 결정했다. 이사를 준비하는 과정에서 나는 강점이라는 공통 언어와 측정 도구로 정점을 찍은, 전체 프로젝트의 옹호자로서 활약하고 있는 비영리 단체인 VIA 성격 연구소(VIA Institute on Character, 이전에는 Values In Action Institute라고 불림)의 본부가 내가 이사하려는 도시에 있다는 것을 알게 되었다. 여러분! 여러분은 이런 동시성(synchronicity)을 믿을 수 있습니까?

고유한 역할

내가 채용을 논의하기 위해 VIA 연구소에서 Neal Mayerson과 Donna Mayerson을 만났을 때, Neal은 나에게 VIA 연구소에 자리가 날 때까지 얼마나 기다릴 수 있는지 물었다. 아내와 나는 이미 신시내티로 이주를 진행하면서 일자리가 필요한 상황이었지만, 나는 진심을 다해 "그 일을 위해서라면 영원히 기다릴 용의가 있어요!"라고 말했다.

운 좋게도 오래 기다리지 않아 나는 2009년 3월에 VIA 연구소에서 '교육 부문장'이라는 공식 직함으로 일을 시작했다. Neal에 따르면 나의 일은 간단했다. 그것은 바로 종합하고 보급하는 일이었다. 그와 VIA 연구소는 내가 두 가지의 일을 하기를 원했다. 첫 번째는 성격 강점 및 성격 강점과 관련된 모든 최신 연구와 최고의 임상 실제들을 모으는 것이었다. 지식을 더 많이 모으기 위해서 긍정심리학 및 성격 강점의 여러 분야 연구자들 및 선구적인 실무자들과 연락하였다. 두 번째는 그 모든 것을 다시 긍정심리학계로 돌려주는 것이다. 코칭 전문가들, 상담자들, 관리자, 교육자 및 소비자들에게 성격 강점의 연구와 실제를 공유할 수 있는 채널을 찾고 판로를 만든다. 그리고 이것이 지난 8년 동안 내가 해 온 일이었다. 그때가 이 책의 저술이 시작되었던 때라고 말할 수 있다.

나는 긍정심리학자들이 '소명'이라고 부르는 것에 따라 나의 작업을 서술할 것이다. 즉, 그 작업이 나의 정체성을 확장시키는, 의미 있는 목적이라는 것이다. 그리고 그것이 어떻게 나의 소명이 될 수 있을까? 나는 우리를 더욱 인간적이게 하고, 우리 자신을 향상시키고 다른 사람을 기르고 지지하며, 선에 기여하는 인간의 상태를 이해하는 데 도움을 주는 핵심적 자질에 대해 연구하고 가르친다. 우리 안에 깊숙이 자리 잡은 구심점보다 더 나은 구심점은 무엇일까? 직장에서 겨우 살아가고 있거나, 오로지 은퇴에만 초점을 맞추거나, 혹은 기껏해야 자신이 하는 일에 만족하고 있는 사람들과 대화하면서 나는 내 자신의 일에 행복을 느낀다. 나는 그들이 일에서 찾는 의미가 부족하다는 것에 놀라지만, 내가 매일 하는 영광스러운 일에 대해 감사하게 생각하면서 대화를 마친다.

나는 저명한 교수들과 학생들에게 "어떻게 당신과 같은 직업을 구할 수 있나요?"라는 질문을 많이 받는다. 나는 "글쎄요. 전혀 모르겠어요."라고 답한다. 비슷하거나 비교할 만한 직업은 없다. 나는 완전히 실무자인 것만도 아니고, 완전히 학자인 것만도 아니다. 오히려 나는 실무자이자 연구자이며, 교육자면서 상담자이고, 또 학자이며 블로거이고 혁신가이기도 하다. 사람들에게 나는 '교육자-작가-정보 공유자-실무자'이며, 다른 무엇보다도 매주 글로벌한 활동을 하는 다섯 개 VIA 팀의 핵심 멤버라고 말한다.

나는 10년 넘게 긍정심리학 분야에서 사상가들, 연구자들 그리고 실무자들과 긴밀히 작업하면서 신중하게 귀를 기울여 왔다. 나는 고통의 이야기와 성공의 이야기를 듣는다. 코칭 실무자, 심리학자, 교사, 관리자들이 성격 강점을 고려하지 않은 채로 작업하며 겪는 도전을 들을 수 있는 것이 나의 특권이다. 성격 강점의 과학이 그들의 일에 어떻게 통합될 수 있는지를 토론할 때, 상호 학습 효과와 선순환이 펼쳐져 나를 돕고 또 그들을 돕기 바란다.

과학과 실무의 격차

과학은 천천히 움직이지만, 실무는 빨리 움직인다. 이는 커다란 격차를 만들어 내며, 긍정심리학 영역은 특히 이 차이에 취약하다. 매년 전 세계의 긍정심리학 전공의 석사 및 자격증을 위한 과정에서 수천 명의 학생이 배출되고 있다. 이 학생들 대부분은 각종 분야의 실무자들이기 때문에 내담자, 학생 그리고 직원들을 위한 최선의 방법을 원하며, 지금 당장 그 훈련을 제공해 줄 것을 원한다! 이것은 과학의 속도와 엄청나게 대비된다. 아마도 전형적으로 연구자는 다음과 같은 시나리오에 직면할 것이다.

- 2017년 9월, 한 연구자가 회의에 참석하고, 웰빙 증진을 위한 개입에 촉매제가 될 새로운 아이디어가 떠오른다.
- 연구자는 한 달간 이 아이디어를 숙고하고, 보유한 자원과 필요한 자원을 검토하여 6개월 후 그 프로젝트가 실현 가능하다고 판단한다.
- 연구자는 그 아이디어를 기관이나 감독자, 지원 기관 혹은 다른 의사 결정자에게 제안한다. 6개월 후, 그는 그 프로젝트를 추진할 수 있는 허락을 얻는다.
- 운 좋게도 시간이 딱 맞았고, 2개월 이내에 참여자를 모집할 수 있게 된다.

- 연구자는 2개월 남짓에 걸쳐 연구를 위한 참여자를 모집한다.
- 연구자는 참여자를 집단에 무작위로 배정하고, 6개월간의 개입 연구를 시작하고 마무리한다.
- 한 달간 데이터를 분석한다.
- 고무적이고 흥미로운 결과를 얻고 나면, 연구자는 출판할 수 있도록 데이터를 논문으로 정교하게 작성하는 데 6개월 정도를 소요한다.
- 연구자가 그 논문을 학술지에 투고하면, 학회지의 심사를 위한 단계를 거친다 (약 한 달).
- 한 달 후, 학술지의 편집자가 논문 심사를 위한 지침과 함께 논문을 심사위원에게 송부하며, 4개월 내에 피드백을 줄 것을 함께 요청한다.
- 편집자는 마감에 맞춰 피드백을 받게 되고, 논문과 피드백 검토에 한 달이 소요된다. 그리고 이 모든 피드백이 연구자에게 전달된다. 그것은 다시 수정하여 투고하라는 격려를 담은 거절이다.
- 연구자는 동료들과 함께 피드백을 논의하고, 수정한 뒤 다시 투고한다. 이 작업은 3개월 내에 해야 한다.
- 한 달 뒤, 편집자는 수정된 논문을 심사위원에게 다시 송부한다.
- 심사위원들은 3개월 내에 피드백을 보내고, 한 달 후 편집자는 이 정보를 다시 연구자에게 송부한다. 그리고 이때 수정 후 게재가 가능하다고 받아들여진다.
- 연구자들은 한 달 내에 기쁘게 최종적인 추가 수정을 하고, 수정 원고를 편집자에게 재송부한다. 그리고 두 달 후 마침내 게재가 확정된다.
- 논문은 이제 정식으로 출판 중에 있으며, 학술지의 대기줄에 있게 된다. 이제 12개월 내에 출판될 것이다.
- 학술지는 발간일에 맞춰 종이 혹은 온라인으로 출판된다. 학술지 수신자들은 이제야 읽을 수 있다. 처음으로 아이디어가 떠오른 다음 60개월 후의 일이다. 즉, 출판일은 2022년 9월이다.
- 슬프게도, 논문은 마케팅 측면에서 언론이나 기관의 도움을 받지 못한다. 그 새로운 개입의 긍정적인 결과에도 불구하고 오직 약간의 사람만이 실제 그 논문을 읽을 뿐이다. 그러나 이는 몇몇 온라인 데이터베이스에 등재된다.

5년이라니! 이 숫자는 연구자 개개인, 기관, 국가 및 투고한 학술지에 따라 다소 차이가 있다. 좋지 않은 결과, 지원된 자금의 부족, 연구를 중지해야 하는 설계의 문제, 지속적인 논문 게재 실패 등 일부 연구자에게는 더 많은 추가적인 장애물과 단계가 있다.

비교를 위해 이번에는 실무자들의 전형적인 시나리오를 제시한다.

- 2017년 가을, 한 실무자가 성격 강점에 대한 새로운 워크숍에 참여한다.
- 다음 날 스케줄을 살펴보니 8명의 내담자가 있다. 그들은 모두 삶의 고통을 겪고 있고 도움을 원하고 있다. 실무자는 첫 번째 만나는 내담자부터 이미 실시하고 있는 접근법에 더해 성격 강점 개입을 엮어 넣는다.

5년과 하루, 이 대비는 엄청나다. 숫자들은 아마도 어느 쪽으로도 바뀔 수 있다. 예를 들어, 일부 학술지, 특히 온라인 학술지들의 심사 과정은 훨씬 더 빠르고, 일부 실무자는 실제 적용하기 전에 상당 시간 동안 새로운 아이디어를 알아보고, 숙고하고, 읽고, 토론할 것이다. 그렇지만 그 대비는 여전하다.

이러한 격차를 고려하여, 성격 과학 분야에서는 연결할 다리가 필요하다. 이 책은 과학과 실무를 지원하고 알리기 위한 교량으로서, 즉 VIA의 다리 역할에 확실히 기여하고자 한다.

왜 지금인가

수많은 성격 강점에 대한 실무 워크숍이나 강의가 끝났을 때 사람들은 나에게 와서 "굉장하네요. 자, 그럼 어떻게 적용해야 하나요?"라고 물었다. 나는 다음과 같은 생각을 하며 어안이 벙벙해져서 그 사람을 바라보곤 했다. ① 그는 워크숍 끝나기 5분 전에 들어왔다. ② 나는 형편없는 워크숍 지도자였다. 또는 ③ 그들은 자신의 실습 경험에서 내담자나 학생을 돕는 것으로 나아갈 수 없다. 이러한 경험으로 인해 나는 이 책을 실무자들을 위한 '현장 가이드'로 쓰는 것에 더 관심을 갖게 되었다.

VIA 분류체계에 대한 책인 『성격 강점과 덕목의 분류』(Peterson & Seligman, 2004)가 쓰인 지 13년이 되었다. 또한 실무자들이 이 작업을 적용하기 시작한 것도 그때이다. 긍정심리학 분야에서는 그동안 VIA 성격 강점을 둘러싼 개념이 얼마나 풍부한지를 직접적인 목표로 하거나, 성격 강점에 관한 최선의 실무에 대해 알려진 바를 제시하는 실무자를 위한 책이 없었다. 이 책은 조력자인 여러분을 위해서 오랜만에 나온 것이다.

요사이 긍정심리학의 토대가 폭발적으로 늘어나서 수백 개의 과학적이고 학술적인 출판이 이루어졌다. 성격 강점을 적용하는 것에 대해서 배울 것이 많지만, 핵심 개념과 강점 실무가 점점 더 중요하게 떠오르고 있다. 성격 강점을 적용하는 것은 웰빙을 증진하고 탄력성을 함양하며, 관계를 개선하고, 가족과 학교 및 조직에서 강하고 지지적인 '문화'를 만들 수 있는 강력한 가능성을 지닌다. 이를 위해 성격 강점은 인생의 고난과 도전을 관리하면서 좋은 삶을 촉진한다.

하지만 한 페이지의 글을 통해서 성격 강점을 잘 배울 수 있을까? 아마도 아닐 것이다. 그 어떤 것도 다른 사람에게 진정한 사랑을 받거나 다른 사람에게 심오한 호기심을 표출하는 데서 오는 경험과 연결감을 대신하지 못한다. 그러나 한 페이지의 글은 장을 마련하고, 깊이를 제공하며, 새로운 아이디어를 자극하고, 예시와 연습을 반영한다. 독자들은 자신이나 다른 사람들을 위해 실행에 옮기게 될 것이다.

이 책에서 나는 다음의 두 가지 단어를 자주 사용할 것이다.

- 실무자(practitioner): 나는 심리학자, 상담자, 사회복지사, 멘토, 코칭, 관리자, 선생님, 의사, 간호사, 보건 기술자, 중재자, 교수 등과 같이 전문적으로 조력하는 모든 사람을 실무자로 지칭할 것이다. 많은 경우, 이 단어는 아이를 도우려는 부모나 배우자를 도우려는 사람 혹은 자신에게 실무자 역할을 하려는 소비자까지 확대하여 사용하게 될 것이다. 여기서 제시한 나의 접근법이 심리학자이자 코치이며 교육자로서 나의 작업을 가장 강력하게 반영하고 있다는 것은 두말할 나위 없다. 따라서 유사 분야의 전문가들은 이 책 전반에 걸친 제안과 훈련 중에서 가장 잘 부합하는 것을 발견할 것이다.
- 내담자(client): 나는 환자, 내담자, 코칭을 받는 사람, 학생, 직장인 또는 심지어 자기 자신까지 도움과 지지를 받는 모든 사람을 내담자로 지칭할 것이다.

이 책을 선택하는 모든 실무자는 적어도 내담자들과 함께 작업하는 데 있어 강점 기반의 접근을 중요시한다고 가정한다. 이 책은 그런 사실을 염두에 두고 일부러 쓴 책이다. 관리자든, 상담자든, 코치 또는 선생님이든 누구든지 이 책을 선택할 수 있을 것이다. 그리고 성격 강점과 대표 강점의 핵심 개념(1장과 2장), 강점 적용 시 가장 중요하게 고려해야 할 것(3장), 성격 강점의 접근에 있어서 문제 해결 및 맞춤(4장), 과다사용, 강점의 충돌, 도덕성, 음미 그리고 몰입 및 마음챙김과의 통합과 관련하여 더 고려할 주제들(5장)을 배울 수 있다. 실무자와 내담자들은 24개 성격 강점 각각을 한 장씩 정리한 내용에서 더 자세한 정보를 검토할 수 있고(6장), 사용자 친화적이고 연구에 기반한 연습 내용으로 작업할 수 있으며(7장과 8장), 더 부가적인 자료들을 볼 수 있다(부록).

삶의 알고리즘은 없다

Fowers(2005)가 덕에 관해 쓴 글은 성격 강점에도 잘 맞는 격언을 제공한다. 이 책에서 언급된 수백 개의 연구, 100개 이상의 연구 기반 성격 강점 활동 그리고 강점 작업의 적용에 관련된 수많은 핵심 개념에도 불구하고, 아마도 주관성, 즉 무수한 개인과 맥락에 기반한 요소들을 이해하려는 요구는 계속 있으며 아마도 항상 있을 것이다. 따라서 성격 강점을 이해하고 적용하는 데 완전한 알고리즘은 없다. 그래서 이 책은 '10회기 프로그램' 혹은 '강점 과학의 적용을 위한 6단계' 같은 접근이 아니다. 그러한 프로그램이 실행되어서는 안 된다는 말이 아니다. 그것들은 실행되어야 하고 또 이미 실행되고 있기 때문이다. 그러나 그러한 프로그램들은 항상 그것을 만들고 이끄는 개인 실무자들의 연장선이 된다. 한 가지 방법만이 있는 것이 아니라는 뜻이다.

이 책의 무엇인가가 당신에게 내재한 지혜를 명확하게 보게 하고, 당신의 선함을 표현하고, 다른 사람들이 길을 찾는 것을 돕는 데 도움이 되기를 바란다.

2017년 5월
오하이오주 신시내티에서
Ryan Niemiec

차례

성격 강점 및 덕목의 VIA 분류체계

지혜 덕목(Virtue of Wisdom)

- 창의성(creativity): 독창성, 적응성, 기발함, 다른 방식으로 보고 생각하는 것
- 호기심(curiosity): 흥미, 자극 추구, 탐색, 경험에 대한 개방성
- 판단력(judgment): 비판적 사고, 섣불리 결론을 내리지 않고, 모든 측면에서 생각함
- 학구열(love of learning): 새로운 기술이나 주제를 터득함, 체계적으로 지식을 쌓음
- 통찰력(perspective): 지혜, 현명한 조언을 제공함, 큰 그림을 보는 관점을 취함

용기 덕목(Virtue of Courage)

- 용감함(bravery): 용맹, 위협이나 도전 앞에서 몸을 사리지 않음, 두려움에 맞섬, 옳은 것을 옹호함
- 인내(perseverance): 지속함, 근면, 시작한 것을 끝냄, 장애물을 극복함
- 정직(honesty): 진솔성, 자신에게 솔직함, 가식 없는 진심, 진실성
- 열정(zest): 활력, 삶에 대한 열의, 활기, 에너지, 어중간하게 하지 않음

자애 덕목(Virtue of Humanity)

- 사랑(love): 사랑하고 사랑받음, 타인과의 친밀한 관계에 가치를 둠, 진정한 따뜻함
- 친절(kindness): 관대함, 돌봄, 배려, 연민, 이타주의, 타인을 위한 행동
- 사회지능(social intelligence): 정서 지능, 자기와 타인의 느낌과 동기를 알아차림, 타인의 행동의 이유를 이해함

정의 덕목(Virtue of Justice)

- 협동심(teamwork): 시민의식, 사회적 책임감, 충성심, 집단 활동에 공헌함
- 공정성(fairness): 감정에 치우친 결정을 내리지 않고, 정의의 원칙에 충실함, 모두에게 똑같이 기회를 제공함
- 리더십(leadership): 일을 성사시키기 위해 집단 활동을 조직함, 타인에게 긍정적 영향을 미침

절제 덕목(Virtue of Temperance)

- 용서(forgiveness): 자비, 타인의 단점을 수용함, 타인에게 다시 기회를 줌, 잘못된 일로 받은 상처를 그냥 흘려보냄
- 겸손(humility): 겸양, 자신의 성취를 굳이 알리기보다는 자연스럽게 드러나도록 함
- 신중성(prudence): 선택에 있어 조심스러움, 주의함, 과도한 위험을 무릅쓰지 않음
- 자기조절(self-regulation): 자기통제, 규율적, 충동, 감정 및 나쁜 습관을 관리함

초월 덕목(Virtue of Transcendence)

- 감상력(appreciation of beauty and excellence): 아름다움에 대한 경탄과 경외, 숙련됨이나 탁월함에 대한 존경, 도덕적 미(美)를 높이 삼
- 감사(gratitude): 좋은 일에 대한 감사, 고마움을 표현함, 축복받은 느낌
- 희망(hope): 낙관성, 긍정적인 미래 지향적 마음가짐, 최선을 기대하면서 그것을 달성하기 위해 노력함
- 유머(humor): 장난스러움, 타인을 미소 짓게 함, 밝은 면을 봄
- 영성(spirituality): 성스러운 것과의 연결감, 목적, 의미, 신념, 종교성

01

강점 기반 개입의 기초
성격 과학의 일곱 가지 핵심 개념

Values **I**n **A**ction

Inventory of

Strengths

W I S D O M

C O U R A G E

H U M A N I T Y

J U S T I C E

TRANSCENDENCE

TEMPERANCE

들어가며

2009년이었다. 나는 그 전 해에 성격 강점에 관한 책을 썼고, 그 주제에 대해 노력을 기울인 사람 중 한 명이었다. 그러나 정작 성격 강점에 대해서 아는 것이 많지 않다는 것을 깨달았다. 나는 24개 강점, 관련 연구, 적용, VIA 분류의 광범위한 배경에 대해서 철저하게 연구해 왔다. 하지만 성격의 본질과 개입의 다양함에 관한 깊은 내용은 아니었다. 내가 VIA 연구소에 도착했을 때 나는 이미 모든 것을 알고 있다고 쉽게 생각했는데, 그것은 고정관념에 더한 전문가적 마음이었고 치명적인 오류였다. 나는 호기심과 희망이라는 내 강점들 덕분에 새로운 아이디어와 관점을 향해 출발했다. 성격이 정말 어떤 것인지에 대한 생각을 확장하게 된 것은 VIA 연구소 소장인 Neal Mayerson과 대화를 나누고 난 후였다. 이 대화와 더불어 VIA 연구소 팀의 비판적이고 창의적인 생각의 도전을 받고 나서, 나는 매일 고독한 성찰을 하며 이 작업의 깊이를 진심으로 이해하기 시작했다. 성격 강점을 사용하여 작업하는 사람들은 확실히 일생의 작업에 관여하게 된다. 이러한 강점들은 여생의 모든 시기에서 사용할 수 있는 긍정적인 말과 행동의 촉매제이다.

이 장에서 독자들은 이후 제시될 성격 강점 개입(Character Strengths Interventions: CSIs)과 개입 실제를 위한 기반으로서, 성격 강점에 대한 기초 지식을 쌓게 될 것이다. 성격 강점의 기저에 있는 일곱 개의 핵심 개념은 공통 언어, 차원성과 맥락, 다수성, 모든 성격 강점이 중요하다는 것, 강점의 종류, 개발할 수 있는 성격 강점은 개발될 수 있다는 것 및 존재와 행위이다. 개념이 충분히 논의되지 못할지라도 독자들, 특히 개인 내담자들에게 강점 기반 접근을 적용하는 실무자를 위해 디딤돌 역할은 할 수 있을 것이다. 이를 위하여 '강점 기반 개입 실무자를 위한 팁'이 제공될 것이다.

이 장과 함께 부록 A를 읽을 것을 권장한다. 부록 A는 성격 강점 및 덕목의 VIA 분류와 VIA 측정 도구에 대한 배경 설명을 제공한다. 많은 실무자가 내담자들에게 관련 개념을 쉽게 설명하는 데 도움이 될 것이다. 〈글상자 1-1〉에는 성격 강점 문헌들에서 수집한 다양한 성격 강점의 개념이 제시되어 있다.

성격 강점은 긍정적인 특질/능력으로 개인적인 충족감을 주고, 타인을 폄하하지 않으며, 어디나 존재하고 다양한 문화에 걸쳐 가치가 있다. 또한 자신과 다른 사람들을 위한 많은 긍정적인 성과를 낸다.

글상자 1-1　성격 강점이란 무엇인가

- 좋은 삶의 원천이자 터전—풍요로운 삶(Seligman, 2002).
- 심리적 주성분—과정 또는 방법—중요한 미덕(예: 지혜, 정의, 절제 등)으로 미덕으로 향하는 길과 구분되는 것(Peterson & Seligman, 2004).
- 생각하고 느끼고 행동하기 위한 능력(Park, Peterson, & Seligman, 2004).
- 우리의 정체성/존재 및 행위/행동의 핵심이 되는 긍정적인 특질(Niemiec, 2014a).
- 번영의 삶에 바탕이 되는 주춧돌로 PERMA[긍정 정서(Positive emotions), 몰입(Engagement), 긍정적 관계(Positive Relationship), 의미(Meaning), 성취(Accomplishment)]로 불리는 웰빙으로 가는 길(Seligman, 2011).
- 풍요로운 삶의 내적 결정 요인—즐거움, 몰입, 의미 있는 삶(Peterson, Park, & Seligman, 2005).
- 생각, 감정 및 행동에 반영되는 긍정적 특질의 묶음(Park & Peterson, 2010).
- 도덕적으로 가치 있고 평생에 걸친 발전과 번영의 최적 기반이 되는 성격적 측면(Park & Peterson, 2009).
- 잘 행동하려는 힘, 효과가 있거나 있을 수 있는 힘, 인간적인 방식으로 행동하려는 의지['덕목(virtue)'에 대한 기술, Comte-Sponville, 2001].
- 이상의 내용과 다양한 문화적 배경의 연구자들이 성격 강점에 대해 언급한 내용을 종합하여, VIA 연구소는 VIA 분류에 대해 성격 특성의 '공통 언어'라고 다음과 같이 설명한다.
  1. 우리의 개인적 정체성을 반영한다.
  2. 자신과 타인을 위한 긍정적 결과를 만든다(예: 웰빙, 긍정적 관계, 성취 등).
  3. 공동의 선(善)에 기여한다.
  이는 VIA 분류의 세 가지 굴절(屈折)이라고도 불린다.

공통 언어

24개의 성격 강점 묶음은 인간의 최선을 묘사한 공통 언어이다. 역사적으로 다양한 문화에 걸친 성격 언어가 없었기 때문에, 이는 획기적 발견이다. 그것은 어디에나 있다. 즉, 코칭 실무자와 상담자들은 내담자 스스로 최선의 자질을 깨닫도록 돕기 위해 이 '공통 언어'를 사용한다. 관리자들은 직원들이 직장에서 더 생산적이고 행복하도록, 그리고 교사들은 학생들이 향학열을 높이도록 돕기 위해 '언어'를 사용한다. 가족들은 가정에서 긍정적 문화를 만들기 위해, 그리고 개인들은 자기계발을 위해 언어를 사용한다. 모든 사람이 쉽게 이해할 수 있는 언어를 갖는 것은 각 사람이 도전에 직면하고, 대화에 참여하고, 서로를 지지할 때 다른 사람들과 '같은 곳에' 있게 한다.

이러한 언어가 단지 긍정 단어들의 무작위적 조합이 아니라는 것을 이해하는 것이 중요하다. 오히려 이는 과학자들의 3년간 프로젝트와 협업의 결과물이다. 세계적인 비영리 단체인 VIA 성격 연구소의 후원으로(부록 H 참조), 연구자이자 학자인 Chris Peterson과 Martin Seligman은 수년간의 프로젝트를 위해 55명의 유명한 연구자로 구성된 팀을 이끌었다. 이 프로젝트에는 지난 2,500여 년간의 철학, 덕 윤리, 도덕 교육, 심리 및 신학 분야의 성격에 관한 광범위한 역사적 고찰과 분석이 포함되었다. 그 결과로 종교, 문화, 국가 및 신념 체계와 관계없이 모든 인류에게서 볼 수 있는 여섯 개의 덕목(지혜, 용기, 자애, 정의, 절제 및 초월)을 분류해 냈다. 다양한 강점 기준에 따라서 여섯 개의 덕목에 해당하는 경로를 강하게 보이는 24개의 성격 강점이 나타났다. 이러한 연구나 분석은 『성격 강점과 덕목의 분류』(Peterson & Seligman, 2004)라는 책에서 다루어졌다. 성격 강점과 덕목의 VIA 분류체계에 대한 개요는 〈글상자 1-2〉를 참조하면 된다. 측정 도구가 개발되었고, 수년에 걸친 반복 작업을 통해 좋은 심리측정 도구로 완성되었다. 그 결과, 성인용 VIA 성격 강점 검사(VIA Inventory of Strengths: VIA-IS, 일상적으로 VIA 검사라고도 불림)와 10~17세가 사용할 수 있는 VIA 청소년 검사라는 두 개의 도구가 만들어졌다. 〈글상자 1-3〉에 실무자가 활용할 수 있는 VIA 검사에 대한 설명을 제시하였다.

💬 **강점 기반 개입 실무자를 위한 Tip**

VIA 언어에 대한 지식을 키우기 위해 각 성격 강점을 기억하라. 이를 통해 자신 및 다른 사람들과의 대화에서 주목하게 될 강점의 범위를 넓힐 수 있다는 것을 알게 될 것이다.

공통 언어는 소통의 문이 열려 있다는 것을 의미한다. 또한 실무자가 내담자와 함께 생각하고 작업할 수 있는 기본 틀을 갖게 된다는 의미이다. 그리고 언어는 자기 정체성의 핵심을 이해하는 데 안내자의 역할을 하여 내담자가 스스로에게 새로운 관점을 지니도록 한다. 이러한 상호 이해로부터 개입과 전략이 싹트고, 내담자와 실무자가 서로 강점을 발견하는 대화를 하게 된다.

📖 **글상자 1-2 VIA 분류체계**

- 2000년대 초반 이전에는 인간에게 무엇이 최선인지 이해하고, 연구하고, 토론하기 위해 합의된 용어, 즉 공통 언어가 없었다.
- 공통 언어로서, 성격 강점 단어는 4세 아동도 쉽게 이해할 수 있다(Fox Eades, 2008). 종종 우리는 이처럼 본질적으로 좋은 개념에 즉각적으로 공감하게 된다.
- 이는 규범적(prescriptive)이 아니라 기술적(descriptive)이다. 무엇을 '해야 하는가'를 이야기하는 것보다 인간의 선함을 구성하는 심리적 요소를 분류하는 것을 강조한다.
  - 분류학(taxonomy)은 구성개념들 간의 여러 관계를 설명하는 근본적인 심층 이론을 필요로 하기 때문에 이는 강점에 대한 분류학은 아니다.
- 전체적(holistic)인 개념 틀이다. 이 구조는 인지적 강점(지혜), 정서적 강점(용기), 사회와 공동체적 강점(자애와 정의), 보호적 강점(절제), 영적 강점(초월)을 제시한다.
- 분류체계는 불완전하다. 강점을 포함시키거나 배제하는 것, 덕목 범주를 흐트러뜨리는 것에 대한 논쟁이 있을 수 있다. 지속적으로 연구가 진행 중이고, 주목할 만한 연구가 출현함에 따라 변화가 일어날 수 있다.
- VIA 분류체계에는 가장 넓은 구조에서 가장 좁은 구조까지의 위계가 있다

(Peterson & Seligman, 2004).

- 덕목(virtues): 오랜 세월에 걸쳐 철학자들에 의해 가치를 부여받은 특성들
- 성격 강점(character strengths): 덕목으로 가는 길
- 상황 주제(situational themes): 주어진 상황에서 사람들로 하여금 성격 강점을 드러내도록 하는 구체적인 습관들. 이것은 매우 가변적이다.

[참고] 덕목과 성격 강점을 구분한다. 덕목은 성격 강점을 포함한 상위 범주이다. 상위 요인에서 성격 강점의 군집화를 보여 주는 10개 이상의 요인분석 연구가 발표되었다. 단, 정량적 요인들은 문헌마다 일관되지 않다(가장 대규모의 요인 분석은 McGrath, 2014 참조). 성격 강점과 덕목에 대한 연구를 통해 볼 때 실제로 큰 차이가 없기 때문에, 이 책에서는 지금까지 긍정심리학 분야에서 덕목보다 경험적으로 더 많이 연구되어 온 '성격 강점'이라는 용어를 사용할 것이다.

글상자 1-3 VIA 검사

- 무료이며, 심리측정적으로 타당한 온라인 검사로 24개의 성격 강점을 측정한다. VIA 연구소 홈페이지(https://www.viacharacter.org)에서 실시할 수 있다.
- 사용자는 즉시 자신의 강점 순위 결과를 받을 수 있다.
- 검사는 (타인과의) 절대적 비교보다는 (자기 강점들에 대한) 상대적 비교를 알려 준다.
- 5백만 명 이상이 검사를 했고, 매년 그 수가 증가하며 전 세계 모든 나라의 사용자들이 접속하여 실시한다.
- 검사는 시간에 따른 안정성이 있으며(좋은 신뢰도), 측정하고자 하는 바를 잘 측정한다(좋은 타당도).
- VIA 검사는 37개 언어로 번역되어 있다.
- 진행되고 있는 성격 강점 연구 결과인 새로운 VIA 평가 묶음은 성격 강점의 측정을 실질적으로 개선하기 위해 개발되었다. 여기에는 VIA 성격 강점 척도(24개 척도로 개정), 두 가지 짧은 형태의 대표 강점 검사(Signature Strengths Survey), 덕목 검사 및 몇몇 성격 강점 검사가 포함된다(McGrath, 2017). 사용자는 앞서 제시된 링크를 통해 무료 VIA 검사에 접속할 수 있다. 연구가 시작되고 지속적으로 분석됨에 따라 VIA 연구소는 과학적 관점에서 성격 강점을 측정하는 최선의 척도를 제공하기 위해 애쓰고 있다.

강점 기반 개입 실무자를 위한 Tip

개인을 하나 혹은 몇몇 강점으로만 너무 경직되게 생각하지 않도록 주의한다(예: "여기 창의적인 사람이 있네."). 진단에 너무 많이 의존해서 그들에게 붙어 있는 '진단명'만 보고 실제 사람은 보지 못하는 일부 특정 의료 및 심리 전문가로부터 교훈을 얻을 수 있을 것이다. 이러한 통찰은 성격 과학에도 적용된다. VIA 언어를 처음 배울 때, 개인을 하나 혹은 몇몇 강점으로 빠르게 인식할 수 있으며, 심지어 특정 강점 하나로 과도하게 정체화할 수도 있다. 나는 호기심이 많고 다른 사람들도 나를 호기심 많은 사람으로 묘사할 수 있지만, '나의 정체성' 속에는 이 한 가지 구성개념보다 훨씬 더 많은 것이 있다. 당신은 자신을 어떤 강점으로 가장 쉽게 정체화하는가? 혹은 가장 적게 정체화하는가?

앞서 언급했듯이 『성격 강점과 덕목의 분류』(Peterson & Seligman, 2004)에서 제시된 원래 모델은 덕목(virtues)을 위계의 최고 수준으로 설명하고, 다음으로 각 덕목을 구성하는 24개의 성격 강점(character strengths)을 설명하고, 그다음 성격 강점이 표현되는 상황적 주제들(situational themes)을 제시하였다([그림 1-1] 참조). 최근 전 세계의 다양한 연구 결과에 따라, 실무자들이 고려할 수 있는 추가적인 단계를 생각할 수 있다. [그림 1-2]는 실무자에게 적합한 몇 가지 유용한 구분을 제공한다. 이것이 과학적 모델이 아닌 개념적 모델이라는 것을 유념하라. 그림의 각 요소들 사이의 관계는 아직 깊이 탐구되지 않았다. 추가된 두 가지 중 하나는 맥락(context)이다. 즉, 직장, 학교, 가정, 지역사회에서 표현되는 성격 강점인가 또는 일반적인 맥락에서 표현되는 성격 강점인가 하는 것이다. 직장 내(예: Harzer & Ruch, 2012) 또는 학교장면(예: Weber, Wagner, & Ruch, 2016)과 같은 특정 맥락에서의 성격 강점에 관한 연구가 상당히 많다. 이러한 연구는 직장이나 학교, 가정 또는 지역사회나 일반적인 상황에 따라 나타나는 성격 강점이 어떤 결과를 가져올 수 있는지에 대하여 실무자와 내담자에게 지혜를 제공한다. 이는 지금까지 깊이 탐구되지 않았던, 보다 미묘한 수준의 상황적 주제와는 구별된다. 예를 들어, 직장이라는 맥락에서 고객과의 상황, 업무 프로젝트와 스트레스가 쌓이는 상황, 직원 평가 중 상사와 상호작용하는 상황, 또는 몸이 아프지만 자신이 프로젝트를 끝내야 하는 상황 등에 따라 대표 강점(signature strengths)이 어떻게 다르게 표현되는가? 가능한 상황적 주제는 무수히

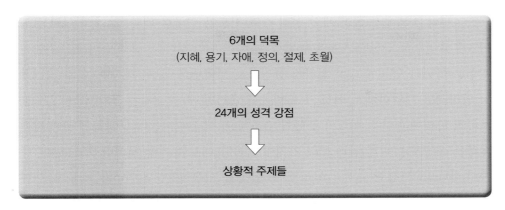

[그림 1-1] 성격 강점과 덕목의 VIA 분류 위계(2004)

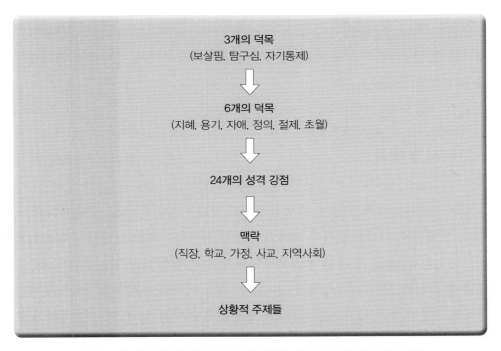

[그림 1-2] 최근 연구를 바탕으로 하여 확장한 실무자를 위한 VIA 분류 위계

많고, 각 맥락에서 끝없이 나타난다. 그럼에도 그것은 강점 사용에 관한 실무자-내담자 대화에서 탐구해야 할 작업이다.

또 다른 추가 사항은 [그림 1-2]의 세 가지 덕목인 보살핌(caring), 탐구심(inquisitiveness), 자기통제(self-control)이다. McGrath(2015c)는 백만 명 이상이 실

시한 4개의 표본에서 여러 개의 성격 강점 척도를 연구한 결과, 24개의 성격 강점이 3개 요인으로 나뉜다는 것을 발견했다. 이는 도덕 및 성격 교육 분야 지도자들의 경험뿐 아니라 덕목에 대한 철학적 설명과도 일치했다. 앞서 제시한 세 가지 덕목이 임상적인 개념화에서 여섯 가지 덕목을 대신할 수 있다고 주장할 수는 있지만, 과학적 합의에는 아직 이르지 못했기 때문에 이 책에서 나는 실무자들에게 더 많은 대화를 제공하기 위해 원래 여섯 가지 덕목을 그대로 유지할 것이다. 더 높은 수준에서 하나의 '주 강점(master strength)'이 있을 수 있을까? 일부 연구자, 실무자, 이론가는 주 강점으로 가장 일반적으로 주목하는 조망/사회 지능(즉, 실천적 지혜), 자기조절(self-regulation), 겸손, 감사 등을 주장하지만, 과학자들 간에는 그다지 일관성이 없다.

　　물론 이 책의 초점은 성격 강점 수준이지만 독자들은 책 전반에 걸쳐 다양한 맥락과 특정한 상황에서의 강점 적용과 관련한 많은 논의와 더 높은 수준을 위한 개입을 찾을 수 있을 것이다.

차원성과 맥락

　　열심히 일하는 정직한 남성, 도덕적 판단을 잘하는 성실한 여성, 평판이 나쁜 사업가. 오늘날 이 사람들은 각각 좋은 혹은 나쁜 성격을 가지고 있다고 묘사될 것이다. 그러한 개념들은 수십 년 동안 대중화되어 온, 성격에 대한 전통적이고 제한적인 관점을 나타낸다. 이는 성격에 대해 모든 혹은 아무런 지각도 반영하지 못하는 불행한 결과를 낳는다. 많은 문화권에서 성격을 좋은/나쁜, 높은/낮은, 긍정적인/부정적인 것으로 명명하는 것은 널리 퍼져 있고, 이는 대통령, 지도자, 영화배우, 프로 운동선수들에 대한 사회적 평판에서 빠르게 목격되고 받아들여지고 드러난다.

　　현실적으로 성격은 이보다 더 복잡하다. 타이거 우즈든 J. K. 롤링이든 사람의 성격은 다차원적이다. 차원성(dimensionality)은 성격을 정도(程度)로 보는 것을 의미한다. 즉, 당신이 보여 주는 성격 강점인 공정성은 어느 정도인가? 이는 신경성 폭식증이나 공황장애 또는 제2형 당뇨병과 같이, 어떤 기준을 충족하거나 충족하지 못하는 것을 기반으로 진단하는 심리장애나 의학적 장애가 사용하는 범주형 접근방식과 대조적이다. 한 사람은 그 장애를 가지고 있거나 그렇지 않다.

VIA 분류체계와 VIA 검사는 성격 강점을 정도로 표현하는 차원적 접근방식을 반영한다. 즉, 우리는 어느 정도씩의 창의성, 정직, 열정 등을 가지고 있다. 이는 '연속적 특질(continuous traits)' 개념과 일치하는데, 이는 모든 성격 강점이 대부분 넓은 연속선상에서 나타날 수 있다는 말이다(Miller, 2013). 다른 성격 특성의 예를 사용하여 설명하면 다음과 같다.

> 내향성과 외향성은 VIA 성격 강점과 마찬가지로 전형적으로 차원으로 생각되고 측정된다. 그래서 여기에 내향적 사람이 몇 명인가 묻는 것은 여기에 키가 큰 사람이 몇 명인가를 묻는 것과 같다. 그 대답은 관심 차원에 따라 기준을 어디로 하느냐에 달려 있다. 즉, 우리는 내향적인 사람이나 낙천주의자 또는 천재적인 사람을 빠르고 간단하게 말할 수 있는 것을 좋아하지만, 심리 평가는 차원적인 것이다. 단지 극단적인 경우에서만 심리적 '유형(type)'이 드물게 있다는 사실만 남아 있다(Chris Peterson, 개인적 교신, 2010. 1. 5.).

VIA 검사를 이용한 연구들은 차원적 관점이 성격 강점을 가장 잘 기술하고 있음을 보여 준다(McGrath, Rashid, Park, & Peterson, 2010). 그러나 이는 Peterson과 Seligman의 VIA 분류체계의 '선택적 부재'(2004) 기준과 유사하게, 특정 상황에서 성격 강점이 있거나 없다는 식의 범주적 접근방식을 완전히 배제하지는 않는다. 예를 들어, 놀이터에서 다른 아이를 무자비하게 때리는 아이는 그 상황에서 친절이 없을 수 있지만, 집에 가서 어머니에게는 진정한 친절을 표현할 수 있다(따라서 그 아이에게 친절이 전혀 없는 것은 아니다). 이는 알코올 의존이라는 '범주적 명명'을 가진 사람에게도 해당될 수 있다. 알코올 중독은 그들이 직장, 집, 혹은 친구와 있는지에 따라서 범주적으로 나타난다. '창조성을 가지고 있거나 가지고 있지 않다'와 같은 이분법적 범주 구분은 넓게 볼 때 사람에 대해서는 덜 정확하지만 특정 상황에서는 유용할 수 있다. 품성을 연구하는 일부 학자는 이것이 연속적인 특질(trait)로 정의되기 전에 성격적 특성을 먼저 충족하는지(즉, 범주적 특성)를 따져야 하는 최소의 역치값이나 특정 기준이 있다고 주장해 왔다(Miller, 2013).

더 나아가서 각 성격 강점은 다차원적이다. 예를 들어, 친절은 동정심, 관대함, 보살핌, 돌봄, 이타심 그리고 다정함의 차원을 포함하는데, 각각은 친절이라고 불리는 이 강점의 다른 느낌이나 차원을 제공한다.

Fowers(2005, p. 13)는 덕목 실천에 관한 글에서 "삶의 알고리즘은 없다."하고 설명한다. 즉, 주관성, 독특한 개인적 요인, 맥락에 따른 미묘한 뉘앙스가 항상 존재한다. 성격 강점 표현의 정도는 맥락에 기반한다. 맥락은 실용적 지혜로 궁극적으로 성격 강점을 이해하고 이용하는 데 상당히 중요하다(Fowers, 2005, 2008; Schwartz & Sharpe, 2006). 개인은 자신이 처한 상황에 따라 성격 강점을 다른 방식으로, 더 많이 혹은 더 적게 표현하게 될 것이다. 예를 들어, 자신의 파트너에게 표현되는 친절의 수준(예: 저녁 식사를 만들어 주는 것)은 거리의 노숙자에게 표현되는 것(예: 5달러를 주는 것)과는 다르다. 또한 동료 직원들에게 친절을 표현하기는 매우 쉽지만, 의뢰인과 논의하거나 상사와 대화하는 것 같은 또 다른 업무 상황에서는 친절의 표현이 매우 어려울 수 있다.

 강점 기반 개입 실무자를 위한 Tip

맥락이 가장 중요하다. 삶의 대부분은 중도에 놓여 있다. 삶은 흑 또는 백이 아니고, 전부 또는 전무(無)도 아니며, 좋은 것 또는 나쁜 것이 아니다. 당신의 최고의 성격 강점을 택하라. 맥락이 성격 강점에 미치는 영향을 적어 보자. 이를 위해 강점을 강하게 표현했던 한 가지 상황에 대해서 써 보자. 당시의 상황과 그 상황이 어떻게 영향을 미쳤는지를 내용에 반드시 포함하라. 그런 다음, 같은 장점을 훨씬 적게 표현한 다른 맥락에 대해서 써 보자. 환경, 사람, 토론의 유형 등 어떤 상황이 강점을 적게 표현하는 데 가장 큰 영향을 미쳤는가?

성격 강점은 현실과 동떨어져 나타나지 않는다. 오히려 우리가 처한 맥락에 따라 갖추어진다. 친구들과 있을 때는 친절과 호기심을 불러일으키고, 식사할 때는 자기 조절과 감사를 사용하며, 직장에서 리더십과 창의력을 발휘하고, 가족과는 사랑과 팀워크를 보여 준다. 가족과 함께 있을 때 표현되는 성격 강점의 정도는 맥락에 따라 다를 수 있다. 즉, 누구와 함께 있는지, 어디에 있는지, 무엇을 하고 있는지, 상황에 따른 기대나 요구는 무엇인지, 상황에 대한 과거의 경험, 가족의 문화 등에 따라 다르게 나타난다. 예를 들어, 한 사람의 강점인 사랑은 절제된 어머니와 유쾌한 아버지에게 서로 다른 정도로 표현될 수 있으며, 또한 붐비는 식당에 있는지, 시끄러운 스포츠 경기장인지, 혹은 영화관에 있는지에 따라서도 달라질 것이다. 더불어 특정한 장점을 장려하거나 억제하는 상황적 요구(예: 장례식장에서 덜 웃기는 것, 야외 공원에서 더 열정적인 것)가 있는가, 가족이 그런 상황에 처한 적이 있는가, 아니면 특정한 방식으로 행동할 것이라는 기대가 내재되어 있는가에 따라서도 다르다.

다음 질문들에서는 점차 맥락의 구체성과 미묘함 및 복잡성이 증가한다. 이에 따라 성격 강점을 얼마나 표현할지 생각해 보라.

- 성격 강점을 얼마나 표현합니까?
- 호기심을 얼마나 많이 표현합니까?
- 직장에서 얼마나 많은 호기심을 표현합니까?
- 직장에서 상사와 함께 있을 때 얼마나 많은 호기심을 표현합니까?
- 직장에서 상사와 함께 개인적인 문제를 이야기할 때 얼마나 많은 호기심을 표현합니까?
- 직장에서 기분 좋은 상태의 상사와 함께 개인적인 문제를 이야기할 때 얼마나 많은 호기심을 표현합니까?
- 직장에서 기분 좋은 상태의 상사와 함께 개인적인 문제를 이야기하고 있지만, 특별한 행사에 늦을 것 같다면 얼마나 많은 호기심을 표현합니까?

▌문화: 특수한 맥락

VIA 성격 강점은 국가, 문화 또는 종교와 관계없이 인간 전체에 보편적이라고 또는 편재해 있다고 설명된다. 주어진 성격 강점이 표현되는 문화적 맥락은 종종 그 강점에 독특한 모습을 제공한다. 많은 경우, 성격 강점은 문화에 따라 달라지며, 목적에 따라 각기 다른 방식으로 나타나고, 문화적 규범과 의식은 종종 개인이 가족과 공동체를 유지하는 데 도움이 되는 강점을 강화시킬 것이다(Rashid, 2012). 즉, 성격 강점이 어떻게 나타나는가에는 문화 특정적인 미묘한 차이가 있다.

나는 다른 문화권의 사람들과 자주 접하는데, 그들은 비슷하게 다음과 같은 말들을 한다. "나의 문화에는 _____가 있습니다. 그리고 나는 그것 또한 강점이라고 생각합니다. 왜 그것이 VIA 분류체계에 없는 걸까요?" 이 중요한 질문은 그 문화의 탐색과 언급된 단어가 지닌 의미를 적절히 탐구할 것을 요구한다. 일반적으로 이에 대해 설명할 수 있는 몇 가지가 있다. 미묘한 차이에 대한 경험적 증거가 필요하지만, 다음과 같은 내용들이 초기 안내가 될 수 있고, 통찰력을 제공할 수 있다.

- 언급된 강점은 기존 VIA 성격 강점의 문화적 표현일 수 있다. 예를 들어, 중동 문화에서 흔히 볼 수 있는 환대(hospitality)가 강점으로 제기될 수 있다. 이는 성격 강점 중 친절함의 변주일 가능성이 있다. 즉, 친절은 환대라는 독특한 방식으로 의미 있게 표현될 수 있다(그러나 여전히 친절이 표현되고 있다).
- 언급된 강점은 복합적인 강점일 수 있다. 즉, 기존의 VIA 성격 강점을 결합한 것이다. 예를 들어, 관용(tolerance)은 공정성, 친절, 판단력/비판적 사고의 조합으로 가정할 수 있다(Peterson, 2006b; Peterson & Seligman, 2004). 책임감은 인내와 협동심이 결합된 것으로 볼 수 있다(Peterson, 2006b). 반면, 참을성(patience)은 인내, 자기조절, 판단력/비판적 사고의 조합으로 간주되는데(Peterson & Seligman, 2004), 다른 연구자들은 분석을 통해 공정성과 용서를 강조하기도 했다(Schnitker & Emons, 2007).
- 언급된 강점은 특정 문화와 관련된 '문화 특정적 강점'이며, 어디에나 있는 것은 아닐 수 있다. VIA 분류체계의 중요한 특징은 '문화 특정적 강점'을 포함하지 않는다는 것이다(Peterson & Seligman, 2004). 야망(ambition)은 일부 아프리카에서도 관찰되는 것처럼 다른 문화권에도 확실히 존재하는 중요한 서양적 특성으로 볼 수 있지만, 우선순위와 가치는 덜한 것일 수도 있다.
- 언급된 강점은 기존 VIA 성격 강점의 강력한 형태일 수 있다. 핀란드 문화에는 큰 역경을 극복하기 위한 결의와 다짐의 특별한 강점인 '시수(sisu)'가 있다. 시수는 핀란드에서 소중히 지켜져 왔다. 시수는 인내의 강렬한 형태로 생각할 수 있는데, 그 인내는 용기를 포함한 다른 성격 강점들을 시수에 자연스럽게 포함시킨다.

이상의 이유들이 충분한 설명이 된다거나 모든 문화적 미묘함을 포착한다는 것은 아니다(즉, 공정성, 친절, 판단력이 관용의 100%를 설명하지는 못할 것이다). 그러나 아마도 이러한 설명은 문화적 강점과 그 맥락적 표현을 이해하는 데 상당한 출발점을 제공할 것이다. 결국 성격 강점 기반의 실무자는 권위주의적이거나 민족 중심적인 관점을 제시하기보다는 개별 문화에 대해 질문을 던지고 그 미묘함을 탐색할 것이다.

개별의 문화의 미묘함을 조사할 때 생기는 중요한 특징의 예시는 무수히 많다. Lomas(2016)는 웰빙과 관련하여 '번역 불가능한' 단어에 대해 준체계적인 탐색을 실시했다. '성격'은 그의 틀에서 가장 중요한 세 가지 범주 중 하나이다. 그리고 성격은 자원과 영성으로 더 세분화된다. 자원의 예는 수무드(sumud)와 바라카(baraka)이다. 전자는 견고함으로, 후자는 한 사람으로부터 다른 사람에게로 전달되는 영적 에너지의 선물로 번역되는 아랍어이다. 또한 이키가이(ikigai)와 스나오(sunao)라는 일본어도 포함된다. 이키가이는 살아가는 이유라는 뜻이며, 스나오는 고분고분함이라는 긍정적 함축어이다. 스나오의 대표적 예로는 학생이 선생님에게 보여 주는 존경심이 있다. Lomas의 영성 하위 범주에는 지금 이 순간의 자각(正念)이라는 불교 개념인 스므리티(smriti)와 같이 번역할 수 없는 다양한 단어가 있다. Rashid(2012)도 준수(遵守), 온화함, 의무, 신심(信心), 사교적 수완 등 특정 문화에 해당하는 추가적인 단어를 제안한다.

다수성

VIA 분류체계 개발팀의 수석 연구자이자 전 VIA 연구소의 연구감독이었던 Chris Peterson은 수많은 성격 강점의 발견 중 가장 중요한 것을 공유해 달라는 요청에 간단명료하게 대답하였다. "성격은 다수형이다."(Peterson, 개인적 교신, 2010) Peterson이 의미하는 것은 사람들이 단순히 친절만 하거나 겸손만 하거나 용감만 하거나 희망적이기만 하거나 정직만 하지 않다는 것이다. 오히려 사람들은 다수의 성격 강점을 가지고 있으며, 이러한 강점들은 조합으로 표현되고, 각 개인은 성격 강점의 고유한 프로파일을 가지게 된다. 이러한 변주, 다양성, 고유성은 개인 성격의 구성을 풍부하게 알려 준다.

우리 성격에는 구조가 있다. 이것은 높고 낮은 순위의 강점들로 된 고유한 프로파일로 가장 잘 설명된다. 즉, 개인은 높은, 중간, 낮은 강점을 가진다. 개인이 가질 수 있는 상위 5개 성격 강점으로 된 조합이 510만 개 이상 있으며, 1위부터 24위까지의 성격 강점 전체 순위순서의 잠재적 프로파일 수는 지구상에 사는 사람들보다 훨씬 더 많다. 이는 사실상 무한해 보이는데, 각 개인의 성격 강점 표현이 고유하다는 점을 고려하면(예를 들어, 최고 강점으로 창의력을 가진 두 사람이 그 강점을 똑같이 표현하지는 않음), 한 사람의 성격 강점(즉, 빈도, 지속시간, 강도)의 표현은 진정한 '단 하나의 고유한 것'이다. 이렇게 성격은 반드시 개인화되고 개개인에게 고유하다.

성격 강점은 분리되어 표현되는 것이 아니라 서로 조합되어 혹은 무리 지어진 형태로 표현된다(Biswas-Diener, Kashdan, & Minhas, 2011; Niemiec, 2013; Peterson, 2006a). 개인이 강점을 단 하나만 따로 표현하지는 않을 것 같다. 예를 들어, 내가 여기 앉아서 이 문장들을 타자하면서, 나는 약간의 창의력과 판단력/비판적 사고를 표현하면서도 희망, 통찰력, 리더십, 열정 등도 나타내길 바란다. 우리가 의도적으로 하나의 성격 강점을 표현할 때도 많은 다른 강점이 자동적으로 그리고 유동적으로 함께 나타나게 된다. 상황이 점점 복잡해지고 도전적일수록 표현되는 성격 강점의 수가 증가함을 반복적으로 관찰해 왔다. 예를 들어, 자녀 중 한 명이 새로운 질환의 진단을 받은 것에 대처하는 부모는 많은 성격 강점을 강하게 나타내는 반면, 자녀와 함께 영화를 보는 부모는 양이나 강도의 면에서 성격 강점을 많이 표현하지 않을 것 같다.

이것은 성격 강점이 상호 의존적이라는 관계 개념으로 이어진다. 그것들은 상호 연결성이라는 불교 개념(Nhat Hanh, 1993)으로부터 만들어진다(Niemiec, 2012). 강점이 상호작용하거나, 서로 증가하거나, 서로의 표현을 방해할 때 나타나는 역학 관계가 있다. 어느 정도의 호기심이 없으면 창조적이기 어렵다. 겸손과 작은 용기를 표현하지 않고 친절을 강하게 표현할 수 있을까? 이러한 미덕의 상호의존성 개념은 Plato를 비롯한 위대한 철학자들이 관찰해 왔는데, 그는 정의, 지혜, 절제, 용기의 네 가지 덕목이 상호 의존적이라고 보았다. 즉, 한 가지 덕목이 없다면, 특히 정의가 결여되어 있다면, 나머지 세 가지 덕목이 온전히 달성될 수 없다. 고대 아테네인들에게는 사회적 공헌과 개인적 번영이 모두 미덕의 개념으로 묶여 있다. 그들이 지닌 신념의 기본 원칙에 따르면, 미덕은 천의무봉(天衣無縫)의 온전한 전체를 나타낸다는 것이다. 덕이 있다는 것은 덕의 상호성이라고 불려 온 사상, 즉 한 가지가 아닌 모든 덕목의 탁월함이 요구되는 것이었다. 도덕 철학자인 Susan Wolf(2007)가 언급했듯이 (철학적 반증이 없는 것은 아니지만) 하나의 덕을 갖는 것은 모든 것을 갖는 것이다. 그리고 연구자들이 24개 성격 강점의 상관관계를 연구한 결과(즉, 상호 상관행렬을 만드는 것), 모든 강점은 어느 정도 서로 관계가 있다는 것을 알게 되었다. 어떤 강점은 서로 매우 밀접하게 연관되어 있는 반면(예: 열정과 희망), 다른 강점은 서로 최소로 연관되어 있다(예: 겸손과 학구열).

강점 기반 개입 실무자를 위한 Tip

강점의 차원성, 맥락, 다수성의 개념을 함께 모아 보라. 24개 성격 강점을 온종일 들쭉날쭉한 그래프가 오르내리는 뉴욕 증시판의 종목들로 상상해 보자. 이렇게 증가 혹은 감소하는 주파수 파형이 당신의 성격 강점이 표현되는 것을 나타내는 것이다. 모든 상황에서 당신은 24개 강점을 높은, 중간, 낮은 수준으로 표현하고 있다. 당신에게 상당히 의미 있는 활동을 선택해 보라(예: 2시간 발표, 중요한 업무 회의 주도, 삶의 문제를 이야기하면서 친구와 저녁 먹기). 활동의 시작, 중간 및 종료 시 표현되는 24개 강점의 정도를 1~10으로 평가해 보라. 강점 표현의 다수성, 정도의 미묘한 차이 그리고 맥락의 중요성이 당신에게 즉시 명확해질 것이다.

24개의 성격 강점이 모두 중요하다

VIA 검사 결과를 받고 나면, 사람들은 때로 기쁘고 자랑스러워하지만, 또 때로는 실망하기도 한다. 이것은 우리가 지닌 특정한 강점에 두는 의미와 중요성의 수준, 순위 프로파일에서 어떤 강점이 어떤 순위에 있을지 기대하거나 원하는 것과 관련된다. 사실 한 사람이 자기조절 수준이 높은지, 친절이나 호기심이 높은지는 중요하지 않다. 24개의 성격 강점은 모두 긍정적이며 선(善)을 위해 사용될 수 있다. 각 성격 강점은 성격 과학에서 서로 다른 긍정적인 결과와 연관되어 있고, 강화될 수 있는 능력이다. 따라서 각각의 24개 성격 강점은 모두 중요하다.

어떤 성격 강점은 행복과 더 직접적인 연관성을 가지고 있고, 어떤 것들은 성취와 목표에 도달하는 기회를 가능하게 하며, 또 어떤 것들은 더 나은 신체 건강에 더 많이 관련된 것처럼 보인다. 〈표 1-1〉은 Peterson과 Seligman(2004)이 처음 제시한 24개 성격 강점의 긍정적 상관물을 보여 준다. 일부 업데이트된 내용은 다른 출처에서 확인할 수 있다(예: Niemiec, 2013, 2014a; Niemiec & Wedding, 2014).

〈표 1-1〉 Peterson과 Seligman(2004)이 제시한 성격 강점의 상관물

성격 강점	긍정적 상관물
창의성	새로운 경험에 대한 개방성, 인지적 유연성
호기심	긍정 정서, 고정관념에 기꺼이 도전함, 창의성, 일과 놀이에서 도전하고 싶어 함, 목표에 대한 끈기, 복잡한 의사결정에 능숙함, 흥미/즐거움/집중, 학업 장면에서의 열중과 성취, 주관적 웰빙
판단력	문제 해결에 능숙함, 높은 인지 능력, 피암시성과 조종(manipulation)에 덜 영향 받음, 스트레스 대처에 있어 더 효율적임
학구열	장애물이나 도전 탐색에 더 능숙함, 자율성, 응용력, 가능성의 증가, 자기효능감, 건강하고 생산적인 노화, 도전을 더 추구하고 수용함, 스트레스 수준 감소
통찰력	성공적인 노화, 삶의 만족도, 성숙, 열린 마음, 침착함, 사교성, 사회지능
용감함	친사회적 지향, 내적 통제 소재, 자기효능감, 만족 지연 능력, 모호함/불확실성에 대한 내성, 위험 평가 능력, 반성 능력, 사회적으로 가치 있는 목표에 참여함, 타인과 좋은 관계를 형성하고 유지하는 능력
인내	성취/목표 완료, 응용력, 자기효능감
정직	긍정적 기분, 삶의 만족도, 새로운 경험에 대한 개방성, 공감, 양심, 자기실현 능력, 우호성, 정서적 안정, 노력/목표 달성
열정	자율성, 타인과의 연결, 목표 달성
사랑	다른 사람들과의 긍정적인 관계, 의존과 자율 사이의 건강한 균형, 긍정적인 사회적 기능, 높은 자존감, 낮은 우울 경향, 스트레스에 대처할 수 있는 능력
친절	전반적인 정신 및 신체 건강, 장수
사회지능	원활한 사회적 기능, 삶의 판단, 낮은 공격성, 낮은 약물 남용률
협동심	사회적 신뢰, 인간 본성에 대한 긍정적 견해
공정성	통찰, 자기반성, 협력, 리더십, 이타주의, 친사회적 행동
리더십	인지적 기술/지능, 유연성/적응성, 정서적 안정성, 내적 통제 소재, 진실성, 대인관계 기술, 창의성/응용력
용서	친사회적 행동, 우호성, 정서적 안정성, 낮은 분노, 불안, 우울 및 적개심
겸손	통찰, 용서, 자기조절, 자기계발 목표 달성 능력
신중성	협조성, 대인관계에서의 따뜻함, 사교성, 주장성, 긍정 정서, 상상력, 호기심, 통찰력, 신체 건강, 장수, 낙관성, 내적 통제 소재, 높은 성취/수행, 적은 분노 표현

자기조절	높은 학업 성취도, 자존감, 자기수용, 분노 조절 능력, 안정적 대인 애착, 높은 사회적 관계 만족도, 낮은 불안과 우울, 타인이 볼 때 더 호감 있고 신뢰할 수 있다고 인식됨
감상력	경험에 대한 개방성, 이타주의, 다른 사람이나 더 큰 공동체에 대한 헌신, 변화/자기계발 능력
감사	긍정 정서, 삶의 만족도, 낙관성, 친사회적 행동, 심혈관 및 면역 기능 증가, 장수, 낮은 불안과 우울, 경험에 대한 개방성, 우호성, 양심, 낮은 신경증
희망	성취, 긍정적 사회관계, 육체적 웰빙, 적극적인 문제 해결, 낮은 불안과 우울, 양심, 근면성, 만족 지연 능력
유머	긍정적 기분, 스트레스 관리 능력, 창의성, 지능, 낮은 신경증
영성	자기조절, 낮은 물질 남용, 긍정적 사회관계, 안정된 부부 관계, 용서, 친절, 이타주의, 자원봉사, 박애주의, 행복, 목적의식, 삶의 만족도, 질병과 스트레스에 대한 대처 능력

출처: Niemiec (2014a). 허락하에 게재.

성격 강점은 중요한 결과를 가져온다. 이러한 결과는 강점에 따라 다르다. 예를 들어, 열정과 희망은 행복과 가장 강한 상관을 보이는 성격 강점으로 반복해서 발견된다(Park, Peterson, & Seligman, 2004; Peterson, Ruch, Beermann, Park, & Seligman, 2007; Proctor, Maltby, & Linley, 2009; Shimai, Otake, Park, Peterson, & Seligman, 2006). 또한 성격 강점들이 행복을 '가져올' 수 있다는 근거들도 있다(Proyer, Ruch, & Buschor, 2013). 인내는 특히 학문적 성취와 관련된 성격 강점이다(Lounsbury, Fisher, Levy, & Welsh, 2009; Park & Peterson, 2009). 감사는 높은 긍정 정서, 낙관성, 삶의 만족, 활력, 종교성, 영성과 관련되며, 감사가 성격 강점인 사람들은 감사를 적게 하는 사람들보다 덜 우울하고 덜 부러워하는 경향이 있다(Emmons & McCullough, 2003). 이러한 연구들은 어떤 성격 강점은 특정 결과에 있어 더 중요하다는 것을 보여 준다. 마찬가지로, 어떤 성격 강점은 인생의 특정 시기에 더 중요할 수 있다. 예를 들어, 스위스의 일반 성인 표본에서 소속감과 헌신을 촉진하는 강점은 20대 후반에서 30대 초반의 웰빙과 가장 연관되며, 30대 후반에서 40대 중반까지의 가족 및 직장 유지를 뒷받침하였다. 그리고 40대 후반에서 50대 후반에 환경에 열정적으로 몰두하는 것을 촉진했다(Martinez-Marti & Ruch, 2014).

학자, 연구자, 실무자들이 관찰하는 것을 통해 보면, 인간에게는 각기 다른 정도의 24개 성격 강점이 존재하는 것처럼 보인다. 강점의 작은 사용은 간과되거나 당연하게 보이기 쉽다. 사실 당신은 아마도 지난 며칠 동안 24개의 강점을 모두 사용했을 것이다. 예를 들어, 당신은 오늘 아침에 이를 닦고, 씻고, 옷을 입고, 아침을 먹었는가? 만약 당신이 이 중 어떤 것을 했다면, 당신은 어느 정도의 자기조절과 신중성을 사용한 것이다. 이는 전 세계적으로 인정받지 못하는 두 가지 강점의 '작은' 사용이다(McGrath, 2015b; Park, Peterson, & Seligman, 2006). 연구자들은 오랫동안 성격 강점의 '큰' 사용과 '작은' 사용을 구별하는 데 관심을 가져 왔다. 예를 들어, 모차르트(Mozart)의 제9교향곡, 장 피에르-주네(Jean Pierre-Jeunet)의 영화 〈아멜리에(Amelie)〉(2001), 반 고흐(Van Gogh)의 그림 〈별이 빛나는 밤(Starry Night)〉에서는 '큰' 창의성을 볼 수 있는 반면, '작은' 창의성은 우리가 개인적 투쟁 과정에서 가지게 되는 통찰력과 부엌 식탁에 꽂꽂이하는 새로운 아이디어 등에서 볼 수 있다. 다른 저서에서 나는 연구와 출판물들에서 발견한 성격 강점의 '큰' 사용과 '작은' 사용의 몇 가지 예를 공유했다(Niemiec, 2014a). 성격 강점의 미묘하고 때로는 무의식적인 실천을 강조하기 위해 〈표 1-2〉에 24개 강점의 '작은' 사용의 예시를 제시하였다. 물론 '작은'이라는 단어는 성격 강점의 '큰' 사용의 한 부분일 뿐만 아니라, 잠재적으로는 강점들 자체의 의미와 긍정적인 영향의 중요한 원천이 될 수 있으므로, 중요성의 측면에서 문자 그대로 작게 받아들여져서는 안 된다.

〈표 1-2〉 성격 강점의 '작은' 사용의 예시

성격 강점	일상의 '작은' 사용의 예시
창의성	아이에게 들려줄 새로운 이야기를 생각해 냄
호기심	이웃에게 몇 가지 질문을 해 봄
판단력	상반되는 관점으로 쓰인 두 개의 신문 기사를 읽음
학구열	한 가지 주제에 관한 세 가지 글을 온라인을 통해 읽음
통찰력	일진이 나쁜 하루를 보낸 것처럼 보이는 점원에게 한 마디의 조언을 건넴
용감함	교통체증이 겁나지만 시내를 운전함
인내	연속으로 10개의 이메일에 답하기로 결정하고 이를 완수함
정직	상황이 부정확하게 기억될 때 실수를 인정함
열정	쉬는 시간에 빠르게 10분간 걸음
사랑	힘든 하루를 보낸 동료의 이야기에 귀를 기울임
친절	타인을 위해 엘리베이터를 잡고 기다려 줌

사회지능	가족의 표정이 좋지 않을 때 기분이 어떤지 물어봄
협동심	팀원에게 업무 프로젝트에 관한 피드백을 요청함
공정성	이웃 아이들에게 사탕을 나눠 줄 때 모두에게 같은 수의 사탕을 주었는지 확인함
리더십	점심을 먹기 위한 친구 모임을 주최함
용서	운전 중 누군가 끼어들 때 생긴 신경적 긴장을 흘려보냄
겸손	다른 사람들이 그들의 이야기를 나눌 수 있도록 좋은 소식을 이야기하는 것을 보류함
신중성	두 사람을 위해 간단한 아침 식사를 계획함
자기조절	아침에 이를 닦고 치실을 사용함
감상력	올림픽 스키 선수의 기술과 우아함에 감탄함
감사	아침에 일어나자마자 우주로 개인적인 감사인사를 보냄
희망	다가올 업무 회의를 낙관적으로 생각함
유머	대중교통에서 만난 낯선 이에게 미소를 지음
영성	마음챙김 연습을 할 동안 의미 있음을 느낌

💬 **강점 기반 개입 실무자를 위한 Tip**

성격 강점의 '작은' 사용은 너무 흔하고 너무 당연해서 자각 없이 쉽게 일어난다. 24개 성격 강점 각각을 생각해 보자. 이번 주에 당신에게 유용했던 성격 강점을 사용했던 한 가지 방법을 적어 보자. 각각의 강점으로 얻은 성과도 함께 적어 보자. 예를 들어, 당신이 회의 시간을 계산해서 딱 맞게 세운 꼼꼼한 계획 덕분에(신중성), 생산적인 그룹 토의를 할 여분의 시간이 더 생겼다. 또는 좋은 아침 식사 습관으로(자기조절) 오전 내내 더 활력 있고 건강한 기분을 느끼게 되었다. 혹은 당신이 동료에게 보인 호의로(친절) 그들은 미소 지으며 즐거운 기분을 경험했고, 이는 또 그들과의 긍정적 관계에 기여하였다. 그러한 성과들에 기여할 수 있는 요인이 많기 때문에, 성과에 대한 언급은 종종 추측이 될 수 있지만, 이 연습은 여전히 성격 강점과 유익성 또는 가치 있는 성과 사이의 잠재적 연관성을 도출하는 데 유용할 수 있다.

긍정심리학의 가장 대표적인 웰빙 이론 중 하나는 Seligman(2011)이 고안한 것으로 각 요소의 앞글자를 따서 PERMA라고 불린다(앞의 〈글상자 1-1〉 참조). 각 글자는 실질적 행복의 온전한 삶인 번영의 삶으로 가는, 독립적이고 측정 가능한 경로를 의미한다. Seligman(2011, p. 24)은 24개 강점의 통합된 관계가 번영을 가져온다는 점을 다음과 같이 설명한다. "웰빙 이론에서 이 24개 강점은 몰입뿐만 아니라 다섯 가지 요소를 모두 뒷받침한다. 당신의 최고 강점을 잘 사용하면 더 긍정적인 감정, 더 많은 의미, 더 많은 성취, 더 나은 관계를 얻을 수 있다."

〈표 1-3〉은 번영의 다섯 가지 영역(즉, PERMA)과 성격 강점 사이의 경험적 연결성의 일부를 보여 준다. 실무적인 측면에서 볼 때, 이는 개인이 의도적으로 자신의 성격 강점을 이용하여 자신의 일에 보다 온전하게 참여하고, 삶에 더 많은 의미를 찾고, 긍정적인 감정과 관계를 경험하고, 목표를 달성할 수 있다는 것을 의미한다. 성격 강점과 세 가지 PERMA 요소(진정한 행복 이론의 요소인 즐거움/긍정적 감정, 몰입, 의미) 사이의 관계를 살펴본 연구에서 3개 요소와 가장 높은 상관관계를 갖는 강점을 확인했다(Peterson et al., 2007).

24개 강점이 모두 중요하다는 것을 확실히 느끼기 위해서 나는 내 성격 강점 순위에서 대체로 마지막으로 나타나는 강점인 유머를 생각해 본다. 나는 유머와 장난을 높이 평가하고 그 강점을 규칙적으로 사용한다. 나는 새로운 사람들과 어울리려고

〈표 1-3〉 PERMA와 성격 강점의 상호관련성 연구

번영 요소	연구	연구에 대한 논평	Peterson 등(2007)의 연구에서 나타난 구체적 상관
긍정 정서	Güsewell & Ruch(2012); Lavy & Littman-Ovadia(2016); Quinlan, Swain, Cameron, & Vella-Brodrick (2014)	연구 대상자가 직장인, 학생 및 지역사회 구성원까지 포함됨	유머, 열정, 희망, 사회지능, 사랑
몰입	Brdar & Kashdan(2010); Madden, Green, & Grant(2011); Peterson et al.(2005)	몰입, 성격 강점 및 웰빙 사이의 관계를 풍부히 조사함	열정, 호기심, 희망, 인내, 통찰력
긍정적 관계	Kashdan, McKnight, Fincham, & Rose(2011); Veldorale-Brogan, Bradford, & Vail(2010); Weber & Ruch(2012a)	성격 강점 사용에 의해 만들어지는 관계에서의 친밀감이 핵심 요소임	–
의미	Berthold & Ruch(2014); Littman-Ovadia & Steger(2010); Vella-Brodrick, Park, & Peterson(2009)	의미, 성격 강점 및 웰빙 사이의 관계를 풍부히 조사함	영성, 감사, 희망, 열정, 호기심
성취	Peterson & Park(2009); Shoshani & Slone(2012); Wagner & Ruch(2015)	군대, 학교 및 직장에서의 성취를 모두 포괄함	–

대화할 때 유머를 사용하며, 사회적으로 적절히 행동하기 위해서 그리고 때로는 삶의 스트레스를 다루기 위해서도 유머를 의식적으로 사용한다. 나는 특히 내 아이들과 장난치는 것을 좋아하는데, 그때가 나의 낮은 강점이 정말 빛나는 순간이다. 이 모든 것이 바로 유머가 내 강점 순위의 마지막에 있을 만하다는 것을 나타낸다. 왜냐하면 나는 새로운 관계를 맺으려 하거나 청중을 사로잡기 위해 농담이나 우스운 이야기를 하면서도 관계 맺기의 제일 우선적인 방법으로 유머에 의지하지 않기 때문이다. 상황적으로 재밌게 해야 할 때 어색함을 느끼며, 재치 있게 말하지 못한다. 내가 이 강점을 사용할 때를 생각해 보면, 유머가 대표 강점인 사람과 나 사이의 중요한 차이점 중 하나는 내가 그것을 적극적으로 표현하기보다는 반응적으로 표현한다는 것이다. 내 아이들과 매우 적극적으로 장난치는 놀이 시간을 제외하고, 나는 농담을 먼저 꺼내기보다는 주로 다른 사람들의 유머에 반응하여 미소나 웃음을 보일 것이다. 유머와 장난은 내가 원만하고, 더 다재다능하며, 어떨 때는 더 행복해지도록 돕는 데 중요하다. 유머 강점을 키워 코미디언이 될 수 있을까? 물론이다. 유머 능력은 변화할 수 있으며 훈련을 통해 유머가 늘어날 수 있다는 연구 결과가 있다(McGhee, 1999; Proyer, Gander, Wellenzohn, & Ruch, 2014a; Wellenzohn, Proyer, & Ruch, 2016a). 하지만 실제로 나에게 이 강점을 최대한으로 끌어올리는 것의 가치는 낮다. 고맙고 소중하지만, 유머는 지하실에 있는 그대로 놔두겠다.

강점의 종류

성격 강점을 이해하는 중요한 길은 무엇이 강점이 아닌지를 이해하는 것이다. 이러한 통찰을 탐구하는 한 가지 방법은 인간이 가지고 있는 다른 유형의 '강점', 즉 재능, 기술, 흥미, 자원 및 가치를 이해하는 것이다. 부록 E에 VIA 검사와 강점 검사에서 유명한 두 개의 다른 검사[갤럽(Gallup)의 StrengthsFinder 2.0과 MBTI(Myers-Briggs Type Indicator] 간의 차이점이 나와 있다. 그리고 우리는 현미경을 통해 성격 강점을 살펴볼 수 있으며, 대표 강점(signature strengths), 상황적 강점(phasic strengths), 낮은 강점 등의 많은 하위 집합을 조사할 수 있다. 다음은 일반적인 다른 강점 유형 및 성격 강점과의 연관성이다.

▌재능: 천성적으로 잘하는 것

전문가에 관한 연구에서 재능(talents) 발달에 수많은 시간, 실제로는 최소 10년 이상, 1만 시간의 신중한 연습이 필요하다는 점이 밝혀졌다(Ericsson & Ward, 2007). 세계적인 피아니스트, 슈퍼스타인 홈런타자, 체스 1인자 등은 인내나 자기조절의 성격 강점을 충분히 사용하지 않고도 그들의 재능을 발달시킬 수 있었을까? 큰 에너지나 열의를 발휘하여 매일 연습에 몰두하는 열정 같은 몇몇 다른 장점을 사용할 필요가 있다. 재능/능력 분야의 선도적인 연구는 하버드 대학 심리학자 Howard Gardner(1983)의 다중지능 이론으로, 그는 인간에게 한 가지가 아니라 적어도 일곱 가지 핵심 지능이나 재능인 자기성찰, 대인관계, 논리-수학, 공간, 신체-운동, 언어 및 음악 능력이 있다고 제안했다. 이 이론은 30여 년간 강력히 이어져 왔다. 올림픽 선수는 광범위한 자기조절, 인내, 신중성, 희망 및 다른 많은 성격 강점 덕분에 그들의 신체-운동 지능/재능을 실현한다. 그에 반해 의사소통 능력(즉, 대인관계 지능/재능)을 타고난 사람은 아마도 통찰력, 사회지능, 공정성 및 창의력을 사용할 것이다. 자신의 공간 지능을 발달시키고자 호기심과 세상에 대한 흥미를 사용하는 젊은이를 생각해 보자. 그는 주변 환경에 대해 궁금해하고 새롭게 이사한 거주지 인근을 탐사하여, 금세 머릿속에 자신이 사는 도시의 지도를 그린다. 그는 공간적 추론이라는 자신의 재능을 최대한 활용하기 위해 호기심을 이용한 것이다.

▌기술: 숙달되기 위해 연습하는 것

직무 현장 교육이나 거래를 배우는 것을 숙달하고자 할 때 사람들은 지금 배우고 있는 기술(skills)에 더 큰 목적이 있다는 희망이라는 성격 강점을 통해 추진력을 얻을 수 있다. 예를 들어, 어떤 사람은 새로운 컴퓨터 프로그램을 배우거나 직무 성과를 향상시킬 수 있는 기술의 자격증을 따서 승진하고자 할 수 있다. 또 어떤 경우에는 학구열 등이 추동의 에너지가 될 수 있다. 아마도 24개 성격 강점 모두가 기술을 습득하기 위한 동기가 될 수 있을 것이다. 아이들은 종종 학교나 부모님, 코치 및 다른 전문가들이 생각하기에 아동 또는 청소년들에게 부족하다고 여기는 분노 조절이나 의사소통과 같은 특정 기술 훈련을 받는다. 이러한 경우에는 아이가 최상의 삶을 누렸으면 하는 사랑이나 더 나은 삶을 살았으면 하는 희망 같은 부모님 혹은 전문가의 성격 강점이 기술 습득에 관심을 갖도록 한다.

▌흥미: 열정

연구를 통해 대표 강점과 흥미(interests) 사이에 중요한 관련성이 있음이 밝혀졌다. 그것은 자연스럽고 조화로운 삶의 열정이다(Forest et al., 2012). 학구열이나 호기심뿐 아니라 가장 높은 순위의 성격 강점은 본질적으로 자신의 흥미와 삶의 열정과 관련된다. 우리는 특정 성격 강점을 표현하기 위해서 취미나 흥미를 고를지도 모른다. 나는 인내와 열정을 표현할 수 있어서 일대일로 하는 운동을 하고, 협동심과 사회지능을 기를 수 있기에 팀 경기를 한다. 그리고 판단력/비판적 사고 및 인내 강점을 함께 훈련할 수 있어서 온라인 체스를 둔다. 의심의 여지 없이, 페즈(Pez) 캔디 회사의 제품들을 수집하는 나의 열정은 놀이/유머 강점을 사용하도록 한다. 일적인 분야에서 나는 성격 강점, 마음챙김, 음미하기(savoring) 및 영성과 같은 인간의 보편적인 현상을 다른 사람들에게 가르치는 것에 상당한 흥미가 있다. 내 흥미와 열정이 불붙으면, 나의 성격 강점들도 불붙는다. 내가 가르칠 때, 나의 열정과 열의가 고조되며 이 가르침이 사람들의 삶에 즉각적인 영향을 미치고 이것들이 그들과 나의 미래에 사용될 수 있는 다양한 방법을 볼 때 나의 희망과 사랑 강점이 더 활기를 띠게 된다. 내 성격 강점들과 흥미 강점들의 관련성은 분리될 수 없는 것처럼 보인다. 이는 열정과 흥분의 소용돌이의 시너지가 된다.

▌자원: 외부의 지지

유일한 외적 강점 유형은 바로 자원(resources)이다. 자원은 안전한 동네에 사는 것, 친한 친구들, 좋은 학문적 공동체에 속해 있는 것, 의지할 수 있는 가족과 같이 우리에게 중대한 도움이 되는 것이다. 사회적 및 영적 자원을 형성하고 유지하기 위해 우리는 관계를 돕는 강점인 공정성, 친절, 용서 등의 강점과 외적인 연결을 돕는 강점인 영성, 감사, 희망 등의 특성이 필요하다.

▌가치: 내적으로 소중히 여기는 것

가치(values)는 우리의 머릿속에 살고 있으며, 따라서 우리의 생각과 감정 속에 존재한다. 가치는 행동에 대해 말해 주지 않는다. 어떤 사람이 가족에 대해 가치를 가질 수 있는데, 그것은 그들의 생각과 감정에 존재하는 것이다. 가족과 함께 시간을 보내고 가족에게 사랑, 친절 및 공정성을 보여 주는 것은 '성격(특성)'을 필요로 하며, 본질적으로 한 사람의 가치를 행동으로 옮기는 것이다. 따라서 성격은 인지와 정서에 관한 것뿐만 아니라 머리에 있는 것을 행동으로 가져오는 것을 의미한다. VIA 분류체계와 VIA 검사를 하는 비영리 단체의 원래 이름이 'Values in Action Institute'였다는 점이 흥미롭다. 이후에 업무의 핵심인 '성격'을 적절히 대표하기 위해 그 이름이 바뀌었고, 10년 이상 VIA 성격 연구소(VIA Institute on Character)로 불리고 있다.

▌추진력

성격 강점은 다른 강점 영역을 촉매하거나 밀접하게 연결하는 추진력(driving force)으로서 각각의 강점 범주들을 아우른다. 사업과 청소년 교육 프로그램에 재능과 영향력이 있는 사회자인 Benny의 감동적인 이야기가 있다. Benny는 기혼자로 아이가 둘이고, 강한 영적 공동체에 속해 있으며 친구가 많았다. 그는 많은 재능과 자원 및 흥미를 지닌 카리스마 넘치는 젊은이였다. 하지만 불행하게도 Benny에게 업무 스트레스와 경제적 곤란 및 주변의 유혹이 영향을 미치기 시작하였고, 그는 수입을 보충하기 위해 마약을 팔기 시작했다. Benny는 잘못된 무리를 우선시하고 어릴 적 친구들을 멀리하면서 자원이 점점 줄어든다는 것을 알게 되었다. 그가 위험한 생활방식에 깊게 빠져들수록 상황은 더 악화되었다. 그는 어느 날 대낮에 차로 걸어가는 중 복부와 팔에 총을 맞았다. Benny는 열일곱 번의 수술을 받으며 저금해 둔 모든 돈을 써 버렸으며 더 이상 직업을 유지할 수도 없었다. 아내도 떠났고 자녀와 교회로부터도 멀어졌다. 이러한 상황은 과거 흥미를 가졌던 것들에 대해 흥미를 잃게 되는 무쾌감증이 주요한 증상인 깊은 우울증을 동반했다. 그는 자신의 일을 나에게 이야기하면서, 어느 날 병원 침대에 누워 천장을 응시하는 동안 깨달은 감동적인 통찰을 공유했다. "나는 모든 것을 잃었죠. 사람들, 돈, 직업에 심지어는 내 몸의 일부 기능까지 다 잃었어요. 그러나 한 가지 잃지 않은 것이 있었어요. 바로 나의 핵심 강점이에요. 아무도 내게서 그것을 뺏어 갈 수 없어요." 그는 자신의 용감함, 정직, 창의성, 사회지능 및 희망 등에 대해 이야기했다.

　요약하자면, 재능은 낭비될 수 있고 자원은 빠르게 상실될 수 있으며 흥미는 사라지거나 변화할 수 있고 기술은 시간이 지남에 따라 감소하지만, 이 모든 것을 완전히 잃은 것처럼 보일 때에도 우리는 여전히 성격 강점을 가지고 있다. 이것에 초점을 맞추면, 우리의 성격 강점은 확고해지고 진화하며, 다른 긍정적인 특성과 통합되어 더 큰 선(善)에 기여할 수 있다.

강점 기반 개입 실무자를 위한 Tip

Neal Mayerson은 '파워존(power zone)'이라는 개념을 제안했다. 파워존은 재능, 성격 강점, 자원 및 흥미가 성공적으로 맞춰진 지점을 의미한다. 많은 사람이 직장에서 자신의 능력(재능)과 관련된 영역에 배치되지만, 그 일은 인간으로서 그들 성격과 연결되지 않는다. Mayerson(2015)은 이 사람들이 '충족감 없이 성공한다'고 묘사한다. 하지만 우리의 강점이 우리가 잘하고 또 관심 있는 것에 맞춰질 수 있다면, 우리는 충족감과 의미를 모두 가지고 성공할 수 있다. 예를 들어, 숫자로 작업하고 컴퓨터의 정보를 구성하는 데 재능이 있는 열정적인 회계사는 직장에서 자신의 최고 성격 강점을 적용할 수 있는 방법을 찾을 수 있다. 아마도 그는 컴퓨터 문제를 해결하기 위해 주기적으로 판단력을 사용하거나, 휴식 시간이나 팀회의 시의 업무 상호작용에서 열정을 사용할 것이다. 그들은 바로 파워존에 있다고 볼 수 있다. 이것은 최적의 기능이나 번영의 영역으로 간주될 것이다. 그러나 이러한 다양한 유형의 강점을 통합하고 맞춰서 얻을 수 있는 다양한 이점에 대한 더 많은 연구가 필요하다.

당신이 일하던 때와 파워존에 있었던 때를 생각해 보라. 각각의 강점 종류에 대한 당신만의 표현을 사용하여 당신의 경험을 묘사해 보라. 어떻게 하면 앞으로 더 많은 파워존 경험을 만들 수 있을까? 어떤 강점이 필요할까?

강점의 하위 종류

이 개념의 대부분은 다음 장에서 더 깊이 탐색될 것이기 때문에 여기서는 간단하게만 제시할 것이다. 다음에 가장 많이 연구된 것부터 적게 연구된 순서로 제시하였다.

대표 강점(signature strengths)

이러한 성격 강점들은 한 사람에게 있어 가장 중심이 되며 그 사람의 고유함이나 본질적인 측면을 가장 잘 반영한다. 더불어 다른 강점들에 비해 이러한 강점들은 사용하면 할수록 더 힘이 나고, 더 자연스럽게 표현된다.

행복 강점(happiness strengths)

다양한 문화권에서 실시된 여러 연구에서, 행복의 한 종류인 삶의 만족도와 반복적으로 상관이 가장 높게 나타나는 소수의 성격 강점이 있다. 이러한 강점들은 대체로 열정, 희망, 사랑, 감사 그리고 호기심 순이다(Buschor, Proyer, & Ruch, 2013; Park et al., 2004).

낮은 강점(lower strengths)

때로 작은 강점(lesser strengths) 혹은 바닥 강점(bottom strengths)이라 불리는 이 강점들은 대체로 프로파일의 하위에서 4~7번째에 있다. 이 강점들을 취약점으로 보지 않는다. 오히려 아직 개발되지 않았거나, 알아차리지 못했거나, 다른 강점에 비해 저평가되었거나, 혹은 프로파일의 다른 강점에 비해 덜 사용된 강점으로 간주한다.

상황적 강점(phasic strengths)

주어진 상황에서 대표 강점이 아닌 특정한 강점의 사용이 요구되는 것을 의미하는 '때에 따라 나타나는' 강점이다. 개인은 그 강점을 불러낼 수 있을 뿐만 아니라 강하게 그리고 적응적으로 사용할 수 있다.

중간 강점(middle strengths)

한 사람의 대표 강점을 뒷받침하거나 쉽게 향상시키는 성격 강점이다. 때로는 '지원 강점(supportive strengths)'이라 불리기도 한다. 이 강점들은 성격 강점 프로파일의 중간에 위치한다.

잊힌 강점(lost strengths)

이 성격 강점들은 한동안 한 사람의 의식과 사용에서 휴면 상태에 있었거나 파기된 것들이다. 어떤 성격 강점은 권위자(예: 부모, 선생님, 관리자, 운동팀 코치, 형제 및 친구 등)에 의해 억압되거나 문화적 또는 사회적 제약으로 좌절되었을 수 있다. 아마도 프로파일에 있는 어떤 성격 강점이라도 잊힌 강점이 될 수 있을 것이다.

성격 강점은 개발될 수 있다

호주 시드니에서 워크숍을 하기 직전, 어떤 중년 여성이 자신의 이야기를 나누고 싶어서 들뜬 채로 나에게 다가왔다. 그녀는 6년 전에 VIA 검사를 했고, 그 결과 자기조절이 24번째 순위였다고 했다. 이것이 불만스러워서 몇 년 동안 의도적으로 자기조절 강점을 향상시키려고 열심히 노력했고, 그렇게 하는 것이 자신에게 꽤 쉽다는 것을 발견했다고 한다. 이번 워크숍 일주일 전에 VIA 검사를 했더니, 자기조절이 2위로 나타났다고 한다. 그녀는 강점을 향상시킨 몇 가지 방법을 설명하였다. 순위 변동 및 자기조절의 변화를 정확히 설명할 수 있는 많은 이유가 있겠지만, 그녀가 자신의 성격 강점 중 하나에 직접적으로 영향을 주었다고 믿을 만한 이유가 있었다.

지난 세기 동안 일반적으로 지켜졌던 전통적 믿음은 돌에 새겨진 자국처럼 우리의 성격은 불변한다는 것이다. 성격심리학의 새 연구들은 성격이 원래 생각했던 것보다 더 변화하기 쉽고(Blackie, Roepke, Forgeard, Jayawickreme, & Fleeson, 2014; Harris, Brett, Johnson, & Deary, 2016; Hudson & Fraley, 2015; Roberts et al., 2017) 그 변화가 반드시 오랜 시간이 걸리는 느리고 점진적인 것은 아니라는 것을 보여 주는데, 이 또한 전부터 믿어 온 가설이었다. 이에 더해 VIA 분류체계로부터 도입된 성격 강점이라는 새로운 과학도 이 오류를 해명해 오고 있다. 먼저, 성격 강점의 안정성을 확실히 아는 것이 중요하다. 최소 6개월 간격을 두고 VIA 검사를 반복한 1만 1,635개의 자료에 따르면 두 번의 검사에서 상위 5개 성격 강점이 하나도 겹치지 않은 수검자는 1% 미만이었고, 3~5개가 겹친 수검자는 76%였다(Niemiec, 2009). 게다가 12~14세 아동들을 대상으로 실시한 VIA 분류체계 종단 연구에서 성격 덕목의 안정성이 3년 이상 유지되었다. 이 연구자들은 여섯 가지 덕목에서 여학생들이 남학생들보다 높은 점수를 받은 것 외에도, 세 번의 검사 동안 자애와 정의의 덕목만이 약간 증가했을 뿐이라는 점을 지적했다(Ferragut, Blanca, & Ortiz-Tallo, 2014).

지금 우리는 성격 강점이 개발될 수 있다는 것을 배우고 있다. 성격 관련 연구들은 성격 특질(traits)이 비규범적 변화(nonnormative changes)뿐 아니라 유전학에 기초한 규범적 변화(normative changes)나 결혼 또는 출산과 같은 사회적 역할의 예측 가능한 변화들을 포함해서 여러 가지 이유로 바뀔 수 있다는 점을 밝혀 왔다. 비규범적 변화는 흔치 않지만, 의도적으로 선택된 사회적 역할(군입대 등)과 비전형적인 삶의 사건들(트라우마를 겪는 것 등)을 포함한다(Borghans, Duckworth, Heckman, & ter Weel, 2008). 2001년 9월 11일 뉴욕의 세계무역센터 테러가 발생하고 2개월 후, 연구를 통해 유럽 표본과 달리 미국 표본에서는 감사, 희망, 친절, 리더십, 사랑, 영성 및 협동심이 증가했다는 것이 밝혀졌다(Peterson & Seligman, 2003). 그리고 정도는 덜했으나, 10개월 후에도 여전히 이 성격 강점들은 증가한 상태로 유지되었다.

성격 변화에 영향을 미치는 또 다른 요인은 특질 개발에 초점을 맞춘 의도적인 개입이다. 이는 특히 흥미진진하며, 이 책의 주제에 잘 적용된다. 왜냐하면 강점 기반의 실무자들이 성격 중 하나인 성격 강점의 변화에 영향을 미치는 데 특히 관심이 있기 때문이다. 개입 방법에 관한 연구들은 특질이 잘 변화하며 의도적 변화가 긍정적 영향을 미칠 수 있다는 것을 보여 준다(Hudson & Fraley, 2015; Roberts et al., 2017; Yeager, Johnson et al., 2014). 성격 이론가인 Will Fleeson(2001)은 특질의 '밀도 분포 모델(density distribution model)'로 이와 관련된 폭넓은 글을 썼는데, 이 모델은 수십 년 된, 인간−상황 논쟁인 '성격은 개인의 특질 차이인가, 아니면 맥락/상황적 단서에 따른 변화의 결과인가?'에 대해 좋은 해결책을 제시한다. Fleeson의 모델에 따르면, 특질은 사람 간 편차(사람과 사람은 서로 일관되게 구별된다)가 신뢰할 만하다는 점에서 안정적이며, 상황에 따른 사람 내 편차(사람은 다양한 특성을 나타낸다)가 상당하다는 점에서 가변적이다(Blackie et al., 2014; Fleeson, 2001, 2004; Fleeson,

Malanos, & Achille, 2002). 이 모델은 사람들이 그들의 특질, 특히 성격 강점을 발달시킬 수 있는 광범위한 가능성이 있음을 시사한다. 수 세기에 걸쳐 수많은 철학자의 반향을 불러일으키는 덕 이론(virtue theory)을 논하면서, Bright(2016년)는 덕(덕성)은 사람에게 제2의 천성이며, 개발할 수 있고, 의도와 노력을 통해 습득되는 특질이라고 설명한다.

Michelle McQuaid와 VIA 성격 연구소는 65개국의 수천 명의 직장인에 대해 짧은 강점 개입 연구(2015)를 진행하였다. 이 개입은 성격 강점과 긍정적 습관의 연결에 관한 McQuaid의 연구(McQuaid & Lawn, 2014)와 습관 이론의 연구(Duhigg, 2012)에 기반한 신호(cue), 일상(routine), 보상(reward)이라는 습관 변화의 세 단계를 포함한다. 그들은 이 큰 표본에서 성격 강점으로는 명시되지 않은 많은 다른 강점이 다음과 같이 변할 수 있다는 것을 발견했다.

- 그들 중 41%는 자신의 강점을 명명하는 능력이 향상되었다.
- 그들 중 60%는 매주 강점을 기반으로 한 목표를 설정하는 것에 능숙해졌다.
- 그들 중 41%는 매일 자신이 제일 잘하는 일을 할 기회를 얻는다고 더 많이 느꼈다.
- 그들 중 39%는 상사와 강점에 대해 의미 있는 대화를 할 가능성을 높였다.
- 그들 중 32%는 조직이 자신의 강점을 개발하는 데 더 집중한다고 느꼈다.
- 그 외에도 더 많은 번영, 몰입, 가치 있고 활력 있는 느낌 및 달라지고 있다는 느낌과 같은 추가적인 이득이 있었다.

성격의 개발이나 의도적인 개입이 성격 강점을 향상시킬 수 있다는 논쟁은 새로운 것이 아니다. 수 세기 전, Aristotle(BC 4/2000)와 Saint Thomas Aquinas (1265~1273)는 덕성이 훈련을 통해 습득될 수 있음을 강조했다. 미국 건국의 아버지 중 한 명인 Benjamin Franklin(1962)은 일주일에 한 가지 덕목을 향상시키는 데 집중하면서 다른 덕목은 '그 자체의 평범한 기회'에 맡기는 개인적인 체계를 마련했다. Franklin은 경과를 추적했고 경험을 기록했다. 자서전에서 그는 이러한 접근이 자신의 행복과 삶의 성공에 크게 기여했다고 묘사했다. 사람들은 더 많은 호기심과 더 많은 감사 그리고 더 공정하거나 더 나은 비판적 사고를 배울 수 있다. 관건은 시간이 흐르면서 훈련과 노력을 통해 새로운 습관을 만들어 내는 것인데, 이를 통해 우리는 틀에 박힌 일상에서 벗어날 수 있다. 최근까지 많은 사람이 훈련과 습관 만들기를 통해 성격 강점 형성의 중요성을 되새겨 왔다(Franklin, 2009; Linley, 2008; McQuaid & Lawn, 2014; Niemiec, 2014a; Peterson, 2006a).

> ### 💬 강점 기반 개입 실무자를 위한 Tip
>
> Aristotle이 관찰하고 Chris Peterson이 되새긴 것을 기억하자. "반복적으로 하는 행동이 바로 우리 자신이다(We are what we repeatedly do)." 우리는 덕을 실천하고 강점을 이용할 수 있다. 훈련을 일상화하는 것은 강점 개발을 향한 하나의 통로이다. 이 관찰을 (자신과 내담자들을 위한) 개인적인 모토로 사용하면 잠재력을 일깨우는 데 도움이 될 수 있다.

존재와 행위

마음챙김을 다룬 저서들은 존재(being)와 행위(doing)의 중요한 차이점을 제시했다(Kabat-Zinn, 1990; Niemiec, 2014a; Segal, Williams, & Teasdale, 2013). 우리는 이 일이 끝나면 바로 저 일을 하고, 멀티태스킹을 하며, 다음에 할 일만을 생각하면서 대부분 현재에 존재하지 않거나 알아차리지 않는 '인간 행동가'로서 하루를 보낼 수 있다. 아니면 먹고 있는 음식과 연결되고, 고속도로를 따라 운전할 때 나무의 초록색을 알아차리고, 사랑하는 사람의 얼굴에 띤 미소를 보는 등 하루 일과에 존재를 불어넣을 수도 있다. 마음챙김 훈련은 여러 면에서 '우리의 존재 모드'를 발전시키는 것이다.

존재와 행위에 대한 개념은 또한 다른 방식으로 성격 강점 작업과 관련된다. 성격 강점 작업은 명료하다. 이는 존재와 행위이다. 우리의 정체성, 우리 존재에 대한 앎, 그리고 우리가 '우리 자신으로 있기 위한' 도움에 관한 것이라는 점에서 성격 강점 작업은 '존재'이다. 또한 24개 성격 강점을 표현하고, 행동하며, 해야 할 선을 행한다는 점에서 성격 강점 작업은 '행위'이다. 이는 우리의 가치를 행위로 옮기는 것이다.

이 두 가지 접근을 지지하는 근거가 있다. 대표 강점에 관한 연구는 우리의 '존재',

즉 우리의 정체성에 관한 내용을 담고 있으며, 이 강점들은 우리의 가장 핵심이다(예: Seligman, Steen, Park, & Peterson, 2005). Rhett Diessner가 관찰한 바와 같이, "특질은 생각이나 이성보다 존재론적으로 인간의 핵심에 더 가깝다"(Diessner, Davis, & Tony, 2009, p. 255). 즉, 존재는 생각보다 먼저이다. 또한 우리의 '행위'로 볼 수 있는, 최선의 특질을 행위로 옮기는 다양한 유형의 성취들과 성격 강점을 연결하는 연구들도 많다(예: Lounsbury et al., 2009; Wagner & Ruch, 2015).

심리학 대학원 시절 동안 나는 자유 시간의 대부분을 시를 쓰거나, 술을 마시거나, 철학책을 읽는 데 보냈다. 나는 내가 철학책을 읽는 것으로부터 얼마나 많은 것을 얻었는지 확신할 수 없지만 한 가지는 명확했다. 이는 본질적으로 '존재' 또는 '되어 가는' 사람으로서의 인간의 본성에 대한 열띤 논쟁이었다. 대략적으로 '존재'는 순간순간의 온전함과 완전함을 의미하는 반면, '되어 감'은 끊임없이 변화하고 진화하는 삶의 본성을 말한다. 나는 철학의 복잡성과 깊이에서 단순한 비전을 제시할 것이다. 성격 강점은 세상 속에 있는 우리의 본질적인 본성[즉, 우리의 존재함(our being-ness)]을 묘사한다. 예를 들어, 어떤 사람은 "나는 나를 친절하고, 사랑스럽고, 겸손하고, 호기심이 많은 사람으로 정의한다."라고 말할 수 있다. 동시에 성격 강점의 표현은 우리의 '되어 감'을 반영한다. 이는 우리의 행동뿐 아니라 변화하는 본성[즉, 우리의 행위함(our doing-ness)]과 어떻게 연결되는가에 관한 것이다. 예를 들어, 배우자에게 사랑을 표현하는 것, 동료에게 감사하는 것, 직원에게 리더십을 표현하는 것 등이다.

덕(德) 학자인 Andre Comte-Sponville(2001)의 표현으로는 다음과 같다.

> Aristotle의 설명에 따르면 덕은 존재의 한 방식이지만, 획득되고 지속되는 존재의 방식이다. 그것은 우리가 누구인가(따라서 우리가 할 수 있는 것)이고 우리가 되어 온 것이다. 그것은 인간적으로 존재하고 행동하는 방식이다. 잘 행동하는 우리의 힘이다 (p. 3).

우리는 성격 강점을 통해 자신을 볼 수 있고, 확실히 우리 자신이 되는 것(진솔성)과 타인에게 이익을 줄 수 있는 강점을 잘 행하는(선의 표현) 우리의 진실한 본성도 볼 수 있다.

요약

- 성격 강점은 인간에게 최선의 것을 기술하는 공통 언어를 제공한다.
- 성격에 대한 최적의 접근방식은 범주적 관점보다는 차원적 관점이며, 한 걸음 더 나아가서 성격 강점 자체는 다차원적이다. 우리는 대부분 특정한 강점을 가지고 있기에 강점은 맥락에 따라 달라지는 정도로 표현된다.
- 성격 강점은 각자 고유의 성격 강점 프로파일을 가지며 각각이 아니라 조합되어 표현된다는 면에서 다수성을 지닌다.
- 24개 성격 강점은 누구나 전부 갖고 있고, 그 각각이 다양한 긍정적 결과와 관련된다. 따라서 24개 성격 강점은 모두 중요하다.
- 인간이 지닌 강점에는 재능이나 흥미와 같이 다양한 종류가 있다. 또한 상황적 강점이나 행복 강점 등 성격 강점의 하위 종류도 많다.
- 성격 강점은 어느 정도 안정적이고, 맥락 의존적인 특성이 있다. 또한 훈련에 의해 개발될 수 있다.
- 성격 강점은 '존재'와 '행위' 모두이다. 이 둘은 우리가 누구인가에 대한 이해, 행동적 표현, 성취 모두에 있어 필수적이다.

02

대표 강점
연구와 실제

Values In Action

Inventory of

Strengths

W I S D O M

C O U R A G E

H U M A N I T Y

J U S T I C E

TRANSCENDENCE

T E M P E R A N C E

들어가며

VIA 분류의 기준과 개발 및 체계가 설명된 『성격 강점과 덕목의 분류』(Peterson & Seligman, 2004)에는 24개 성격 강점에 대한 2,000개 이상의 학술적 참고문헌과 800페이지의 논의가 있지만, '대표 강점(signature strengths)'이라는 주제를 언급한 문장은 적다. 그렇지만 2004년 이후 대표 강점에 관한 수많은 연구가 시행되어 대표 강점의 이점과 가치가 분명해졌기 때문에, 몇 마디의 단어만으로도 충분했다. 이 강력한 주제를 이해하기 위해서 상관관계, 인과관계, 매개변인, 조절변인, 표본, 평가 및 개입 방법을 연구해 왔다. 이 장에서는 이러한 연구 결과를 검토하고 대표 강점 작업을 위한 실용적인 전략을 제공한다.

대표 강점이 왜 중요한가

대표 강점의 중요성을 위한 예시는 지난 20년 동안의 연구뿐 아니라, 조직, 관계 및 개인에서 나타나는 만성적인 이탈(disengagement)의 문제라는 관점에서도 빠르게 만들어질 수 있다. 다음에 연구와 실제 이탈에 관한 간단한 정보들이 있다.

- 개인에서의 이탈-번영의 부족: 미국 표본의 25% 이하만이 번영(flourishing)을 경험한다고 밝혀졌고(Keyes, 2003), 뉴질랜드 등 다른 나라의 경우도 유사했다 (Hone, Jarden, Duncan, & Schofield, 2015). 이는 결국 사람들이 사회 및 심리적으로 높은 수준의 웰빙을 경험하지 않는 상태로 기능한다는 것을 의미한다.
  - 강점 지지 근거: 강점을 많이 사용하는 사람들의 경우 그렇지 않은 사람들에 비해 18배 정도 더 많은 번영을 경험하는 경향이 있었다(Hone et al., 2015). Seligman(2011)이 언급한 긍정 정서, 몰입, 의미, 긍정적 관계 및 성취 등 번영의 핵심 요소들은 각각의 성격 강점과 유의미한 관련이 있었다(〈표 1-1〉

참조).

- 개인에서의 이탈-강점에 대한 자각의 부족: 연구에 의하면 사람들 중 2/3는 자신의 강점에 대해서 모른다(Linley, 2008). 만약 사람들이 자신이 누군지, 그리고 무엇을 할 수 있는지 모른다면, 직장에서나 삶에서 어떻게 잘 살 수 있기를 바랄 수 있을까?

  - 강점 지지 근거: 뉴질랜드의 직장인 표본에서 자신의 강점을 잘 아는 사람들이 그렇지 않은 사람들에 비해 9배 정도 더 많은 번영을 경험한다는 점이 밝혀졌다(Hone et al., 2015). 많은 연구에서 성격 강점은 몰입과 관련되어 있었다(예: Peterson et al., 2007).

- 커플에서의 이탈: 새로운 커플들의 높은 이혼율로 보면 관계는 고통 속에 있다.

  - 강점 지지 근거: 인정하는 것의 가치뿐만 아니라, 강점을 인정하는 것에 대한 연구가 증가하고 있다. 커플 연구에서 자신의 파트너가 자신의 대표 강점을 알고 인정해 준다고 보고한 사람들은 관계 만족도가 더 높고, 관계에 더 전념하며, 기본적인 욕구가 충족되고 있다고 보고하였다(Kashdan et al., 2017). 몇몇 연구에서는 성격 강점과 건강한 관계 간 상관이 나타났다(예: Lavy, Littman-Ovadia, & Bareli, 2014a, 2014b).

- 직업에서의 이탈: 갤럽에 따르면 직장인들의 직무 이탈률은 70% 이상이며, 개인에게 요구되는 성격 강점과 개인에게 자연스러운 성격 강점은 서로 어긋나 있었다(Money, Hillenbrand, & Camara, 2008).

  - 강점 지지 근거: 대표 강점의 사용은 직업 몰입, 생산성, 직무 만족, 소명의식과 관련된다(예: Harzer & Ruch, 2015, 2016; Lavy & Littman-Ovadia, 2016; Littman-Ovadia & Davidovitch, 2010). 직업 몰입을 3년간 분석한 결과 대표 강점이 가장 결정적인 원동력 중 하나임이 밝혀졌다(Crabb, 2011). 갤럽에 따르면, 자신의 강점을 사용할 기회가 있는 고용인들은 자신의 직무에 몰입할 경향성이 6배나 높았다(Sorenson, 2014).

이탈은 우리 삶의 많은 영역에 걸쳐서 매우 현저하게 나타난다. 이는 새로운 행동을 요구한다. 대표 강점이 각 영역에서 몰입의 중요한 자원으로서뿐 아니라 중심 경로로서 부각되고 있다.

🗨 **강점 기반 개입 실무자를 위한 Tip**

당신 삶의 주요 영역(일, 학교, 사회적 및 친밀한 관계, 가족 관계, 공동체, 영성)을 검토하라. 어떤 영역에 가장 몰입하고 있는가? 즉, 가장 연결되어 있고 흥미로우며 하는 동안 몰입의 경험을 할 수 있는 영역은 무엇인가? 가장 몰입되어 있지 않은 영역은 무엇인가? 가장 몰입이 많이 된 영역에서 무엇을 배울 수 있는가? 가장 몰입된 영역은 가장 몰입되지 않은 영역에 관해 당신에게 어떤 것을 가르쳐야 하나? 영역 전반에 걸쳐 더 많이 몰입하기 위해 어떤 성격 강점, 특히 어떤 대표 강점을 사용할 수 있나?

핵심 개념

대표 강점은 긍정심리학에서 가장 많이 연구되고 실무에도 많이 적용되어 온 개념이다. 대표 강점으로 작업하는 것은 성공적일 수 있는 특징을 많이 지니고 있다.

- 쉽게 할 수 있다. 실무자는 그들의 스타일이나 접근법을 바꿀 필요가 없다.
- 내담자가 즉각적으로 이득을 알게 된다.
- 과학적인 근거가 있다.
- 자신의 잘못된 점에 초점을 맞추는 데 익숙한 내담자들에게 새롭고 독특하다.

대표 강점은 학술 및 사용자 포럼에서 논의되어 왔다. VIA 분류체계가 처음 발표된 『성격 강점과 덕목의 분류』에서는 개인이 지닌, 자주 행하는 긍정적인 개인적 특성으로서 대표 강점을 논한다(Peterson & Seligman, 2004). 따라서 대표 강점은 개인의 정체성과 그들이 누구인지에 대한 개념과 관련되며, 맥락과 분리해서 고려될 수 없다.

Seligman(2002)은 대표 강점을 떠올릴 수 있는 여러 가지 방법을 제안했는데, 대표 강점은 이러한 기준 중 전부는 아닐지라도 대부분 충족될 것으로 여겨진다.

- 소유의 감각과 진실성("이것이 바로 진짜 나야.")

- 그것을 행하면서 흥분되고 신나는 느낌을 경험함
- 강점을 처음 실천했음에도 급격한 학습 곡선을 보임
- 그 강점을 사용하는 새로운 방법을 알고자 하는 열망
- 그 강점을 꼭 사용해야 할 것 같은 필연적인 느낌("나를 말려 봐.")
- 강점을 사용한 후에 지치는 것이 아니라 힘이 나고 고무됨
- 그 강점을 중심으로 개인적 프로젝트를 창조하고 추진함
- 강점을 사용할 때 기쁨, 열정, 열화, 심지어는 황홀함을 느낌

긍정심리학자들은 개인의 상위 5개의 강점을 대표 강점으로 삼아 왔다. 초기 연구에서는 사람들마다 3~7개의 대표 강점을 가질 것이라고 제안했다(Peterson & Seligman, 2004). VIA 성격 연구소는 대표 강점의 구성을 더 조사했으며, 개인 내 대표 강점의 수량을 파악하기 위해 앞선 2개 논문에서 논의된 초기 개념을 조사하는 4개의 연구를 수행했다(Mayerson, 2013). 대표 강점을 결정하려고 사용하는 기준에 대해 다양한 수준의 엄격함과 함께 다른 전략이 적용되었다. 대표 강점은 대표 강점이 아닌 강점에 비해 VIA 점수가 유의하게 높은 것으로 확인되었으며, 따라서 대표 강점은 구분된 범주로 강조된다. 몇 년 후, Robert McGrath는 대표 강점 검사(Signature Strengths Survey: SSS)를 개발하고 검증하기 위해 세 가지 연구를 수행했다. 첫 번째 연구에서는 약 50만 명의 사람으로부터 수집된 VIA 검사 자료를 사용하여 강점 간의 평균 차이를 조사하였고, 두 번째 연구에서는 예비 SSS를 실시하고 수검자의 응답 패턴을 인터뷰하였다. 수검자에게 대표 강점을 선택한 이유를 말해 달라고 요청했을 때, 가장 일반적인 반응은 그 강점이 '내 정체성의 일부'라는 것이었다. 이러한 연구는 4,131명에게 실시된 SSS의 최종 반복 연구(3차 연구)에 정보를 제공하였고, 평균적으로 5.5개의 강점이 대표라고 식별되었다[이들 연구의 더 자세한 내용은 McGrath의 매뉴얼(2017)에 실려 있음]. 이러한 결과는 대표 강점의 구성을 지지하며, 비록 그 기준이 원래 가설보다 더 엄격하지만, 사람들이 자신이 가지고 있다고 생각하는 평균적인 대표 강점의 수가 긍정심리학자들이 처음에 제안한 것과 일치함을 보여 준다. 다른 연구에서도 확인된 대표 강점을 결정하는 가장 중요한 기준은 강점이 그 사람이 누구인가에 대해 핵심적인 것 또는 본질적인 것으로 볼 수 있는지의 여부이다.

강점 기반 개입 실무자를 위한 Tip

내담자의 강점이 '대표' 강점인지 아닌지 결정하고자 할 때, 만약 하나의 질문만 할 수 있다면 다음과 같이 물어보라. "이 강점이 당신이 누구인지를 말해 주는 데 본질적인가요?" 혹은 더 폭넓게는 "높은 순위의 강점들 중에서 어떤 것이 당신이 누구이고, 또 당신을 한 사람으로 정의하는 데 가장 핵심적인가요?"라고 물어보라. 즉, 문제의 핵심을 파악하길 원한다면 정체성에 대해 물어보라.

삶에서 핵심적으로 중요한 것을 깨닫게 하는 대표 강점을 떠올리는 또 다른 전략은 정신적 뺄셈 연습을 하는 것이다. 만약 당신이 당신의 대표 강점들 중 하나를 가지고 있지 않다면 삶이 어떠할지 생각해 보라. 만약 당신이 창의력을 표현하지 못한다면 당신의 삶이 어떨지 상상할 수 있는가? 만약 호기심이 당신에게서 없어진다면? 수천 명의 사람과 이를 경험적으로 연습하면서 나는 많은 사람이 이에 대해 '아하' 반응을 한다는 것을 알게 되었다. 그들이 자신의 핵심 강점이 없어졌다고 생각할 때 충격과 공포의 숨소리를 내는 것이 흔하다는 것도 알게 되었다. 전형적인 반응들은 다음과 같다.

- "창의력이 없다는 건 마치 숨이 막히는 것과 비슷할 것 같아요. 마치 가쁘게 숨을 헐떡거리는 것처럼 말이에요."
- "신중성과 조심성은 바로 나 자신이에요. 내가 원래 그래요. 어떻게 나에게서 그것을 없앨 수 있단 말일까요?"
- "호기심 없이 산다는 것은 목숨이 겨우 붙어 있는 것과 같아요."
- "나에게 사회지능이 없다면 어떻게 다른 사람들과 소통할 수 있을지 모를 거예요."

강점은 우리 주변, 특히 미디어에서 묘사되고 보인다. 동료인 Danny Wedding과 나는 VIA 분류체계의 성격 강점을 보여 주는 1,500개가 넘는 영화에 관한 글을 썼다(Niemiec & Wedding, 2014). 부록 G에 성격 강점 개념과 그에 맞는 학문적인 영화 논문의 짧은 목록을 제시하였다. 영화를 통해 우리는 각 캐릭터의 대표 강점에 대해서 알게 되었고, 또 종종 우리의 대표 강점이 반영되어 나타나는 것도 보았다. 또한 우리는 책이나 TV 쇼, 웹사이트, 블로그 및 소셜 네트워크 서비스(SNS) 등에서 묘사되거나 창조되는 개인의 대표 강점을 알아차릴 수도 있다.

책을 읽으면서 주연 혹은 조연들의 대표 강점은 무엇인지 질문을 던져 보라. TV에 나오는 유명인들의 대표 강점은 무엇일까? 정치인이나 유명한 경제인들의 경우는? 우리는 보는 것마다 강점을 알아차릴 수 있고, 개인이나 극 중 역할의 대표 강점도 밝힐 수 있다. 이러한 접근법은 학교에서 점점 더 관심을 얻고 있다(예: White & Waters, 2014). 2010년에 아카데미 최고 작품상을 받은 〈킹스 스피치(The King's Speech)〉를 떠올려 보자. 이 영화는 진정한 우리 자신을 표현하는 대표 강점이 무엇인지에 대한 완벽한 비유를 제공한다. 영화에서 영국의 왕인 조지 6세(Colin Firth 분)는 심한 말더듬증을 앓고 있었기에, 제2차 세계대전의 위기에 처해서 공황 상태에 빠진 대중에게 정보를 알리고 달래기 위해 명확하게 말할 수 없었다. 왕은 말하기 코치인 Lionel(Geoffrey Rush 분)과 함께 치료를 시작했는데, Lionel은 왕이 자신의 목소리를 찾도록 돕기 위해서 상당한 정도의 창의력, 호기심, 친절 및 통찰력을 사용하였다. '한 사람의 목소리를 찾는 것'은 대표 강점을 표현하는 것의 비유일 수 있다. Lionel은 왕이 '자신의 목소리에 확신을 갖도록' 용기를 북돋웠다. 극 중에서 왕이 말더듬을 극복하여 자신을 분명하게 표현하게 되는 가슴 아픈 대화는 다음과 같다.

> 왕: 내 말을 좀 들어 보라고.
>
> Lionel: 당신의 말을 들으라고요? 무슨 권리로?
>
> 왕: 당신이 꼭 권리를 따져야 한다면 그건 왕권이야. 나는 당신의 왕이야.
>
> Lionel: 아니, 당신은 왕이 아니에요. 직접 말했잖아요. 원하지 않는다고. 왜 내가 당신 말을 듣는 데 시간을 낭비해야 하지요?
>
> 왕: 나는 목소리를 낼 권리가 있기 때문이야. 나는 목소리를 가지고 있다고!
> …… [침묵]
>
> Lionel: 네, 그래요. …… Bertie, 정말 끈기가 있네요. 당신은 내가 아는 사람 중 가장 용감한 사람이에요.

이 대화에는 왕이 자신의 목소리(그의 핵심, 진정한 자기)를 찾는 순간이 나온다.

분명하고 힘차고 또 진실하다. Lionel은 '코치'를 하면서 왕이 진정한 자신이 중요하고 그것을 표현할 수 있도록 모순적인 개입, 직면, 저항, 충고, 지지와 같은 다양한 방법을 사용한다. 이 대화에서 관객은 왕의 대표 강점 중 두 가지인 용감함과 인내를 알아차리고 높게 평가하는 Lionel의 통찰력도 알게 된다.

우리는 어떤 상황에서도 개인의 대표 강점을 알 수 있다. 다음의 부고(訃告)를 보자.

> 슬프게도, Mary 자신도 삶 전반에 걸쳐 안팎으로 많은 비극을 겪었습니다. 그녀의 강점은 결단력과 역경을 극복하려는 의지였습니다. 다른 사람들에 대한 연민이 그녀 자신의 질병보다 훨씬 클 때가 많았습니다(Pocono Record, 2012).

이 세 문장은 Mary가 인내심과 친절의 대표 강점을 지닌 사람이라는 것을 알려 준다. 그녀는 내적 및 외적 장애를 극복하였을 뿐 아니라 그 과정에서 계속 타인에 대한 돌봄을 지속했던 사람이었다.

〈글상자 2-1〉에 우리가 대표 강점에 대해 기억해야 할 중요한 요점이 있다.

글상자 2-1 대표 강점

- 성격 강점 프로파일에서 대체로 상위에 위치한다.
- 특히 진실되고 자연스럽게 표현될 때 정체성의 중요한 부분이 된다.
- 생각, 감정, 의지 및 행동을 통해 표현된다는 점에서 대표 강점은 인간 정신의 일부이다.
- 언어적·비언어적 혹은 문체 등의 소통 속에서 자연스럽게 드러난다.
- 책, 영화, 웹사이트, 블로그, SNS와 같은 미디어에서 볼 수 있다.
- 삶의 각 영역에 걸쳐 표현된다.

대표 강점 연구

▌새로운 방식으로 대표 강점 사용하기

현재 긍정심리학에서 가장 많이 인용된 개입 효과 연구는 Seligman 등(2005)이 수행한 이중맹검 무선 플라세보 통제 연구(double-blined, random assigment, placebo-controlled study)로, 이는 좋은 연구라는 관점에서 최적의 기준에 해당한다. 연구자들은 577명의 성인을 5개의 처치 집단 및 플라세보 집단에 무선으로 할당하였다. 각 처치 집단의 주요 개입법은 다음과 같다.

- 감사 방문: 당신에게 특히 친절을 베풀었으나, 미처 감사인사를 전하지 못한 사람에게 감사 편지를 쓰고 전달하기
- 세 가지 좋은 일: 매일 밤 좋았던 일 세 가지와 그 인과관계에 대해 적어 두기
- 최상의 상태: 자신이 최상의 상태였던 순간을 쓰고 그 이야기 속에서 나타난 강점을 생각하기. 그리고 그 이야기와 강점을 하루에 한 번씩 떠올리기
- 새로운 방식으로 대표 강점 사용하기: VIA 검사를 하고 상위 5개의 강점을 살펴본 뒤, 매일 새로운 방식으로 이 5개의 강점을 사용해 보기
- 강점 파악하기: VIA 검사를 하고 상위 5개의 강점을 살펴보고 일주일간 이 강점들을 더 많이 사용하기
- 플라세보: 매일 밤마다 이전 기억에 대해서 적어 보기

초기에는 모든 집단에서 효과가 있었으나, 효과가 지속된 집단은 2개로, '세 가지 좋은 일(이는 '감사한 일 세어 보기'나 '감사 연습'이라고도 불린다)'과 '새로운 방식으로 대표 강점 사용하기'였다. 이 집단에서 유의미한 행복의 증가와 우울의 감소가 나타났는데, 이 효과는 6개월까지 지속되었다. 효과가 현저했을 뿐 아니라 그 개입이 지지나 지침을 주는 실무자의 실시간 상담 없이 온라인으로 이루어졌다는 점이 인상적인 부분이다. 만약 이러한 개입을 미술에 비유한다면, 그들은 '미니멀리스트'로 여겨질 것이다.

이 개입들은 오직 일주일 동안만 이루어졌다. 그러나 Seligman과 동료들(2005)은 효과를 더 많이 보았던 사람들은 스스로가 그러한 방법을 계속하기로 결정했다는 것을 발견했다. 이는 새로운 습관을 만드는 데 시간과 인내가 필요할 뿐 아니라, 대표 강점 작업이 실제로 어떻게 보상이 될 수 있는지를 말해 주는 것이다.

새로운 방식으로 대표 강점 사용하기 개입법은 통제 집단이나 다른 개입 집단에 비해서 여러 장면, 대상 및 문화적 배경을 통해 전부 혹은 부분적으로 반복 검증되었다. 대표 강점 사용의 장기 효과(6개월)는 유럽 사람들을 대상으로 반복 검증되었고(Gander, Proyer, Ruch, & Wyss, 2013), 그 효과는 캐나다(Mongrain & Anselmo-Matthews, 2012), 호주(Mitchell, Stanimirovic, Klein, & Vella-Brodrick, 2009), 영국(Linley, Nielsen, Gillett, & Biswas-Diener, 2010), 중국(Duan & Bu, 2017; Duan, Ho, Tang, Li, & Zhang, 2013) 등 다양한 나라에서 나타났다. 또 다른 연구에서 세 가지 개입법과 플라세보를 사용했는데, 대표 강점 개입에서 긍정적 효과(예: 행복의 유의미한 증가)가 가장 큰 폭으로 증가했고, 플라세보의 경우에도 받아들일 만한 정도로 향상된 결과가 6개월 이후까지 지속되었다. 그러나 이 연구에서는 초기 참여자의 약 1/4 정도가 중도 탈락하였다(Woodworth, O'Brien-Malone, Diamond, & Schuz, 2017).

청년에서 노인까지를 대상으로 대표 강점을 적용했을 때도 성공적이었다. 예를 들면, 의미 있는 목표 추구에서 대표 강점을 함께 다뤘던 청년들의 경우 몰입과 희망의 증가가 나타났다(Madden et al., 2011). 장년 및 노년층(50~79세)을 대상으로 대표 강점을 새로운 방식으로 사용하는 개입을 실시한 결과 행복 증가와 우울 감소 모두에서 효과가 가장 크게 나타났다. 다른 개입들은 플라세보에 비해 일부 효과만을 보였는데, 예를 들면 감사 방문과 세 가지 좋은 일의 경우 행복 수준의 증가에서 효과를 보였고, 세 가지 즐거운 일 생각하기는 우울 감소에서 효과를 보였다(Proyer, Gander, et al., 2014a).

또 다른 무선 통제 연구에서 참여자들은 2개의 대표 강점 사용하기 집단, 하나의 대표 강점과 하나의 낮은 순위 강점 사용하기 집단, 통제 집단에 배치되었다. 그 결과, 통제 집단에 비해 두 처치 집단에서 삶의 만족도의 유의미한 증가가 나타났으며 두 처치 집단 간 차이는 없었다(Rust, Diessner, & Reade, 2009). 두 처치 집단은 자신의 성격 강점을 성공적으로 사용했던 과거 사건에 대해 쓰고, 매주 다음 주에 자신의 강점을 적용할 수 있는 계획이나 상황에 대해서도 적었다. 무선 할당이 이루어지지 않은 Rashid(2004)의 연구에서도 유사하게 대표 강점 혹은 대표 강점이 아닌 것으로 작업한 학생들이 통제 집단에 비해서 유의미하게 웰빙이 증가한 결과를 얻었다. 법대 학생들을 대상으로 한 연구에서 자신의 상위 강점들을 사용하는 것이 우울 경향성이나 스트레스를 감소시키고 학생 생활 만족도를 높였다(Peterson & Peterson, 2008). 또 다른 무선 연구에서 감사, 친절 및 다른 연습들로 강점 작업을 한 경우 통제 집단에 비해 시간이 지남에 따라 긍정 및 부정 정서 균형이 향상되는 결과가 나타났다(Drozd, Mork, Nielsen, Raeder, & Bjørkli, 2014). 종단 연구에서 3개월과 6개월 추적 검사를 통해 일반적인 강점의 활용(VIA 성격 강점이 아닌)이 웰빙의 중요한 예측요인이며, 스트레스 감소, 긍정 정서, 활력 및 자존감 증가로 이어진다는 점이 발견되었다(Wood, Linley, Matlby, Kashdan, & Hurling, 2011).

💬 **강점 기반 개입 실무자를 위한 Tip**

내담자가 VIA 검사를 마친 뒤, 대표 강점에 대해 이야기를 해 보라. 그들이 초점을 맞추고자 선택한 대표 강점을 '확인'하도록 해야 한다. VIA 검사는 개인의 상위 강점들을 파악하는 데는 효과가 있지만, 내담자에 대한 '최종 답안'으로 간주되어서는 안 된다. 상위 강점들이 그들이 누구인지에 대해 가장 본질적이며, 에너지를 공급해 주고, 사용하기에 자연스러우며, 다양한 환경에서 널리 표현되는지에 대해 확인을 해 주는 것은 내담자이다. 한 유명 치료자는 '결과가 삶을 능가하지 않는다'는 점을 내담자에게 상기시키라고 제안했다. 즉, VIA 검사에서 친절과 인내가 상위에 있지 않더라도, 깊은 친절과 인내의 삶을 살고 있다고 생각하는 내담자라면 그러한 점에 대해 특별한 관심을 기울여야 한다.

다양한 맥락에서의 대표 강점

대표 강점 개입은 우울/자살 시도로 입원한 환자들(Huffman et al., 2014), 신경심리학 분과의 두뇌 외상 환자들(Andrewes, Walker, & O'Neill, 2014), 외래 기반의 성인 정신증 환자들(Riches, Schrank, Rashid, & Slade, 2016), 참전용사들에게 자신의 대표 강점을 사용하도록 상기시키는 글을 소지하도록 한 재향군인 관리국 재활 영역(Kobau et al., 2011), 직업상담의 맥락(Littman-Ovadia, Lazar-Butbul, & Benjamin, 2014)

등과 같은 다양한 심리 현장에서 성공적으로 적용되었고 긍정적 효과가 있었다. 앞의 마지막 연구에서 강점 기반의 직업상담을 기존의 전통적 직업상담과 비교하였는데, 두 집단의 참여자 모두 일상에서의 강점 사용이 증가했으나, 자존감 강화는 강점 기반의 직업상담 집단에서만 나타났다. 3개월 후 추적 검사에서 강점 기반의 직업상담 집단(81%)은 전통적 직업상담 집단(60%)에 비해 더 높은 취업률을 보였다.

긍정심리치료는 행복을 증가시키기 위해 긍정 정서, 강점 및 삶에서의 의미를 세우는 데 초점을 둔다. 예비적 개입 연구를 통해 긍정심리치료가 기존의 우울증 치료에 비해 더 효과적임이 밝혀졌다(Rashid & Anjum, 2008; Seligman, Rashid, & Parks, 2006). Tayyab Rashid는 긍정심리치료의 50% 이상이 성격 강점 사용 및 훈련을 중심으로 이루어진다고 언급했다(Rashid, 개인적 교신, 2011). 회기들은 일반적인 성격 강점 개입(예: 대표 강점을 밝히고 함양하기 위한 2개의 회기, 의미를 촉진하기 위한 '강점의 가족 나무'와 '시간의 선물'의 2개의 회기)과 특별 강점(예: 용서 회기, 감사 회기) 및 긍정심리학의 핵심 주제(예: 몰입을 촉진하기 위한 사랑, 즐거움을 촉진하기 위한 희망) 등에 초점을 맞춘다.

(성격 강점이 아닌) 강점에 초점을 둔 성공적인 결과들은 Minhas(2010)의 연구와 Cox(2006)의 연구에서도 볼 수 있다. 후자의 연구에서 치료자가 추천하고 연습한 강점 기반의 접근은 다양한 사회 · 정서적 문제 행동을 감소시켰다.

성격 강점 개입은 종종 웰빙, 탄력성, 성취 및 긍정심리학 분야의 다른 영역들의 증진에 초점을 둔 더 넓은 범위의 프로그램에 통합된다. 대다수의 이러한 프로그램은 참여자들이 자신의 대표 강점을 확인하고 그것을 행동으로 취하도록 돕는다. 이 프로그램들은 교육, 사업 및 군대를 포함한 많은 장면에 걸쳐 있다. 프로그램들의 결과가 매우 고무적이고 심지어 일부는 획기적이고 상당한 영향력을 가지지만, 연구자들은 대체로 긍정심리학적 개입에서 대표 강점 및 기타 성격 강점 요소가 기여한 바를 구분하지 않는다. 대표 강점이 대부분의 프로그램에서 '핵심'으로 묘사되지만, 여전히 다음과 같은 질문은 남아 있다. 이 종합적인 프로그램에서 가장 결정적인 요소는 무엇인가? 성격 강점 요소들이 이 프로그램에 얼마나 많은 부가적 가치를 주는가?

다음은 성격 강점 작업, 특히 대표 강점 작업이 흔히 적용되는 영역이다. 관련 연구 결과들을 함께 포함했으며, 이 내용은 책 전반에 걸쳐서도 제시되어 있다.

사업

성격 연구는 조직/직장의 맥락에서 특히 확고한 영역으로 자리 잡아 왔다 (Mayerson, 2015 참조). Claudia Harzer와 Willibald Ruch는 직장을 배경으로 많은 연구를 진행했다. 직장에서 4개 이상의 대표 강점을 사용한 직장인들은 4개 미만의 강점을 사용한 경우에 비해 더 많은 긍정적인 직무 경험과 직업 소명감을 가지고 있었다(Harzer & Ruch, 2012). 또한 어떤 강점이 제일 높은지에 관계없이 대표 강점들은 긍정적 직무 경험과 관련되었다(Harzer & Ruch, 2013). 또 다른 연구에서 성격 강점은 직무 성과(Harzer & Ruch, 2014) 및 스트레스 대처(Harzer & Ruch, 2015)와도 관련되었다. 마지막으로 개입 연구에서 직장인들의 대표 강점과 그들의 직무를 연계하여 맞춘 것이 직업 소명감을 증가시켰다고 밝혀졌다(Harzer & Ruch 2016).

한편, 지지와 관련된 연구에서 동료의 지지가 아닌 상사의 지지를 받는 직장인들이 그다음 날의 강점 사용이 증가한 것으로 나타났다(Lavy, Littman-Ovadia, & Boiman-Meshita, 2016). 이 연구자들은 또 다른 연구에서 직장에서 모든 종류의 강점 (대표 강점, 행복 강점, 더 낮은 강점) 사용이 긍정적 결과와 상관이 있다고 밝혔다. 예를 들면, 대표 강점은 직무 성과와 조직 시민 행동은 높이고 역효과를 가져오는 직무 행동은 낮추는 데 더 크게 기여했고, 행복 강점은 직업의 의미, 몰입 및 직무 만족도에 가장 크게 기여했다(Littman-Ovadia, Lavy, & Boiman-Meshita, 2016). 여성 직장인들의 성격 강점 사용을 조사한 질적 연구에서는 모든 사례에서 강점들이 강점 사용을 방해했던 장애물을 극복하는 데 도움을 주는 선순환으로 이어진다는 것을 발견했다(Elston & Boniwell, 2011). 또한 모든 대상자가 직장에서 성격 강점을 사용함에 있어 고유한 가치를 이끌어 냈다. 직장인에 대한 또 다른 연구에서 10분간의 구조화된 설명을 듣는 것에 새로운 방식으로 대표 강점을 사용하기를 조합한 집단이 새로운 방식으로 대표 강점 사용하기만 사용한 집단에 비해 강점 사용 및 목표 설정이 증가되었다(Butina, 2016).

일반적인 강점 사용(VIA 검사를 사용하지 않은)은 자기효능감과 능동적 행동 (van Woerkom, Oerlemans, & Bakker, 2016) 긍정 정서와 심리적 자본(Meyers & van Woerkom, 2016) 그리고 결근 감소(van Woerkom, Bakker, & Nishii, 2016)와 관련되기 때문에, 조직은 직원들이 직장에서 자신의 강점을 더 자주 사용할 수 있도록 돕는 방법을 찾는 것이 좋다. 조직의 풍토도 직원들이 자신의 강점을 활용할 수 있도록 지원할 수 있다. 8개 조직, 39개 부서의 442명의 직원을 대상으로 한 연구에서 강점을 바탕으로 한 심리적 풍토가 긍정 정서 및 업무 성과와 관련된다고 밝혀졌다(van Woerkom & Meyers, 2014). 직장 내의 강점에 초점을 둔 갤럽의 연구에서 인재 유지와 직원 만족에 있어 중요한 두 가지 예언요인이 밝혀졌다. 이는 직장에서 상위 강점들을 사용하는 것과 상사가 직원의 상위 강점들을 즉시 알아차리는 것이다. 슬프게도, 갤럽의 연구에서 단 20%의 직장인만이 자신들의 상사가 자신의 장점들을 알고 있으며, 3분의 1만이 매일 최선을 다할 기회가 있다고 말하였다. 조직의 리더십이 개인의 강점에 집중하지 못하면, 조직원이 조직에 몰입할 확률은 9%이다. 그러나 리더십이 조직원들의 강점에 집중하면, 그 숫자는 73%까지 상승한다(예시와 자세한 설명은 Asplund et al., 2007; Clifton & Harter, 2003; Hodges & Clifton, 2004 참조).

교육

성격 강점이 학생들 웰빙의 중요한 자원이 되면서(Gillham et al., 2011), 세계적으로 긍정적 교육 프로그램이 점점 더 관심의 초점이 되고 있다. 성격 강점들을 교육에 통합하는 것을 논하는 중요한 문헌에서, Linkins, Niemiec, Gilliham과 Mayerson(2015)은 미국과 다른 나라의 전통적인 성격 교육 접근이 왜 하나의 획일적인 것(학교 당국은 모든 학생이 기를 수 있는 소수의 강점을 선택한다)에서 각자 학생들 고유의 대표 강점으로 작업하는 개별화된 접근을 두루 적용하는 것으로 변화해야 하는지 보여 준다.

성격 강점들은 긍정적 웰빙(Oppenheimer, Fialkov, Ecker, & Portnoy, 2014)과 긍정적인 학급(Weber & Ruch, 2012b; Weber et al., 2016)을 만드는 데 중요한 역할을 하며, 성격 강점은 직원, 교사, 학생 및 프로그램 리더를 포함한 학교 전체에 반영되어 있다. 일부 프로그램은 성격 강점들에 주로 초점을 두거나(Yeager, Fisher, & Shearon, 2011), 성격 강점들에만 초점을 두기도 한다(Fox Eades, 2008; Proctor & Fox Eades, 2011 참조). Carmel Proctor와 Jennifer Fox Eades가 만든 강점 운동(Strength Gym)은 성격 강점을 기반으로 한 긍정심리학 개입 프로그램의 한 예로, 학생들은 성격 강점을 직접 적용한 것과 교과과정에 통합한 것 등 다양한 활동에 참여한다. 청소년에게 미치는 강점 운동의 영향에 대한 연구에서 강점 훈련에 참여한 청소년들은 그렇지 않은 청소년들에 비해 유의하게 높은 삶의 만족도를 나타냈다(Proctor et al., 2011).

중국의 교육 현장에서 강점 훈련 개입(상위 강점을 언제, 어디서, 어떻게 사용하는지 알아차리고 이에 대해 적어 보는 훈련)이 장단기 삶의 만족도 증가에 영향을 준다는 것도 밝혀졌다. 연구자들은 일부 참여자에게는 연구 목적을 알려 주고, 일부 참여자에게는 알려 주지 않는 것을 통해 플라세보 효과를 배제하였으며, 연구 목적의 인지 여부는 장기적으로 삶의 만족도에 영향을 미치지 않았다(Duan et al., 2013).

긍정적 교육 프로그램은 또한 호기심, 학구열, 창의성뿐 아니라 학교 성적, 사회적 기술, 학생들의 학교생활에 대한 즐거움과 몰입을 증가시켰다(Seligman, Ernst, Gillham, Reivich, & Linkins, 2009). 긍정적 교육 프로그램의 3년 후 추적 조사 예비 결과에서 긍정적 교육은 몰입과 성취에 영향을 미쳤으나 주관적 웰빙에는 영향을 미치지 않았다(Gillham, 2011). 확장된 긍정적 교육 프로그램이 호주의 일류 사립학교인 지롱 그래머 스쿨과 세인트 피터스 컬리지를 포함한 몇 개의 학교에서 실시되었다. 그 결과, 훈련과 성격 강점의 창의적 사용 및 그 외 긍정심리학의 실행 방법들에 대한 상당한 내용들이 정리되었다(각각 Norrish, 2015와 White & Murray, 2015 참조). 주로 첫째 시간에 교육되는 성격 강점 작업은 전형적으로 이 수업 활동의 근간으로 간주되는데, 여기에는 대표 강점 인식, 내가 최상이었을 때의 이야기 쓰기, 강점에 대한 가족 면담, 도전을 극복하기 위한 강점 사용 방법 배우기, 낮은 강점 개발하기, 특정 강점의 귀감이 된다고 여겨지는 학교 안의 선생님 및 다른 리더 찾아보기 등이 포함된다. 성격 강점 작업은 고전 문학(예:『세일즈맨의 죽음』,『맥베스』,『변신』)속의 강점을 파악하는 것에서부터 운동 경기에 강점을 불어넣는 것까지 학교 전체의 과목과 활동에 상당히 포함되어 있다. White와 Waters(2014)는 세인트 피터스 컬리지의 접근방식과 스포츠, 학생 리더십, 상담, 영어 과목의 모든 분야에 걸쳐 포함되어 있는 성격 강점의 다섯 가지 새로운 시도를 자세히 설명한다.

공립학교에서도 흥미로운 작업이 실시되고 있다. VIA 연구소는 메이어슨 아카데미와 파트너십을 체결하고 오하이오 지역 신시내티에 있는 40개 공립학교에 성격 강점 프로그램을 적용하였다(Bates-Krakoff, McGrath, Graves, & Ochs, 2016). 이 프로그램에는 학생과 교사 훈련, Happify 사이트의 게임화된 온라인 강의, 교사 코칭 등이 포함되어 있다. 번영하는 학습 공동체(Thriving Learning Communities)라는 이름으로 불리는 이 프로그램을 평가한 결과, 초기에 사회적-정서적 학습(Social-Emotional Learning: SEL)의 유능감, 강점에 대한 자기자각 및 학교생활 즐기기가 증가하였고, 결석률 및 징계율이 낮아지고 성적이 높아지는 긍정적 경향이 나타났다 (Jillian Darwish, 개인적 교신, 2016. 9. 26.).

군대

전 세계적으로 노르웨이, 스웨덴, 아르헨티나, 호주, 인도를 포함하여 많은 군대에서 성격 강점을 계획적으로 측정하고 활용하고 있다(Banth & Singh, 2011; Consentino & Castro, 2012; Gayton & Kehoe, 2015; Matthews, Eid, Kelly, Bailey, & Peterson, 2006). 한 예로, 미국 군대에서는 종합적 군인 단련 프로그램이라고 부르는 것에 긍정심리학적 핵심 요소인 성격 강점과 탄력성 훈련을 체계적으로 포함시키고 있다(Cornum, Matthews, & Seligman, 2011; Reivich, Seligman, & McBride, 2011). 성격 강점은 이 프로그램에서 측정되는 전반적 평가 도구의 핵심 영역 중 하나이다 (Peterson, Park, & Castro, 2011; Vie, Scheier, Lester, & Seligman, 2016). 이 훈련 프로그램의 핵심 요소들로는 대표 강점 식별, 타인의 강점 식별 연습, 장애를 극복하거나 목표를 이루기 위해 개별과 팀의 강점을 모두 사용하기 등이 포함된다. VIA 검사를 마친 후 군인들은 다음의 질문을 탐색하게 된다(Reivich et al., 2011).

- 당신 자신에 대해서 무엇을 배웠나요?
- 군 복무 중 어떤 강점이 개발되었나요?
- 임무를 마치거나 목표를 이루는 데 당신의 성격 강점이 어떻게 기여했나요?
- 공고한 관계를 맺기 위해 당신의 강점을 어떻게 사용했나요?
- 당신이 지닌 강점의 그림자 측면에는 어떤 것이 있나요? 당신은 그것들을 어떻게 최소화할 수 있을까요?

그 후 군인들은 장애를 극복하거나 성공에 다다른 개인 및 팀의 경험 탐색, 사례 탐색, '도전 속의 강점' 이야기 쓰기, 팀의 성격 강점 사용이 요구되는 팀 임무를 완료하기 등이 포함된 개인과 팀 훈련에 참여한다.

군 연구자들은 용기 같은 성격 강점을 명명할 때의 이득(Hannah, Sweeney, & Lester, 2007) 및 리더십에서의 '빅-C' 성격의 중요성(Hannah & Jennings, 2013)에 관해 기술하였다.

다른 영역 및 대상

성격 강점은 상당수의 다양한 맥락과 대상에게 중요하다. 성격 강점과 대표 강점은 다양한 장애를 가진 아동 · 청소년 및 성인을 대상으로 측정 및 치료하는 데 적용되고 연구되었다. 이에는 지적장애 및 발달장애가 있는 아동 · 청소년(Biggs & Carter, 2015; Cater et al., 2015; Shogren, Wehmeyer, Lang, & Niemiec, 2017; Shogren, Wehmeyer, & Niemiec, 2017), 청소년의 직업 흥미(Proyer, Sidler, Weber, & Ruch, 2012), 장애 아동의 부모(Fung et al., 2011; Woodard, 2009), 지적장애 및 발달장애가 있는 성인(Samson & Antonelli, 2013; Tomasulo, 2014), 신체장애가 있는 성인(Chan, Chan, Ditchman, Phillips, & Chou, 2013), 난독증이 있는 사람들(Kannangara, 2015; Kannangara, Griffiths, Carson, & Munasinghe, 2015), 지적장애를 동반하지 않는 자폐증이 있는 성인(Kirchner, Ruch, & Dziobek, 2016) 등이 있다. 연구와 성격 강점의 실무적 내용을 지적장애 및 발달장애가 있는 사람들에게 적용하는 것이 제안되기도 하였다(Niemiec, Shogren, & Wehmeyer, 2017).

성격 강점은 건강한 섭식, 신체 운동, 개인 위생, 물질 회피 및 활동적 삶의 방식을 포함한 다양한 신체적 건강 영역에도 적용되어 왔다(Proyer, Gander, Wellenzohn, & Ruch, 2013). 수천 명의 인도 빈곤계층 소녀들을 대상으로 한 무선 통제 연구에서 성격 강점을 통합한 수업을 받은 소녀들이 유사한 내용이지만 성격 강점이 포함되지 않은 교육을 받거나 전혀 교육을 받지 않은 경우(통제 집단)에 비해 신체 및 심리사회적으로 유의미하게 더 건강해졌다(Leventhal et al., 2015, 2016). 질적 분석에서도 소녀들이 성격 강점을 쌓는 것은 학교 참여 증가 및 아동 조혼, 성별에 따른 폭력과 폭행, 학업 중단 방지에 도움이 된다고 밝혀졌다(DeMaria, Andrew, & Leventhal, 2016). 심각한 질환을 겪는 아동들을 대상으로 한 무선 통제 연구에서 '소원 들어주기' 개입 집단이 통제 집단에 비해 메스꺼움을 줄이고 삶의 만족도, 긍정 정서 및 강점이 증가했음이 밝혀졌다(Chaves, Vazquez, Hervas, 2016). 이 연구자들이 실시한 또 다른 연구에서 감사와 사랑 강점의 증가와 이득 찾기가 생명을 위협하는 질병을 겪는 아동들의 시간에 따른 삶의 만족도를 예측하였음이 밝혀졌다(Chaves, Hervas, Garcia, & Vazquez, 2016).

특정한 집단들을 대상으로 대표 강점 및 성격 강점 역동에 대한 수많은 조사 연구가 이루어졌다. 여기에는 직장인(McGovern & Miller, 2008), 교사(Chan, 2009;

Gradisek, 2012), 학대 생존자(Moore, 2011), 노숙자(Tweed, Biswas-Diener, & Lehman, 2012), 중독자(Krentzman, 2013; Logan, Kilmer, & Marlatt, 2010), 임상적 치료를 받는 다양한 대상(Smith & Barros-Gomes, 2015), 부모의 설명을 통해야 하는 아주 어린 아동들(Park & Peterson, 2006c), 음악가(Güsewell & Ruch, 2015), 콜센터 상담원(Moradi, Nima, Ricciardi, Archer, & Garcia, 2014), 커플(Goddard, Olson, Galovan, Schramm, & Marshall, 2016; Guo, Wang, & Liu, 2015), 레저 경험(Coghlan & Filo, 2016), 서비스 리더십(Shek & Yu, 2015), 자신의 종교적 믿음을 실천하는 종교인들(Berthold & Ruch, 2014), 스포츠 경기 결과와 관련된 경우(Proyer, Gander, Wellenzohn, & Ruch, 2014b), 아동의 학교 적응과 관련된 부모들(Shoshani & Ilanit Aviv, 2012), 청소년기 애정 관계에서 바라는 성격 강점(Weber & Ruch, 2012a), 법대 학생(Kern & Bowling, 2015) 등이 포함되었다.

> ### 💬 강점 기반 개입 실무자를 위한 Tip
>
> 대표 강점 계획과 과정에 대한 검사를 진행하라! 다음에 따라 당신 스스로 먼저 해 본 뒤 내담자에게 적용하라. 당신의 대표 강점 중 하나를 골라 일주일 동안 매일 새로운 방식으로 사용해 보라. 행복을 측정하는 도구를 사용하여 시작 전과 이후에 당신(그리고 내담자)의 변화를 검토해 보라. 나는 정기적으로 심리치료 내담자에게 삶의 만족도 척도(Satisfaction with Life Scale; Diener, Emmons, Larsen, & Griffin, 1985), 번영 척도(Flourishing Scale; Diener et al., 2009) 및 Beck 우울 척도(Beck Depression Inventory; Beck, Ward, & Mendelson, 1961) 등의 도구들을 개입 전과 개입 후 혹은 단기간 후에 반복적으로 실시한다. 내담자들은 늘 자신들이 성장했는지, 후퇴했는지 혹은 그대로인지 아는 것을 흥미로워한다.

▌상위 강점의 강화 혹은 약점의 개선?

한 세기 이상 심리학은 약점을 개선하는 데 집중하거나 문제에 초점을 맞추거나 혹은 고통을 완화시키는 것을 도와 왔다. 잘못된 것을 '고치는' 이러한 접근은 사업, 교육 및 건강관리를 포함한 많은 훈련에 스며들어 있다. 따라서 내담자, 학생 및 직장인들이 자신들의 강점을 생각하는 데 시간을 투자하도록 하는 것은 상당한 변화이다. 그것은 훈련을 받는 이가 이중으로 확인하게 하는 질문이다. "정말요? 나의 가장 최근 스트레스나 힘든 일을 듣지 않는다고요?" 수십 년의 연구가 결함을 기반으로 한 인지행동치료(Beck, Rush, Shaw, & Emery, 1979)의 접근을 성공적으로 지지해 왔음에도 불구하고, Cheavens와 동료들(2012)은 '결함 대 강점'이라는 개념을 검증하기로 하였다. 그들은 심각한 우울증(주요우울장애)을 겪고 있는 성인들을 'CBT 강점(상위 2개 강점)'에 초점을 둔 치료자 및 'CBT 약점(하위 2개 약점)'에 초점을 둔 치료자에게 우선적으로 배치하였다. 강점과 약점 영역은 우울증 관리에서 중요한 네 개의 영역인 행동 기술, 인지 기술, 대인관계 기술 및 마음챙김 기술 모두에 걸쳐 평가되었다. 그 결과, 강점 집단은 우울 증상에서 빠른 변화를 보였고 16주간의 치료에 걸쳐 이러한 호전이 유지되었다. 약점 집단에 비하면, 강점 집단은 더 큰 호전을 보였고 더 오래 지속되었다. 반복검증이 필요하지만, 이 연구는 문제와 결함을 개선하는 통념에 도전한다. 즉, 우리에게 내담자의 최선에 초점을 두고 강화하는 접근으로 전환해야 한다는 과제를 던지고 있다.

내담자의 강점을 목표로 하는 이러한 접근은 Cheavens의 연구에서 다른 말로 '자본화(capitalization)'라고 불린다. 이는 이미 효과가 있는 것을 활용하는 것이다. 또한 네덜란드 연구자들도 자본화 모델의 이득을 발견했는데, 강점에 초점을 맞춘 참여자들이 약점에 초점을 맞춘 참여자들에 비해 개인 성장률이 더 높은 것으로 나타난 것이다(Meyers, van Woerkom, de Reuver, Bakk, & Oberski, 2015). 강점 개발 집단의 경우 참가자들이 약 5~7명 정도의 사람에게 자신의 강점에 대한 피드백을 수집하고(타인에게 비친 최고의 자기 연습이라고 함; Spreitzer, Stephens, & Sweetman, 2009), 자신의 강점을 성찰하며 소집단 내에서 그것에 관해 토론한다. 또 일상생활에서 자신의 강점을 어떻게 활용하는지 강조하는 포스터를 디자인하고, 자신의 강점 프로파일을 구인 프로파일과 비교하며, 강점과 직무 기능의 사이의 적합성을 고려하고, 상상한 직업에 대한 자신의 강점을 강조하는 30초짜리 엘리베이터 연설을 개발한다. 또 다른 연구에서는 직장인들이 인식한 자신의 강점 사용에 대한 조직의 지원 및 강점 사용 행동은 각각 직무 수행에 대한 자기평가 및 관리자 평가와 유의한 상관을 보였다. 반면, 직장인들이 인식한 자신의 약점 교정에 대한 조직의 지원 및 약점 교정 행위는 성과와 관련이 없었다(van Woerkom, Mostert et al., 2016).

이러한 연구들은 성격 강점을 배우는 참가자들이 제기하는 가장 흔한 질문 중 하나와 관련되어 있다. 대표 강점에 주목해야 하는가, 아니면 낮은 강점에 주목해야 하는가? 내담자의 성격 강점 프로파일 중 낮은 강점들을 약점으로 간주하지 않더라도, 개인의 최고 자질을 활용하는 연구에서 얻을 수 있는 지혜에는 관심을 기울일 필요가 있다. 또한 연구를 통해 일부 근거가 제공되었기 때문에, 낮은 강점이 가치가 없다는 것을 의미하는 것이 아니다(예: Rust et al., 2009). 상위 강점과 하위 강점을 목표로 한 사람들 간의 차이에 대해서 더 긴밀하게 살펴본 연구가 있다. 참여자들을 상위 5개 강점을 목표로 한 집단, 하위 5개 강점을 목표로 한 집단, 플라세보 집단에 배치한 무선 할당 통제 연구이다. 2개의 개입 집단은 세 달간 행복과 우울감에서 효과를 나타냈다. 초기 강점 수준이 높은 참가자는 하위 강점으로 작업한 경우 더 많은 이득을 얻는 경향이 있었고, 초기 강점 수준이 낮은 참가자는 상위 강점으로 작업한 경우 더 많은 이득을 얻는 경향이 있었다(Proyer, Gander, Wellenzohn, & Ruch, 2015).

지금으로서는 어떤 강점을 갖고 작업을 해도 개인이 자기향상을 위해 긍정적인 행동을 취하고 있기 때문에 모두 유익하다고 결론을 내릴 수 있다. 비록 면밀하게 연구되지는 않았지만, 상위 강점은 에너지 고갈을 초래하거나 내적인 동기를 부여하지 못할 수 있는 강점 쌓기 시도보다 자기강화와 활력을 증가시키고 개인이 더 진솔하게 느끼게 할 수 있기 때문에, 낮은 강점으로 작업하는 것보다 대표 강점으로 작업하는 것이 더 낫다고 믿는 것은 합리적일 것이다.

▌대표 강점은 왜 그리고 어떻게 작용하는가

치료의 성공 여부를 결정한 후 자연스럽게 제기되는 다음 질문은 치료가 성공한 이유를 더 잘 이해하고자 하는 것이다. 실무적인 측면에서, 어떤 사람이 자신의 대표 강점을 표현하지 못하면 곧 공허감을 느끼리라는 것은 아마도 우리 대부분에게 명백하지만(예: Escandón, Martinez, & Flaskerud, 2016), 이 질문을 과학적인 관점에서 이해하는 것도 중요하다. 성공적인 개입을 설명하는 데 도움이 되는 행동의 기제는 무엇일까? Alex Linley와 연구팀은 조사에서 대표 강점의 사용과 웰빙이 왜 연결되는지 설명하는 데 기초적인 근거를 발견하였다(Linley et al., 2010). 그들은 대표 강점이 개인의 목표를 진전시키는 것이 자기결정 이론의 핵심 요소인 자율성, 관계성, 유능성으로 구성된 기본 심리적 욕구(Deci & Ryan, 2000)를 만족시키는 것과 관련됨을 발견하였다. 이것은 좋은 실무적인 감각이 된다. 대표 강점은 우리에게 자연스럽고, 우리가 누구인지를 표현한다. 따라서 우리 자신의 중심을 표현하게 될 때 이 삶에서 우리가 할 수 있는 한 많은 관계의 연결성을 만들고 성취하는 인간의 기본적 욕구를 충족시키고 있는 것이다. 목표의 성공은 당연히 이로부터 비롯된다. 결과적으로 우리는 더 큰 행복을 경험한다. 그러나 이것은 설명의 한 부분에 불과하다.

또 다른 연구에서 대표 강점의 사용은 한 개인의 '조화로운 열정'을 증가시켰다. 이는 제약 없이 자유롭게 선택한 활동을 하는 것을 지칭하는데, 개인 정체성에 중요한 하나의 부분이 된다. 조화로운 열정은 높은 웰빙으로 이어진다(Forest et al., 2012). 자존감도 강점 사용 및 삶의 만족도와 연결된 또 다른 작동 기제이다(Douglass & Duffy, 2015).

Quinlan, Swain과 Vella-Brodrick(2011)은 성격 강점이 웰빙에 영향을 미치는 다른 기제들을 제안했다. 그들은 '우리 사이의(between us 즉, 사회적인)' 것과 '우리 내부의(within us, 즉 개인적인) 것의 영향을 구분하였고, 다음과 같은 기제를 가설적으로 제시하였다.

- 강점은 우리의 노력과 인내를 증가시켜 웰빙을 증진한다(Dweck, 1986).
- 강점은 관계적 만족을 증가시킨다(Gable, Reis, Impett, & Asher, 2004).
- 강점은 쾌락 적응(hedonic adaptation)을 극복하도록 도와준다(Diener, Lucas, & Scollon, 2006).

자기일치(self-concordance)도 다른 설명 혹은 기제가 된다. 연구자들은 목표 설정 및 목표 추구와 목표를 향해 전진하는 것에 상당히 많은 이득이 있다는 것을 발견했다(Miller & Frisch, 2009; Sheldon & Elliot, 1999; Sheldon & Houser-Marko, 2001). 더 구체적으로 말하면, 우리가 가치와 흥미에 일치하는 목표를 설정하게 될 때 이를 바로 자기일치적 목표라고 한다. 우리는 자기일치적 목표에 이를 때 그렇지 않은 때보다 더 큰 행복을 느낀다고 한다(Sheldon & Kaser, 1998). 우리는 분명히 우리의 대표 강점을 가치 있게 여기며 그것을 표현할 때 활력과 즐거움을 느낀다. 따라서 목표와 강점이 일치되는 것은 당신이 원하는 삶을 만들어 가는 데 더 성공적인 방법이 된다.

또 다른 연구에서 성격 강점을 새로운 방식으로 사용하는 것이 표준적인 플라세보에 비해 유의미한 이득을 나타냈는데, Mongrain과 Anselmo-Matthews(2012)는 긍정적인 자기 관련 정보에 접근하는 것이 이 개입의 효과를 설명하는 기제일 수 있다고 제안하였다. Wellenzohn, Proyer와 Ruch(2016b)는 행복을 증진하고 우울감을 낮추는 개입 연구에서 유머 성격 강점을 검증하였고 몇 가지 다른 기제를 연구하였다. 그들은 과거나 현재에 맞춰진 개입에서 긍정 정서로의 주의 전환이 있었음을 발견했다.

조직의 맥락에서 긍정 정서가 대표 강점 사용과 직업 몰입, 의미, 직업 만족, 직무 성취, 조직 시민 행동, 역효과를 가져오는 직무 행동과 같은 다양한 직장 내 결과들 사이를 설명하는 매개변수임을 발견하였다(Littman-Ovadia et al., 2016). 또 다른 직장 연구에서는 긍정 정서가 성격 강점 사용과 직장에서의 웰빙 사이의 매개변수로 나타나기도 하였다(Meyers & van Woerkom, 2016). 유사하게, 또 다른 연구에서 긍정 정서와 몰입이 성격 강점 사용과 생산성, 조직 시민 행동, 직무 만족도 사이의 연관성을 설명할 수 있었다(Lavy & Littman-Ovadia, 2016). 내면의 긍정 특성에 접근하기나 목표 설정과 같이 앞서 언급한 기제들뿐 아니라 이러한 긍정 정서 기제는 처음 긍정 정서를 적용한 Babara Fredrickson(2001)의 확장 및 수립 이론과 강한 관련이 있다. 이 이론에서는 긍정 정서가 현재의 행동 가능성의 목록을 확장하고 미래의 개인적 자원을 수립한다고 설명한다. 이 과정은 웰빙의 상향 나선 구조를 생성한다(Fredrickson & Joiner, 2012). 특히 특질이 감정 상태의 밀도 분포라는 관점(Fleeson, 2001)에서 본다면, 아마도 성격 강점은 확장 및 수립 이론의 좋은 지점으로 간주될 수 있을 것이다. 이것은 강점이 웰빙과 연관되어 있음을 의미하는데, 강점이 현재 최적의 행동 가능성을 확장하고 동시에 이후 행동을 위한 개인 자원을 수립하기 때문이다.

대표 강점 사용, 대표 강점 수준, 인생의 소명, 삶의 만족도 간 관계(조절변수)를 검증한 연구에서, 소명의식이 낮고 대표 강점 수준이 높은 사람들은 대표 강점 사용과 삶의 만족도 사이에 강한 관련성을 보였다(Allan & Duffy, 2013). 이 연구의 핵심은 대표 강점 사용이 특히 의미와 목적이 낮은 사람들에게 중요했다는 것이다.

장기적인 긍정심리학적 개입 연구는 Proyer, Wellenzohn 등(2014)에 의해 다양한 긍정적 개입(예: 새로운 방식으로 대표 강점 사용하기, 세 가지 좋은 일) 간의 관계를 검증한 것으로, 개입의 형태가 참여자와 맞는지에 따라서 행복과 우울감을 예측하였다. 그들은 어떤 조건에서 대표 강점과 다른 긍정적 개입 작업이 최선의 결과를 내는지 알아보고자 하였다. Proyer와 동료들은 Lyubomirsky와 Layous(2013)의 개인-행동 적합성 개념을 바탕으로, 개입이 실시된 시점부터 3년 반 후의 행복과 우울감의 예측변수로 다음의 네 가지 요소가 특히 중요하다는 것을 발견했다.

- **지속적인 훈련**: 지정된 시간 이상으로 자발적으로 훈련을 지속하기(Seligman et al., 2005에서 우연히 발견됨). 지속적인 훈련은 습관을 발달시키는 데 도움이 된다(Lyubomirsky, Sheldon, & Schkade, 2005).
- **노력**: 교육 시간 대부분을 이수하는 것과 같이 개입에 임하는 사람들의 작업 방식
- **선호**: 개입으로 얻는 이득에 호의적이거나 이득을 알아차리는지의 여부 [Schueller(2010)의 선호 연구에서 발견된 가장 중요한 요인]
- **초기 반응성**: 사람들이 개입에 반응하는 방식. 긍정 정서의 즉각적 증가와 같은 빠른 반응을 보이는가?

그들은 이 네 가지의 조합이 장기간의 행복과 우울감을 예측하는 데 가장 성공적인 지표임을 발견했다. 그들은 "사람들이 긍정심리학적 개입들에 대해 생각하는 방식과 그것으로 작업하는 방식 그리고 그것에 반응하는 방식이 이후 시점의 웰빙을 예측하는 역할을 한다."라고 설명했다(Proyer, Wellenzohn, et al., 2014, p. 14). 장기적 이득에 기여하는 것은 사람과 개입법 사이의 이러한 적합성 요소들이다.

아마도 당연하겠지만, 성격 강점과 웰빙 사이의 관련성을 설명하는 많은 요인이 있다. 이들 각각은 왜 강점 사용이, 특히 대표 강점 사용이 성공적인 개입이 되는지에 대해 더 많은 설명을 제시한다. 기제가 명확히 밝혀질수록, 그 발견들은 인간이 핵심 능력을 개발하고, 타고난 잠재력을 사용하며, 가능한 모든 것이 될 수 있다는 자연스러운 경향성과 일치하게 될 것 같다(Buckingham & Clifton, 2001; Linley & Harrington, 2006). Linley와 Harrington(2006)은 강점에 기반한 코칭을 권장하는 논의에서 강점에 기반한 접근들의 중요한 역사적 근거를 요약하였다.

그리고 가장 근본적으로, 강점에 기반한 접근은 Aristotle로부터 시작되어 Carl Jung, Karen Horney, Carl Rogers를 거쳐 Whitmore와 Gallwey의 현대적인 코칭 접

근까지의 혈통을 지닌, 확립된 학습과 심리학적 접근방식에 확고히 기반하고 있으며, 마침내 이 새로운 훈련의 발전과 방향을 뒷받침하는 코칭 심리학의 정의와 통합된다 (p. 42).

대표 강점 작업의 핵심 이슈

이 절에서는 실무자들이 더 면밀하게 고려해야 하는 대표 강점 표현과 관련된 중요한 주제들을 철저하게 파헤친다. 먼저 대표 강점으로 '어떻게' 작업하는지를 간단히 알아본다. 성격 강점으로 작업하는 다양한 방법이 있으며, 이는 이 책의 해당 부분에서 볼 수 있을 것이다. 여기에서는 실무자 자신과 내담자의 대표 강점을 탐색하기 시작할 때 시작하는 데 도움이 되는 몇 가지 핵심적인 아이디어를 강조하였다.

▌강점맹의 종류

대표 강점을 제대로 평가하고 이해를 심화하기 위해 강점맹(strengths blindness)의 개념과 문제를 먼저 고려하는 것이 중요하다. 다음에 제시한 〈글상자 2-2〉에 성격 강점의 맹점들과 관련하여 상기해야 할 중요한 것을 제시하였다. Niemiec(2014a)은 네 가지 종류의 성격 강점맹을 제시하였다. 다음에 알아차리기 가장 어려운 것부터 순서대로 나열하였다.

1. 강점을 전반적으로 알아차리지 못함

이것은 만연한 자기자각의 부족 및 내가 누구인가, 즉 정체성과의 단절을 반영한다. 많은 사람이 자신의 강점을 알아차리는 것이 어렵다는 것을 안다(Linley & Harrington, 2006). 취업 면접이나 코칭 혹은 심리치료의 첫 번째 회기에서 강점이 무엇이냐고 물었을 때, 전조등 앞의 사슴처럼 깜짝 놀라는 사람들을 만나는 것은 흔한 일이다. 이러한 사람 중 일부는 심리적 성찰력(psychological mindedness)이 부족한 반면, 또 다른 일부는 '자신의 강점'에 대해서 그저 많이 생각해 보지 않은 것이다. 개인적으로 내담자에게 장점을 물었을 때 그들이 "몰라요."라고 하거나 "하나도 없어요."라고 하면서 자신의 신발을 내려다보면, 나는 슬퍼진다. 불행히도, 이는 아주 흔한 반응이다.

2. 의미와의 단절

직업의 맥락에서 의미와 단절된 사람들의 숫자가 증가하고 있다고 믿을 만한 이유가 있다(McQuaid & VIA Institute on Character, 2015). 설문 연구를 통해 보면, 오직 1/3의 사람들만이 자신의 강점에 대해 의미 있는 자각을 하고 있다(Linley, 2008). 어떤 사람은 자신의 강점을 묻는 일반적인 질문에 가볍게 대답하지만, 그들의 응답이 실질적인 것은 아니다. 모호하거나(예: "나는 좋은 자질을 갖고 있어요."), 성격 강점을 흥미(예: "음악 듣는 것을 좋아해요.")나 재능 혹은 기술(예: "나는 야구를 잘해요.")과 같은 다른 강점 영역과 혼동한다. 사람들은 취미로 하는 야구에서 자신이 보통 사람들보다 더 잘한다고 말할지도 모른다. 그러나 의미와 실체를 연결시키는 것은 성격이다. 이 사례에서 그 사람의 강점에 대해 우리에게 무언가를 알려 주는 것은 야구라는 분야에 대한 인내, 팀워크, 자기조절 강점들이다.

3. 강점을 특별함보다는 평범함으로 보는 것

때때로 사람들은 자기 강점을 아주 작게 축소하거나 대단하지 않게 생각한다. 혹은 자신이 가진 강점을 기껏해야 사무적으로 건조하게 대한다(Biswas-Diener et al., 2011). 이러한 경우에는 VIA 검사를 받고 "응, 나 이미 알고 있었어. 별거 아냐."라는 반응을 보인다. 이와 같은 무관심은 강점맹의 위험 신호이다. 그 사람이 자신의 최고 강점을 추측할 수 있는 것은 사실이나, 그것은 초점에서 많이 벗어난 이야기이다. 자신의 개인적인 목표를 달성하는 것을 포함하여 다수의 긍정적인 결과의 발판이 될 수 있는 무언가를 행했다는 것을 스스로 인정하지 않고 있을 것이다. 스스로에게 호기심 가득한 마음을 갖고 성장의 마음가짐을 취하는 대신 경직된 마음가짐으로 접근하는 것이다. 그들은 자신의 핵심적 특징에 대해 얼버무리고, 강점과 경험을 적극적으로 연결하지 않으며, 지금 순간의 강점 대화에 참여하지 않고, 강점 표현을 통해 성장하기 위한 방법을 브레인스토밍하는 데 적극적이지 않다.

강점의 과소사용(underuse)은 앞의 세 가지 종류 각각을 뒷받침할 수 있는 현상이다. 나는 때때로 모든 사람이 자신의 강점을 과소사용한다고 믿는다. 즉, 우리 모두는 우리의 성격 강점에 대한 스스로의 인식에 맹점을 가지고 있다. 만약 특히 대표 강점을 사용하여 성장 마음가짐을 구체화하고 있다면, 강점 사용의 새로운 접근 방법, 변형, 사용법 및 관점 등이 항상 존재한다(Dweck, 2006). 한 개인은 특정 맥락이나 상황에서 자신의 강점 중 하나를 사용하는 데 맹점이 있거나, 강점이 존재하는 방법과 감춰진 방식에 대해 맹점이 있을 수 있으며, 스트레스가 발생할 때 또는 특정 목표를 추구할 때 일상에서 자신의 강점이 어떻게 나타나는지를 알지 못할 수 있다. 이런 측면에서 대부분이 자신의 성격 강점을 이해하고 적용할 때 더 강한 마음챙김으로부터 이익을 얻을 수 있다고 말하는 것은 꽤 타당할 것이다.

4. 강점의 과다사용

성격 강점의 과다사용(overuse)은 네 번째 맹점이며 특수한 타입의 강점맹이다. 강점의 과다사용은 개인이 특정 상황에서 자신의 강점을 너무 강조할 때 발생한다. 과도한 호기심은 꼬치꼬치 캐묻는 것으로, 과도한 리더십은 통제하려는 것으로 표현될 수 있다. 종종 강점의 과다사용은 관계에 영향을 주지만, 과다사용을 하는 사람은 그 영향이나 그 영향의 범위를 알아차리지 못한다(즉, 맹점). 또한 개인이 직장에서 지나치게 신중하려고 노력하거나, 자신의 개성을 중요하지 않게 여기는 겸손함을 과다사용하는 맹점을 지니고 있을 때도 있다. 강점의 과소사용과 과다사용의 예시와 그것을 관리하는 전략들은 4장에서 더 자세히 논의할 것이다.

마음챙김과 강점을 통합하는 것이 강점맹 각각을 작업하는 하나의 방법이 될 수 있다. 성격 강점 사용의 향상을 위한 마음챙김의 함양은 '마음챙김 강점 사용(mindfulness strengths use)'으로 부를 수 있다. 마음챙김 훈련을 북돋기 위한 성격 강점의 사용은 '강력한 마음챙김(strong mindfulness)'이라고 불린다(Niemiec, 2012; Niemiec, Rashid, & Spinella, 2012). 두 현상을 통합하고 강화하고자 하는 매뉴얼화된 프로그램인 마음챙김에 기반한 강점 훈련(mindfulness-based strengths practice: MBSP)은 기대할 만한 결과를 보여 주었다(Ivtzan, Niemiec, & Briscoe, 2016; Niemiec, 2014a; Niemiec & Lissing, 2016).

이 부분에서 또 알게 되는 것은 강점맹이 만연하다는 것이다. 여기 나의 개인적인 예시가 있다. 내 아이들 중 한 명은 발달이 늦고 또래에 비해 기어 다니거나 걷는 것이 뒤처졌다. 그 아이를 위해 다양한 유아 치료 전문가들을 찾아갔다. 나는 아이가 해야 하는 것과 그것을 위한 전략이 무엇인지에 대해 많은 시간을 들여 가족 및 많은 조력자와 함께 논의하였다. 나는 종종 아이의 늦은 발달과 아이의 뇌 발달 및 사회적 관계에 영향을 주는 발달 지연을 걱정했다. 나는 아이가 길 수 있게 하려고 다양한 전략을 시도하려고 했다. 하루는 나의 생각에 대해 어린이집 교사가 말했다. "아이는 사방으로 움직여요. 가야 할 곳에 가고 있어요. 기지는 않았지만, 정말 이리저리 잘 다니고 있어요! 아이는 원하는 장난감이나 가고 싶은 다른 방에 아이들이 있는 것을 보고 그리로 빨리 움직여요." 그 순간 나는 머리를 한 대 얻어맞은 것 같았다. 내 아들은 이미 몇 가지 강점을 표현하고 있었던 것이다. 탐구나 호기심 그리고 A에서 B로 이어지는 원인−결과의 이동 등 관련 있는 발달의 요구들을 충족시키고 있었다. 바로 내 눈앞에서 벌어지고 있는 이러한 사실을 내가 놓치고 있었다. 혹은 인정하고 있지 않았다. 나는 아들이 이미 하고 있는 일(혹은 꽤 잘하고 있는 일)을 알고 축하하기보다는, 하지 않고 있거나 앞으로 해야 할 일에 집중하는 데 시간과 자원을 소모하면서 결함 중심의 접근에 빠져 있던 것이다. 물론 또래 아이들과는 상당히 다르지만 아이는 무언가를 쌓아 가고 있었다. 이 대화는 나를 즉시 음미하기(savoring)의 모드로 전환시켰다. 나는 아이가 이 흥미롭고 멋진 단계를 곧 뛰어넘으리라 생각하면서 아이의 움직임을 음미하였다. 나는 아이가 움직임을 연습하는 것을 기다렸고, 그것은 나(그리고 녹화하고 있는 나의 핸드폰)를 기쁨으로 가득 채워 주었다. 문제적 측면을 무시하지 않았다. 그 대신 그것들을 쌓아 올렸다. 문제들은 벽 대신 디딤돌이 되었다. 어린이집 교사는 나의 강점맹을 무너뜨리는 것을 도와주었다.

📖 **글상자 2-2** 강점맹에 관해 상기해야 할 중요한 것

- 우리에게는 문제 중심과 강점 중심 중 어떤 하나가 아니라 둘 다 필요하다. 그리고 문제가 어떻게 벽보다는 디딤돌이 될 수 있는지 아는 것은 유익하다.
- 우리는, 특히 강점에 기반한 사람들은 이러한 두 가지 과정에서 지속적으로 전진과 후퇴를 반복한다.
- 우리는 삶에서 강점을 수없이 잊거나 무시할 것이다. 이것을 알면 겸손해진다.

- 강점에 기반한 접근은 고정된 것이 아니다. 영구적인 것이 아니다. 그것은 참여하는 과정이며 우리가 잊었을 때 돌아가야 하는 곳이다.
- 강점맹은 복잡하고 만연해 있으며 미묘하다.
- 마음챙김과 음미하기는 강점맹이 지닌 미묘함을 돌파하는 데 도움이 된다.
- 강점에 기반한 사람들은 마음챙김과 강점의 순간을 수집한다. 이러한 '수집'이 쌓이면 개인적·관계적 의미가 쌓인다.
- 강점의 마음챙김 알아차림은 일시적이다. 다른 맹점 영역이 마음챙김과 강점의 빛줄기를 기다리며 계속해서 작동하고 있다.
- 우리는 다양한 강점맹을 돌파하기 위해 다른 사람들의 솔직한 피드백과 지지가 필요하다.
- 우리는 미덕의 습관을 만들고 강점을 쌓을 수 있다. 그리고 우리는 늘 '강점에 기반한 접근'이라고 부르는 이것을 향해 움직이고 있다. 만약 당신이 '알았어!' 혹은 '이해했어!'라고 생각한다면, 당신은 역설적이게도 강점맹을 나타내고 있는 것이다.

강점 패러독스

강점에 기반한 작업에는 흥미로운 역설이 하나 있다. 사람들은 대체로 자신의 최고의 특성에 초점을 잘 맞추지 않는다. 그래서 강점들은 쉽게 방치되고, 잊히며, 평범하게 여겨진다. 그런 반면에 자신의 최고 특성을 탐색하고자 할 때, 자신의 이야기나 타인과의 대화 속에서 쉽게 강점을 찾아내기도 한다. 기회가 주어진다면 일반적으로 성격 강점은 이야기하기 쉽고, 그 강점 및 관련된 복잡성까지도 쉽게 인식할 수 있다(예: 5장 참조). 이것은 고등학교 학생들의 VIA 성격 강점을 탐색하는 초기 연구에서 드러났다(Steen, Kachorek, & Peterson, 2003). 심지어 아주 어린 아이들도 시간을 들여 가르쳐 주면 그 24개 강점을 쉽게 이해할 수 있다(Fox Eades, 2008). 그리고 내담자들과 강점을 토론하는 실무자들은 심지어 매우 우울하거나 몰입하지 못하는 내담자들까지도 흥미롭게 참여한다는 것을 발견했다. 마치 새로운 문이 열려 내담자가 새로운 방식으로 세상을 볼 수 있게 된 것 같다.

나는 강점의 비자각과 강점 사용의 높은 가능성의 관계를 '강점 패러독스'라고 부른다. 실무자들은 이 강점 패러독스를 유리하게 사용하는 것을 배울 수 있다. 한 세기 전의 Frued의 용어를 빌리자면, 우리의 대표 강점은 대체로 전의식(preconscious)으로 여겨진다. 즉, 대표 강점과 이러한 강점에 대한 이야기들은 의식의 자각 바로 아래에서 건드려지기를 기다리고 있다. 이는 모든 내담자가 맹점을 깨뜨리고 의식의 표면 아래로 움직여서 긍정적 자질을 꺼내 놓을 수 있는 엄청난 가능성을 가지고 있다는 것을 의미한다.

나는 특히 내담자들과 작업할 때 대표 강점을 진짜 '판도를 바꾸는 전환점'이라고 부른다(Niemiec, 2014a). 대표 강점은 실무자들이 강점 패러독스의 틈새에 다가가도록 돕는다. 모든 스포츠 경기마다 한 팀에게 유리한 방향으로 전환되어 에너지, 팀워크, 리더십을 결집시키고 그 팀을 승리로 이끄는 전환점의 순간이 종종 있다. 이것은 선수의 불꽃같은 고함소리, 방어적 가로채기, 활기찬 슬램덩크, 화려한 방어일 수도 있다. 대표 강점은 내담자에게 그러한 전환점일 수 있다. 아무리 야무진 내담자라도 맹점이 있다. 그러다가 강점을 주목하게 되면 "아, 그래, 그렇지!"라는 반응을 자주 보이게 된다.

▌강점 자각을 넘어서

강점 심리학이나 강점 코칭의 지도자들 사이에서 사실상 개인의 최고 강점들이 웰빙을 위해 중요하며 필수적이라는 것에 대한 이견은 거의 없다(Biswas-Diener et al., 2011; Buckingham & Clifton, 2001; Cooperrider & Whitney, 2005; Duttro, 2003; Forster, 2009; Kauffman, Silberman, & Sharpley, 2008; Linley, 2008; Lopez, 2008; Madden et al., 2011; Niemiec, 2012; Peterson, 2006a; Proctor & Fox Eades, 2011; Rashid, 2009; Rath, 2007; Seligman et al., 2005). 그리고 VIA 검사를 통해 자신의 성격 강점을 단지 알게 되는 것만으로도 이득을 얻는다는 것이 다양한 모집단에 걸쳐 보고된 점을 주목할 만하다(예: Kobau et al., 2011; Seligman et al., 2005; Sims, Barker, Price, & Fornells-Ambrojo, 2015). 하지만 아마도 자신의 장점을 아는 것은 필요하겠으나 인간의 번영과 같은 특히 중요한 결과를 위해서는 충분하지 않다. 실질적인 이익을 가져오는 것은 성격 강점의 표현이다. 그리고 성격 강점이 의도적으로 개발될 수 있다는 것도 점

점 명확해지고 있다(예: Biswas-Diener et al., 2011; Louis, 2011; Seligman et al., 2005).

연구를 통해 강점을 단지 자각하는 것과 실제 성격 강점을 사용하는 것에 차이가 있음이 지지되고 있다(Littman-Ovadia & Steger, 2010). 이는 뉴질랜드에서 직장인을 대상으로 한 Lucy Hone과 동료들의 앞서 제시한 연구(2015)에서 명확하게 드러났다. 그들은 강점 자각, 강점 사용 및 번영의 수준을 검증했다. 그 결과, 자신의 강점을 매우 잘 알고 있는 직장인들은 그렇지 않은 직장인들에 비해 9배나 더 많은 번영을 경험하는 경향이 있으나, 성격 강점을 많이 사용하는 사람들은 적게 사용한다고 보고한 사람들에 비해서 18배나 더 많은 번영을 경험하는 경향이 있음을 발견하였다. 강점 자각이나 강점 사용이 이러한 숫자들의 비율로 번영을 가져온다는 의미는 아니다. 강점 자각과 비자각뿐 아니라 강점 자각과 강점 사용 사이의 차이에도 주목해야 한다고 강조하는 것이다.

VIA 검사를 한 많은 사람은 자신의 성격 강점 프로파일을 보고 자기 강점에 대한 자각을 늘리면서 깨닫는다. 그리고 "좋아, 나는 VIA 검사를 했어. 그럼 이제 뭘 해야 하지?"라며 실제 사용에 대해 질문한다.

많은 실무자는 강점 작업에서 단순화된 접근의 함정에 빠져서 '인식'에서 '사용'으로의 즉각적 도약을 실시하는데, 이는 대체로 접근법으로서는 불충분한 방법이다(Biswas-Diener et al., 2011). Niemiec(2013)은 이렇듯 실무자들이 놓치는 기본적이지만 중요한 단계에 주목했다. 그것은 강점을 인식하고 난 뒤 행동 계획을 세우기 전에 일어나는 것으로 내담자들이 자신의 강점을 탐색하는 것을 돕는 단계이다. 이러한 자각-탐색-적용 모델(Aware-Explore-Apply model)은 3장에서 자세히 제시된다.

염두에 두어야 할 여러 가지 관련된 원칙이 있지만, 성격 강점으로 작업할 때는 두 개의 일반적인 개념이 중요하다. 첫 번째는 대표 강점을 우선시하는 것이고, 두 번째는 24개의 강점이 다 중요하다는 것이다. 내담자가 다양한 환경에서 대표 강점에 초점을 맞추고, 그에 맞춰 조정하고 숙달하는 것을 돕는 것은 내담자에게 가장 이득이 되고 그들의 목표를 달성하는 데 있어 가장 좋은 견인차 역할을 할 가능성이 있다. 동시에 내담자는 자신에게 개발할 수 있고 표현할 수 있는 많은 강점이 있다는 것을 상기할 필요가 있다. 강점의 세계 혹은 '강점 안경'을 쓰는 것이 처음인 내담자들에게 모든 24개 강점에 초점을 맞추거나 만들라고 하는 것은 불가능하지는 않지만 위협적일 수 있다. 그러므로 일반적으로 그들이 에너지를 얻고 신이 나며 자연스럽게 자신을 표현할 수 있는 곳(대표 강점)에서 시작하는 것이 가장 좋고, 또 그곳에서 출발한다. 그렇기는 하지만, 오랜 시간 동안 많은 사람이 주요 덕목이나 강점을 체계적으로 하나씩 쌓으려고 시도해 왔다. 18세기 미국의 정치가인 Benjamin Franklin(1962)은 매주 다른 미덕에 초점을 맞춰 어떻게 그것을 따르고, 기록하며, 토론하고, 다양한 미덕을 개선하려 했는지에 대해 썼다.

사람들은 때로 자신의 대표 강점 중 하나를 새로운 방식으로 사용하는 것을 생각하기가 놀랄 만큼 도전적이라는 것을 알게 된다. 우리가 강점을 사용하는 데 잘 훈련되어 있지 않기 때문이다. 강점을 사용할 때 우리는 별로 의식하지 않고 행한다. 예를 들어, 옷을 입을 때 자기조절을 사용하는 것에 주의를 상당히 기울여 본 적이 있는가? 운전할 때 자신의 신중성이나 친절한 정도에 주의를 기울이는가? 팀미팅을 할 때 당신의 겸손에 주의를 기울여 본 적이 있는가?

▌새로운 방식으로 대표 강점을 사용하는 방법

연구에 따르면 새로운 방식으로 대표 강점을 사용하는 것은 강력하며 계속 확장되고 있다. 실무자와 내담자들은 자주 그렇게 행동하고 싶어 한다. 그래서 나는 네가지 전략을 제시하고자 한다. 그것은 간단한 행동(simple behaviors), 정착시키기(anchoring), 맥락적 매핑(context mapping), 그리고 전체적 매핑(holistic mapping)이다.

내가 『Character Strengths Matter』(Polly & Britton, 2015)에서 언급하기도 한 일부 실제적 조언은 독자들 및 그들의 내담자가 대표 강점에 대해 더 자세히 설명하도록 도울 것이며, 이 연습을 더 개인적으로 만들고, 사용하기 쉽게 하며, 심지어 북돋을 수 있도록 할 것이다. 독자들은 또한 일상의 '작은' 강점 사용으로 내가 앞서 제시한 24개의 각 예시들을 참고하기 위해 1장의 〈표 1-2〉로 돌아갈 수도 있을 것이다.

간단한 행동

많은 실무자와 내담자들이 대표 강점 행동의 일반적인 목록에서 시작하는 것이 도움이 될 것이다. 〈표 2-1〉은 각 성격 강점들을 새로운 방식으로 사용하기 위한 두 가지씩의 아이디어를 담고 있다.

〈표 2-1〉 새로운 방식으로 대표 강점 사용하기

성격 강점	예시
창의성	• 당신의 문제 중 하나를 생각하고 그에 대해 두 가지 해결책을 떠올리라. 다른 사람에게 그 해결책을 행동이나 몸짓을 통해 비언어적으로 제시해 보라. • 종이클립이나 이쑤시개와 같은 무생물을 의미 있는 것으로 바꾸어 보라.
호기심	• 가급적이면 당신과 다른 문화권의 처음 맛보는 새로운 음식을 먹어 보라. • 새로운 귀가 길을 선택해서 새로운 지역이나 이웃 환경을 탐색해 보라.
판단력	• 당신과 반대의 정치적 견해를 제시한 정치 프로그램을 시청하며, 개방적인 마음을 유지하라. • 당신과는 다른 삶의 방식이나 신념을 가진 사람(예: 채식주의자)에게 한두 가지 명확한 질문을 던져 보라.
학구열	• Gandhi가 쓴 몇 개의 작품을 온라인에서 읽어 보라. • 당신이 좋아하는 주제를 생각하라. 인터넷에서 그것에 대해 스스로 놀랄 만한 새로운 것들을 찾아보라.
통찰력	• 오늘 당신의 상호작용을 위해, 첫째, 주의 깊게 듣고, 둘째, 당신의 아이디어와 생각을 나누어 보라. • 당신이 발견한 가장 현명한 어록을 생각해 보라. 그 어록에 더 충실하게 살 수 있는 한 가지 방법을 생각해 보라.
용감함	• 당신의 관심 분야와 맞는 새로운 모험이나 취미를 시도해 보라. • 당신의 개인적 두려움을 하나 떠올리라. 지금 그것에 직면하기 위한 작지만 건강한 행동을 하나 행해 보라.
인내	• 미뤄 온 작은 일을 마무리하라. • 오늘 새로운 목표를 정하고, 발생할 수 있는 두 가지 장애물과 그것을 극복할 방법을 적어 보라.
정직	• 내면의 진실함을 표현하는 시를 써 보라. • '부분적인' 진실만 말했던 가족이나 친구에게 연락해서 자세한 전체 이야기를 하라.
열정	• 고유한 방법으로 당신의 에너지를 표출해 보라. 침대 위에서 점프하거나, 제자리뛰기를 하거나, 요가나 혹은 스트레칭을 하거나, 아이 또는 애완동물을 쫓아서 뛰어 보라. • 눈에 띄는 화려한 색깔의 옷차림, 신발 또는 액세서리 등으로 당신의 에너지를 표현해 보라.
사랑	• 관심을 보여 줄 수 있는 작은 선물(예: 꽃, 커피 등)로 누군가를 놀라게 해 보라. • 누군가에게 그 사람이 보여 준 강점 사용에 대해 이야기해 보라. 당신이 그것을 얼마나 가치 있게 여기는지 전하라. 긍정의 확언은 사랑을 표현하는 강력한 언어적 힘이다.

친절	• 선불로 지불한 주차 시간이 다 지나가는 누군가의 주차기에 동전을 넣어 줘 보라.
	• 병원이나 양로원에 들려 외로운 사람을 위해 방문했다고 제안해 보라.
사회지능	• 평소에는 일반적인 인사 외에 더 많은 말을 하지 않는 사람과 대화를 시작하라. 이 사람은 계산대 직원, 텔레마케터, 혹은 신입사원일 수 있다.
	• 쉽게 이해해 줄 사람에게 건강하고 직접적인 방식으로 좌절, 실망 혹은 긴장감을 표현해 보라.
협동심	• 당신의 팀 멤버가 보여 준 강점을 알아차리고 감사를 표현해 보라.
	• 과거의 긍정적인 팀 상호작용을 마음에 떠올려 보고 팀 회의에서 공유하라.
공정성	• 전형적으로 혐오감을 주거나 따로 제쳐 둔 존재들(예: 사람, 동물)을 찾아보라. 그리고 그들을 올바르게 대할 수 있게 기존의 방식을 벗어나 보라.
	• 집단에서 배제된 사람이나 새로 온 사람을 대화에 초대해 보라.
리더십	• 어떻게 하면 자신의 일과 최고 강점을 더 많이 일치시킬 수 있는지에 대해 부하 직원과 논의해 보라.
	• 당신이 믿는 이상과 명분을 지지하는 집단을 모으고 이끌어 보라.
용서	• 짜증이 나거나 억울한 사소한 일을 그냥 흘려보내 보라.
	• 실수할 수 있음을 자신에게 허락해 보라.
겸손	• 일반적으로 당신이 더 많이 말하는 의사소통 상호작용의 경우를 생각해 보라. 그리고 다른 사람이 더 많이 말하고 공유하도록 상황을 뒤집어 보라.
	• 당신이 애쓰고 성장하고자 하는 영역에 대해 믿을 만한 사람에게 피드백을 요청해 보라.
신중성	• 일반적으로 쉬워 보이는 결정을 내리고, 행동하기 전에 1분 동안 그것에 대해 생각해 보라.
	• 아무리 사소한 일이라도 그날 남은 시간 동안 매 시간 해야 할 일의 계획을 적어 보라.
자기조절	• 짜증이 나거나 긴장할 때 잠시 멈춰서 호흡 수를 세면서 열 번 호흡하라.
	• 먹고 마시는 모든 음식과 음료수를 관찰하라. 그리고 기록지에 적어 보라.
감상력	• 밖으로 나가서 20분간 아름다운 환경 속에서 가만히 서 있어 보라.
	• 특별하다고 여기는 노래나 음악을 들어 보라. 그것을 만든 재능에 대해 경탄해 보라.
감사	• 감사하기에 충분하지만 평소에는 그 고마움을 잘 몰랐던 사람에게 '감사하다'고 말해 보라.
	• 깜짝 놀랄 수 있게 감사인사를 적은 포스트잇을 누군가의 책상에 붙이거나, 이메일을 보내 보라.
희망	• 당신이 갖고 있는 문제나 어려움을 떠올려 보라. 위안을 주는 낙관적이고 현실적인 생각을 두 가지 적어 보라.
	• 희망의 메시지를 담고 있는 영화를 보고, 그 메시지를 당신의 인생에 어떻게 적용할 수 있을지 생각해 보라.

유머	• 다른 사람에게 즉흥적이고 장난스러운 행동(예: 무언가 웃긴 말을 하거나 몸을 이상하게 꼬아 보거나 재밌는 이야기나 농담을 하는 것)을 해 보라. • 본 적 없는 옛날 코미디 쇼를 보고 가능한 한 많이 웃어 보라.
영성	• 당신의 종교나 믿음과 다른 종교 혹은 영성과 관련된 책을 읽고, 서로 유사한 핵심 메시지를 찾아보라. • 지금 이 순간의 '신성함'을 숙고하라. 그 순간의 의미를 찾아보라.

출처: Niemiec(2014a). 허가하에 게재.

정착시키기

이미 하고 있는 일상 활동에 대표 강점을 정착시켜 보라. 매일 당신이 일상적으로 하는 일은 무엇인가? 운전하기, 점심 만들기, 회의 참석하기, 창의적 글쓰기, 당신의 아이들과 놀기, 배우자와 함께 휴식하기, 친구들에게 이메일 보내기 등이 있을 것이다. 이 일상 중 하나를 선택하는 것으로 시작해 보자. 그 활동을 하는 동안 당신의 대표 강점 중 하나 이상을 사용해 보라. 예를 들어, 만약 당신이 배우자와의 대화에 공정성을 정착시킨다면, 당신은 배우자의 일상을 나누고 둘이 함께 할 수 있는 휴식 활동을 선택하는 데 동일한 시간을 의식적으로 확실하게 배우자에게 부여할 수 있다. 만약 당신이 친절을 운전에 정착시킨다면, 당신은 운전할 때마다 다른 운전자들의 잠재적인 요구에 민감하게 반응하여 자신의 차 앞에 끼워 주고, 그들에게 미소 짓거나 손을 흔들고, 조심해서 운전하는 등의 한두 가지 방법을 의도적으로 찾을 수도 있다.

맥락적 매핑

당신 삶의 중요한 영역(직장, 학교, 가족, 관계, 공동체 등)을 생각하면서 각 영역에서 대표 강점을 얼마나 정기적으로 편하게 표현하고 있는지 적어 보라. 많은 사람이 다른 영역들에 비해 하나 또는 두 영역에서 강점을 표현하는 정도에 차이가 있음을 발견한다. 각 영역마다 당신의 최고 강점을 사용하는 방법을 써서 대표 강점을 표현하는 예시들을 만들어 보라. 어떤 영역에서 가장 유연하고 풍부하게 예시를 쓸 수 있는가? 또 어떤 영역에서 예시를 찾는 데 어려움이 있는가? 새로운 방식으로 자신의 대표 강점을 사용하기 위한 아이디어를 더 많이 만들면서 각 영역에서 이를 서로 참고하여 응용하도록 해 보라.

전체적 매핑

Peterson(2006a)의 2요인 모델에 기반하면 성격 강점들은 두 개의 연속선상에 성공적으로 위치시킬 수 있다(VIA Institute, 2014). 가슴(예: 감정, 신체, 정서, 직관) 혹은 머리(예: 논리, 분석, 추론)에서 비롯된 강점들이 있고, 더 대인관계적인 것(타인과 함께) 혹은 개인 내적인 것(혼자 있을 때)들이 있다. [그림 2-1]은 Robert McGrath가 2010년에 분석한 자료에서 '2요인 균형 그래프'(원형 지도의 샘플 보고서는 http://www.viacharacter.org/www/Portals/0/VIA%20%Pro%20Report.pdf 참조)라고 불리는 VIA 분류체계의 개정된 원형 모델을 나타낸다.

당신의 대표 강점을 4분면에 걸쳐 작성하는 것은 대표 강점을 사용할 수 있는 방식과 관련하여 당신의 생각과 행동을 확장시키는 또 다른 방법이 된다. 이는 한 사람에 대해 더 복잡하고 전체적인 관점을 제시하며, 각 성격 강점의 잠재력을 점화시키는 역할을 할 수 있다. [그림 2-2]는 감사 강점의 사용 예시이다.

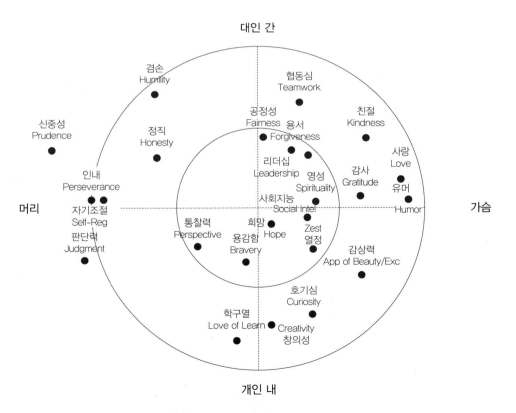

[그림 2-1] 24개 성격 강점의 2요인 균형 그래프

출처: VIA Institute on Character (2014). 허가하에 사용.

개인 내	가슴(감정, 신체)
• 나는 내 몸이 힐링 능력을 갖고 있음에 대해 감사를 표한다. • 나는 우주와 연결감을 갖고 있다는 것을 감사히 여기며, 환경에 그것을 다시 돌려주고 싶다.	• 가슴에서 느껴지는 따뜻함 • 어깨에서 느껴지는 묵직한 편안함 • 손과 손끝에서 느껴지는 짜릿함 • 타인과 세계를 향해 개방된 감각
대인 간	머리(생각, 신념)
• 친구에게 말로 감사를 표현한다. • 보답으로 친절을 표현하여 감사한다.	• 우리 가족은 나에게 그 무엇과도 바꿀 수 없는 것이다. • 나는 이 사람의 선물에 감사한다. • 나는 이 사람과 연결되어 있다.

[그림 2-2] 감사 강점의 전체적 매핑

요약

- 대표 강점은 성격 과학 및 긍정심리학에 있어 아주 중요한 개념이다. 연구와 실제의 관점에서 대표 강점을 구체화하는 데 이 장의 전체를 할애하였다.
- 대표 강점은 개인에게 가장 핵심적이고 본질적인 강점으로 주로 성격 강점 프로파일의 상위에 나타난다.
- '매일 새로운 방식으로 대표 강점 사용하기' 개입은 행복을 증진하고 우울감을 감소시킨다는 훌륭한 근거에 의해 지지되었다.
- 대표 강점은 많은 집단(예: 아동, 노인, 뇌손상이 있는 사람들)과 다양한 맥락(정신과, 교육, 사업 및 군대)에 걸쳐 적용되어 왔다.
- 대표 강점의 사용이 목표의 과정, 긍정 정서 및 기본 심리적 욕구의 충족에 기여한다는 바와 같이, 웰빙과 관련된 이유를 탐구하는 몇몇 연구가 있다.
- 강점맹은 다양한 방식으로 인간의 현상에 널리 퍼져 있다. 그러나 마음챙김과 강화된 성격 강점 사용으로 좋아질 수 있다.
- 대표 강점의 적용은 간단한 행동들, 정착시키기, 맥락적 지도 작성, 전체적 지도 작성 등 다양한 활동으로 활용될 수 있다.

03
......

개입의 핵심
강점 기반 훈련을 위한 여섯 가지 통합 전략

Values In Action

Inventory of

Strengths

W ISDOM

C OURAGE

H UMANITY

J USTICE

T RANSCENDENCE

T EMPERANCE

들어가며

잘 개발된 강점에 기반한 접근은 최선의 경우 변형시킬 수 있고, 최악의 경우 잘 인도할 수 있다. 강점 기반 접근의 중심 속성은 결함 기반 접근을 필연적으로 보완하거나, 일부 특별히 효과적이거나 신선하다고 볼 수 있는 중요한 대안을 내담자에게 제공하는 것이다. 이 장에서는 훈련에 기반한 주제들을 의도적으로 방대하게 제시한다. 이것들은 성격 강점을 훈련에 통합하고, 실무자의 성격 강점을 더 풍부하게 향상시키며, 강점에 기반한 실무자들이 내담자를 돕는 작업 방법을 더 심화시키는 데 필수적이다. 독자들은 부록 B에 제시되어 있는 실무자를 위한 감정 기반의 체크리스트와 부록 F에 제시되어 있는 '주요 논문들'을 통해 이 장의 내용을 보충할 수 있다.

이 장에서는 성격 강점에 기반한 실무자들을 위해 다음의 여섯 가지 통합 전략을 제안한다.

① 자신의 강점을 인지하고(recognize), 명명하고(label), 인정하기(affirm)
② 성격 강점은 사회적이므로, 다른 사람의 강점을 포착하는 것을 절대 멈추지 않기
③ 성격 강점과 활동들을 맞춰 정렬시키기
④ 강점에 기반한 훈련 모델의 사용

💬 강점 기반 개입 실무자를 위한 Tip

강점 포착(strengths-spotting)이란 무엇인가? 강점 포착은 성격 강점을 알아차리고 명명하는 것을 의미한다. 강점 포착에는 자신의 강점을 포착하는 것과 타인의 강점을 포착하는 것의 두 가지 수준이 있다. 강점 포착은 24개 강점 각각에 적용된다. 그것은 강점 작업에서 가장 쉽고도 가장 최선의 초기 활동 중 하나로 남아 있다. 이는 성격 강점 작업을 처음 접하는 사람들을 위한 확실한 첫 단계일 뿐 아니라, 중급과 고급 단계에 있는 강점 기반의 실무자들이 자기계발을 지속하고, 타인과 새로운 관계를 구축해 나가면서 내담자 관계를 깊게 할 때 사용할 수 있는 도구가 된다.

⑤ 성격 강점을 당신의 주요 접근 분야에 접목시키기
⑥ 회기와 모임에서 자신만의 강점 사용하기

자신의 강점을 인지하고, 명명하고, 인정하기

한 대학 신입생이 "저는 가장 높은 순위의 성격 강점이 호기심이라는 것을 알았어요."라고 말했다. "질문 및 탐구하는 경향을 강점이라고 언급한 적이 없지만, 그것은 사실이에요. 그것이 바로 저의 존재 방식이에요. 제가 친구, 가족, 동급생, 혹은 이웃 중 누구와 함께 있든 그것은 저의 일부예요. 저는 항상 새롭게 하거나 아니면 더 탐구할 수 있는 무언가를 찾고 있어요."라며 웃기 시작했다. "어떤 사람들은 제가 질문을 너무 많이 한다고 하지만, 그게 바로 저예요. 궁금해하고, 알고 싶어 하고, 배우고 싶어요. 그것이 제가 사람들과 연결되는 방식이고, 제가 배우는 것과 연결되는 방법이에요. 저는 또한 기술, 소셜미디어, 스포츠, 환경, 종교, 정치 등 거의 모든 것에 대해서 매우 궁금해해요! 저는 심지어 학교생활에 압도당할 때도 호기심을 사용해요. 스스로 스트레스와 상황에 대해 질문하기 시작할 때, 저는 새로운 아이디어를 얻거나 짜증을 덜 느껴요. 그리고 저는 제 호기심을 훨씬 더 많이 이용할 수 있을 거라고 확신해요. 사실 저는 제 호기심이 궁금해요!"

이 젊은이는 자신의 최고 강점을 인지하고, 명명하고, 인정했다. 그는 자신의 정체성을 나타내는 긍정적인 이름표가 그의 인생에 진짜 변화를 가져왔다는 것을 발견하였다. 그것은 새로운 발견과 가능성을 여는 촉매제였다. 그가 스스로 호기심이 있다고 말해 본 적이 없었기 때문에 이는 상당히 놀라운 일이었다. 비록 그가 대부분의 인생에서 호기심을 사용해 왔지만, 그의 정체성 중 이 부분은 자각되지 않았다.

이 학생처럼 우리 대부분도 우리의 실수, 문제, 스트레스, 나쁜 자질들을 인지하고 심지어 명명하는 것에는 익숙하지만, 긍정적인 자질들에 대해서는 거의 똑같이 하지 않는다. 이것이 바로 자신의 강점 포착 연습이 큰 차이를 만들 수 있게 되는 지점이다. 강점 포착은 우리에게 성격 강점을 세심히 살펴보기를 요구한다. 우리는 강점을 인지할 때 그것을 확실하게 명명할 수 있다.

문제를 명명하는 것을 통해 좋은 점이 많이 생길 수 있다. 예를 들어, 적절한 진단(이름표)은 치료, 회복 및 치유로 이어진다. 명명하기는 또한 사람들이 행동을 취하고 삶에서 진짜 변화를 만들도록 동기를 부여할 수도 있다. 동시에 나는 많은 사람이 부정적인 이름표에도 휩쓸리는 것을 보았다. 자신의 이름표에 너무 많이 의존하기 때문에 그렇게 된다. 이름표는 그들의 정체성이 된다. 그들은 그 이름표가 끝나는 곳과 자신, 즉 인격체로서의 자신이 시작하는 곳을 모른다. 그러나 긍정적 이름은 상당한 동기와 에너지가 된다. 그것은 사람들이 자신을 지각하는 방식에 크고 작은 촉매 역할을 한다. 그것은 사람들이 희망의 지평으로 향한 새로운 방향으로 출발하도록 한다. 우리의 긍정적 명명이 지나칠 수 있을까? 아마 그럴 것이다. 모든 것에는 한계가 있다. 주된 초점은 잘못된 것에 눈감지 말고, 문제와 부정적 명명을 피하지 않는 것이다. 그와는 정반대로, 긍정적 명명은 우리가 문제를 직면하고(예: 용감함을 사용하기), 강한 것과 함께 문제를 알아차리도록 도울 수 있다.

'너 자신을 알라.' 이 만트라(mantra)는 성격 강점 작업을 위한 출발점이다. 자기이해를 쌓는 한 가지 방법은 순간 일어나는 성격 강점을 명명하는 것을 배우는 것이다. 이를 위해서는 연습이 필요하지만, 다음에서 제시되는 것 같은 다양한 강점 포착 연습을 하면서 추구해 나갈 수 있다.

▌자기평가 및 자기지명

자신의 강점을 포착하는 연습에는 여러 가지 방법이 있다. 가장 흔하면서도 확실한 출발점은 24개 강점을 측정하는 VIA 검사를 해 보는 것이다. 결과 페이지의 맨 위에 있는 성격 강점을 보는 것은 자신의 강점을 더 잘 알아차리는 것을 시작하는 방법이 된다. 만약 인터넷을 사용하지 못하는 사람이 있다면 24개 강점과 각각의 정의가 있는 목록을 검토할 수 있다(이 책의 첫 페이지나 https://www.viacharacter.org/www/Character-Strengths/VIA-Classification에 제시되어 있는 VIA 분류체계를 사용). 그리고 자신이 누구인지를 가장 잘 기술하는 5~7개의 강점을 적는다. 이러한 접근법을 강점의 자기지명(self-nomination)이라고 부른다.

▌강점의 자기관찰

또 다른 사람들은 자기지명보다 체계적인 접근법을 선호하며, 이는 자기관찰 (self-monitor)로 대신할 수 있다. 자기관찰은 '일주일간 매일 아침에'처럼 일정 기간 에 자신을 면밀하게 관찰하는 것을 의미한다. 이 접근법을 사용한다면, 30분마다 자신에게 신호를 보내도록 스마트폰 알람을 설정하고, 알람이 울릴 때마다 잠시 멈 추고 스스로 '지금 어떤 성격 강점을 사용하고 있나?'를 묻는다. 그리고 시간, 장소, 하고 있는 활동, 사용된 강점과 그 방법을 추적해서 기록지나 차트에 기록한다. 일 정 시간이 지난 후에는 추적 시트를 통해 주제들을 검토할 수 있다. 이 접근법을 사 용하면 다양한 주제를 알아차리게 된다. 흔한 예로는 사용한 성격 강점의 광범위 한 인식, 짧은 순간(micromoments)의 강점 사용(예: 샤워하는 동안의 희망적인 생각, 양 치하는 동안의 신중성), 강점 언어와 행동의 맞춤, 함께 사용되는 2~3개의 특정한 강 점, 강점과 관련된 일반적인 의식(consciousness)의 부족 등이 있다. 실제로, 이러한 자기관찰 연습은 우리가 마음챙김의 강점 사용을 좀 더 개발하는 데 도움이 된다.

> **강점 기반 개입 실무자를 위한 Tip**
>
> 강점 이해 중 일부는 과거 사용했던 성격 강점 사용의 실례인 당신의 이야기를 검토하는 것에서 온다. 지식과 이해를 깊게 하는 또 다른 방법은 다음의 몇몇 질문을 자주 자문하는 것을 두려워하지 않는 것이다.
>
> - 나는 나의 성격 강점, 대표 강점들에 대해 어떤 점을 믿고 있는가?
> - 나는 나의 최고 강점들을 얼마나 잘 알고 있는가?
> - 나의 최고 강점들을 배우기 위해 가장 필요한 것은 무엇인가?
> - 왜 나의 대표 강점들이 가치가 있을까?
> - 나의 다른 성격 강점들은 나에게 어떤 가치가 있을까?

▌내러티브의 힘

그리고 이야기가 있다. Daniel McAdams는 수십 년간 우리의 성격과 관련된 이야기와 삶의 내러티브(life narratives)를 연구하였다. 그는 사람은 원래 다면적인 존재이며, 성격 특성을 고려할 수 있는 세 가지 단계가 있다고 결론을 내렸다. 우리 자신에 대한 전반적 관점과 맥락적 관점에 더해, 통합적 삶의 이야기 관점이라고 부르는 세 번째 단계가 있다. 여기에는 우리가 자신과 타인 그리고 우리를 둘러싼 세상에 대해 어떻게 이해하는지를 반영한 우리 내면에서 진행되는 이야기가 포함된다(McAdams et al., 2004). 이러한 이야기들은 성격 강점을 포착할 수 있는 가능성으로 가득 차 있다.

좋은 소식은 우리네 인생이 이야기들로 가득 차 있다는 것이다. 예를 들면, 결혼식, 아이의 탄생, 사랑하는 사람의 죽음과 같은 큰 이야기들, 어려운 이메일 보내기, 소프트볼 게임하기, 아이가 피아노 치는 것을 보는 것과 같은 작은 이야기들, 그리고 오늘 아침 출근길, 가게에서 돈을 지불한 것, 잠잘 때의 습관과 같은 더 작은 이야기들이 있다. 그리고 우리 마음속에 존재하는 과거의 이야기들뿐만 아니라 어떻게 프로포즈할 것인가, 상을 받으면 어떻게 반응할 것인가, 혹은 우리 장례식에 누가 올 것인가와 같은 미래의 이야기도 있다. 이 모든 이야기는 소리 높여 말해지거나 혹은 적어도 추억되거나 공상에 잠기게 되는 것을 기다리면서 우리 안에 살고 있다. 이들 중 일부는 변화를 촉진하거나 우리의 정체성에 중대하게 기여하는 삶의 순간을 정의한다. 이런 종류의 이야기들에는 모두 공통점이 있다. 성격 강점이 바로 그 재료의 일부를 구성한다는 점이다.

성격 강점은 모든 이야기에 존재한다. 비록 그것들이 반드시 최적의 정도로 있는 것은 아니지만, 강점들은 포착되기 위해 그곳에 있다. 이야기가 강점을 반영할 수 있다는 의미이다. 우리는 우리 자신과 내담자들에게 이야기를 들려달라고 요청할 수 있다. 그리고 다음을 고려할 수 있다. 이야기에서 어떤 성격 강점을 포착할 수 있는가? 어떤 성격 강점이 사용되었는가?

완전히 똑같은 일이 일어났던 다음 두 가지 이야기를 생각해 보자.

나는 오늘 아침에 일어나서 아침을 먹고 옷을 입었다. 운전하며 출근하는 중 엄청난 교통체증이 있었고, 운전자들은 화난 듯 공격적으로 보이며, 종종 내 앞에 끼어들기도 하였다. 나는 업무 미팅에 늦게 도착했고, 그래서 상사에게 사과했다.

나는 오늘 아침, 하루가 시작하는 것에 신이 나서 열정을 느끼며 일어났다. 나는 콜레스테롤 수치가 높아서, 아침 식사 메뉴를 조심스럽게 선택하고자 신중성을 사용하였다. 그래서 계란 흰자에 신선한 야채를 넣은 오믈렛을 선택했다. 옷을 입으면서, 나는 잠시 멈춰서 전날 나의 배우자가 다림질을 해 준 옷의 부드러움과 색의 선명함에 감탄했다(감상력). 배우자에 대한 감사함이 솟구쳤다. 운전하며 출근하는 중 엄청난 교통체증이 있었고, 운전자들은 화난 듯 공격적으로 보이며, 종종 내 앞에 끼어들기도 하였다. 나는 용서를 연습했다. 통찰력의 도움을 받아 큰 그림을 그려 보았다. 어쩌면 그들 중 일부는 참석해야 하는 긴급한 상황이 있을지도 모르고 또 다른 사람들은 분노로 고통을 겪고 있어 친절함과 자비가 필요할 수도 있다고 생각하면서, 그들이 유발한 이러한 사소한 짜증을 그냥 흘려보냈다. 나는 업무 미팅에 늦었고, 약간 당황스러웠으나 상사에게 사과하기 위해 최대한 용기를 냈다. 나는 차가 밀린 상황에 대해 솔직했다. 교통체증을 탓하지 않으려고 확실하게 자기조절을 사용하면서, 교통체증을 충분히 미리 계산하지 못한 점에 대해 책임을 졌다.

비록 각각의 줄거리는 같지만, 세부사항과 뉘앙스에서 중요한 차이가 나타난다. 첫 번째는 평범한 반면, 두 번째는 모든 차이를 만드는 성격 강점이 들어가 있다. 확실히 두 번째 시나리오가 일반적인 상황과 특정한 상황에서 삶에 어떻게 접근하는지에 대한 통찰력을 제공한다. 이야기에 색채와 호기심을 불어넣는 것은 직접적으로 언급된 9개의 성격 강점이다(다른 강점들은 암시적으로 나타남). 이렇듯 강점을 넣는 것은 그 사람의 정신과 그 관계에 대한 깊은 이해로 이어지며, 이야기를 듣는 사람 혹은 독자에게 더 많은 질문을 떠오르게 한다.

자신의 이야기에서 강점을 포착했는지 물으면, 몇몇 사람은 '겸손 카드'를 꺼내며 자기에 대해 긍정적으로 이야기하는 것이 너무 이상하게 느껴진다고 말하는 경향이 있다. 이에 대해서는 4장에서 더 깊게 다루게 될 것이다. 그러나 여기서 주목해야 할 것은 내담자들이 그들이 누구인지 알 수 있도록 도와야 그 깊이와 색채 그리고 호기심을 직접 볼 수 있다는 점이다. 자신의 강점을 포착하는 것은 다음과 같이 말 속에 자연스레 반영될 수 있다. "이 주제에 대해 당신이 나에게서 감지하는 그 열의가 곧 나의 성격 강점인 활기찬 열정입니다." 우리 모두는 살면서 한 번 혹은 여러 번 '평범한 것보다 더 좋은' 것을 이뤘다. 이것들은 공유하고 쌓아야 할 경험들이다.

연구에서는 그것들을 공유하는 것이 말하는 사람과 듣는 사람 모두에게 이득이 된다는 것이 밝혀졌다(Gable et al., 2004; Reis et al., 2010). 우리가 상호 이익을 증진시키고 싶어 하지 않을 이유가 있을까?

💬 **강점 기반 개입 실무자를 위한 Tip**

당신이 가장 행복했던 순간을 떠올려 보라. 이 순간들 중 하나를 마음속에 되새기면서 그 안에 존재하는 성격 강점을 세심히 살펴보라.

▌누가 당신을 보고 있는가

자신의 강점 포착을 촉진하는 또 다른 활동은 친구, 멘토, 배우자, 상사 같은 사람들이 진정으로 당신을 '보고 있다'고 생각하는 것이다. 그들은 당신을 알고, 당신이 왜 그렇게 행동하는지를 이해한다. 당신은 그들이 당신을 이해했다고 느끼게 된다. 그들이 당신에게서 본 것은 무엇인가? 그들이 당신에 대해 무엇을 알게 되었는가? 그리고 어떤 성격 강점을 보고 있는가? 이것이 당신에게 미친 영향은 무엇인가? 이 활동은 다른 사람의 눈을 통해 당신의 강점을 발견할 수 있게 해 준다.

내가 세인트루이스에 살았을 때, 나는 열정적이고 자유로운 생각을 가진 나의 현명한 70세 친구인 Marilyn 수녀님과 한 달에 한 번씩 아침 식사를 했다. 우리는 영성, 삶을 온전하게 사는 것, 삶의 의미와 목적을 표현하는 것 등에 대해 아주 멋진 대화를 하곤 했다. 대화할 때마다 우리는 확실히 서로에 대해 '알아 갔고', 상대가 어디에서 왔는지 이해했으며, 서로에게 가장 좋은 것을 보았다. Marilyn 수녀님은 내가 표현하고 있거나 혹은 지난달 나에게서 목격한 긍정적인 자질에 대해 의견을 말할 방법을 찾았다. 이러한 의견에는 늘 나의 대표 강점이 한 개 이상 언급되었다. 나는 이렇듯 수녀님이 나의 성격을 관찰하여 얘기할 때 종종 매우 놀랐다. 그 이야기들은 내가 이해받고 연결되어 있다고 느끼게 했고, 또 힘이 나게 했다. 사실 나는 우리가 꼭 아침에 만났으면 한다고 고집했는데, 내가 얻게 될 에너지가 하루 종일 나에게 남아 있으리라는 것을 알았기 때문이었다.

▌강점의 인정

최고의 성격 강점을 명명하고 깊이 이해한 후의 중요한 다음 단계는 이러한 강점을 인정하는 것이다. 이것은 한 사람이 초점을 맞춘 강점을 확실히 가지고 있다는 것을 확인할 뿐만 아니라, 그 강점을 인정하거나 가치를 볼 수 있다는 것을 의미한다. 자기확인 이론(self-affirmation theory)은 개인의 가치를 인정하는 것이 자신에 대한 시야를 확장하고, 가장 중요한 것에 대한 통찰을 촉진하며, 다양한 스트레스로부터 보호할 수 있다고 설명하였다(Steele, 1999). 연구를 통해 자신의 가치(즉, 성격 강점이나 다른 가치)를 쓰는 활동에 참여한 사람들은 건강과 대인관계에서 향상된 결과(Cohen & Sherman, 2014), 코르티솔 반응의 감소(Creswell et al., 2005), 흡연의 위험성에 대한 인식 경향성 증가(Crocker, Niiya, & Mischkowski, 2008)와 같은 행동에서 유의미한 변화를 얻을 수 있었다고 밝혀졌다. 따라서 이러한 연구들은 24개의 성격 강점 중 어떤 것이라도 그것이 얼마나 가치 있는지를 적는 것이 이득이라는 점을 입증한다.

성격 강점은 사회적이다

비록 성격 강점이 우리 안에 내적으로 존재하며 혼자 있는 동안 표현될 수 있지만, 성격 강점의 중요한 특징은 사회적이라는 것이다. 성격 강점들은 집단과 관련된다. 우리는 일대일 상황과 집단에서, 집이나 회사 그리고 학교에서, 공적 혹은 사적 공간에서, 최고의 순간이나 최악의 상황에서 의식적으로 그리고 무의식적으로 성격 강점을 표현한다. 성격 강점에 대한 우리의 앎과 실천은 타인에게 도움이 되어야 하는 공동의 공유된 선으로 볼 수 있다(Fowers, 2005). 한 사람의 성격 강점의 표현은 다른 사람들과 불가분하게 연결되어 있다. 성격 강점의 표현은 이러한 연결에 대한 알아차림을 강조하기 위한 실제적 활동들을 확실하게 담고 있다. 다른 사람의 강점을 포착하는 연습은 이것과 분명하게 맞춰져 있다. 그리고 이것이 이 절의 중요 내용이다.

나는 성격 강점 워크숍에 온 전 세계의 수천 명의 사람에게 "자신의 강점을 포착하기가 더 쉽나요, 아니면 타인의 강점을 포착하기가 더 쉽나요?"라고 묻는다. 사람들은 압도적으로 다른 사람의 강점을 포착하기가 더 쉽다고 말한다. 이러한 워크숍에 참여한 실무자들(상담가, 코치, 관리자, 교사들)의 약 90% 정도가 이렇게 보고하는 것 같다.

의심할 여지 없이, 이것은 부분적으로 대인관계의 부가가치 때문이다. 타인의 강점을 포착하는 것은 대개는 누군가와 연결될 기회가 있다는 것을 의미한다. 그리고 우리의 외부로 보이는 행동을 보는 것은 우리의 개인 내 평가(이는 종종 습관적이다)의 주관적인 느낌보다 더 실제적인 것처럼 보인다. 또 다른 이유로는 전형적으로 성격 강점 사용에 수반되는 에너지, 열의, 흥분은 명백하고 매력적이기 때문이다. 따라서 쉽게 포착할 수 있다. 이것은 대인관계가 우리의 강점 작업을 시작하기에 좋은 곳이라는 점을 시사한다.

이 과정을 위해 나는 다음의 세 가지 단계를 제안한다. 이는 다른 사람들에게서 관찰한 성격 강점에 대한 피드백을 줄 때와 내담자, 학생 및 직장인들이 강점 포착 활동을 하도록 교육할 때 사용할 수 있는 세 가지 구체적인 단계이다.

1. **명명하기(Labeling)**: 당신이 알아차린 강점을 명명하라.
   - 무엇을 관찰하였는가?
2. **설명하기(Explaining)**: 강점에 대한 설명과 근거를 제시하라.
   - 근거가 무엇인가?
3. **인정하기(Appreciating)**: 인정과 확인을 표현하라.
   - 당신이 그 사람의 강점 표현을 가치 있게 여긴다는 것을 어떻게 전달할 수 있는가?

이 단계들의 근거를 제시하기 전에, 이 과정에 최적으로 참여하기 위해서는 두 가지 전제가 있다는 것을 깨닫는 것이 중요하다. 첫째, 강점을 포착하는 사람은 성격 강점의 '언어'에 익숙해야 한다. 이것은 찾고자 하는 것을 아는 것의 의미와 체계적인 틀을 제공한다. VIA 분류체계 목록을 가지고 있는 것이 유용하다(이 책의 첫 페이지 참조). 덕목 분류와 강점의 정의뿐 아니라 각 성격 강점의 유의어와 범위를 아는 것은 당신의 강점 포착을 위한 유연한 목록이 되는 강점 유창성을 넓히는 데 도움이 될 것이다.

강점 포착의 두 번째 전제 조건은 사람들의 성격 강점을 찾고, 발견하기 위한 마음가짐을 가지게 되는 강점 안경을 의식적으로 착용하는 것이다. 우리의 부정적 편견과 잘못된 혹은 나쁜 것에 기우는 경향성은 우리 안에서 꽤 지배적이기 때문에, 성격 강점과 상호작용을 강조하는 것은 선(善)을 위한 우리 마음을 준비시킨다. 이것은 관찰과 경청 기술을 세밀하게 조정함으로써 이루어질 수 있다. 강점을 행하면 어떻게 보이는가(비언어적 수준), 이야기 속 단어들 가운데 강점은 어떻게 들리는가(언어적 수준), 비언어적인 수준에서는 얼굴 표정이 부드러워지고, 더 많이 미소 짓거나 웃으며, 자세가 좋아지고 손동작이 많아지는 등의 에너지와 기쁘고 만족하고 신나고 희망을 느끼는 등의 긍정 정서가 자주 생길 것이다. 강점 포착 활동을 제시하는 워크숍에서 다양한 문화에 걸쳐 내가 듣는 가장 일반적인 경험과 반응 중 하나는 파트너가 성격 강점에 대해 말할 때 그것을 듣는 이들의 눈빛이 '환해진다'는 것이다. 언어적 수준에서 보면, 성격 강점을 전달하고 있는 사람은 종종 더 강하고 더 확신에 찬 목소리, 풍부해진 어휘와 명료한 말, 그리고 강점 언어의 사용을 나타낼 것이다. 어떤 사람들은 새로운 생각에 대한 성찰과 주제에 대한 흥분을 보여 주면서 더 빠르고 심지어 주제에 벗어난 말도 할 것이기 때문에 언어적 수준에는 다양함이 있다. 반면에 다른 사람들은 강점이 존재할 때 사려 깊고 침착한 자신감을 나타내면서 더 느리고 직접적으로 그리고 체계적으로 말할 것이다.

▎왜 명명하는가

하나의 행동이나 일련의 행동을 말로 나타내는 것은 강력하다. 이는 '2형 당뇨병' '주요우울증' '알코올 의존'과 같은 의학 및 심리 질환의 이름에서 명백하게 나타난다. 비록 명명한다는 것이 그 상태와 지나치게 동일시하거나 틀에 갇힌 것 같은 느낌을 줄 수 있지만, 그와 같은 이름에는 큰 힘이 있다. 예를 들어, 치료적 접근에 대한 정보를 주거나 복잡한 현상을 말로 나타내거나 알아차림과 행동을 더 강화하는 것이다. 연구자들은 강점을 명명하는 것의 이득에 주목했는데, 예를 들어 용기 강점에 이름을 붙이는 것은 그 강점을 강화하는 한 방법이 된다(Hannah et al., 2007). 꽤 흔한 예시를 학습장애와 ADHD가 있는 학생을 지도하고 있던 한 전문 교사에게서 볼 수 있다. 한 학생이 당면한 과제를 해결하지 못하고 모임에서 고군분투하고 있었다. 그리고 성격 강점을 훈련받은 그 전문교사는 학생의 강점 사용을 위해 그 순간 감정적 영향을 주었고, 몇 주 후에는 행동적 영향을 주는 다음과 같은 말을 했다.

> 내가 피드백을 줄 수 있게 잠시 여기서 멈춰 볼까? 나는 네가 믿을 수 없을 만큼 용감하고 용기 있는 젊은 여성이라고 생각한단다. 너는 매일 역경에 직면하지. 다른 학생들이 놀릴 때 너는 네 자신을 지키고 있어. 너는 두려울 수 있어. 그래도 그것이 너를 멈추게 하지는 말렴. 힘들고 어려운 일이 있다는 것을 알면서 매일 교실에 가지. 하지만 너는 강하게 맞서고 있잖아. 너의 용기는 정말 놀라워. 너는 분명 너의 인생에서 많은 방식으로 강하게 용기를 사용해 왔을 거야.

▌ 왜 설명하는가

성격 강점을 명명하는 것은 사람들에게 변화의 기회를 주며, 주어진 순간에 자신의 행동에 대한 놀라운 통찰력을 제공한다. 하지만 때때로 단지 명명만 하는 것(예: "난 어제 너에게서 친절함을 보았어." 또는 "호기심이 많으시네요.")은 사람들에게 더 많은 질문을 남길 수 있다. 아마도 사람들은 '좋긴 한데, 어떤 걸 말하는 건지 모르겠어.'라고 생각할지도 모른다. 만약 이름만 주어진다면, 그에 따르는 설명을 무시하는 경향이 강화된다(예: "응, 고마워. 근데 저녁으로 뭐 먹을래?"). 명명한 것에 대한 근거를 제공하는 것은 이러한 문제들을 해결할 수 있는 방법이 된다. 설명이란 당신이 알아차린 바에 대한 행동적 근거이다.

▌ 왜 인정하는가

인정을 표현한다(express appreciation)는 것은 어떤 사람이나 그들의 행동이 가치 있다고 표현하는 것이다. 이 표현의 대상이 되는 사람이 자신의 성격 강점이 중요하다는 것을 알 수 있고 종종 느낄 수 있도록 함으로써 강점 포착을 보다 깊은 단계로 이동시킨다. 인정하기가 많은 분야에서 중요하다는 것이 연구를 통해 나타난다. 파트너에게 인정을 표현하는 사람은 더 헌신적이고 관계를 더 길게 유지할 가능성이 높고(Gordon, Impett, Kogan, Oveis, & Keltner, 2012), 자신의 과거나 현재의 진가를 인정하는 사람은 그렇지 않은 사람보다 더 큰 행복을 느낀다(Bryant, Smart, &

King, 2005). 파트너에게 인정을 표현하는 사람은 더 강한 관계, 더 높은 결혼 만족, 관계에서 더 많은 배려를 하는 것과 관련되어 있었으며(Algoe, Gable, & Maisel, 2010; Gordon, Arnette, & Smith, 2011; Lambert & Fincham, 2011; Schramm, Marshall, Harris, & Lee, 2005), 특히 성격 강점을 인정하는 표현은 관계에서 더 많은 헌신, 더 높은 관계 만족 및 더 높은 성적 만족과 관련되어 있었다(Kashdan et al., 2017). 대규모 직장인 연구에서 다른 사람들이 인정하는 것을 느낀 사람들은 그렇지 않은 사람들에 비해 30배 넘게 번영을 경험할 가능성이 있었다(Hone et al., 2015).

최근 워크숍에서 한 참여자가 나에게 "대화 중에 강점을 포착하는 게 어색하게 느껴지고, 의도적으로 그걸 인정하는 표현을 하는 것은 더 이상하게 느껴져요."라고 말하였다. 많은 사람이 이렇게 느끼고 있을 것이다. 하지만 우리 중 많은 사람이 다른 사람의 긍정적인 핵심 자질을 명명하고 그것을 인정하는 데 개인적으로 어려움을 겪는다는 것이 슬픈 현실이지 않은가? 많은 사람이 강점에 대해 긍정적인 피드백을 주고받는 것을 연습하지 않는다. 따라서 어색함을 줄이기 위해 노력하는 것이 도움이 될 수 있다. 이는 강점 포착과 강점 인정을 연습하는 것을 의미한다. 종종 인정하는 말이 진심이 담기지 않은 "고맙습니다." 또는 "도와줘서 감사합니다."와 같이 모호하고 일반적일 때가 있다. 이렇듯 마음이 없는 것을 넘기 위해, 강점을 포착하는 사람들에게는 자신감을 증가시키고 어색함을 감소시키기 위해 다양한 장면에서의 구체적이고 규칙적인 연습이 권장된다. 연구에 대한 몇몇 결과에 따르면, 일부 강점 인정 연습은 가정이나 회사에서 이러한 어색함을 변화시키는 데 효과적일 수 있다.

💬 강점 기반 개입 실무자를 위한 Tip

당신이 이후에 볼 첫 번째 영화나 TV 프로그램 혹은 최근에 읽고 있는 소설 또는 비소설의 주요 인물에서 관찰할 수 있는 성격 강점을 명명해 보라. 당신이 포착한 각 강점에 대한 근거는 무엇인가? 이 연습은 전형적으로 내담자와 학생들의 숙제로도 환영받는다!

▌단계를 모으기

코칭 작업에서 나는 모든 내담자와의 회기 전부에서 강점을 포착할 수 있는 개인적인 경험적 규칙을 세웠다. 몇몇에서는 성격 강점 활동과 강점 포착에 주로 초점을 두었고, 또 다른 경우에는 전체적으로 실시했다. 세 가지 단계의 예시를 다음에 제시하였다.

우와, Mary, 당신은 뛰어난 사회지능으로 도전적인 개인적 상황을 정말 잘 처리했군요. 민감한 사회적 상황에 확실히 맞서고, 남동생이 자신의 위기를 잘 헤쳐 갈 수 있도록 다양한 방법을 알려 주었네요. 그리고 당신은 힘든 시기 내내 그를 지지하기 위해 함께 그곳에 있었다는 것을 분명히 했고, 그 일을 하는 동안 친절했어요. 이것은 두 가지 당신의 대표 강점, 즉 사회지능과 친절이 잘 나타나고 있는 것이에요. 당신의 동생이 말로 표현하지는 않았어도, 저는 분명 그가 당신에게 감사해하고 있을 걸로 생각해요.

Bill, 어제 우리 동료 David와 열띤 토론을 하는 동안 당신이 얼마나 침착하게 대처했는지가 인상 깊었어요. 당신 입장에서는 많은 자기조절이 필요했겠지요! 만약 당신이 다르게 접근했다면 우리 사무실 전체가 부정적인 영향을 받았을 수 있었을 텐데, 그러한 강점을 발휘해 주어서 감사해요. 훌륭했습니다.

Piper, 내가 피드백을 좀 해도 될까요? 오늘 초반에 있던 팀미팅 토론에서 당신이 모두를 참여하게 한 것을 보았어요. 당신은 조용한 성격의 멤버들도 함께 포함시키면서 아주 공평함을 보여 줬어요. 그리고 당신은 겸손했지요. 나는 당신이 그 주제에 대해 몇 시간이고 유창하게 말할 수 있다는 것을 알고 있어요. 하지만 다른 모든 사람의 관점을 우선시했죠. 나는 당신의 행동 속에 있는 성격 강점을 보는 것이 얼마나 좋았는지 알려 주고 싶어요. 몇 시간 후에 내가 진행하는 회의가 있는데, 나는 공정성과 겸손함이 있는 당신의 접근방법을 기억하고 비슷한 방법으로 회의를 운영해 볼 거예요.

엄마, 엄마는 저한테 항상 딱 적절한 때에 따뜻하고 친절한 말씀을 해 주시는 것 같아요. 제가 사랑받고 지지받는다는 것을 느끼게 해 줘요. 제가 엄마의 사랑을 얼마나 소중하게 여기는지 알아주셨으면 해요.

실무자는 이러한 성격 강점 포착 단계를 적용할 때 창의적이 되어야 한다. 교육자 Mark Linkins는 뉴워크 보이즈 코러스 스쿨에서 상담하면서 학교 전체의 모든 과정에 강점 포착 연습이 포함되도록 도왔다. 배지 프로젝트라는 이 프로젝트에서 모든 학생은 24개의 성격 강점을 별도의 카드에 적어 날마다 목에 걸거나 배지를 달았다. 친구들이 어떤 강점을 잘 나타내는 것을 봤을 때, 배지에 있는 카드를 꺼내서 그 학생에게 건네주고, 목격한 강점을 설명하고 그 진가를 인정하였다. 이것은 선생님과 직원들로부터 시작하여 다음으로 학생들 그리고 전 학년에 걸쳐 실시되었다. 이 프로젝트는 강점의 유창성, 관계에서의 연결성, 자신감 및 웰빙을 향상시키면서 교실이나 시스템 전반에 걸쳐 강점 포착을 운용하는 창의적인 예시이다.

강점 기반 개입 실무자를 위한 Tip

다음번 업무 회의나 가족 모임에서 '강점 안경'을 쓰고 참여해 보라. 이는 강점이 나타났을 때 찾아보리라는 마음가짐을 갖고 있는 것을 의미한다. 모임 내내 안경을 계속 끼고 있으라고 상기시키는 신호를 사용해 보라. 성격 강점의 렌즈를 통해 사람들을 보고 상호작용을 하도록 상기할 수 있게 핸드폰에 스티커를 붙이거나 팔찌를 착용해 보라. 동료가 많은 질문을 하는 것(호기심)과 프로젝트에서 협업에 대해 논의하는 것(협동심)을 포착해 보라. 엄마가 당신을 안으면서 이야기할 때(사랑), 또는 동생이 재미있는 이야기로 가족을 즐겁게 해 줄 때(유머)를 알아차려 보라.

▌강점 행동을 찾기 위해 자신을 훈련하라

성격 강점은 우리의 생각, 감정, 행동에서 표현될 수 있다. 생각과 감정은 주관적이며, 따라서 당연하게도 관찰자가 강점을 찾아내는 것은 도전이 된다. 그러나 행동은 말이나 행위에서 관찰될 수 있는 표현이다. 많은 경우, 행동에서 포착될 수 있는 성격 강점의 명확한 표현을 볼 수 있다. 아마도 24개의 성격 강점을 나타낼 수 있는 무수한 행동이 있을 것이다. 이는 크고 분명한 강점 표현뿐만 아니라 1장에서 언급한 '작은' 일상적 행동들도 포함한다. 〈표 3-1〉에서 24개의 성격 강점들 각각에 대한 행동의 예시를 2개씩 제시하였다. 이러한 행동들이 모든 사람에게 반드시 사실인 것은 아니지만, 실무자에게 성격 강점이 어떻게 나타날지에 대한 일반적인 아이디어를 제공한다. 어떤 행동에는 강점이 중첩되어 나타날 수 있다. 어떤 예들은 단순해 보이지만, 사람들은 종종 성격 강점과 행동 사이에 의식적인 연관성을 끌어내지 못하기 때문에 이런 예시들은 알아차림을 위한 좋은 출발점을 제공한다.

〈표 3-1〉 성격 강점의 표현 행동

성격 강점	성격 강점의 표현 행동
창의성	• 매회 팀회의에서 새로운 아이디어를 나눈다. • 브레인스토밍을 쉽게 하여, 자주 그리고 빠르게 아이디어를 제시한다.
호기심	• 질문을 자주 한다. 특히 새로운 대화마다 질문한다. • 낯선 사무실에 들어갈 때 작은 장식물이나 그림 등에 대해 언급한다.
판단력	• 핵심적인 이슈나 문제가 제기될 때마다 새로운 관점을 나눈다. • 동료가 이야기한 전제나 주제에 동의하지 않고, 반대 증거나 논거를 인용할 수 있다.
학구열	• 이동할 때마다 책을 가지고 다니며 틈이 날 때마다 읽는다(예: 종이책이나 다양한 내용이 있는 전자책). • 새로운 수업이나 강의를 등록한다(심지어 이미 그보다 더 높은 학위가 있다고 하더라도).
통찰력	• 문제를 털어놓는 사람들에게 실질적인 조언을 건넨다. • 큰 그림을 담고 있는 주제와 인류에게 중요한 이슈를 반영하는 의견을 제시한다.
용감함	• 상사가 말하는 상투적인 생각들에 대해 도전한다. • 공적인 포럼이나 규모가 큰 회의에서 손을 들고 큰 소리로 말한다.
인내	• 예상한 기한 내에서 단기와 장기 프로젝트를 끝낸다. • 성취에 대해 특별한 상과 표창을 받는다.
정직	• 자신의 취약한 면을 이야기한다. • 피드백이나 의견을 말해 보라고 할 때, 때로는 비판적일지라도 건설적인 의견을 제시한다.
열정	• 휴식하면서 규칙적으로 산책하거나 다른 운동을 한다. • 자신을 위한 물건을 구매하기보다는 사람들과 함께 하는 경험에 돈을 쓴다.
사랑	• 다른 사람들과 대화할 때 눈을 잘 맞추면서 따뜻하고 진솔하게 그리고 주의 깊게 듣고 있음을 표현한다. • 다른 사람과 물리적인 접촉(예: 껴안기, 등을 토닥이기)을 한다.
친절	• 힘든 한 주를 보낸 동료의 상태를 살피기 위해 애쓴다. • 요청받지 않아도 동료에게 커피를 가져다준다.

사회지능	• 회의에서 대부분의 사람이 고개를 끄덕이는 '적절한' 의견을 말한다. • 스트레스를 받고 속상해하는 친구를 공감한다.
협동심	• 프로젝트에 대해 팀원 전체에게 의견을 묻는다. • 선택권이 주어질 때, 자신의 의견보다는 팀원들과 상의하여 프로젝트 작업을 결정한다.
공정성	• 가족 간에 분쟁이 있을 때, 서로 공통점을 찾고 이에 주목시키면서 분쟁을 해결한다. • 휴식 시간에 동떨어져 있는 동료가 대화에 참여하도록 노력한다.
리더십	• 주말에 친구들을 모아서 이벤트를 연다. • 비전과 아이디어를 공유하여 다른 사람들이 뒤따르고 모일 수 있게 한다.
용서	• 친구가 불쾌하게 행동했다고 해도 "넘어가자."라고 말하면서 친구에게 두 번째 기회를 준다. • 스트레스 관리 방법으로 '내버려 두기'에 집중하는 명상 훈련을 한다.
겸손	• 대화 중에 자신의 의견을 추가하기보다는 더 많이 듣는다. • 무언가 중요한 일을 해낸 뒤, 팀의 노력이나 타인이 기여한 것을 강조한다.
신중성	• 이메일의 다양한 하위 폴더를 만들어 사용한다. • 회의나 약속에 정각 혹은 더 일찍 도착한다.
자기조절	• 조깅이나 수영하기를 매일 규칙적인 운동 습관으로 만든다. • 점심을 먹을 때 과일이나 야채 같은 건강한 음식을 선택한다.
감상력	• 연극, 오페라, 콘서트 혹은 다른 문화 이벤트에 자주 참석한다. • 집이나 사무실에 그림 등의 예술품을 전시해 놓는다.
감사	• 호의나 선의를 받았을 때 자주 "고마워."라고 표현한다. • 동료의 책상에 감사하는 쪽지를 자주 붙인다.
희망	• 개인적이고 전문적인 목표와 그것을 위해 어떤 작업을 하고 있는지 말한다. • 아무리 끔찍해도 대화의 초점을 밝은 쪽으로 향하게 한다.
유머	• 모임에서 농담이나 재미있는 이야기, 재치 있는 말을 한다. • 일대일 상황에서 즐겁게 장난을 친다.
영성	• 집과 가정 혹은 신체(예: 십자가 목걸이)에 종교적인 상징물을 전시한다. • 휴식 시간 동안 조용히 성찰, 명상, 숙고를 하면서 시간을 보낸다.

성격 강점과 활동들을 맞춰 정렬시키기

만약 성격 강점이 우리 안에 있는 타고난 에너지 자원이고 대표 강점이 우리 정체성의 핵심이라면, 일상의 모든 영역에서 의도적으로 그것들을 가져와 사용하는 것은 어떨까? '성격 강점 정렬(alignment)'이라는 문구는 우리가 자신을 발견하는 지금 현재의 공간에 우리 자신의 가장 좋은 부분을 가져온다는 개념을 담고 있다. 사람들은 잘할 수 있는 일뿐만 아니라 잘하고 싶은 일도 하고 싶어 한다(Mayerson, 2015, 2016).

최근 미국 직장인들을 대상으로 한 설문조사에서 64%가 직장에서의 성공이 자신의 강점을 구축하는 것에 달려 있다고 생각하는 반면, 36%만이 약점을 개선함으로써 성공이 향상될 것으로 생각하는 것으로 나타났다(McQuaid & VIA Institute on Character, 2015). 그런데도 단지 절반만이 매일 자신의 최고 강점을 사용하고, 27%는 상사가 자신의 강점을 전혀 인정하지 않는다고 보고하였다. 직장에서 성격 강점 정렬을 만드는 기회가 요구된다.

연구를 통해 직장에서의 성격 강점 정렬이 중요하다는 점이 드러났고(Harzer & Ruch, 2016; Littman-Ovadia, & Niemiec, 2017), 주어진 일을 의미 있는 활동으로 바꾸는 잡 크래프팅(job crafting)에서 강점과 흥미의 중요한 연관성을 보여 줬다(Kooij, van Woerkom, Wilkenloh, Dorenbosch, & Denissen, 2017). 한 연구에서 직장인을 강점 정렬 집단과 통제 집단에 임의로 할당하였다(Harzer & Ruch, 2016). 강점 정렬 집단은 직장에서 구체적인 일상 업무 및 활동을 하는 동안 그들의 상위 4개의 대표 강점을 더 많이 계획하고 사용하도록 하였다. 이 집단은 통제 집단에 비해 직업 소명과 전반적인 삶의 만족도가 유의미하게 증가했으며, 이 변화는 6개월 동안 지속되었다. 직장에서의 성격 강점 정렬은 어떻게 이루어질까? 〈표 3-2〉는 어느 인사담당자의 세 가지 업무와 그의 두 가지 대표 강점 그리고 그 둘 사이의 정렬에 대한 예시이다.

개인의 성격 강점 프로파일은 업무의 정렬을 촉진하는 가이드로 사용될 수 있다. 성격 강점 프로파일과 가장 몰입하고 만족하는 직장에서의 역할 혹은 기능의 관계를 밝힌 연구가 이를 뒷받침한다. Mayerson(2015)은 다음의 공통된 일곱 가지 범주

〈표 3-2〉 세 가지 업무에서의 성격 강점 정렬의 예시

상위 업무	대표 강점	가능한 정렬 행동
고객에게 이메일 보내기	호기심	흥미, 참신함, 새로움 및 호기심을 전달하는 언어를 사용한다.
	친절	가능한 친절하게 고객의 니즈를 확인하여 우선순위에 둔다.
일간 회의 참석	호기심	모든 회의에서 가능성을 탐색하는 질문을 최소한 하나씩 한다.
	친절	직원들에게 물이나 커피를 주면서 그들이 어떻게 하고 있는지 살핀다.
직원이 야기한 업무 문제 해결	호기심	권위주의적인 접근보다 질문을 하는 접근을 강조한다. 각각의 상황에서 해결책을 찾도록 지원을 돕는다.
	친절	직원이 애쓰는 것에 연민을 느끼며, 문제를 구체화한다. 주의 깊게 듣는다. 당신이 지원하고 있다는 것을 알게 한다.

또는 역할을 개념화하였고, Ruch, Gander, Platt과 Hofmann(2016)은 다음 각각의 기초가 되는 성격 강점 알고리즘을 고안하는 것에 더해 범주에 대한 경험적 근거를 발견하였다.

1. 아이디어 창출
2. 정보 수집
3. 의사결정을 위한 정보 분석
4. 직장에서의 아이디어 및 프로그램 실행
5. 내적(예: 주요 의사결정자)으로 또는 외적(예: 투자자, 고객)으로 다른 사람들에게 영향을 미치는 업무에서의 장점
6. 동료들과의 관계 관리
7. 어려운 시기를 헤쳐 나가기 위해 업무팀과 업무 자체에 불어넣는 에너지

예를 들어, Ruch와 동료들은 창의성과 통찰력이 풍부한 사람들은 아이디어를 내는 것으로써 관여하는 경향이 있는 반면, 열정적인 사람들은 다른 사람들에게 영향을 주는 역할과 가장 잘 어울렸다. 각 직원의 고유한 성격 강점 프로파일을 아는 것은 가장 에너지 넘치고 성취감을 느낄 수 있는 역할을 예측하는 데 사용될 수 있다. 그리고 업무 분장은 성격 강점 프로파일을 고려한 역할과 일치되도록 할 수 있다.

이는 각 직원이 자신의 최고 그리고 최상의 것을 사용하고 수행을 최적화하도록 돕는다(Mayerson, 2015). 확실히 이것은 직원들의 '잡 크래프팅'을 지지하는 강력한 연구와 일치한다(Wrzesniewski, LoBuglio, Dutton, & Berg, 2013).

직장에서의 성격 강점 정렬 활동이 가장 많이 연구되었기에 직장과 관련하여 내담자에게 적용할 수 있는 기회가 많지만, 학교, 공동체, 가족, 사회 및 영성과 같은 다른 삶의 영역들에서도 최고 강점들을 정렬함으로써 이득을 얻을 수 있다. 〈표 3-3〉은 성격 강점과 가족 활동 그리고 그 정렬에 대한 예시이다. 24개의 성격 강점 중 어떤 것이라도 수많은 가족 활동과 정렬되고 강화할 수 있다고 여겨진다.

성격 강점 작업은 분석보다 통합에 더 가깝다. 정렬 개입이 특히 그렇다. 심리학은 수십 년 동안 삶이 가져오는 문제와 이슈들을 찾아왔다. 그러나 강점 작업은 주로 삶의 측면들을 연결시키는 것으로 자질, 기억, 생각, 감정 그리고 강점을 종합하여 전체를 끌어낸다. 실무자들은 사람들에게 그들이 최고였을 때의 시간을 이야기하고, 과거의 성공을 생각하며, 유망한 미래의 아이디어를 종합할 것을 요구할 것이다. 이 각각의 것들은 사람들이 그것을 분석하고 분해하기보다는 연결고리를 만들고 경험을 통합하는 것을 돕는다. 예를 들어, 실무자는 내담자에게 "지금 어떤 강점을 사용하고 있나요?"라고 물을 수 있다. 그리고 지금 이 순간의 강점 자각과 사용을 통합하는 것을 도울 수 있다. 더불어 실무자는 내담자가 아버지와 어려운 대화를 하거나 자신의 결점을 인정하도록 하기 위해 자신의 용감함을 활용하도록 특히 북

〈표 3-3〉 가족 활동에서 성격 강점 정렬의 예시

가족 활동	당신의 대표 강점	정렬 내용
외출	리더십	가족 소풍을 계획한다(예: 교통편, 음식, 저녁에 할 놀이)
취침 전 규칙	안내	취침 시간과 취침 전의 규칙(잠옷 입기, 이 닦기 등)이 언제 시작되어야 하는지를 아이들과 함께 명확히 정한다. 그 계획을 계속 밀고 나간다.
요리	창의성	익숙한 요리들에 대해 새로운 변화(즉, 새로운 양념, 새로운 반찬, 새로운 음식 조합)를 가한다.
함께 책 읽기	학구열	매일 밤 함께 모여서 책을 읽고, 각자의 책에서 배운 핵심적인 교훈을 살펴보고 토론한다.
그룹 댄스	열정	가족이 번갈아 가면서 그룹 댄스를 출 곡을 선택하는 가족 댄스 파티를 열고 참여한다.

돋을 수 있다. 이러한 것들은 실무자가 내담자들이 강점과 기억 혹은 어려운 상황을 통합하도록 돕는 예시이다.

강점에 기반한 훈련 모델의 사용

"당신은 강점에 기반해 있나요?" 내가 워크숍에서 많은 실무자에게 이 질문을 하면, 대부분은 손을 든다. 그러나 각자가 의미하는 강점 기반에는 일관성이 거의 없다. 심지어 '강점을 기반으로 한다'라는 것조차 있을까? 강점 기반에 대한 대부분의 의미는 이것이 그 사람의 기본 모드 또는 방식이라는 것 그리고 그들은 항상 상담자, 교사, 부모 또는 매니저로서 이런 식이라는 것을 암시한다. 그것은 틀린 것이다. 주변에서 결점과 불일치를 찾는 우리의 큰 부정적 편견과 신경학적 연결 때문에, 이모든 것을 극복하고 늘 긍정적인 것을 찾거나 우리가 마주치는 모두에게서 항상 선함과 강점을 발견하는 것은 아마도 무리한 요구일 수도 있다.

우리는 특정한 직장 상황이나 친구들과 보내는 특정 시간에 더욱 강점에 기반하게 될 수 있기 때문에 조금 더 '상황적으로 강점 기반이다'라고 할 수 있을 것 같다. 심지어 우리는 '순간적으로 강점 기반이다.' 우리에게는 낯선 이에게 친절하거나, 긍정적인 질문을 하거나, 부정적인 것을 긍정적인 것으로 재구성하거나, 격려의 말로 타인에게 힘을 주거나, 상대방의 성격 강점 중 하나를 포착하는 순간들이 있다. 이러한 순간들이 바로 강점 기반이다. 대부분 그것들은 수명이 짧다. 단단한 신경 연결망은 우리를 문제 중심의 마음가짐으로 재빨리 되돌아가게 한다.

이것이 우리가 강점에 대해 마음챙김을 사용해야 하는 한 가지 이유이다. 마음챙김은 우리가 강점의 잠재적인 순간들을 알아차리는 과정이 된다. 그것은 우리가 할수 있는 더 많은 행동의 문을 열어 준다. 아마도 강점의 순간 후에 우리는 더 많은 강점의 순간들을 함양하는 연습을 할 것이고, 강점의 긍정 정서를 더 길게 유지하기 위해 노력하거나(음미하기) 혹은 몇 초 후의 강점을 보기 위해 다음 기회를 면밀히 주시할 것이다.

나는 나 자신을 강점 기반의 실무자, 교육자, 작가 그리고 연구자라고 부르지만, 그래서 일과 중 강점 작업과 관련된 것을 많이 하고는 있으나 강점을 깜빡 잊을 때가 상당히 많다. 솔직히(이는 나의 대표 강점 중 하나이다) 강점을 사용할 때보다 잊을 때가 훨씬 많다. 강점을 잊지 않는 방법 중 하나는 온라인으로 내담자를 코칭할 때 그 내담자의 성격 강점 프로파일을 모니터의 스카이프 화면 바로 옆에 띄워 놓는 것이다. 대화 내내 나는 그들의 강점을 글자 그대로 시야에서 놓치지 않는다. 심지어 이 실제적인 접근법은 습관화되어 놓치기 쉽다. 따라서 때때로 나는 '나의 단서를 위한 단서'를 사용해야 할 때도 있다! 내가 한 사람의 강점을 완전히 시야에서 놓쳤을 때 나는 결국 그들의 얼굴에서 독특한 표정이나 웃음이 나는 것을 보게 되는데, 이것이 내담자들의 강점으로 다시 돌아가기 위한 단서가 된다.

이상적으로 스스로 강점에 기반했다고 하는 사람들은 강점에 대한 원칙, 정의, 개념 및 연구를 준수한다. 내담자, 고용주, 또는 대중에게 좋게 들린다고 해서 강점에 기반했다고 해서는 안 된다. 부록 B에는 당신의 작업이 얼마나 강점에 기반했는지를 확인할 수 있는 약간의 핵심적인 질문 목록이 있다. 수많은 강점 기반 모델과 접근들이 있으며 부록 C에서 많은 모델과 접근을 살펴본다. 다음에서는 자각-탐색-적용 모델(aware-explore-apply model)을 살펴볼 것이다. 이 모델이 명백히 VIA 성격 강점을 위해 만들어졌고, VIA 분류체계가 2004년에 정착된 이래로 지금까지 성공적으로 사용되고 있기 때문이다.

█ 배경: 자각-탐색-적용 모델

VIA 분류체계(Peterson & Seligman, 2004)가 출판된 이후, 나는 다른 사람을 돕는 데 성격 강점을 적용하는 것에 대한 흥미가 바로 생겼다. 당시 나는 임상심리학자로서 만성 통증 내담자들, 성직자들, 심각한 중독을 겪는 내담자들, 우울, 불안, 스트레스 질환을 가진 내담자들, 다양한 의학적 문제를 겪고 있는 내담자들과 작업하고 있었다. 이처럼 고통이 다양했기 때문에 나는 일반적이면서도 폭넓게 적용될 수 있는 복잡하지 않은 강점 기반의 방법이 필요했다. 그리고 그 접근법이 단계적이면서 오직 순간의 상호작용 흐름에만 의존하지 않기를 바랐다. 그 당시 나는 훌륭한 취재 기자가 할 만한 일을 했다(혹은 나는 단순히 호기심이 많거나 학구열이 높은 사람이 할 만한 일을 했다). 나는 의사, 물리치료사, 영양사, 심리학자, 사회복지사, 영성 지도사, 성직자, 정신과 의사와 같이 다양한 분야에 걸쳐 강점에 기반하고 있는 사람들과 이야기하였다. 그 당시까지 강점 기반 접근에 대해 어떤 것이 알려졌는지 혹은 알려지지 않았는지를 더 잘 이해하고자 조사하고 연구하고 관찰하며 질문하였다. 책을 읽고, 비디오를 보고, 논문을 살펴보고, 가장 중요하게는 다양한 학문적 배경을 지닌 타고난 강점 기반의 실무자들의 회기에 참석하면서 하나의 패턴을 발견하였다. 이 전문가들이 작업할 때 세 가지 과정을 거친다는 것을 확실히 알았다. 그들은 대체로 구체적인 목표와 다음 단계를 정하면서 내담자들 스스로는 보지 못하는 긍정적인 측면을 알아차리도록 도왔고, 질문, 활동, 도전, 반영을 통해 긍정적 현상을 함께 탐색했으며, 이 정보를 사용하여 내담자가 그것에 대해 의미 있는 행동을 하도록 도왔다, 이 세 가지 과정은 자각-탐색-적용 모델(Aware-Explore-Apply model: AEA)이 되었다. 〈글상자 3-1〉에 이 모델을 성격 강점에 적용할 때의 개요가 제시되어 있다.

열차 근로자를 대상으로 AEA의 동일한 세 가지 주제를 사용하여 업무 맥락과 관련된 강점 작업을 한 연구에서는 개입이 웰빙과 강점 사용의 증가를 가져왔다 (Dubreuil et al., 2016). 이 연구자들은 또한 강점 사용에서 큰 증가를 보인 참여자들의 경우 업무 성과와 조화로운 열정에서도 유의미한 증가를 보였음을 밝혔다.

AEA는 빠른 상호작용으로 구성할 수도 있고, 몇 주나 몇 달 이상의 장기 과정으로 구성할 수도 있다. 전자에 관해서는, 예를 들어 〈스타워즈: 깨어난 포스(Star Wars: The Force Awakens)〉(2015)를 보면서 여성 주인공인 Rea가 반복적으로 용기를 나타내는 것을 본다고 상상해 보자. 이는 용감함 자체와 당신의 용감함 수준에 대한 당신의 자각을 촉발한다(자각). 그리고 당신은 일상에서 이 강점을 얼마나 보여 주고 있는지, 어떤 측면에서 더 많이 용감할 수 있을지 스스로에게 묻는다(탐색). 당신은 정치적 언급으로 당신을 불쾌하게 했던 직장 동료에게 맞서기 위해 직장에서 더 많은 용기가 필요하다고 결정한다. 다음 날 당신은 대화를 시작할 때뿐 아니라 대화 내내 강인하게 있도록 용기를 모으자고 결심한 것을 행동으로 옮긴다(적용).

📑 글상자 3-1 성격 강점에 기반한 자각-탐색-적용 모델

- 강점 개발의 두 가지 중요한 과정(내적 동기와 마음챙김)을 반영하고 강조한다.
- 전문적인 실무자가 자신의 내담자와 작업할 때 보여 주는 기본적인 강점 기반의 접근을 반영한다.
- 한 특정한 상호작용이나 상황에서 펼쳐지는 것 또는 내담자, 학생, 직장인의 지속적인 상호작용을 반영하는 것과 같이 짧거나 혹은 긴 시간에 걸쳐 발생한다.
- 훈습되고 반복되는 순환 과정이다. AEA의 세 단계는 단계마다 긍정적인 방식으로 서로를 구축하고 보강하는 선순환이다.
- 실무자가 기억해야 하는 단순함, 즉 자각-탐색-적용이라는 세 단어는 의도적으로 복잡한 강점 작업 내에 단순한 모델이 존재하도록 한 것이다.
- 실무자가 내담자와 함께 다음에 무엇을 할지 모르겠는 '막혔다'라는 느낌이 들 때 도움이 된다. 실무자는 다음과 같이 스스로 질문하면 된다. 이 내담자가 자신의 강점에 대해 더 많이 알아차려야 할까? 강점을 더 깊이 탐색해야 할까? 혹은 어떤 목표를 정할 준비가 되었나?
- 회기와 회기 중간에 내담자가 강점에 대해 작업할 수 있는 도구를 제공한다.

다음은 이 모델에 대한 상세한 내용이다. 각 단계에 대한 설명과 내담자가 각 단계에 참여할 수 있도록 돕는 질문과 활동의 예시를 제시한다.

▌자각-탐색-적용 모델의 사용

자각

설명

- 스스로를 이해하거나 어떤 변화를 가져오기 위한 첫 번째 단계는 자기자각을 증가시키는 것이다(즉, '너 자신을 알라'는 것). VIA 검사를 하는 것이 좋은 첫 단계가 된다. 이것은 강점의 '공통 언어'를 접할 수 있도록 한다. 많은 사람이 자

신에게 24개 강점이 모두 있다는 사실에 놀란다. 다른 이들은 자신의 핵심을 기술하는 긍정적 강점들을 알게 되어 행복해한다. 어떤 사람들은 자신이 "나는 이미 나에 대해서 알고 있었어요."라고 말하는 것을 발견한다. 만약 당신이 이런 말을 하고 있는 자신을 발견했다면, 이를 모든 경험을 배울 수 있는 기회로 보고 자신을 더 잘 자각하고자 하는 성장 마음가짐을 구축하기 위해 도전해 보라.

생각할 만한 질문

- 당신의 직감적인 반응은 무엇인가요? VIA 검사 결과에 대해 당신이 가장 놀란 것은 어떤 것인가요?
- 가장 높은 강점이 대표 강점으로서 당신에게 어떤 반향을 불러일으켰습니까?
- 높은 순위의 강점들이 당신의 정체성에서 가장 핵심적이며 사용할 때 가장 힘이 나고 자연스럽다고 느껴지나요?

내담자를 위한 활동 예시

- https://www.viacharacter.org에서 나이에 맞춰 VIA 검사를 실시한다.
- 1장의 주요 개념들이나 당신이 흥미 있는 다른 장의 내용을 사용해서 강점 안내서를 만든다. 강점에 기반한 접근을 사용하는 당신의 근거를 포함하고, 그것을 내담자의 문제나 목표와 연결시킨다. 그것을 글로 쓰는 것은 당신이 배운 것을 명확하게 하는 데 도움이 될 것이다. 이것은 당신의 내담자를 교육하고, 그들의 강점을 자각하도록 하고, 강점에 기반한 당신의 접근방식을 '내담자가 받아들이도록' 하는 데 사용될 수 있다.
- 내담자가 자신의 대표 강점들을 이해하도록 돕는다. 대표 강점을 하나씩 보면서 내담자가 각 대표 강점의 의미를 물으면 답한다.
- 내담자가 자신의 말과 행동을 연결하면서 대표 강점들을 분명히 하도록 돕는다. 내담자가 보여 주는 강점의 표현들에 대해 당신의 인정과 평가를 나누면서, 이러한 성격 강점들을 스스로 가치 있게 인정하도록 북돋는다.
- 내담자가 해당 회기에서 성격 강점을 사용한 예를 이야기하면서 강점 포착을 북돋는다. 당신이 관찰한 것의 근거도 반드시 포함해서 제시한다.

- VIA 검사와 결과에 대한 내담자의 정서적 반응을 이해한다. 내담자의 정서를 타당화해 주고, 명료화를 위한 질문을 하고, 그 주제에 대해 교육하고, 잘못된 개념을 수정해 준다.

탐색

설명

- 이 단계에서는 강점들, 특히 프로파일에서 가장 높은 강점들과 과거의 성공, 관계, 성취, 가장 행복했던 때와 큰 어려움 및 시련에 직면했을 때를 연결시키는 것을 포함한다. 이 단계에서는 당신이 강점과 당신의 과거, 현재, 미래 사이를 더 깊게 연결하도록 한다. 이는 성격 강점들이 어떻게 당신을 형성하고, 어떻게 당신이 가장 중요하게 여기는 것의 일부가 되는지를 이해하는 데 도움이 된다. 이 단계는 당신의 강점에 대해 다른 사람과 논의하는 것, 홀로 성찰하는 것 및 기록하는 것과 다양한 상황에서 자신과 다른 사람에 대해 면밀히 관찰하는 것이 포함될 수 있다.

생각할 만한 질문

- 당신이 성공했던 때에 어떤 강점들을 사용했었습니까? 각각의 대표 강점들이 어떤 역할을 했나요?
- 당신은 매일 당신의 대표 강점들을 어떻게 표현하나요?
- 가능한 가장 좋은 미래를 상상했을 때, 그 미래를 이루기 위해 어떤 강점들이 필요할 것 같습니까? 당신이 달라져야 할 것은 어떤 것입니까?
- 당신이 불안하고 우울하거나 매우 스트레스 받았을 때를 생각해 보세요. 앞으로 나아가기 위해 당신은 어떤 강점들에 의지했습니까?
- 친밀한 관계에서 당신이 가장 강하게 사용하는 강점들은 무엇입니까?
- 성격 강점 작업에서 플러스나 마이너스가 되는 점은 무엇인가요?
- 당신의 과거나 현재의 멘토(또는 롤모델)를 떠올려 보세요. 그들은 어떤 강점을 갖고 있나요? 그들은 강점을 어떻게 표현했나요? 그들은 당신에게서 어떤 강점들을 보았나요?

내담자를 위한 활동 예시

- 강점 포착에 최선을 다한다.
- 과거에 사용했던 강점들을 생각해 본다.
- 강점 사용을 확장시키고 늘릴 방법을 탐색한다.
- 강점 렌즈를 통해 문제를 탐색한다.
- VIA 해석 보고서(특히 VIA Pro 보고서 또는 VIA Me 프로필 보고서)를 확인하고, 다른 관점에서 스스로의 내용과 그래프를 검토한다.
- '최대한 가능한 나' 연습을 한다.
- 성격 강점들의 과다사용을 곰곰이 생각해 본다.

적용

설명

- 이 단계는 행동 계획을 포함한다. 이것은 강점을 중심으로 한 구체적인 목표의 형태이거나 단순히 자신이 하고자 하는 행동에 대한 생각일 수 있다. 이 단계는 강점을 당신 일상의 일부로 만드는 것이다. 이것은 실행 단계이다. 자신의 강점을 생각하고 토론한 후 행동에 영향을 줄 때가 된 것이다!

생각할 만한 질문

- 자각과 탐색 단계에서 쌓은 지식들을 생각해 보세요. 이제 여기서 어디로 가나요?
- 당신의 일상에 적용해 볼 만한 강점은 어떤 것인가요?
- 당신은 매일 어떤 새로운 방식으로 대표 강점들을 사용할 수 있나요?
- 목표에 도달하기 위해 강점들을 어떻게 사용할 수 있나요?
- 당신의 삶에서 이루고 싶은 개선이나 긍정적인 변화는 어떤 것입니까?
- 변화를 이루기 위해 얼마나 많은 에너지와 시간이 드나요?
- 이러한 변화가 가치 있을 것 같은가요? 왜 그런가요? 혹은 왜 아닌가요?
- 자기계발의 측면에서 어떤 것이 당신에게 가장 큰 동기가 되나요?
- 이 세상에서 당신은 어떻게 되고 싶고 또 무엇을 하고 싶은가요?

- 강점 표현의 측면에서 장기적으로 무엇을 하고 싶은가요?
- 당신이 사용하고자 하는 강점의 목적은 무엇인가요? 세상을 더 좋게 하는 것과 관련되나요?(예: '더 좋은 사람'이 된다) 혹은 자신에게 더 솔직하고 더 진술하게 행동하는 것과 관련되나요?(예: '더 좋은 나'가 된다)

내담자를 위한 활동 예시

- 강점에 관심을 둔다. 잊지 않고, 강점에 집중하도록 스스로를 상기시킬 수 있는 체계(예: 포스트잇이나 다른 단서들)를 만든다. 당신이 정신없이 일상을 보내고 있을 때, 당신은 마음이 어떻게 다시 강점에 초점을 맞추도록 할 수 있을까?
- 강점들을 정렬한다. 당신의 일이나 대인관계에서 대표 강점들을 규칙적으로 사용하는가? 당신의 업무나 대화에 강점들을 정렬시킬 방법을 찾아본다. 예를 들어, 가장 높은 강점이 호기심이라면, 친구나 가족에게 독특한 질문을 한다. 감상력이 높다면, 업무 환경 주변에 아름다운 것들을 배치하고, 일과 중 잠시 시간을 내어 밖에 나가 자연 속에 있어 보고, 일반적인 업무에서 양질의 결과를 내어 본다.
- 다른 사람들의 강점을 알아차리고 인정한다. 다른 사람들의 강점을 세심하게 살펴본다. 아마 당신이 하는 모든 소통에서 포착할 수 있을 것이다. 강점에 대한 첫 번째 반응은 당신이 본 강점을 명명하는 것(인식)이다(예: "John, 오늘 아침 회의에서 필요한 이야기를 당당하게 하는 걸 봤어요. 많은 인내심과 용감함을 보여 주었어요."). 두 번째는 당신이 관찰한 강점의 가치를 보여 주는 것(인정)이다(예: "Sue, 인생에 대해 희망과 감사를 가진 당신의 태도가 정말 대단하다고 여겨져요. 항상 말로 표현하지는 못해도, 당신이 곁에 있다는 것이 정말 힘이 됩니다.").
- 행동을 활성화한다. 당신의 강점을 적용시키기 위해 취할 수 있는 작은 행동은 무엇인가?
- 이 책에 나온 다양한 성격 강점 개입을 살펴본다(특히 8장에 있는 자세한 내용들을 읽어 본다). 당신이 내담자를 위해 계획하거나 연습하는 것의 동기를 가장 고취시키는 것 1~2개를 선택한다.
- 강점 목표를 정한다. 구체적인 행동 단계를 설정하고, 당신의 의도에 대해 다른 사람들에게 말하고, 당신의 과정을 관찰한다(8장의 목표 설정 절의 개입 참조).

유지

설명

- AEA는 자기유지의 과정으로 작업을 수행하면서 더 향상되고 더 깊게 파고드는 지속적인 순환을 이룬다. 그러나 모든 변화의 핵심은 유지이다. 일부 실무자는 이것을 네 번째 단계로 강조하는 것이 유용하다는 것을 알게 될 것이다.
- 변화는 쉽지만, 그것을 유지하는 것은 쉽지 않다.

생각할 만한 질문

- 여생 동안 강점 작업을 하기 위해 무엇을 할 예정인가요?
- 강점 작업 시 동기가 가장 높아지는 때는 언제입니까?
- 어떻게 강점 작업을 계속 신선하고 흥미롭게 유지할 수 있을까요?
- 어떻게 계속해서 성장하고 진화하면서 자신의 비전을 유지할 수 있을까요?
- 당신의 강점 작업에 대해 다른 사람들의 지지를 어떻게 얻을 것인가요?
- 당신이 좋아하는 사람들과 함께 하고 싶은 강점 활동들이 있습니까? 당신의 삶에서 그 사람과 함께 강점 작업을 할 수 있는 계획을 어떻게 세울 수 있을까요?

내담자를 위한 활동 예시

- 목표를 유지하고 수정하는 방법으로써 성격 강점을 사용한다(인내심, 희망, 신중성은 목표 설정 및 유지를 이해하는 데 핵심적인 개념들이다. 즉, 목표와 그 달성 경로를 상상해 보는 희망, 그것을 상세히 계획하는 신중성, 그리고 그것을 실행하기 위한 인내이다).
- 매일의 삶에서 성격 강점을 일상의 규칙으로 만든다.
- 좋은 습관을 만드는 것처럼 성격 강점에 접근한다.
- 강점을 의식하는 것을 유지하기 위해 마음챙김 연습을 사용한다.
- 관리자들은 정기적으로 강점에 기반한 성과를 검토하여 제시해야 한다.

이 성격 강점 기반의 접근은 내담자들이 개인적인 패러다임 전환을 촉진하도록 돕는다. 〈글상자 3-2〉에서 그 전환을 촉진하는 요약 문구를 제시한다.

글상자 3-2 유지를 통한 AEA의 흐름 요약

- 자각: 자동조종이나 보지 못하는 상태에서 자각으로
- 탐색: 일반적인 자각에서 더 깊은 통찰로
- 적용: 통찰에서 긍정적 행위로
- 유지: 처음의 긍정적 행위에서 지속적인 긍정적 행위로

성격 강점을 당신의 주요 접근 분야에 접목시키기

긍정심리학적 요소들을 임상 또는 상담 심리학뿐 아니라 경영, 교육, 코칭 및 관련 분야에 통합시키는 것은 상당한 가치가 있다. 특히 통합적 접근은 효과적인 심리치료로서 강력한 경험적 근거가 있다. 상담적 접근에서는 경험적 기반의 해결을 사용하고 내담자의 개인적 그리고 문화적 특성을 수용하는 개입을 통합하는 것이 중요하다(Norcross & Goldfried, 2005). 여기서의 주장들은 내담자를 변화시키는 전문적 접근과 이론에 성격 강점을 통합시키기 위한 것이다.

긍정적 특성들은 특히 장애를 예측하고 부정적인 삶의 사건의 영향을 완화시키고, 장애의 발달을 예방하는 데 어떤 역할을 하는 것으로 밝혀져 왔다(Wood & Tarrier, 2010). 게다가 긍정적 특성들은 치료를 향상시키고자 심리치료자들이 사용하는 내담자의 즐거움, 몰입 그리고 의미를 함양하기 위한 주요한 포인트로 주장되어 왔다(Duckworth, Steen, & Seligman, 2005). 특히 성격 강점들은 균형 잡힌 임상적 실제를 확립하는 데 있어 평가와 개입을 위한 핵심 요소가 될 수 있다는 점도 논의되었다(Rashid, 2015; Rashid & Ostermann, 2009).

실무자, 특히 심리치료나 상담 분야의 실무자를 방문하는 내담자는 자신의 문제에 대한 도움을 찾고 있다. 그들의 마음가짐은 문제를 교정하고자 하는 바람을 반영하며, 실무자가 그들의 마음가짐에 참여하고 고통감을 완화시켜 줄 수 있기를 바란다. 내담자는 심리치료에서 자신의 문제를 구체적으로 되새기고, 자신의 삶에서 무엇이 잘못되었는지에 대해 집중하며 자신의 결점과 약점을 나쁘게 느끼는 데 시

간을 보낼 것이라고 예상할 것이다(Rashid & Niemiec, 2013). 연구를 통해 나쁜 것이 좋은 것보다 더 강하고(Baumeister, Bratslavsky, Finkenaeuer, & Vohs, 2001), 많은 종류의 실무자들이 이 부정적 편견에 똑같이 취약하다는 점이 반복적으로 나타나고 있다.

Seligman(2002)은 심리치료가 단지 고통을 완화하는 것만이 아니라 개인의 번영을 향상시키는 것도 함께 이루어져야 한다고 자주 강조해 왔다. 연구에 따르면 정신건강과 정신질환을 2개의 연속선, 4개의 사분면에서 볼 때, 정신적 및 사회적인 건강이 튼튼한 사람들은 번영할 가능성이 높고, 정신질환을 겪고 있는 사람들일지라도 일부는 동시에 번영할 수 있다고 한다(Keyes, 2002). 그러므로 심리치료는 고통을 완화하는 것과 사람들이 강점과 웰빙을 극대화하도록 돕는 것 둘 다에 관한 것이다.

심리치료, 코칭, 교육, 경영 등 당신의 분야가 무엇이든 간에, 당신의 접근법에 성격 강점을 함께 엮어 넣을 수 있다. 이것은 대체가 아닌 통합을 의미한다. 성격 강점은 해결 중심이든 문제 중심이든 사람이 변화하도록 도와주는 접근방식을 강화하기 위해 매끄럽고 실질적인 덧씌움을 제공한다. 또한 모든 인간이 이러한 강점을 가지고 있기 때문에 어떤 장면이나 대상에도 적용할 수 있으며, 따라서 성격 강점에 기반한 접근방식으로 작업할 수 있는 가능성은 항상 존재한다. 앞에서 논의한 바와 같이, AEA 모델은 실무자의 지향(orientation)에 성격 강점을 '덧씌움'으로 사용할 수 있는 하나의 경로이다.

만약 당신이 심리치료자라면 가장 최신의 성공적인 근거 기반 심리치료 모델들을 담고 있는 고전적인 대학원 교재『현대 심리치료(Current Psychotherapies)』(Wedding & Corsini, 2013)의 제10판에 나온 열 가지 접근 중 하나와 관련될 것이다. 성격 강점은 그 접근들 중 어느 것에라도 접목될 수 있고, 그중 몇 가지를 이 장에서 제시할 것이다. 가장 새롭게 추가된 치료는 긍정심리치료(PPT; Rashid & Seligman, 2013)인데, 이에는 긍정 심리학 분야의 최신 연구와 실무들이 통합되어 있다. 14회기로 구성된 긍정심리치료 모델은 우울증에 있어 기존 치료보다 더 효과적임이 밝혀졌고(Seligman et al., 2016), 우울증, 조현병, 니코틴 의존증과 경계선 성격장애를 포함하는 임상 집단을 대상으로 한 예비 연구에서도 그 효과성이 나타났는데(Rashid, 2015), 긍정심리학 영역의 가장 주요한 요소인 성격 강점이 대부분의 회기에서 핵심적인 요인이었다. 여기에는 감사, 친절 및 대표 강점에 초점을 둔 훈련이 포함된다.

우울증에 대한 마음챙김에 기반한 인지치료의 연구 효과를 근거로 만들어진 또 다른 긍정 심리학적 모델은 마음챙김에 기반한 강점 훈련(MBSP; Niemiec, 2014a)이 다. 이는 인간의 최선의 것을 명시적인 목표로 삼아 마음챙김을 사용한 최초의 프 로그램이다(Baer, 2015). 초기 예비연구 결과는 고무적이었으며(Ivtzan et al., 2016; Niemiec, 2014a), 직장(Niemiec & Lissing, 2016)이나 학교(Lottman, Zawaly, & Niemiec, 2017; Sharp, Niemiec, & Lawrence, 2016) 같은 여러 환경에서 사용되고 있다.

지금까지 대부분의 치료자가 MBSP나 PPT를 그들의 접근법에 적용하지 않고 있 다. 그래서 나는 실무자들이 고수하고 있는 가장 유명한 몇몇 이론적 지향에 이를 통합하는 방법들에 대해 논의하고자 한다. 다음 각 절에서 통합의 예시를 제시하지 만, 이것이 모든 지향의 완전한 종합적인 구성을 의미하는 것은 아니다. 사실 나는 VIA 성격 강점과 다음 중 하나에 대한 통합은 책 한 권으로 쓰일 수 있는 분량이라 고 확신한다.

▌정신역동적 지향

정신역동적 접근은 어린 시절을 포함한 사람들의 과거 경험을 탐색하는 것을 돕 고 현재 고통을 일으키거나 지속시키는 패턴을 찾도록 돕는 것으로 알려져 있다. 이 치료의 관점에서 성격 강점들을 탐색할 특정한 기회가 있다. 즉, 성격 강점의 기원, 부모나 양육자들의 성격 강점, 어떻게 강점의 역동이 가족에게 긍정적 또는 부정적 경험들을 만들 수 있는가, 시간이 지나면서 어떻게 성격 강점들이 발전되는가(즉, 발달적 궤적), 그리고 어떻게 타인에 의해 성격 강점들이 길러지고, 억제되고, 무시 되고, 좌절되고, 지지되는가 등이다.

이러한 중요한 영역을 탐색하는 것은 치료자의 기존 심리역동적 접근법에 강력 한 부가적 역할이 될 수 있다.

긍정정신의학 교과서 중 긍정심리학을 정신역동 혹은 정신분석 접근에 통합하는 부분에서 Summers와 Lord(2015)는 치료적 동맹, 훈습 및 종결을 강조하는 전통적 인 정신역동 접근이 성격 강점을 포함한 긍정심리학적 통찰을 적용할 때 확장되고 깊어질 수 있다고 주장하였다. 전통적인 접근은 부적응적이고 미성숙한 방어가 어떻게 증상과 문제를 만들어 내는지를 강조한 반면, 긍정심리학적 접근은 내담자의 웰빙이 긍정적이고 부정적인 정서 모두에 의해 영향을 받을 수 있는 것을 설명하고 성격 강점이 스트레스나 상실을 완화시킬 수 있다는 것을 주장한다. 정신역동 심리치료 과정의 종결에 대한 논의에서 Summers와 Lord는 치료자가 각 내담자들에 대해 숙고할 수 있도록 하는 다음의 질문을 제시하였다. "환자가 미래 생활 스트레스 요인에 대해 탄력성 있게 대응하는 능력을 어느 정도 달성했는가? 그리고 환자의 성격 강점의 특성과 정도는 어떠한가?"(p. 185)

성격 강점들은 관계 형성에 중요한 역할을 하고, 정신역동 작업에서의 치료적 관계는 강점 통합을 위해 무르익은 기회를 제공한다. 일부 성격 강점은 좋은 관계에서 확실히 중요한 특성들이고(예: 친절, 사랑, 용서, 정직), 다른 강점들은 '타인에게' 적용할 시에 특히 쉽게 사용할 수 있다(예: 호기심, 감사, 협동심). 성격 강점이 관계의 역동적 과정의 일부라는 논의에 더해, 치료자들은 두 가지 중요한 접근을 취할 수 있다. 내담자의 강점을 직접적으로 목표로 하는 것과 내담자에게 긍정적인 영향을 주기 위한 자기개방 전략으로써 자신의 성격 강점을 이야기하는 것이다.

치료자들은 "당신의 문제를 얘기해 보세요." "최근에 힘든 점은 무엇입니까?" "당신의 가장 큰 어려움 혹은 약점은 무엇입니까?"라고 말할 것이다. 강점에 기반한 정신역동 치료자들은 아마도 이러한 질문들을 계속하지만, 그뿐만 아니라 "당신의 대표 강점은 무엇입니까?" "그 문제를 해결하기 위해 당신의 성격 강점을 어떻게 적용했나요?" "지난주에 순조로웠던 일이 있나요? 그 일에 당신의 성격 강점이 어떻게 기여했나요?"라는 질문들을 함께 할 것이다.

▌인본주의적 지향

Maslow와 Rogers 이론의 대부분은 현대 긍정심리학 훈련의 이론화를 위한 기초로 사용된다. 즉, 내담자는 자신에 대한 최고의 전문가이고, 인간은 본래 실현 경향성이 있으며 기본적인 선이 사람들에게 내포되어 있다고 하는 것이다(Joseph & Linley, 2006). 내담자가 자신을 이해하고 탐색하며 성격 강점을 사용하는 것을 돕는 치료자들에게 인본주의적 접근이 가장 잘 맞고 가치가 있다는 점은 명확하다.

인간중심 또는 인본주의 심리치료 접근의 기초는 치료자가 따뜻함, 무조건적 긍정적 존중, 공감적 경청을 지니고 있으며 이를 전달하는 것을 포함한다(Rogers, 1961). 이러한 측면은 자애 덕목의 강점인 사랑, 친절, 사회지능과 관련된다. 게다가 진실성과 무조건적 긍정적 존중을 제공하기 위해 치료자는 친절함뿐 아니라 판단하지 않고 개인을 수용하고 존중하는 더 넓은 통찰력을 사용한다.

인본주의적 심리학의 핵심 개념 중 하나는 일치성(congruence)이다. 이는 치료자가 이상적 자기(ideal self, 되고 싶은 사람)와 현실적 자기(real self, 자신의 삶에서의 실제 모습)에 일치함이 있다는 의미이다. 치료자의 일치성 수준은 강한 치료적 관계를 형성하는 데 필수적인 것으로 여겨지며, 궁극적으로 내담자의 치료를 촉진한다. 대표 강점의 자각과 대표 강점의 실천은 이러한 개념의 반영이다. 만약 치료자가 원래 호기심, 감사 성향 및 친절함을 지니고 있다면 치료 회기에서 적절하게 호기심, 감사, 친절함을 표현할 방법을 찾을 것이다.

Abraham Maslow(1973)의 자기실현을 위한 욕구 위계는 모든 심리학에서 가장 영향력 있는 이론 중 하나이며, 이는 Rogers(1961)와 Kurt Goldstein(1934/1995)의 작업에 기반하여 생성되었다. 자기실현이란 '자신의 잠재력이 실현되는 것' '한 사람의 잠재력이 온전히 실현되는 것' 그리고 '한 사람의 진짜 자기가 표현되는 것'이며 이 모든 문구는 성격 강점 작업에서 흔히 사용된다. 한 사람이 자신의 성격 강점 자원, 특히 대표 강점을 모두 알고 표현한다면, 그들은 자기실현의 이러한 요소들을 향해 나아가고 있는 것이다. Rogers는 '온전히 기능하는 사람(fully functioning person)'이란 자기실현을 위해 계속 나아가는 사람이라고 하였다. 연구에 따르면 온전히 기능하는 사람과 가장 상관이 높은 성격 강점은 열정, 용감함, 정직, 리더십, 영성이었고, 겸손과 공정성은 부적 상관을 보였다(Proctor, Tweed, & Morris, 2016). 인본주의적 치료자들은 성격 강점의 핵심 개념과 훈련을 그들 자신뿐 아니라 성장을 추구하는 내담자들을 위해 사용할 수 있다.

▌인지행동적 지향

전통적인 인지행동치료(CBT)건, 심리도식치료건, 혹은 합리적 정서행동치료(REBT)건 인지행동적 접근은 왜곡된 사고 패턴, 비합리적 신념, 문제적 도식과 부적응적 행동에 도전하는 구조화된 방법과 기술들을 상당히 많이 갖고 있다. 부드럽게 사고 패턴을 탐색할 때 호기심을, 내담자가 말하는 것 속에 있는 합리적/비합리적 그리고 논리적/비논리적인 것을 탐색할 때 판단력을, 그리고 내담자가 더 큰 그림을 볼 수 있도록 도울 때 통찰력을 사용하는 등 CBT 치료자들은 내담자와 작업을 할 때 자신의 성격 강점을 많이 이용할 것이다. 결국 치료자는 치료 과정 내내 내담자가 그와 동일한 성격 강점을 효율적으로 사용하도록 훈련시킬 수 있다.

성격 강점은 다양한 CBT 접근의 기초적 수준 혹은 기술적 측면에 통합될 수 있다. 전자로 보면, 걸출한 CBT 연구자인 Christine Padesky가 개념화한 '강점 기반 인지행동치료' 작업이 좋은 예시가 된다(Padesky & Mooney, 2012). 강점을 발견하고, 탄력성에 관한 개인적 모델을 구성하고, 모델을 적용하며, 행동적 실험을 통해 탄력성을 연습하는 네 단계의 접근 모델이 개발되었다.

또한 성격 강점은 CBT 치료자들의 모든 치료 도구 중 어떤 기법에도 다 끼워 넣을 수 있다. 내담자의 잘못된 도식의 수정을 강조하는 CBT 치료자들은 이에 대항하거나 대체하거나 균형을 가져올 성격 강점 도식과의 즉각적인 연결을 끌어낼 수 있다. CBT 연습에서 가장 주된 요소인 공식적인 사고 기록지 작성에서 내담자는 감정과 그 강도, 신체적 감각, 도움이 되지 않는 생각이나 심상, 도움이 되지 않는 생각을 지지하는 사실들, 도움이 되지 않는 생각에 반대하는 근거를 제공하는 사실들과 같은 몇몇 관점에서 문제적 상황을 검토해 보도록 안내받는다. 이에 많은 사고 기록지는 대안적·현실적·균형적 사고를 해 보도록 북돋고, 그 과정에 성격 강점이 함께 엮여 들어갈 수 있다. 균형과 치유에 관한 선택을 제공하는 것 외에도, 문제에 기여하는 강점의 과다사용을 검토하는 등 도움이 되지 않고 균형을 잃은 관점에서 성격 강점을 탐색할 수 있다. 치료자들은 골치 아픈 상황만 분석하는 대신, 강점 사용이 목표인 상황도 분석할 수 있다. 이를 강점에 기반한 기능적 분석이라고 하는데, 이는 내담자가 생각, 느낌, 행동 및 강점을 연결시키는 데 도움을 준다. 스웨덴어로 작성된 CBT와 성격 강점의 통합에 대해 저술한 Wallin(2013)은 강점에 기반한 기능적 분석(〈표 3-4〉 참조)과 강점에 기반한 목표설정(〈표 3-5〉 참조)의 예시를 제시했다. 둘 다 전통적인 CBT 훈련을 강점에 기반한 것으로 변형한 것이다.

〈표 3-4〉 강점에 기반한 기능적 분석

상황	행동	사고 및 감정	결과	강점	연계 된 통찰
지난주를 돌아보면서 당신이 성격 강점을 사용했던 상황을 떠올려 보세요. 지난주에 당신에게 힘이 되었던 상황을 생각하세요. 그중 하나의 상황을 고르세요. 그 일이 언제 일어났나요? 어디에 있었나요? 누구와 함께 있었나요?	무엇을 했나요? 무슨 말을 했나요? 다른 사람과는 어떻게 되었나요? 자세히 적어 보세요.	어떤 것이 머릿속에 스쳐 지나갔나요? 무슨 생각을 했나요? 기분은 어땠나요? (긍정적? 부정적?) 각 기분의 강도를 0에서 10점으로 평정해 보세요.	이것이 단기적으로 어떤 결과를 초래했나요? 장기적으로도 어떤 결과를 초래하나요?	그 상황에서 어떤 성격 강점을 사용했나요? 당신이 알아차린 성격 강점 각각에 근거를 떠올리거나 설명을 해 보세요.	이 분석에서 어떤 것을 얻게 되나요? 앞으로 나아갈 때 어떤 것을 상기해야 할까요?
화요일 오전 10시: 동료들과 회의에서 브레인스토밍함.	나는 캠페인에 대한 새로운 생각이 났고 공유했다. 대부분 아이디어를 꽤 좋아했다. 그 아이디어는 SNS에 어떻게 통합할 것인가에 대해서였다. 나는 몇몇 아이디어를 낸 두 명의 동료들에게 긍정적인 피드백을 주었다.	생각: 이거 재밌다! 생각: 가능한 한 많은 아이디어를 꿈꾸고 싶어. 생각: 시간을 내어 듣고 싶다. 나는 우리가 미칠 영향을 미칠 수 있다는 걸 알고 있어. 흥분: 9 불안: 2 즐거움: 7	단기: 긍정적인 정서. 나는 많은 에너지를 갖게 되었다. 동료들과 연결되었다는 느낌을 느꼈다. 장기: 일부 아이디어들은 우리 화사를 위해 구체적으로 실행될 것이다. 나는 앞으로 몇 달 안에 그 아이디어 중 하나를 실행하는 데 참여할 것이다.	창의성: 실행하는 데 많은 아이디어를 냈다. 열정: 나는 많은 에너지와 열의를 보였다. 특히 우리 셋이 함께 순조로웠을 때. 용감함: 나의 아이디어를 모두 냈다. 나는 나의 팀원들이 내 아이디어 중 하나를 바보 같은 것으로 여기는 것 같았을 때에도 망설이지 않았다. 협동심: 우리 팀과 프로젝트의 성공을 위해 나는 내 역할을 했고 열심히 일했다. 나는 다른 사람들의 노력을 강화했다.	내가 우리 팀과 함께 마케팅 캠페인에 대해 새로운 아이디어를 브레인스토밍할 때 강하고 자신감 있는 느낌을 느꼈다. 내가 사용할 수 있는 성격 강점이 많다는 것을 깨달았다. 나의 강점들은 즐거움과 흥분의 원천이다. 직장에서 나의 성격 강점을 사용하는 것은 나에게 얼마나 많은 에너지를 주는지 상기할 것이다.

출처: Lotta Wallin(http://www.styrkebaseratarbete.se)의 허가하에 수정 사용.

〈표 3–5〉 강점에 기반한 목표 설정

상황	행동	성격 강점	결과	추적과 학습
이 성격 강점을 발달시키는 연습을 하고 싶은 상황이나 삶의 영역이 있나요? 언제, 어디서, 누구와 하고 싶나요?	이 강점을 연습하기 위해서 구체적으로 어떤 행동을 하거나 어떤 말을 할까요? 얼마나 할까요?	어떤 강점을 개발하기 위해 연습할 것인가요? 어떻게 그 강점을 균형 있게 표현할 것인가요? 어떻게 과다사용을 조절할 것인가요?	이 연습이 단기적으로 어떤 결과를 초래하나요? 장기적으로는 어떤 결과를 초래하나요?	이 연습에서 무엇을 배울까요? 당신이 발전하는데 누가 지지할 것 같은가요? 당신의 발전을 어떻게 추적할 수 있을까요?

출처: Lotta Wallin(http://www.styrkebaseratarbete.se)의 허가하에 수정 사용.

가족치료

Sheridan과 Burt(2009)에 따르면, 가족중심 긍정심리학은 문제 예방에 초점을 두며, 가족들이 지닌 역량을 기반으로 하고, 성장을 향한 가족들의 동기를 향상시키는 것으로 정의되는 강점 기반의 치료이다. 이러한 종류의 접근은 가족의 '치료'보다 '협동'을 강조한다. 강점으로 작업하는 것은 대부분의 가족치료자에게 새로운 개념은 아니다. 그러나 구조화된 강점 체계와 타당화된 평가 도구로 작업하는 것은 실무자들에게 새로운 영역에 대한 실제적인 전략을 제공한다.

가족치료자들이 내담자들과 함께 사용할 만한 적용의 예시를 다음에 제시할 것이며, 이 중 몇 가지는 Niemiec(2010a)의 논문에서 가져온 것이다.

- 각 가족 구성원들이 VIA 검사를 하여 적절한 결과를 받도록 한다. 10세 이하의 구성원은 다른 가족 구성원들의 토론과 합의를 통해 강점을 결정할 수 있다(단, 한 명의 구성원도 배제되지 않아야 한다!).
- 가장 높은 성격 강점들(예: 상위 3~7위)을 집 안에서 모든 가족 구성원이 볼 수 있는 곳에 붙여 놓는다.
- 가족 구성원들에게 서로의 강점을 기억하고, 대화를 할 때 강점을 포함시키며, 서로의 강점을 포착하고, 강점에 대해 감사하고 인정할 기회로 긍정적 또는 부

정적 상황을 사용함으로써 상호 간 타당화 체계를 설정하도록 권장한다. "엄마, 엄마의 창의성으로 제 과학 숙제를 도와주셔서 정말 감사해요." "Bobby, 덕분에 모든 사람이 다 함께 게임에 참가할 수 있었네. 오늘 정말 능숙한 리더십을 보여 주었구나." "아빠, 지난 몇 주 동안 학교 때문에 스트레스 받고 화를 냈던 것을 용서해 주셔서 고마워요."와 같은 공식적인 예시들이 있다.

- 가족치료자는 핵심 주제와 관련한 성격 강점 토론을 만들어 작업할 수 있다. 다음의 예를 참고하라.

  - 가족 강점 문화: 가족들에게 가장 공통적인 성격 강점 혹은 덕목은 무엇인가?
  - 강점 고유성: 가족 중 다른 사람은 높게 나타나지 않은 강점이 높은 순위에 있는 사람은 누구인가? 이 고유한 강점을 어떻게 가족들에게 유익하도록 만들 수 있을까?
  - 강점 관리: 가족 중 누구도 높지 않게 나타난 강점은 무엇인가? 그 강점이나 덕목의 부족이 긍정적 혹은 부정적 영향을 미치는가? 한 가족으로서 그것을 어떻게 관리할 수 있을까?
  - 강점 단서: 무엇이 이 강점 활동을 지속하기 위한 알림 체계가 될까?

- 강점 가계도나 '가족 강점 나무'는 구조화된 형식의 높은 순위의 성격 강점 지도로 삼을 수 있는데, 이는 핵가족뿐 아니라 여러 세대를 포함할 수 있다. 이는 성격 강점의 기원을 자극하는 매력적인 토론을 제공하며, 가족 간 유대감과 연결감을 강화시킬 수 있다.

- 가족이 다 함께 성격 강점 렌즈를 통해서 영화를 보는 날을 정해서 강점 포착 연습을 할 수 있다. 각 가족 구성원은 주인공들의 최고 강점을 포착하고, 어떻게 그 강점을 사용하고 발달시켰으며, 사용하기 위해 애썼는지에 관해 토론해 본다. 예를 들어, 〈블라인드 사이드(The Blind Side)〉(2009)라는 영화의 주인공인 Leigh Anne Tuohy라는 인물은 가족들에게 좋은 의사소통, 문제 해결 및 성장과 같은 건강한 롤모델을 제시하며, 중요한 삶의 문제에 대해 가족들이 이야기할 수 있는 기회를 만들어 낸다(Wedding & Niemiec, 2003). 가족에게 좋은 영화를 포함해서 긍정심리학 영화의 광범위한 목록은 이와 관련된 권위 있는 Niemiec과 Wedding(2014)의 저서를 참고하면 된다.

▌해결중심적 접근

해결책에 초점을 맞추는 것은 치료자들(즉, 해결중심 치료)에 의해 사용되며, 많은 코칭상담자에게도 인기 있는 접근(예: 인생 상담 코치)이다. 해결중심 접근은 일반적으로 목표 지향적이고 협력적이며 미래 지향적이다. 그리고 내담자가 구조화된 질문을 통해 가능성을 찾도록 돕는 것을 우선시한다. 해결중심적 접근의 핵심은 내담자들이 자신의 강점을 이해하고 해결책과 새로운 방안들을 창출하고 목표를 진전시키는 데 강점을 사용하도록 지지하는 것이다. 해결중심적 접근을 취하는 실무자는 내담자가 자신의 대표 강점을 구축하고, 더 낮은 강점을 증진시키고, 다양한 맥락에 걸쳐 성격 강점을 광범위하고 균형 있게 사용할 수 있도록 도와줌으로써 그들의 작업을 강화할 것이다. 해결중심적 실무자의 치료를 위한 도구와 기법에는 내담자의 문제에 대한 기존의 해결책 명명, 내담자의 문제에 대한 예외 사항 찾기, 내담자가 잘하고 있는 일을 타당화하기, 내담자가 현재 하고 있는 일을 더 많이 하도록 내담자를 초대하는 것이 포함된다(Berg & Dolan, 2001). 성격 강점은 몇 가지 중요한 역할을 할 수 있다. 그것은 증진해야 할 속성과 치료자가 기술을 실시하기 위해 사용되는 방법으로서 질문에 통합시키는 것이다. 〈표 3-6〉에는 성격 강점을 해결중심적 접근에 통합하는 예시를 제시하였다. 이 표에는 '기적 질문'(Berg & Dolan, 2001)이라고 불리는 전형적인 해결중심 치료 기법이 있는데, 대부분 다음과 같이 기술된다.

> 오늘 밤 잠자리에 들고 내일 아침 일어났을 때, 밤 사이에 한 가지 기적이 일어났다고 상상해 보세요. 당신의 문제가 해결된 겁니다! 천천히 잠에서 깨어나면서, 기적이 실제로 일어났고 당신의 문제가 사라졌다는 것을 알 수 있도록 도와주는 첫 번째 작은 신호는 무엇일까요?

이 질문에서 마찬가지로 중요한 것은 측정 및 대처에 관한 후속 전략이다. 예를 들어, "10이 문제를 해결한 것이라고 할 때, 1에서 10점까지 척도로 현재 겪는 문제에 관한 경험을 평가해 보세요" "_____점이라고 하셨는데 어떻게 지금 그 정도의 상태임을 알고 계신 건가요?" 그리고 "_____점에서 _____점으로 어떻게 바뀐 건가

〈표 3-6〉 해결중심적 기법들과 성격 강점이 통합된 예시

고전적인 해결중심적 기법	성격 강점 통합의 예시
문제에 대한 기존의 해결책을 명명하기	그 해결에 이르기 위해서 그 당시 어떤 성격 강점을 사용했나요?
문제에 대한 예외 찾기	실무자는 문제가 해결되거나 작아지는 때와 같은 미묘한 시기를 알기 위해서 판단력을 사용한다.
잘되어 가는 것 타당화하기	실무자는 내담자와 함께 강점 포착을 사용한다.
문제의 어려운 점 인지하기	실무자는 내담자에게 공감(사회지능)과 연민/친절을 베푼다. 내담자가 사회지능과 친절함을 내적으로 적용할 수 있도록(즉, 자기자비) 북돋는다.
현재 그리고 미래 지향적인 질문 사용하기	지금 나와 함께 있으면서, 자기 문제의 해결책을 개발하려고 이야기하고 작업할 때 어떤 강점을 사용하고 있나요? 앞으로 나아가기 위해 어떤 성격 강점을 사용할 수 있나요?
잘되는 일로 더 많은 행동을 하기	성격 강점을 더한 행동 활성화
구체적인 목표를 설정하고 노력하기	당신이 목표에 이르는 데 도움이 되는 구체적인 경로로서 어떤 성격 강점이 역할을 할 수 있을까요?
기적 질문	기적을 현실로 만들거나 또는 기적을 향해 나아갈 때 사용한 중요한 성격 강점은 무엇인가요?
측정	이 점수가 되기까지 자신의 성격 강점을 어떻게 사용했나요? 당신의 강점 중 하나를 사용해서 척도에서 점수를 한 칸 움직일 수 있는 작은 방법은 무엇인가요?
대처	점점 나빠지는 것을 예방할 수 있는 성격 강점은 무엇인가요?

요?"와 같은 질문이다.

▌코칭 접근

코칭에 다양한 모델, 접근, 유형이 있지만, 인생상담 코칭, 건강 및 웰니스(wellness) 코칭, 경영자 코칭, 부모 코칭 등의 접근에는 공통된 맥락이 있다.

코칭의 주요 자격기관인 국제코칭연맹은 코치에 대해 다음과 같은 설명을 홈페이지에 게시하고 있다.

코치는 개별 내담자의 요구를 듣고, 관찰하고, 접근방법을 맞춤화하도록 훈련받는다. 그들은 내담자로부터 해결책과 전략을 이끌어 내려고 한다. 그들은 내담자가 본래 창의적이고 자원이 풍부하다고 믿는다. 코치의 일은 내담자가 이미 가지고 있는 기술, 자원, 창의성을 향상시키기 위한 지원을 제공하는 것이다(http://www.icfminnesota. org/about-coaching).

내담자가 지닌 이러한 천성적인 내적 자원들이 바로 그들의 성격 강점이며, 이는 코치나 내담자를 돕는 데 평가되고 사용될 수 있다. 코칭은 관찰자에서 참여자로, 수동적인 것에서 능동적인 것으로, 부정적인 것에서 긍정적인 것으로, 가르침에서 경험으로, 말하는 것에서 듣는 것으로의 변화와 관련되는데(Rock & Page, 2009), 각 변화에서 성격 강점들이 코칭을 돕게 된다. 이는 성격 강점이 본래 활력을 주고, 쉽게 행동으로 나갈 수 있으며, 참여적이기 때문에 코칭 회기에서 매력적이고 긍정적인 행동으로 이어지기 때문이다.

코칭의 핵심이 좋은 관계의 확립, 내담자가 스스로 이해하는 것을 돕는 것, 내담자가 더 큰 웰빙과 몰입 그리고 의미, 더 높은 성취나 더 좋은 관계를 얻는 데 도움이 될 목표를 설정하고 그것을 향해 나아가도록 돕는다는 점에 이견을 가진 사람은 거의 없을 것이다. VIA 성격 강점은 이러한 각 영역의 핵심에 있다(Seligman, 2011). 이것이 바로 성격 강점이 '긍정심리학의 연구와 실제의 중추'라고 불리는 이유이다.

궁극적으로 성격 강점의 활용은 코치에게 강점 평가와 개입에 있어서 더 철저한 접근을 사용할 수 있게 해 준다(즉, 자각, 탐색 그리고 사용). 이를 달성하기 위해 코칭에서는 특히 세 가지 과정이 유용하다(Niemiec, Rashid, Linkins, Green, & Mayerson, 2013). 즉, 강점 지식, 강점 사용 그리고 강점 포착이다. 이에 더해 모든 코치는 목표 설정의 과학에 능해야 한다(Halvorson, 2011; Miller & Frisch, 2009). 성격 강점과 목표 설정 간 중요한 관련성은 성격 강점이 목표의 도구와 목적의 역할을 할 수 있다는 것이다. 즉, 성격 강점은 그 자체로 목표가 될 수도 있고(예: "난 자기조절 강점을 강화하고 싶어."), 목표에 도달하기 위한 경로가 될 수도 있다(예: "나는 호기심 강점을 사용하여 매일 새로운 한 사람에게 친근한 질문을 할 거야. 아마도 이것은 직장에서 더 많은 친구를 사귀려는 나의 목표에 도달하는 경로가 될 거야."). 구체적인 성격 강점과 개인적 혹은 직업적 목표를 설정하는 면에서 보면, 아마도 코칭을 받는 사람은 목표를 품기

위해 희망을, 그것을 계획하기 위해 신중함을, 그리고 실행하기 위해 인내를 사용할
것이다.

결국 코치들은 코칭을 받는 사람이 자신과 더 좋은 관계를 맺고, 웰빙을 강화하고
문제를 처리하며 관계를 향상하고 성공을 거두는 데 자신의 최고 자질을 사용할 수
있도록 강화하는 데 도움을 주는 것이다.

〈표 3-7〉 코칭의 GROW 모델과 성격 강점의 통합

GROW 모델	설명	보기 질문	성격 강점의 통합
목표	코칭 경험을 위해 원하는 목표를 공동 설정하라.	우리의 작업에서 구체적으로 어떤 것을 이루기를 원하나요? 우리의 대화가 성공적이 된다면 어떤 결과가 나올까요?	어떤 성격 강점이 목표에 이르는 데 도움이 될까요? 당신이 오늘 여기 그것과 함께 있는데 과거에 어떤 성격 강점이 사용된 것인가요?
현실 검토	변화를 위한 목표 시작점을 결정하라. 의견이 아닌 사실을 모으라.	지난주에 이를 통해 이룬 것은 무엇인가요? 몇 번이나? 언제 일어났나요? 누가 연관되었나요?	이번 주 이것이 일어났을 때 어떤 성격 강점을 사용했나요? 당신의 강점을 사용해서 어떤 차이가 생겼나요?
선택/장애물	사물에 대한 사고를 통해 여러 가지 잠재적인 해결책을 개발하라.	어떤 행동을 했나요? 어떤 장애물이 생겼나요? 이 장애를 극복하기 위한 당신의 선택은 무엇이었나요?	다른 사람들은 비슷한 상황을 성공적으로 다루기 위해 어떤 성격 강점을 사용했나요? 이 장벽을 직면하고 뛰어넘기 위해 당신의 성격 강점 중 어떤 것이 가장 도움이 될까요? 지금 어떤 성격 강점을 이용해서 잠재적인 방략을 브레인스토밍할 수 있을까요?
의지/ 성공으로의 길	선호하는 해결책을 구체적인 행동 단계로 전환하라.	당신의 목표로 나아가기 위해 이번 주에 당신이 취할 수 있는 첫걸음은 무엇인가요? 행동으로 옮기고 싶은 선택지는 무엇인가요? 이번 주에 이 단계를 취할 가능성이 얼마나 될지 1~10까지 점수로 평가해 보세요.	이 구체적인 단계를 도울 성격 강점은 무엇인가요? 장애가 생겼을 때, 어떤 성격 강점에 의지할 것인가요?

성격 강점 작업을 통합한 많은 코칭 프로그램과 모델이 있고, 이들 각각은 각 맥락에 따라 독특하다(웰니스 코칭과 성공적인 통합의 예시는 Gibbs & Larcus, 2015; Larcus, Gibbs, & Hackmann, 2016 참조). 코칭에 대화적 구조(conversational structure)를 제공하는 가장 널리 사용되는 모델은 John Whitmore(1996)가 지지한 GROW 모델이다. GROW 모델의 각 단계는 목표(Goal), 현실 검토(Reality check), 선택(Options), 의지/성공으로의 길(Will/way forward)로, 이는 내담자가 실천하도록 지원하는 중요한 질문들과 관련이 있다(Stoltzfus, 2008). 모든 코칭 모델의 단계들에서 성격 강점은 코칭받는 사람을 지원하기 위해 매끄럽게 통합될 수 있다. 〈표 3-7〉은 GROW 모델의 각 단계에 대한 설명과 보기 질문 및 성격 강점 통합의 가능한 경로를 보여 준다.

▎그 외 치료적 관점

심리치료에 관한 연구는 많은 연구자를 통해 최근 수십 년간 풍부하게 누적되어 왔다. 그중 심리치료의 변화를 설명하는 연구를 실시한 Bruce Wampold는 그 누구 못지않게 깊은 영향을 끼쳤다. 많은 실무자가 놀랍게도, 사용된 치료의 유형은 성격 특징에서 일어나는 변화의 정도와 강하게 관련되어 있지 않았다(Roberts et al., 2017). 정량적 연구는 주요한 치료적 지향들의 '일반적 동등성(general equivalence)'을 지지했다. 즉, 이는 타당하고 구조화된 심리치료는 전반적으로 유사한 긍정적 결과를 나타내며, 대부분의 변화는 관계와 맥락적 요인에 의해 설명된다는 것이다(Laska, Gurman, & Wampold, 2014). 그 안에 있는 내담자 요인은 강력한 변화에 가장 큰 기여를 하지만 이제껏 등한시되어 왔다. 내담자 통찰을 목표로 하는 것은 '내담자의 자기치유' 패러다임과 일치한다(Bohart, 2007). 따라서 109개의 연구를 대상으로 종합적인 질적 분석을 실시했고, 이에 5개의 핵심적인 내담자 변화 군집이 나타났으며, 그중 일부는 성격 강점이 강조되었다(Levitt, Pomerville, & Surace, 2016). 5개의 군집 중에 성격 강점 가설과 함께 나타난 중요한 세 가지 군집은 ① 구조화된 호기심과 패턴의 인지 및 내러티브 재구성에 참여하기를 통해 나타나는 내담자의 변화(예: 호기심, 판단력, 통찰), ② 내담자가 긍정적인 메시지를 내재화하고 변화 과정으로 들어가도록 하는 치료자의 보살핌과 수용(예: 친절, 사회지능), ③ 차이점에 대한 토론과 함께 협동적 노력으로서의 치료 과정(예: 협동심, 리더십)이다.

경험이 풍부한 심리치료자들에 대한 탐색적 연구에서 어떻게 대표 강점들이 그들의 작업을 강화시키는지에 대한 인식을 조사하였고, 세 가지 주제가 나타났다. 대표 강점은 의미 있는 작업, 더 높은 에너지 수준, 그리고 작업 환경 조건의 활성화에 기여하였다(Atkinson, 2007). 강점에 기반한 접근을 사용하는 치료자들은 내담자와의 작업에서 대리적 탄력성을 경험할 가능성이 더 높다고 묘사된다(Edelkott, Engstrom, Hernandez-Wolfe, & Gangsei, 2016).

성격 강점을 무수한 심리치료, 코칭, 그리고 다른 도움을 제공하는 일에 통합하는 작업은 이제 막 시작되었다. 실무자들은 사실상 실무자-내담자 관계, 내담자 자신 또는 변화 과정의 거의 모든 요소에 의지하고 성격 강점을 적용하는 것의 이점을 찾을 수 있다.

회기와 모임에서 자신만의 강점 사용하기

일반적으로 성격 강점에 기반한 접근은 다음과 같은 특징이 있다.

- **협동적인**: 탐색적이고 생산적인 상호적 측면과 관련된다.
- **정직한**: 문제를 인식하되, 그 안에서 길을 잃지 않는다.
- **긍정적인**: 최고의 강점을 회기 내에서 사용하며, 내담자에게도 같은 것을 불러 일으키도록 시도한다. 긍정적인 것을 구축하면서 고난과 갈등도 다룬다.
- **강화**: 내담자를 격려하고 진전시킨다.
- **에너지를 북돋는**: 내담자를 끌어올리고 연료를 공급한다.
- **통찰력 있는**: 내담자 자신과 타인의 관계 맺기 방식을 알게 한다.
- **연결하는**: 내담자가 자신뿐 아니라 코치를 포함하여 다른 사람과도 가까워지도록 상호 간의 연계를 돕는다.

이것들은 전문가가 내담자에게 직접적으로나 간접적으로 표현하는 특성들이다. 이러한 것들이 모든 만남에 항상 맞는 것은 아니다. 예를 들어, 때때로 내담자들은

'에너지를 받았다'고 느끼면서 떠나지 않을 것이며 그것은 실무자도 그럴 것이다. 자신의 대표 강점 및 다양한 성격 강점을 갖고 있는 실무자들은 이러한 요소들을 최적으로 표현하여 촉진할 것이다.

💬 **강점 기반 개입 실무자를 위한 Tip**

다른 사람이 성격 강점을 탐색하는 것을 도우면서, 실무자와 내담자 간 만남의 맥락에서 자신의 성격 강점을 탐색함으로써 얼마나 이득을 얻을 수 있는지 고려하라(McQuaid, Niemiec, & Doman, 출판 중).

- 내담자(혹은 학생 혹은 직원)와 상호작용을 하는 과정에서 나의 대표 강점을 얼마나 사용하고 있는가?
- 나는 내담자에게 성격 강점과 강점의 근거들을 설명하고 VIA 검사를 지시하고 결과를 설명하는 방법을 얼마나 편하게 느끼고 있는가? 요점을 기억하는 데 도움이 되도록 이 중 일부를 대본으로 작성할 필요가 있는가?
- 내담자와 실시해 보기 전에 개인적으로 어떤 성격 강점 개입의 연습이 필요한가?
- 내담자에게 최대한의 이득을 제공하기 위해 어떻게 강점 개입을 기존의 내 틀에 통합할 것인가?

실무자들이 직면한 도전 중 하나는 회기나 모임에서 단지 자신의 강점에 주의를 두는 것을 기억하는 것이다. 놀랍게도, 실무자들이 자신의 내적 자원에 관심을 갖는 것을 잊는 것은 흔한 일이다. 마음챙김 접근은 실무자들이 자신의 과정과 회기에서 사용 가능한 자신의 성격 강점에 좀 더 주의 깊게 관심을 둔 상태를 유지하기 위한 직접적인 경로가 될 수 있다(Niemiec, 2014a). 마음챙김의 사용은 특히 자기조절과 호기심이라는 두 가지 성격 강점의 사용을 중심으로 한다(Bishop et al., 2004). 그리고 그것은 실무자들이 자기발전을 위해 사용할 수 있는 새로운 부가물이다(Hall, 2013; Passmore & Marianetti, 2007; Pollak, Pedulla, & Siegel, 2014).

자신의 강점에 주의를 두는 실무자들은 24개 성격 강점 중 어떤 것이라도 내담자와 함께할 때, 주의를 유지할 때, 긍정적인 상호작용을 촉진할 때, 자신을 돕는 데 적용할 수 있다는 것을 깨닫기 시작한다. 예를 들어, 호기심이 많은 실무자는 이 강점을 내담자의 목표를 깊게 탐색할 때 사용할 수 있다. 창의성은 아이디어의 브레인스토밍을 촉진할 때, 자기조절은 가까이에 있는 주제에 지속적으로 초점을 유지할 때, 신중성은 현명하게 시간을 관리할 때, 용감함은 적절한 시간에 내담자에게 도전할 수 있을 때, 사랑은 따뜻하고 솔직한 접근에서, 그리고 협동심은 치료적 혹은 코칭 관계의 협력적인 본질을 활용하는 데 기회로 삼을 수 있다.

　하버드 대학교 심리학자인 Carol Kauffman과 동료들에 따르면, 실무자와 내담자들은 적어도 다음의 세 가지 방식에 초점을 맞춘 VIA 검사와 성격 강점의 사용을 통해 직접적으로 이득을 얻을 수 있다.

　① 강점을 명명하고 평가하기 위한 새로운 언어를 개발하는 것
　② 도전적인 시간 동안 코치의 자기효능감, 효율성, 열정이 상승되는 것
　③ 실무자와 내담자 간 최적의 관계 형성에 도움이 되는 것(Kauffman et al., 2008)

　치료나 코칭 회기 동안 실무자가 기억할 수 있는 가장 유익한 인식 중 하나는 그들 자신의 대표 강점을 사용하는 것이다. 내담자와의 작업에서 가장 진솔하게 최선의 자신을 발휘해 보는 것은 어떨까? 이것이 완벽하게 일리가 있는 말이지만, 이 생각은 전형적으로 실무자의 무의식에 자리 잡고 있으며, 종종 건드려지지 않고 사용되지 않는다.

　나의 내담자인 Chris R.은 건강과 웰니스 영역에서 자신의 코칭 훈련을 시작했다. 그는 코칭하는 것에 대한 불안정감, 자신이 무엇을 하고 있는지 잘 모르는 불확실성, 그리고 자신을 제외하고 자신의 코칭 훈련 집단에 참여한 모든 사람은 다른 사람들을 지도하는 방법을 잘 알고 있는 것처럼 보이는 것 등에 관해 나에게 이야기했다. 그는 '사기꾼 증후군(imposter syndrome)'으로 알려진 보편적 현상을 보였던 것이다. 새로운 작업을 시작할 때, 특히 코칭, 심리치료, 교육 및 관리와 같은 상호작용을 시작할 때 우리는 새로운 지형을 항해하면서 느끼는 불편감을 일부 경험한다. 자신의 상위 5~7위까지의 강점을 체계적으로 살펴보고 코칭의 만남에 본보기로 시도해 보는 전략은 회기에서 자신감과 편안함을 쌓는 방법이다. 이것이 내가 Chris와 함께해 본 접근법이다. 나는 24개 강점 모두가 그가 사용할 수 있는 잠재적인 자원이라는 생각을 명심했다. 그와 나는 그의 프로파일에 있는 가장 상위 강점부터 시작했고, 그가 다른 사람들을 코칭하는 데 사용할 수 있는 방법을 브레인스토밍하

🔖 〈표 3-8〉 내담자와 함께할 때의 성격 강점 마음가짐

성격 강점	회기를 위한 마음가짐	회기에서 마음가짐을 일깨우는 촉매제
호기심	탐색적이고 탐구적인 접근을 취한다.	질문을 한다.
친절	배려하고 지지적인 관점에서 생각하고 행동한다.	내담자에게 물을 한 잔 권한다.
판단력	합리성과 이성이 나를 인도하도록 한다.	생각하고 판단하는 것을 일깨우는 의미에서 손으로 내 머리를 살짝 만진다.
감사	나의 태도와 행동에 진심 어린 감사가 스며들도록 한다.	강점을 포착하고 그것에 대한 나의 감사를 나눈다.
정직	의심스러울 때, 나 자신으로 존재한다.	관련된 자기개방을 한다. 내담자에게 실시한 나의 코칭 중 새로운 점을 나눈다.
영성	직업에서 실무자나 도움을 주는 사람으로서의 의미와 소명을 발견한다. 적절하다면, 나의 내담자에게 의미를 부여한다.	사무실의 눈에 띄는 벽이나 책상 위에 영적인 성화나 신성한 물건을 배치한다.
용서	편견이나 무례한 언사나 다른 의견들을 내려놓는다.	심호흡을 하면서 날숨에 생각을 '내려놓고' 온화함을 받아들인다.

면서 7위까지 하나씩 작업해 나갔다. 많은 내담자와 마찬가지로 Chris도 성격 강점의 마음가짐을 취한다는 주제에 공감했지만, 그것을 잊어버릴까 봐 걱정했다. 그래서 우리는 그가 특정 강점을 구체화하는 것을 기억하기 쉽고 실용적일 수 있게 하는 '마음가짐 촉매제' 몇 가지를 만들었다. 〈표 3-8〉은 Chris의 대표 강점과 그가 구체화할 수 있는 혹은 적어도 그가 잠재적으로 내부에서 불러올 수 있는 그 순간을 기억하기 위한 마음가짐에서 나온 몇 가지 예시를 보여 준다.

대표 강점을 회기에 사용하는 이와 같은 접근법은 강점에 기반한 실무자로서 자기 메시지와 실무에 충실할 수 있는 방법이다. 그것은 때로 지치고 스트레스가 될 수 있는 경험 동안 자신을 돌보는 방법이다. 강점 사용은 가혹한 내면의 비판가를 관리하고 실무자들이 자기공정성, 자기용서, 자기자비의 방향으로 갈 수 있도록 한다. 구체적으로, 강점 사용은 내담자와의 회기 전·중·후 모두에서 목표가 될 수 있다. 〈표 3-9〉는 회기 시간에 따라 실무자의 세 가지 기술과 안내 질문을 담고 있는데, 이는 실무자의 자기보살핌과 강점 활성화에 기여할 수 있다. 이러한 기술들 각각에 대한 자세한 내용은 8장에서 제시할 것이다.

〈표 3-9〉 내담자와 함께할 때의 성격 강점 마음가짐

시간	긍정심리학 전략	탐색을 위한 질문
회기 전	자원의 점화	도움을 주는 사람으로서 나의 가장 좋은 자질은 무엇인가?
회기 중	마음챙김 멈춤	지금 이 회기에서 사용하고 있는 성격 강점은 무엇인가? 지금 내가 의식적으로 사용할 수 있는 강점은 무엇인가?
회기 후	긍정적 회상	회기에서 잘된 것은 무엇인가? 내가 성공적으로 표현했던 강점은 어떤 것인가?

요약

- 자기 자신부터 성격 강점 연습을 시작하라. 당신과 당신 삶의 이야기 속에서 강점을 포착하라. 당신의 대표 강점을 알아차리고, 이해하고, 확인하고, 인정하라.
- 성격 강점은 사회적이다. 강점의 인식을 쌓고 관계를 강화하는 데 중요한 타인의 행동과 비언어적 의사소통 및 그들의 이야기를 통해 타인의 성격 강점을 인식하고 명명하며 인정하라.
- 의미와 개인적인 충만함을 더 깊게 하기 위해 성격 강점을 업무와 삶의 활동에 정렬하라.
- AEA 모델을 사용하라. 이는 다른 사람의 성격 강점을 작업하기 위한 상위 과정이다.
- 성격 강점은 임상심리, 코칭, 경영, 교육 등 타인을 돕는 모든 이론적 지향, 변화 과정 또는 훈련된 접근에 통합될 수 있다.
- 실무자는 의도적으로 회기와 만남 속에서 자신의 성격 강점을 사용하도록 권장된다.

04

행동의 덫, 오해, 전략

 **V**alues **I**n **A**ction

Inventory of

Strengths

W I S D O M   **C O U R A G E**   **H U M A N I T Y**

J U S T I C E   **T**RANSCENDENCE   **T**EMPERANCE

들어가며

나는 앞에서 성격 강점과 관련된 핵심 개념(1장), 대표 강점 작업을 할 때 실무자를 잘 보조해 줄 핵심 연습들(2장), 성격 강점이 어떻게 실무에 통합될 수 있는지(3장)를 강조했다. 이제는 성격 강점을 작업할 때 실무자들이 자주 막히거나 전전긍긍하게 되는 지점에 대해 살펴볼 것이다. 나는 뛰어난 실무자, 연구자 및 교육자들(이들 중 일부는 긍정심리학계에서 알려진 선도자들이다)이 성격 강점의 교육 및 훈련을 할 때 이러한 실수를 저지르는 것들을 보아 왔다.

이 장에서는 강점 작업에서의 문제 해결 및 다양한 실무자와 그들의 경험 수준을 성격 강점 작업과 함께 소개하고자 한다. 이 장의 목적상 '행동의 덫(behavioral traps)'은 강점에 기반한 실무자들이 최적의 상태에 있지 않을 수도 있고, 잘못 인도되거나, 과학적 근거를 충실히 지키지 않는 행위를 말한다. 또 나는 부정확하고 도움이 되지 않거나 그릇된 생각을 가진 편향된 믿음이나 사고방식을 지칭하기 위해 '오해(misconceptions)'라는 용어를 사용한다. 심리적 측면에서 사고와 행동이 서로에게 큰 영향을 미치기 때문에 이러한 현상이 상호 영향을 주고 악순환이 생길 수 있다는 가능성이 있다. 이러한 함정, 오해 및 접근들은 긍정심리적 실무자에 대한 나의 코칭과 교육, 이 분야의 연구 관찰, 그리고 문화 전반에 걸친 사상가들과 경험 있는 실무자 및 연구자들과의 대화에서 나타났다.

행동의 덫과 전략의 제안

대부분은 아니지만 많은 실무자는 자신이 강점에 기반해 있다고 말한다. 그러나 '강점'이라는 단어는 보편적 의미를 갖지 않는 일반 용어가 됐다. 어떤 실무자도 완벽하지 않고, 정확하고 합의된 강점에 기반한 접근은 없지만, 선의의 실무자들이 저지르는 나쁜 습관과 흔한 오류가 많이 있으며, 이는 내담자에게 영향을 미칠 수 있

다. 여기서는 이 중 일곱 가지 일반적인 실수와 성격 강점에 기반한 접근법을 적용할 때 실수를 수정하거나 개선할 수 있는 방법을 검토할 것이다.

그냥 나타나는 것

행동의 덫

강점이란 분야는 대부분의 실무자가 강점의 종류와 차원성, 강점 기반 작업의 모델에 충분한 주의를 기울이지 않는다는 점에서 비정형적이고 주관적인 영역이기 때문에, 흔히 실무자들이 즉흥적으로 쉽게 결정하게 된다. 몇 가지 강점에 기반한 활동을 알고 긍정적 마음가짐의 접근을 하는 것으로, 많은 실무자는 자신이 강점을 다뤄 왔다고 확신한다. 또한 내담자에게 작업의 책임을 두기 때문에 많은 경우 이 접근을 더욱 확신한다. 작업을 하는 사람은 내담자이기 때문에 강점에 대해 몇 가지 질문을 갖추고 있는 것으로 충분할 것이라고 믿는다. 현실적으로 이것은 직관적이고 능숙한 조력자의 신호가 아니다. 오히려 이는 종종 전문가들이 최선을 다해 준비하지 못하게 만드는 빠르게 진행되는 무의미한 참견의 지표가 된다.

전략 제안: 자원을 점화하여 대비하라

세계적으로 잘 알려진 발명가인 Alexander Graham Bell은 "무엇보다 준비가 성공의 열쇠이다."라고 말했다. 연구를 통해 치료자가 치료 회기에 앞서서 내담자의 강점에 초점을 맞춘다면(자원 점화, resource priming), 향상된 결과, 회기에서 더 많은 강점의 사용, 더 강한 실무자-내담자 관계, 더 많은 숙련과 성취의 경험이라는 긍정적인 결과가 나타난다는 것이 지지되었다(Fluckiger & Grosse Holtforth, 2008; Fluckiger, Casper, Grosse Holtforth, & Willutzki, 2009; Fluckiger, Wusten, Zinbarg, & Wampold, 2010). 그 작업은 실무자에게 매우 간단하다. 곧 만날 내담자의 강점을 몇 분 동안 생각하는 것이다. 내담자들의 대표 강점은 무엇인가? 그들과 이미 했던 강점에 기반한 논의는 무엇이었는가? 그들이 과다사용하는 것은 어떤 강점인가? 그들이 일상에서 사용하는 강점은 어떤 것인가? 당신과의 만남에서는? 실무자는 자원점화를 통해 내담자들에게 작업을 개별화할 수 있다.

자원 점화에 대한 중요한 연구는 심리치료자들에 의해 수행되었다. 그러나 치료적 만남만이 유일한 이득을 얻는 대상이 되어서는 안 된다. 의심의 여지 없이, 코칭 관계뿐 아니라 수퍼바이저와 수퍼비전을 받는 사람, 교사와 학생 등도 이득을 얻을 수 있다. 여기 각 분야에 걸쳐 이 연습을 확장한 예시가 있다.

- 교사들은 수업하기 전, 학생들과 학급 전체의 강점을 생각할 수 있다. 더 나아가 그들은 수업이나 프로젝트 동안 학생들이 자신의 강점을 탐구하고 사용하는 것을 도울 방법을 생각할 수 있다.
- 관리자는 주간 미팅, 직원 평가, 혹은 팀미팅 전, 직원들의 강점을 생각할 수 있다. 또한 고용주들은 각 직원에게 이메일이나 전화 메시지를 보내기 전에 각 직원이 지닌 최상의 자질을 상기하는 시간을 잠시 가질 수 있다.
- 부모는 자녀와 상호작용을 하기 전에 자녀들의 강점을 생각할 수 있다. 일하는 부모들은 집으로 올 때, 그날 저녁에 자녀들의 강점을 타당화하고 북돋을 방법을 생각하는 데 시간을 보낼 수 있다.
- 커플은 갈등에 돌입하거나 직면하기 전에 상대방의 강점을 생각할 수 있다. 커플들은 사랑하는 이가 가진, 가장 소중하고 감사하게 여기는 대표 강점을 생각할 수 있다.

낮은 순위의 강점, 결점, 약점을 교정하는 것

행동의 덫

VIA 검사의 순위 결과표를 받았을 때 사람들이 가장 먼저 하는 일 중 하나는 무엇일까? 사람들은 자기 프로파일의 가장 마지막 순위 부분을 보면서 그중 하나 이상의 강점을 증진할 필요가 있거나 그렇게 하고 싶다고 주장한다. 이것은 자동적인 반응이고 잘못된 것을 바로잡고 고치려는 우리의 타고난 본성에서 나오는 것이다. 우리가 밑바닥에 도달하기 위해 약 20개의 긍정적인 특성을 피해 이런 접근법을 취하는 것은 매혹적이다! 우리는 왜 이렇게 약점과 결점에 초점을 맞추고 있는 것일까? 이에는 불일치, 결함, 그리고 잠재적인 위험을 우리에게 매우 빨리 감지하게 하는 투쟁/도피의 생물적 활동을 포함해 많은 이유가 있다. 연구는 나쁜 것이 좋은 것보다 더 강하다는 것을 반복해서 보여 주었는데(Baumeister, Bratslavsky, Finkenaeuer,

& Vohs, 2001), 이는 우리 심리의 부정적 측면이 좋은 측면보다 더 실질적이고 지속적인 영향을 미친다는 것을 의미한다. 그리고 또 다른 연구는 사람들이 자신의 약점이 강점보다 더 잘 변화할 수 있다고 인식하고, 결국 자신의 강점은 불변의 것으로 간주하고 있다는 점을 보여 준다(Steimer & Mata, 2016). 사람들은 또한 약점이 개선되기를 기대하며 자신의 약점을 고치거나 바꾸려는 더 큰 바람을 가지고 있다.

내담자들이 자신의 강점이 불변해서 변하지 않는다고 믿는 이유 중 일부는 성장과 가능성을 추구하는 개방적 마음의 마음챙김이 아니라, 개인을 사로잡는 마음놓침과 자동화가 일어나는 '강점을 당연시하는 효과(taking-strengths-for-granted effect)'이다(Dweck, 2006; Niemiec, 2014a). 다른 사람들은 이것을 강점을 비범함이 아닌 평범함으로 보는 것이라고 기술하는데(Biswas-Diener et al., 2011), 이는 우리 강점의 진정한 현실성과 가능성을 놓치는 것이다.

약점이든, 결점이든, 낮은 강점이든 간에 실무자가 덜 강점인 쪽에 편향되어 있다는 점에서는 똑같이 취약하며, 실무자들은 고군분투의 부정적 에너지나 정서에 끌려갈 것이다. 나의 동료와 나는 이에 대한 딱 맞는 예가 되었다. 몇 년 전에 우리는 우리가 사는 지역의 소년소녀 모임을 상담하는 일을 시작했다. 이 모임은 프로그래밍, 기술 구축하기, 더 많은 배움, 놀이 및 연결을 위한 방과 후 지원으로 위기에 있는 아이들을 돕는 곳이었다. 각 모임의 전체 스태프가 참가하였고, 우리는 스태프들을 한 원 안에 모아서 대표 강점 및 강점 포착 훈련에 참여하도록 했다. 우리의 접근법 중 일부에는 고립되거나 어려운 아이, 즉 '잃어버린 아이'를 스태프들이 확인하고 묘사하는 것이 포함되었다. 스태프들에게 각자 사례를 말해 보게 했을 때, 그들은 불을 지르는 것, 이기적인 행동, 버릇없는 행동, 무례한 행동에 대해 이야기했다. 촉진자로서 우리는 아이들이 얼마나 다루기 힘들고 문제가 많은지에 대해 생각하고 그 이야기에 휘말리기 쉬웠다. 결점에 기반한 생각과 토론이 스태프들 사이에 전염병처럼 퍼졌고, 심지어는 주제가 성격 강점임에도 불구하고 우리의 결함 위주 사고방식을 부채질했다! (다음 절에서 관련된 이야기를 이어 갈 것이다)

본질적으로 낮은 강점에 초점을 맞추는 것은 잘못된 것은 아니며, 더 낮은 강점을 목표로 하는 것에도 이득이 있다는 것이 연구를 통해 밝혀졌다(Proyer et al., 2015). 그러나 만약 대화를 덜 강점인 것으로 시작한다면, 아마도 강점에 기반한 개입은 원래 가능한 만큼보다는 덜 강력할 것이다. 실무자들이 취할 수 있는 전략은 상호작용이 시작될 때 내담자의 관점과 기대를 명확하게 하는 것이다. 많은 내담자는 자신의 성격 강점 프로파일(강점들의 1위에서 24위까지의 순위)을 검토한 후, 즉시 제일 하위에 있는 자신의 강점에 과도하게 초점을 맞추고 그중 하나를 개선하고자 하는 방법을 언급할 것이다. 코칭을 받는 내담자와 내가 명확성을 찾는 상호작용 과정을 보라.

> 코칭 상담자: 오늘은 어떤 것에 중점을 두고 싶으세요?
>
> 코칭 내담자: 가장 낮은 성격 강점을 높이고 싶어요.
>
> 코칭 상담자: 다른 강점들을 희생해서요?
>
> 코칭 내담자: 무슨 말씀이세요?
>
> 코칭 상담자: 만약 강점 순위 중에서 낮은 강점을 올린다면, 그것은 다른 강점들 위에 올라간다는 말이잖아요? 그러니까 하나 이상의 강점이 다시 순위에서 내려가게 되는 거죠.
>
> 코칭 내담자: 그렇네요. 제가 그걸 왜 그렇게 좋아하는지 모르겠어요. 저는 제 장점 중 일부가 바닥에 있다는 게 마음에 안 든다고 생각하고 있었거든요.
>
> 코칭 상담자: 그래요. 몇몇 강점은 그것에 주의를 덜 줘서 혹은 단지 스스로 그것을 특별히 강점이라고 인식하지 않았기 때문에 낮을 수 있어요. 그것을 하나의 선택지로 고려해도 좋겠네요. 당신은 "더 지속적으로 나의 주의(attention)의 중심으로 가져오고 싶은 강점은 무엇일까?"라고 스스로 생각해 볼 수도 있어요.
>
> 코칭 내담자: 그렇군요, 알겠어요. 저는 자기조절의 강점에 더 많은 주의를 두고 싶어요.

전략 제안: 교육하라 그리고 저항과 함께 가라

이러한 오해가 있는 내담자와 어떤 것을 할 수 있을까? 짧게 말하면, 전문가가 내담자와 약점에 관해 이야기하는 것은 매혹적이므로, 자신의 접근법과 여기서의 제안을 고려함에 있어서 약간의 개방성과 유연성을 갖는 것이 중요하다.

VIA 검사가 약점 또는 결함의 척도가 아니므로 그러한 용어를 쓰는 것은 틀린 것이라는 점을 내담자에게 알리라. 비록 불완전하지만, 개선된 문구는 '(더) 낮은 강점

(lower strengths)'이다. 즉, 한 사람이 다른 강점들에 비해 자기 스스로 그것들을 더 낮게 인식한다는 것이다. 또한 낮은 강점은 엄밀히 따지자면 결점이나 약점으로 간주되지 않지만, 결점을 개선하는 것보다 강점을 목표로 하는 것이 낫다는 것을 보여 주는 연구(예: Cheavens et al., 2012; Meyers et al., 2015)를 소개하는 형태의 교육도 이루어질 수 있다.

게다가 전문가의 의견을 고수하기 위해 내담자와 싸우기보다는 심리유도(psychojudo; Cummings & Sayama, 1995)라고 불리는 것을 하면서 저항과 함께 가야하는 시기가 있다. 지금 상황에 가장 적합하다고 믿는 접근에 대해 저항하고, 동의하지 않으며, 논쟁할 때는 아니라는 것을 아는 채로, 실무자는 내담자가 이끄는 대로 따른다. '허락'과 '저항'의 연속선상에서 균형을 찾는 것은 어려울 수 있다. 낮은 강점에 대한 이슈는 이러한 긴장을 높인다. 한 예로, 내담자가 자신의 가장 낮은 강점을 약점으로 언급할 때, 나는 먼저 이것이 무슨 의미인지 묻는다. 만약 그것이 약점이라는 용어로 자신을 정의하고 있는 것처럼 보인다면 나는 대체로 연속선상의 '저항' 측면으로 빠르게 이동해서 VIA 검사는 공식적으로 약점을 측정하는 도구가 아니라는 점을 교육한다. 그러나 어떤 사람이 자신의 낮은 강점을 목표로 삼겠다고 주장한다면, 그 용어에 대해 싸우기보다는 대표 강점에 집중하도록 시도한다. 나는 저항 및 내담자의 성향과 함께 가면서 동시에 내담자를 교육하고 앞으로 나아갈 기회를 찾는다. 다음에 예시가 있다.

코칭 내담자: 저는 낮은 강점에 관해 작업하고 싶어요.
코칭 상담자: 좋아요. 하지만 대표 강점에서 많은 이가 이득을 가장 많이 얻는다는 것을 당신이 알았으면 해요. 우리는 잘못된 것을 수정하거나 우리 안의 문제나 결점을 바꾸고 싶어 하는데, 그것은 자연스러운 경향이에요. 종종 그것은 VIA 검사 프로파일에 접근하는 방법이 됩니다. 즉, 자신의 낮은 순위 쪽으로 내려가는 것이죠. 그건 틀린 것이 아니에요. 그러나 연구에서는 우리가 상위에 있는 것을 탐구하고 이해하고 구축하는 것으로 마음자세를 바꾸는 것이 이득이라고 말하고 있어요.
코칭 내담자: 대표 강점이 더 중요하다는 말에 동의하지 못하겠어요. 저의 낮은 강점을 높이는 것이 저를 더 완벽하게 만들 거예요.

코칭 상담자: [교육] 대표 강점에 대해 조금 더 얘기해도 될까요? 대표 강점은 당신의 정체성에서 가장 핵심적인 것이에요. 대표 강점은 당신의 에너지가 가장 높은 곳에 있어요. 의심할 여지 없이 그것들은 당신 삶의 추진력이에요. 당신 안에 있는 이러한 고유한 강점들을 이해하고 쌓는 일은 당신이 목표에 이르고, 더 행복해지며, 일에 더 몰입할 수 있도록 도와줄 수 있어요. 대표 강점은 정말 중요한 것이지요.

코칭 내담자: 저는 제 대표 강점을 이미 알고 있는걸요? 그것들은 전혀 놀라운 게 아니에요. 제게 필요한 것은 낮은 강점들이에요. 저는 오히려 제 프로파일에서 그것들이 이렇게 낮다는 사실이 놀라워요. 제 생각에는 저는 거기서 이득을 얻을 것 같아요.

코칭 상담자: [저항과 함께 가기] 좋아요. 이전에 낮은 강점으로 작업해서 얻었던 이득이 있었나요?

코칭 내담자: 네, 있어요.

코칭 상담자: 어떤 것에 초점을 맞췄죠?

코칭 내담자: 가장 낮은 강점인 인내요.

코칭 상담자: 무엇을 하셨어요?

코칭 내담자: 작은 목표를 세워서 매일 작은 일들을 성취하는 것을 지속할 수 있도록 했어요. 그것들이 이루어지고 더 많이 통제되면서 기분이 좋았어요.

코칭 상담자: 대단해요. 어떻게 그렇게 했어요?

코칭 내담자: 저는 제 자신에게 온화한 태도를 취했어요. 때때로 스스로 꽤 가혹했거든요. 특히 제가 작업하고 있는 프로젝트가 성공하지 못할 때 말이에요. 그래서 제가 한 일은 매일 작은 목표를 따라가는 것이었어요. 설령 한두 가지 목표를 이루지 못한다 해도 스스로에게 부드럽게 대하는 것을 기억했고요. 저는 제 기록지 오른쪽 상단 모서리에 '온화함'이라는 단어를 써 넣었어요. 그리고 나서 단지 전날 중단했던 곳에서 다시 시작했어요.

코칭 상담자: 당신에게 잘 맞는 접근법처럼 들려요. 이야기하면서 스스로에게 떠오른 성격 강점은 어떤 것이에요?

코칭 내담자: 음, 기록지를 사용하는 저의 접근법은 확실히 훈련과 자기조절이 관련된 것 같아요.

코칭 상담자: 네, 저도 그렇게 들었어요. 저는 또 당신이 자신에게 온화하게 한다
는 것을 강조했을 때 당신 내면으로 향한 친절도 발견했어요.

코칭 내담자: 네, 그래요.

코칭 상담자: 성격 강점 순위에서 이 성격 강점들은 몇 위에 있어요?

코칭 내담자: 친절은 1위고, 자기조절은 4위네요.

이 사례에서 보듯이 궁극적으로 우리는 우리의 핵심을 떠날 수가 없다. 이 내담자는 꽤 자동적으로 중요한 방식으로 대표 강점을 썼다. 앞의 사례에서 볼 수 있듯이 우리의 대표 강점은 늘 우리 옆에 있고 낮은 강점을 증진하는 데 성공적인 방안이 될 수 있다. 이것은 '견인 원칙(towing principle)'이라고 불린다. 만약 실무자로서 우리가 이것을 진심으로 믿는다면, 우리는 '저항과 함께 가는' 접근이나 회기의 실권을 내담자에게 넘겨 주는 것을 두려워할 이유가 없다. 내담자 대표 강점의 편재성 및 힘과 함께 내담자들의 의도, 이야기, 방향, 혹은 그들이 제기하는 관점이 무엇이든 간에, 그들의 대표 강점은 우리가 알아내고 통합할 수 있도록 근처에 잠복해 있을 가능성이 있다.

나는 동료와 내가 지역의 소년소녀 모임의 상담 활동을 했던 이야기로 돌아가는 것으로 이 부분을 마무리하려고 한다. 우리는 모임에서 '잃어버린 아이'에 대한 스태프들의 비평의 악순환에 휩쓸리면서 우리 자신의 '부정적 편견'에 부딪혔다. 우리가 덫에 빠졌다는 것을 깨달았을 때, 우리는 대화를 하나의 단순한 문장과 질문으로 전환하였다. "네, 들어 보니 Billy와 함께하는 스태프로서 많은 어려움에 직면하고 있는 것 같네요. 그러나 우리는 당신에게 다른 질문을 하나 하고 싶어요. Billy에 대해서 좋아하는 점은 무엇인가요? Billy가 가진 가장 좋은 것은 무엇인가요?" Billy가 프런트 데스크에서 도와주는 것, 농구할 때 공을 잘 나누는 협동심, 미술 시간에 다른 친구의 작품을 보면서 칭찬하는 것, 그리고 또 관찰한 수많은 다른 예를 말하면서 그 스태프는 Billy에 대한 인식을 바로 바꾸었다. 그리고 나서 우리는 강점의 '긍정적 전염'에 빠졌다. 그리고 그 스태프는 그들이 강점 포착이라는 단순한 일을 할 수 있을 뿐만 아니라, 분명히 그의 인생에 고통스러움을 많이 주었던 아이에 대한 인식이 바뀔 수 있다는 사실에 놀라고 기뻐하면서 떠났다.

▌이해하기 전에 바로 행동으로 건너뛰는 것

행동의 덫

실무자들, 특히 긍정심리학 영역에 있는 실무자들은 내담자, 학생, 직장인에게 이득이 될 수 있는 연습과 개입에 상당한 흥미를 느낀다. 그러나 이것은 때때로 내담자를 더 깊이 이해하기 전에 그들을 행동으로 건너뛰게 한다. 자각-탐색-적용 모델의 용어에서 이는 탐색 단계를 건너뛰고 자각에서 바로 행동으로 가는 것과 같다. 대표적인 예는 실무자가 내담자에게 VIA 검사를 실시한 뒤 바로 그들에게 강점으로 할 수 있는 행동이나 그들의 목표를 추구하는 방법 등을 말해 주는 것이다.

실무자가 강점 작업에서 탐색 단계를 건너뛰는 데는 여러 가지 이유가 있다. 거기에는 아마도 내담자를 즉시 만족시키고 해결책을 제시하여 약간의 전문성을 보여 주고자 하는 실무자의 조급함이 있을 수 있다. 조급함은 내담자가 자신의 문제에 대해 빠른 해결책을 원하면서 강점에 관한 다양한 질문을 성찰하고, 기록하고, 답변하는 것을 원하지 않는 경우에도 내담자에게 이끌려 나타날 수 있다. 그리고 일부 실무자는 강점으로 어떻게 '깊게 나아가야' 하는지를 알지 못할 수도 있어서 자각에서 바로 적용으로 갈 수도 있다.

전략 제안: 행동으로 옮기기 전에 앎과 탐색을 단단히 하라

이러한 덫에 대해 제안된 각각의 전략에는 예외가 있다. 내담자가 '먼저 건너뛰고', 나중에 이해하는 것이 좋을 때가 있다. 이것은 특히 다른 어떤 것보다 행동 활성화가 필요한 우울증 환자에게 해당된다. 그들은 어쩌면 관련성을 이해하지 못하거나, 그것이 도움이 될 것이라고 믿지 않을 수도 있다. 그러나 단독 조치가 영향을 미치기 시작하고 미래의 인지-정서적 작업을 위한 길을 닦게 될 수도 있다.

내담자가 자신의 강점을 이해하고, 타당화하고, 인정하는 것을 돕고 탐색하는 시간은 종종 강점의 자각과 강점 행동 사이에 중요한 단계가 된다. 이것은 내담자들이 자신의 앎을 단단히 하고, 자신들이 온 곳과 향할 곳을 점검하는 데 도움이 된다.

실무자는 자신과 자신의 강점 작업에 대해 정직한 감사(監査)를 실시할지도 모른다. 부록 D에 있는 많은 질문을 고려하는 것에 더해서, 많은 것을 탐색 작업에서 다루고 있기 때문에 실무자는 다음과 같이 자문할 수 있다. "실무자로서 나의 강점 작업의 강조점을 어디에 두어야 하는가? 만약 내가 묻고 있는 질문만 검토해 본다면, 나의 질문들은 자각 지향적인가, 탐색 지향적인가, 혹은 적용 지향적인가?"

실무자는 내담자가 자신의 강점을 더 철저하게 탐색할 수 있을 뿐 아니라 연습이 적절하게 개별화되고 맥락화될 수 있도록 내담자에 대해 더 많이 배우는 시간을 가질 수 있다. 강점을 충분히 탐색하는 것은 내담자가 자신의 정체성과 이 강점들이 왜 자신에게 중요한지를 연결시키는 데 도움이 된다.

▌'무엇이 잘못되었나?'로 시작하는 것

행동의 덫

많은 실무자에게는 문제와 분투, 즉 '힘든 일'에 관해 말하는 것이 신뢰감을 더한다는 뿌리박힌 인식이 있다. 그러나 성격 강점 작업이 똑같이 힘들지 않다고 누가 말하겠는가? 사실, 잘 안 되는 것, 실수, 상황이 나빠지는 시기 같은 결점을 찾아내는 것은 꽤 쉽다. 우리는 이런 부정성 우선의 접근법과 함께 하기 때문에, 이것을 내담자에게 전달하는 것은 당연한 일이다.

많은 업무 회의 후, 특히 일대일 상호작용이 있던 회의 후, 나는 다음과 같은 말들이 머릿속에 떠오른 채로 회의실을 떠났다.

- _____라고 말했어야 했어.
- _____에 대해 왜 말을 안 꺼냈지? 왜 망설였지?
- _____에 관해 토론할 때 더 부드러워질 수 있었어.
- 다른 사람들이 _____에 관한 내 아이디어를 받아들이지 않았어. 난 그걸 더 잘 설명해야 했어.

그리고 나의 생각은 아마도 계속 흘러갈 것이다. 내 생각은 즉시 무엇이 잘못되었는지에 초점을 맞춘 다음 끊임없이 잘못된 부분을 재생할 것이다. 그러고서 내 마음은 잘못된 것을 해결하려고 시도할 것이다. 하지만 이미 벌어진 일을 어떻게 바로잡을 수 있겠나? 나는 잘된 것을 일부러 생각해 보곤 했지만, 언제나 뒷짐만 지고 있는 것 같았다. 나는 트렁크에 잘된 것을 자동적으로 집어넣는 것 같았다. 그리고 잘못된 것을 다시 보고 해결책을 찾으려 한 결과는 무엇이었을까? 거의 아무것도 얻지 못했다. 게다가 나는 그 회의에 대해 더 나쁜 감정을 갖게 되었다.

전략 제안: '무엇이 잘되었는가?'로 시작하라

회의 후 나의 접근방식에 대한 예시를 이어 가 보자. 하루는 부정적인 것을 다시 언급하는 것과 다른 접근방식으로 내가 개선할 수 있는 것을 택했다. 점심 업무 회의를 마치고 사무실로 돌아가는 길에 나는 즉시 스스로 무엇이 잘되었는지 생각했다. 그리고 회의에서 내가 어떤 강점을 사용했는지 물었다. 나는 내 마음이 하는 말을 주의 깊게 들었다. 나는 내 마음이 많은 강점 속을 여행하는 것을 관찰했다. 이번 회의는 이전 회의와 다를 바 없었다. 다른 것은 나의 후속적인 생각이었다. 무엇이 잘못됐는지도 따져 볼 여지가 없을 정도까지 사용된 성격 강점이 부풀어 올랐다!

내 마음은 내가 다른 사람에게 초점을 맞추고, 그들이 폭넓고 깊게 공유할 수 있도록 하였으며, 그들에게 다양한 질문을 함으로써 계속해서 나누도록 격려했기 때문에 나의 기본적인 접근방식이 호기심과 관련된 겸손의 하나라고 생각했다. 나는 또한 상대방의 조직과 다양한 프로그램 그리고 봉사 활동에 대한 지식을 모으고자 학구열을 사용했다. 나는 즉시 나의 반응을 공유하거나 이야기에 끼어들지 않기 위해서 의도적으로 자기조절과 인내(일부는 이것을 참을성이라고 부른다)를 함께 사용했다. 대신 나는 이 본능의 충동을 끈질기게 억제했다. 내가 의견이나 경험을 공유했을 때, 그것은 나의 대표 강점인 사랑과 희망으로부터 나온 것이었다. 이러한 핵심적인 강점은 내가 말한 것에 연료를 더해 주는 원동력이나 추진력 또는 모터였다. 다시 말해, 따뜻함, 진정성, 미래 지향적인 계획 그리고 긍정성이 나의 입장에서 대화를 이끌어 냈다.

그리고 무엇이 잘못되었을까? 나는 그 회의를 결함적 관점에서 보기 위해 생각에 약간 집중하였다. 긍정적인 관점에서 이미 정신적으로 대화의 많은 부분을 처리한 상태였기 때문에 오직 하나의 부분만이 툭 튀어 나왔다. 내가 조금 더 부드럽게 할 수 있었던, 즉 우리 두 조직이 미래에 어떻게 협력할 것인가에 대한 논의 포인트를 소개할 때 내가 조금 더 부드럽게 변화했으면 하는 지점이 있었다. 미래에는 내가 사회지능 강점을 더 많이 사용할 수 있지 않을까 하고 생각했다. 예를 들어, 어떻게 하면 우리가 더 협력할 수 있을까라는 일반적인 모호한 질문을 하는 대신, 다음과 같이 맥락에 맞는 말로 옮겨 갈 수 있었을 것이다. "와, 우리는 확실히 많은 공통점을 가지고 있는 것 같네요. 우리가 비슷한 비전을 지니고 있고, 힘든 일을 해 온 것에 감사해요. 이것을 바탕으로 우리가 앞으로 어떻게 협력하게 될지 궁금해집니다. 당신은 어떻게 생각해요?"

대학원 강의나 마음챙김에 기반한 강점 훈련(MBSP; Niemiec, 2014a)에서 나는 매주 '무엇이 잘되었는가?'의 활동으로 시작했다. 이는 과제로 했던 훈련과 활동을 토론하는 시간이다. 잘되지 않은 것, 어떤 장애물이 있었는지, 마무리되지 않은 것에 대한 토론도 확실히 있을 것이다. 그리고 이런 것을 이야기하는 것도 중요하다. 그러나 그것이 경험의 총체라면 그것은 일차원적인 관심일 뿐이다. 시작할 때 긍정적인 것과 좋은 것에 초점을 맞추는 것은 확실히 강점에 주목하게 해 준다. 이러한 활동은 토론의 좋은 토대를 세우는 데 도움이 된다.

▌상위 강점에 갇히는 것

행동의 덫

이 책에서 당신은 대표 강점에 대해 엄청나게 들을 것이다. 그리고 대표 강점을 자주 언급했음에도 아마 나는 그 잠재성을 여전히 충분한 가치로 알리지 못하고 있을 것이다. 또한 상위 강점(예: 상위 5위까지)에 갇혀서 다른 강점들은 무시할 가능성도 있다. 갇히는 것은 '모든 24개의 강점이 중요하다'라는 원칙과 충돌하고 다른 어떤 것보다도 강점에 대해 경직되거나 순진한 접근법을 반영하는 것이다.

전략 제안: 상위 강점을 우선시하되, 모든 강점에 주의를 두라

성격 강점 및 긍정심리학의 더 넓고 새로운 연구와 실무를 할 때 항상 명심해야 하는 많은 균형점이 있다. 그중 하나는 '모든 24개의 성격 강점이 중요하다'와 '대표 강점은 종종 가장 중요하다'라는 원칙에 동시에 주의를 두는 것이다. 성격 강점 작업의 강력함에도 불구하고, 어떤 개입이나 구성에만 지나치게 집중하는 것은 아마도 현명하지 못한 일일 것이다. 바로 여기가 통찰력의 강점이 줄 수 있는 더 넓은 관점이 중요해지는 지점이다.

성격 강점 프로파일을 해석할 때, VIA 연구소에서는 사람들이 자신의 강점 프로파일(혹은 성격 강점에 대한 모든 해석 보고서)을 미세하게 조정할 수 있는 정확한 세필(細筆)이 아니라 '더 넓은 구성붓'으로 검토하도록 경고하고 있다. 이 접근법을 나와 나의 내담자 Joan의 예시로 보여 줄 수 있을 것이다. VIA 검사를 받은 후, 나는 Joan에게 결과에 대해 어떻게 생각하는지 물었다. 자신의 프로파일을 보면서 그녀는 즉시 "네, 창의성과 호기심이 저의 가장 높은 강점이에요. 저는 항상 그것들을 사용합니다."라고 크게 말했다. 이 두 가지 강점과 삶에서 그것들을 어떻게 사용하는지에 관해 이야기한 후, 아마도 그녀에게 '대표(signature)'일 수도 있는 또 다른 다른 최고 강점에 대해 물었다. 그녀는 다른 최고 강점을 이야기하는 것에 흥미를 잃었다. 나는 그녀가 빠르게 저항했던 많은 다른 강점을 가지고 있다고 관찰한 바를 제시하였다. 다음 대화가 그와 관련된 대화이다.

> Ryan: 그래요, 그건 당신 삶의 창의성과 호기심에 대한 훌륭한 예들이에요. 그리고 여기 당신의 프로파일을 보세요. 분명 다른 강점도 많이 있어요, Joan.
>
> Joan: 아니요, 저에겐 창의성과 호기심만 있어요. 다른 것들은 내가 아니에요. 저 아래를 보세요. 24위로 인내가 있는데, 그게 맞아요. 저는 전혀 인내심이 없어요.
>
> Ryan: 사실 우리 모두는 이 강점 전부를 어느 정도씩은 가지고 있어요. 아마 당신은 단지 그것들을 사용하는 데 익숙하지 않은 것일 수 있어요.
>
> Joan: 아니요, 아니에요. 그건 제 일부가 아니에요.
>
> Ryan: 저는 당신이 삶에서 인내심 강점을 조금은 사용해 본 적이 있다고 확신해요.
>
> Joan: 저는 인내가, 끈기가 없어요. 저는 그런 사람이 아니에요.
>
> Ryan: 능력(capacity)이라는 말이 어떻게 느껴져요? 당신은 이 강점들을 능력 혹은 잠재력으로 가지고 있어요. 그것들은 발전되고 확장될 수 있죠. 이것은 1위에서 5위까지와 20위에서 24위까지 모두 마찬가지로 적용될 수 있는 사실이에요.
>
> Joan: 아니요, 잘 모르겠어요. 당신들 심리학자들은 다 똑같아요. 늘 긍정적인 것을 찾으려고 노력하죠. 말했잖아요. 저는 인내심이 부족해요.
>
> Ryan: 나는 당신이 지금 우리의 이 대화에서 당신의 관점을 견지하고 있다는 점을 지적해야겠네요. 당신은 지금 여기서 나에게 상당한 인내심을 보여 주

고 있어요. 쉽게 포기하지 않잖아요.

Joan: 그렇네요. 맞아요. 내가 옳다고 생각할 때, 저는 끈기가 있네요.

Joan은 자신의 특성이 지적되는(즉, 강점 포착) 순간까지 자신의 특성을 이해하려고 애썼다. 그녀의 가장 낮은 강점인 인내는 감지하기 힘든 반면 어떤 상황에서는 강하고 명확했다. Joan이 재빨리 의견을 내고 대체로 일관된 관점을 고수할 수 있다는 점에서 다소 거친 면이 있었지만, 낮은 강점과 관련된 사실을 명확히 제시했을 때 그녀는 기꺼이 받아들일 의향이 있었다. Joan과 나는 그녀의 창의성과 호기심을 타깃으로 했지만, 가끔 앞의 대화와 그녀가 끌어내고, 다듬고, 인생에서 사용할 수 있는 특성들이 많다는 것을 상기시키는 것이 중요했다.

▌과다사용을 지나치게 중시하는 것

행동의 덫

성격 강점의 과다사용은 5장에서 다룰 것이지만, 여기에서도 실무자가 자주 빠지기 쉬운 덫으로 소개하려고 한다. 성격 강점을 과다사용한다는 것은 어떤 상황에서 지나치게 표현하는 것으로, 이는 긴장을 증가시키고 특정 문제나 관계에서의 갈등을 야기하는 등의 결과를 낳는다. 과다사용이라는 개념은 문제를 재구성할 수 있는 훌륭한 방법을 제공한다(예: 어떤 사람을 고집이 세고 완고하다고 부르는 대신에 그들이 인내 강점을 과다사용하고 있다고 말할 수도 있다). 이것은 과다사용을 상당히 매력적이면서 도발적인 주제로 만든다.

문제는 강점의 과다사용을 다루는가가 아니라 언제 그리고 얼마나 과다사용을 하는가이다. 일부 유능한 실무자는 매우 초기에 과다사용을 다루고 있으며, 그 주제에 대해 알게 된 많은 내담자는 과다사용부터 시작하고 싶어 한다. 이에 따르는 문제는 이 방법이 강점을 가장한 결함 기반 접근에서 출발한다는 것이다. 강점의 과다사용은 어떤 것이 옳지 않거나 불균형하다는 것을 의미하는 실무자의 해석이다. 그다음 자주 따르는 것은 과다사용에 집착하는 내담자나 성격 강점을 확장하고, 칭찬하며, 인정하는 기본을 무시하는 실무자이다. 과다사용은 깊고 풍부한 주제이고 빠져들기 쉬운 주제이다.

나는 스트레스를 받는 내담자를 돕는 접근으로 성격 강점을 사용하고 있던 상담자를 도와준 기억이 있다. 그녀는 내담자의 강점 프로파일을 검토하고 강점을 탐구하고 구축하는 것에 대해서 내담자와 논의했다. 이 대화에서 내담자는 자신의 더 높은 강점인 겸손에 대해 열변을 토했고, 자신이 겸손을 과다사용하고 있으며, 스스로 종속적이 되고, 자기희생을 하는 것이 문제의 원인이라고 결론지었다. 그녀는 이 논쟁을 받아들여 겸손의 과다사용을 목표로 하기 시작했다. 그녀는 어떤 영향도 주지 못하는 과다사용 관리에 몰두하게 되었다. 그녀는 어떻게 해야 할지 몰랐다. 나는 그녀에게 내담자의 겸손 강점의 사용과 그 이득에 대해 물었지만, 그녀는 처음에는 저항했다. 그러나 건강한 겸손(즉, 다른 사람에게 주의를 기울이고 다른 사람의 성공을 우선시하는 데 능한 좋은 자기개념을 가진 것)의 진정한 본질을 자세히 살펴본 결과, 그녀는 그녀와 내담자가 처음부터 강점을 탐구하거나 이해한 적이 없다는 것을 깨달았다. 그들은 겸손의 가치나 그것이 가져올 구체적인 이득을 토론하는 데 시간을 쓰지 않았다. 겸손의 과다사용을 교정할 방법을 찾는 것이 아니라, 이처럼 겸손의 개념을 작업하는 새로운 방법을 찾는 것이 내담자가 필요로 하는 전부였다. 그녀는 내담자가 대표 강점의 렌즈를 통해 자신과 그를 둘러싼 주변을 볼 수 있는 새로운 방법을 제시하지 못했다.

과소사용된 강점을 쌓는 것보다는 강점의 과다사용에 집중하고자 하는 욕구가 강할 수 있지만, 새로운 연구는 실제로 사람들이 직면하고 있는 더 큰 문제로 과다사용이 아닌 과소사용을 지적하고 있다(Freidlin, Littman-Ovadia, & Niemiec, 2017). 성격 강점의 과소사용은 성격 강점의 과다사용에 비해 더 낮은 번영, 더 낮은 삶의 만족도, 더 높은 우울증과 강한 상관을 보인다.

전략 제안: 과다사용을 검토하기 전에 이해하고 확장하고 인정하라

강점을 이해하고, 확장하고, 인정하고, 칭찬하는 것은 성격 강점의 과다사용에 집착하는 사람에게 좋은 치료법이 될 수 있다. 그것은 단순히 먼저 해야 할 것을 먼저 하는 문제이다. 결점을 다루는 다른 방법을 캐내기 전에 내담자들이 자신의 가장 좋은 특성과 의미 있는 방법으로 연결되는 것을 도우라. 결점을 다루기 위한 시간은 언제든지 있을 테니.

나는 "신중성의 과다사용을 멈추고 싶어요."라고 표현된 목표로 자신의 성격 강점을 작업하고 싶어 하는 경영 컨설턴트를 코칭하고 있었다. 나는 그녀의 강점 프로파일을 살펴보았고 신중성이 상위 5위 안에 들어 있었다. 그녀가 신중성을 얼마나 과다사용하는지에 대해 깊게 파헤쳐 보기 전에 나는 먼저 그녀에게 자신의 신중성을 실제 어떻게 '사용'하는지 설명해 줄 것을 요청했다. 그녀는 자신의 대표 강점 중 하나인 신중성을 어떻게 사용하는지에 대한 예시를 단 하나도 떠올리지 못했다. 수십 년 동안 여러 방면에서 분명히 잘 먹혔던 자기비난과 비아냥, 회피 그리고 무시로 금세 넘어가는 그녀를 보면서 나는 슬퍼졌다. 그녀의 신중성이 계획성, 행동하기 전에 생각하는 것 그리고 끝까지 생각해서 결정하는 것이라는 것을 알고, 나는 그녀에게 인생에서 중요한 결정을 내렸던 때를 이야기해 달라고 부탁했다. 그녀는 회사를 옮겼던 1년 전 결정을 떠올렸다. 그녀는 2년간 그 결정을 생각했고, 비용—이익 분석표를 작성해 봤으며, 믿을 만한 동료들에게 의견을 구하고, 몇몇 면접을 보고, 자신의 경제 상황을 그려 봤다. 그녀는 가능한 여러 개의 일자리에서 자신의 가치 및 강점이 어떻게 함께 역할을 할 수 있는지 시간을 들여 검토하였다. 그리고 결국 직장을 바꾸기로 결정하였다. 그 결과, 월급이 상당히 내려갔지만 업무에서의 자신의 '의미' 수준은 올라갔다. 과정에 대한 그녀의 설명은 신중성 성격 강점을 행동으로 옮긴 것의 전형적인 모습이었다. 그것은 그녀의 생애에서 최고의 결정 중 하나였으며 신중함에 의해 조정되고 관리되었다. 내가 이러한 사실을 짚었을 때, 그녀는 '아하!' 하는 깨달음의 순간을 만났다. 그녀는 결국 신중성이 자신을 위한 역할을 하였고 그 가치가 있음을 이해했다. 그리고 우리는 그녀의 일과와 하루 중 자신의 신중성을 사용하는 방식을 살펴보았다. 예를 들면, 계획성 있게 두 아이의 학교 도시락을 싸는 것, 매일 아침 아이들이 스쿨버스에 올라타는 것을 주의 깊게 살피고 버스가 떠나고 시야에서 사라질 때까지 떠나지 않는 것, 자기 팀 부하직원 각각의 행동 항목을 계획하는 것 등이 있었다. 자신의 신중성 강점이 본인에게 더 명확해짐에 따라, 과다사용에 대한 토론으로 넘어가지 않고 삶에서 신중성 강점을 사용했던 백 가지 방식을 적어 오라는 숙제를 내주었다.

과다사용을 우선시하고 기본을 잊어서 나무를 위한 숲을 놓치지 않기 위해서, 실무자들은 과다사용을 보기 전에 사용 경험을 먼저 중점적으로 보고 작업하는 의식적인 결정을 내릴 수 있다.

▮지시적이거나 권위주의적인 접근법을 취하는 것

행동의 덫

강점을 탐색하는 대신 강점을 목표로 삼는 것은 강점을 함께 탐색하는 것보다 강점을 쌓는 것이 가장 중요하다고 말하는 권위주의적 접근이다. 이 접근은 학교 장면에 만연해 있다.

수십 년 이상 성격 연구 분야는 권위주의적 접근들에 의해 지배되어 왔다. 성격, 성격심리학 및 인성교육은 오랜 역사를 가지고 있으며, 이를 광범위하게 검토하는 것은 이 장의 의도를 벗어나는 범위에 있다(이 분야의 최고의 통찰을 검토하기 위해서는 Lapsley & Power, 2005, 인성교육의 연구물들에 대한 메타분석의 결과를 위해서는 Berkowitz & Bier, 2007 참조).

성격이라는 단어는 '새겨진 표식(engraved mark)'과 '영혼에 대한 상징이나 각인(symbol or imprint on the soul)'을 의미하는 그리스어에서 유래했다. 이 문구들은 영구적이라는 감각뿐 아니라 변화가 없고 불변하는 특성을 내포한다. 이러한 설명은 '좋은(good)' 성격을 교육하거나 훈련시키려는 프로그램에 의해 강화된다. 이러한 인성교육 프로그램들은 교육 및 운동 프로그램에 광범위하게 존재하며, 많은 것이 종교적 · 정치적 또는 교육적 의제의 결과물이다.

"그는 성격이 좋아." "그녀는 개성 있어."라는 것처럼 사람들이 성격이라는 단어를 말할 때, 그것은 한 사람이 도덕성이 강하다거나 정직한 사람이라는 것을 의미한다. 이것은 성격이 하나의 특질이나 특성으로 되어 있는 것으로 간주되는 것을 의미한다. 다른 사람들은 성격의 가장 본질적인 특징은 자기조절의 성격 특징과 유사하게 자제하는 것이나 개인의 욕구를 통제하는 것이라고 주장한다(Hunter, 2000). 성격에 대한 이러한 접근의 결과는 '모 아니면 도(all-or-nothing)'의 사고방식에 비유된다. 즉, 당신은 성격이 있거나 혹은 없다. 당신은 좋은 사람이거나 혹은 나쁜 사람이다. 따라서 부정직한 사람은 망한 것이다. 골프 선수인 티이거 우즈와 미국 전직 대통령인 빌 클링턴을 생각해 보라. 이들은 부정을 저질렀기 때문에 '나쁜' 성격의 사람들인가? 골프칠 때의 우즈의 인내와 자기조절을 어떻게 볼 것인가? 클링턴의 리더십과 친절 및 관용에 대한 저술(2007)은 어떠한가? 그리고 속임수를 쓴 올림픽 대표선수였던 매리언 존스와 토냐 하딩에 대해서는 어떠한가? 믿을 수 없을 정도로 재능이 있고, 엄청나게 노력했던 사람들이 나쁜 성격을 지닌 사람들로 낙인찍히고 버려지는 것일까? 알베르트 아인슈타인은 많은 이에게 훌륭한 성격을 가진 사람으로 보일 수 있다. 그러나 그것은 그의 정직함이 아닌 그의 창의성, 학구열, 통찰, 영성에 대한 통찰력에 대한 것이었다.

전략 제안: 권위 있는 정원사가 되는 연습을 하라

점토로 무엇을 만들지 말고 씨앗을 키우라. Linkins와 동료들(2015)이 언급했듯이, Neal Mayerson은 교사들이 전통적 또는 비전통적인 인성교육 프로그램에서 학생들에게 어떻게 접근해야 하는지에 대한 비유를 제시하였다. 첫째, 지시적인 접근인 전통적인 인성교육은 대개 권위주의적이고, 아이들을 만들어지는 점토로 보는 과정과 유사하다. '도예가'(학교, 교육자, 또는 다른 권위 있는 인물)는 '점토'(학생의 성격)를 미리 정해진 형태로 변형시키는 일을 한다. 도예가는 존경심, 친절, 책임감, 공정성, 인내 등과 같은 특성이 가장 중요하다고 생각하기 때문에, 모든 아이에게 일정한 특성을 발달시키게 하고 싶다고 말한다. 한편, 아이들을 자라날 씨앗으로 여기는 과정과 유사한 서술적이고 개별적인 접근이 있는데, 이 접근에는 권위가 있다. 똑같은 씨앗은 하나도 없다. 환경적 요소에 따라 표현될 수도 있고 그렇지 않을 수도 있으나 모두 유전적으로 고유하며 특정한 특질과 잠재력을 지닌다. 정원사의 과제는 성장이 어떻게 펼쳐질지를 결정하는 것이 아니라, 성장과 발전을 위한 최적의 조건을 만드는 것이다. 각각의 씨앗처럼 각각의 아이들은 성향과 가능성의 고유한 조합을 가진다. 좋은 조건하에서는 이러한 가능성이 표현될 것이다. 정원사의 역할처럼 교육자의 역할은 성장을 촉진하고 장려하고 육성할 수 있는 좋은 조건을 제공하는 것이다.

이는 명확해 보일지도 모른다. 그러나 내가 접한 거의 모든 인성교육 프로그램은 '점토' 접근의 형태를 취하고 있다. 이것은 특히 지시적 접근이 우세한 긍정심리학 분야에 종사하는 사람들에게 그렇다. 저명한 작가, 전문적 연구자, 긍정심리학의 선도적 인물 등 더 잘 알고 있어야 할 사람들조차 점토 제조자인 경우가 많다. 어떤 면에서는 각자 '권위자'로 행동하고 있으며, 다른 사람들에게, 대개는 감수성이 예민한 젊은이들에게 특정한 특질이나 다른 처방을 주입하고자 열심이다. 이것은 놀라운 일이다. 왜냐하면 많은 사람이 이러한 접근들을 설명하면서 더 좋은 선택으로 자기는 '씨앗' 접근을 한다고 여기는 것 같기 때문이다. 모든 아이는 개별적이며, 교육자의 역할은 학생이 자기 성격의 강점(대표 강점이라고 불리는)을 먼저 드러내고, 그러고 나서 그 강점들이 빛을 발할 수 있는 환경을 만들게 돕는 것이라는 설명만으로는 주장하기가 어렵다.

확실히 이러한 비유는 선생님이나 교육자뿐 아니라 내담자나 직장인과 작업하는 모든 실무자의 접근에 확장하여 적용할 수 있다. 실무자들은 씨를 심는 접근을 우선시할 수 있고, 다음의 방법에 초점을 맞추면서 성장을 위한 환경을 조성할 수 있다.

- 기본적으로 질문을 자주 한다.
- 고유한 강점을 창조적으로 표현할 수 있는 기회를 준다.
- 선에 대한 개인적이고 의미 있는 탐색을 강조한다.
- 순간의 긍정적 특성을 알아차리고 포착한다.
- 긍정적 특성을 기르고 발전시킨다.
- 강점을 표현할 때 인정하고 칭찬하는 피드백을 한다.
- 강점의 독특한 표현을 갈망하고 강화하는 환경을 만든다.
- 강점에 대해 개방적인 상호 대화를 위한 환경을 마련한다.
- 강점의 표현과 성장의 환경을 조성한다.

오해, 현실 그리고 조언

강점에 기반한 접근을 취할 때 발생할 수 있는 잘못된 사고 패턴인 여덟 가지 일반적인 오해나 편견이 있다. 실무자와 내담자 모두가 이 오해들 속에서 작업할 수 있다. 다음에 제시된 각각의 오해들에 대해서 보다 균형 잡힌 '실제'를 함께 제시할 것이다. 여기에는 지금까지 연구와 적용 경험을 통해 알려진 것이 반영된다. 마지막으로, 실무자들이 잘못된 신념들을 관리하거나 피하도록 돕는 조언을 할 수 있는 행동들을 제공한다. 우리는 이러한 것들을 이해함으로써 강점에 기반한 훈련이 의미하는 바를 이해하는 데 도움을 받을 수 있다.

성격 강점 작업을 많이 해 본 실무자들은 아마도 이러한 오해를 많이 하지 않을 수 있다. 왜냐하면 그들은 강점에 기반한 작업의 깊이와 도전을 직접 보았기 때문이다. 따라서 다음의 오해들은 긍정심리학에 익숙하지 않은 실무자들에게 많이 해당할 수 있을 것이다.

▌오해 1: 강점에 집중하는 것은 지나치게 낙관적인 것이다

실제

성격 강점은 최선을 강조할 뿐만 아니라 문제를 직면하고, 관리하며, 극복하는 데도 사용된다. 연구에 따르면 성격 강점은 문제를 완충하고(예: Huta & Hawley, 2010), 문제를 감소시키며(예: Gander et al., 2013), 탄력성에 기여한다(예: Martinez-Marti & Ruch, 2016; Shoshani & Slone, 2016).

사람들은 대체로 만약 누군가 다른 사람에게 "강점을 이용해."라고 조언하거나 조직이 강점에 기반할 수 있도록 돕고자 한다면, 자동적으로 그 사람은 잘못이나 문제가 있는 것을 모른 척하며 강점에만 편협하게 초점을 맞추고 있다는 것을 뜻한다고 여긴다. 물론 이건 사실이 아니다. 강점 작업을 우선시하는 실무자들은 그보다 더 많은 신뢰를 받을 만하다.

이러한 오해는 긍정심리학 분야가 겪는 고통의 상징이다. '긍정'이라는 말은 긍정심리학이 오직 긍정적인 것만을 검토하고 '부정적'인 것은 언급하지 않는다는 가정을 하도록 한다. 많은 긍정심리학적 실무자나 지도자도 이 말이 불공평한 발언이라는 것을 알고 있다. 사실 일부 긍정심리학자는 이를 반박하기 위해 비상한 노력을 해 왔다. 사람들이 안고 있는 도전, 분투, 문제들을 강조하고, 더불어 긍정 정서, 강점, 내적 과정의 연구가 어떻게 고통의 일부가 되고 고통을 관리하고 극복하는 데 도움이 될 수 있는지를 강조하면서 '긍정심리학의 두 번째 물결'이라고 이름 붙였다(Ivtzan, Lomas, Hefferon, & Worth, 2016).

최근 큰 대학에서 열린 워크숍에서 나는 대부분이 교수인 참석자들에게 먼저 자신의 성격 강점 결과를 서로 이야기해 보라고 요청하였다. 활동 소감을 나누는 시간에 한 저명한 교수가 일어나서 그의 그룹은 부정적인 것에 초점을 맞출 필요성을 논의했다고 소리쳤다. 물론 그의 말은 부분적으로는 맞다. 그러나 그는 강점에 대한 발표가 오로지 긍정적인 것에 관한 것이라고 가정하고 있었다. 그러나 그것은 성격 강점이 분투, 비극 그리고 스트레스의 시기에 빠르게 촉매제 역할을 하기 때문에 실제와는 거리가 먼 얘기이다.

우리가 얼마나 빠르게 부정적인 마음가짐과 문제를 이야기하는 방향의 편견을 옹호하게 되는지를 보는 것은 놀라운 일이다. 코칭을 받는 사람들과 발표 참석자들에게 제공한 '5분간의 도전'이라고 불리는 워크숍 연습만큼 더 확실한 것은 없다. 이 연습에서 나는 참석자들에게 상위 5개의 강점에 대해서 각 1분씩, 전체 5분씩 서로 이야기해 보도록 하였다. 각기 다른 문화나 전문 분야에서 온 수백 명의 사람이 보이는 흔한 반응이 있다. 하나의 강점을 이야기하기에 1분은 너무 길다는 것이다(그렇다. 1분이다!). 사람들은 자신의 최고 자질과 그것들을 사용했던 이전의 경험 및 각 강점들이 왜 자신에게 중요한지에 대해 설명할 것을 떠올리려고 애썼다. 그러나 내가 그 사람들에게 자신의 다섯 가지 문제를 이야기하고 싶은 시간은 얼마인지를 물었을 때, 그들은 즉시 더 많은 시간이 필요하고 원한다고 동의하였다.

실무자를 위한 조언

웰빙을 늘리는 것뿐 아니라 문제를 관리하고 이해하는 보조 역할로 성격 강점을 활용하라. 내담자들에게 성격 강점은 삶의 모든 우여곡절, 즉 좋을 때나 나쁠 때나 혹은 그 중간에 언제든 적용할 수 있다고 설명하라. 그것은 우리를 인간으로 만들어 주며, 최상의 혹은 최악의 시기에 존재하고, 우리가 잘못을 극복하는 것뿐 아니라 우리 잘못 중 많은 부분을 설명할 수 있는 특성이다.

▌오해 2: 강점 작업은 쉽다

실제

실무자가 하는 일의 전부가 내담자에게 최고 강점에 관해 자주 물어보고 그것들을 더 자주 사용하도록 지시하는 것이라고 한다면, 그것은 사실이다. 강점 작업은 쉽다. 수많은 강점, 강점의 다차원적 본질, 강점을 사용하는 매 시간에 만나는 무수한 상황의 복잡성을 고려한다면, 그리고 강점끼리의 내부적인 상호작용 및 다른 강점과의 상호작용을 고려하면, 갑자기 상당한 깊이와 복잡성을 띠게 된다. 이러한 깊이는 또한 정신병리학(Freidlin et al., 2017; Kashdan, Julian, Merritt, & Uswatte, 2006), 전

쟁에 노출된 경우(Shoshani & Slone, 2016), 장애(Niemiec et al., 2017)를 이해하고 관리하는 분야에서의 성격 강점의 역할을 이해하고자 하는 연구들에도 반영되어 있다.

실무자를 위한 조언

성격 강점 교육의 다양한 핵심 주제에 대해 가르치고 설명하고 토론하라. 내담자가 성격 강점에 대해 성장 마음가짐을 발달시킬 수 있도록 성격은 평생 동안 중요한 학습과 성장을 한다는 것을 교육하라.

▌오해 3: 모든 강점은 평등하게 만들어진다

실제

이것은 사실이 아니다. 1장에서 설명했듯이, 당신은 다양한 종류의 강점을 가지고 있다. 재능과 지능, 기술, 가치, 흥미 및 자원의 강점들이다. 당신은 또한 성격 강점과 그 안의 하위 범주(예: 대표 강점, 상황적 강점 그리고 낮은 강점)도 많이 가지고 있다. 이러한 범주들은 중요하며 각기 다른 이득을 제공한다. 성격 강점은 각각의 강점 범주에 이르는 경로가 될 수 있다. 예를 들어, 열정과 대표 강점은 흥미에 연료가 될 수 있고, 인내와 자기조절은 타고난 능력과 재능을 치솟게 하고, 대인 간 강점은 우리의 자원을 최대한 활용할 수 있도록 도와준다. 서로 다양한 수준의 상관관계를 보임에도 불구하고, 24개의 성격 강점 각각은 서로 독특하며 웰빙에 분명하고 새로운 기여를 한다.

실무자를 위한 조언

다양한 강점 범주 사이의 차이들을 이해시키기 위해 노력하라. 내담자들의 각 강점을 측정하기 위한 평가 질문을 하라. 친절과 사랑의 차이 또는 호기심과 학구열의 차이와 같은 덜 분명한 차이를 이해하는 것이 중요하다.

▌오해 4: 성격 강점은 고정된 것이다

실제

성격 강점은 역동적이고 다차원적이며 개발될 수 있다(1장 참조). 성격 강점은 우리의 전체 성격(personality)의 일부이다. 수십 년간의 연구들은 전체 성격이 시간이 지남에 따라 상당히 안정적이지만 영향을 받을 수 있고 변할 수 있다는 것을 보여 준다. 수많은 변인이 우리의 전체 성격에 영향을 미칠 수 있는데, 예를 들어 삶의 역할에서의 변화(예: 출산, 군입대), 이례적인 사건(예: 외상 경험) 및 의도적인 개입(예: 호기심 기르기에 초점을 둔 목표)이 있다. Hudson과 Fraley(2015)는 전체 성격의 안정적인 특질이 한 사람의 의지에 의해 가변적이고 변할 수 있다는 점을 보여 주는 개입연구를 제시하였다. 몇 년 후에 Roberts와 동료들(2017)은 207개의 임상심리학 연구에 대한 메타분석을 수행했고, 임상 및 비임상 개입을 통해 전체 성격 특질에 뚜렷한 변화가 일어날 수 있다(그리고 그것이 오래 지속된다!)는 것을 발견했다. 수십 년 동안 성격 강점에 영향을 미치는 발달 변화와 요인에 대한 많은 통찰을 얻기 위해 더 많은 종단 연구가 필요하다.

실무자를 위한 조언

당신이 어떻게 긍정적으로 영향을 받아 왔는지 혹은 3개 중 2개의 성격 강점을 어떻게 변화시켰는지에 대해 내담자에게 줄 예시를 준비하라.

▌오해 5: 자신의 강점을 아는 것으로 충분하다

실제

강점을 아는 것은 필요하지만, 강점으로부터 얻을 수 있는 모든 이익을 수확하기 위해서는 아는 것만으로는 충분하지 않다. 연구에 따르면 강점을 더 많이 자각하는 것은 정말 중요하고 이롭지만, 또한 자신의 삶과 일에서 강점을 사용하는 것이 더 큰 이득이 된다(Hone et al., 2015; Littman-Ovadia & Steger, 2010). 자신의 강점을 사용하는 사람들은 더 행복하고 자신의 일에 더 몰입할 가능성이 높다.

실무자를 위한 조언

강점 탐색과 강점 사용을 가르치는 것은 더 나은 이해와 긍정적 결과로 이어진다. 기억해야 하는 '찾기' 질문을 설정하라. 그것은 당신이 내담자의 강점 사용을 탐색하는 데 도움이 될 것이다.

▌오해 6: 많은 사람이 이미 자신의 성격 강점을 잘 알고 있다

실제

강점맹(strengths blindness)은 만연해 있다. 그러나 사회적으로 점차 나아지고 있다.

실무자를 위한 조언

이 오해를 검증하라. 정보나 '공통 언어'를 알려 주기 전에 모든 새로운 내담자(혹은 파티에서 만나는 모든 사람)를 만날 때, 자신의 강점이나 성격 강점을 물어보라. 이를 10명 이상의 사람과 해 보고 나서 그 반응을 연구하라. 사람들이 얼마나 빨리 대답하나? 그들의 응답은 깊고 상당히 의미가 있는가? 그들의 핵심을 통해 그 사람들을 알 수 있는가? VIA 성격 강점의 언어를 직관적으로 사용하였는가?

▌오해 7: '성격'은 소수의 특질을 가리킨다

실제

성격(character)이란 무엇인가? 성격은 다원적이고 각 인간에게 개인 특정적이다. 성격의 분야와 성격을 가르치는 많은 기관은 성격이 하나의 핵심 속성(예: 정직 혹은 진실성)이나 선택된 소수의 속성(예: 친절, 존경, 공정성, 책임감)으로 요약될 수 있다고 오랫동안 주장해 왔다. 성격에 관한 새로운 연구에서 이 구시대적 사고에 도전하는, 성격이라는 것이 훨씬 더 개인 특정적이며 다원적으로 볼 수 있다는 점이 관찰되었다(Linkins et al., 2015; Peterson, 2006a). 우리는 많은 성격의 특질로 구성되어 있고, 이러한 특질들의 표현은 동떨어진 특질이 아닌 강점의 조합이나 무리로 나타난다.

실무자를 위한 조언

이 책의 첫 페이지에 제시되어 있는 24개의 성격 강점을 보라. 당신의 '성격'에서 지우고 싶은 강점이 있는가? 각기 다른 상황마다 당신이 가치 있게 생각하지 않는 것이 있는가?

▌오해 8: 성격 강점을 이야기하는 것은 자랑하는 것이고 자기중심적인 것이다

한 워크숍의 참여자가 이를 다음과 같은 방식으로 설명하였다. "만약 내가 사람들에게 나의 강점에 대해 말한다면, 그들은 내가 자만심이 있고 자아도취적이라고 생각할 것이에요. 그들은 저를 다르게 볼 거예요. 물론 나쁜 쪽으로 다른 것이요. 그러고 나면 그들은 퇴근 후 자기들의 정기적인 친목 모임에 저를 끼워 주지 않을 거예요."

실제

성격 강점에 대해 말하는 것은 자기개방의 방법이고 관계에서 친밀감을 촉진한다. 좋은 것 및 그것을 이야기하는 것이 말하는 사람과 듣는 사람에게 이득이 된다는 것을 지지하는 몇 개의 연구가 있다(Gable et al., 2004; Lambert, Gwinn, Fincham, & Stillman, 2011; Reis et al., 2010). 또 많은 강점은 친절, 공정성, 협동심과 같이 본질적으로 타인 지향적인 것이 많고, 이러한 강점을 발전시키는 것은 이기적이지 않은 것이다. 강점을 말하는 것은 사람들이 자신을 더 온전하고 완전하게 볼 수 있도록 도와준다는 것을 기억하는 것이 중요하다. 자기중심적인 접근은 자신의 성격 강점 때문에 자신이 다른 사람들보다 낫다고 믿는 우월적 접근법을 취하는 것을 포함한다. 그러한 자아도취적 접근은 자신의 강점을 솔직하고 균형 잡힌 방법으로 공유하는 것과는 정반대된다.

자신의 강점을 타인에게 말할 수 없는 이유로 많은 사람이 이러한 오해를 말할 것이다. 즉, "우리 문화에서는 그렇게 하지 않아."라는 말처럼 강점에 대해 말할 수 없는 것을 종종 자신의 문화 탓으로 돌릴 것이다. 이러한 관점은 개방적인 마음으로 탐색되어야 한다. 또한 실무자는 내담자가 강점 작업의 의도에 대해 어느 정도의 오해가 있는지(예: 그들이 다른 사람보다 우위에 서라고 요청받았다고 생각하는지), 불편함을 회피하거나 혹은 '겸손 카드'를 사용하는지를 이해할 필요가 있다. 분명히 자신의 성격 강점을 말하는 것에는 새로운 무언가를 할 때의 어색함이 있을 것이고, 이 어색함은 불안이나 회피로 이어질 수 있다. 따라서 겸손이 불편을 피하는 방법이 될 수 있다.

실무자를 위한 조언

이것은 복잡한 오해이기 때문에, 이를 위해 다음에 네 가지 조언을 제시하였다.

첫째, 강점 말하기를 피하지 않는 대화를 연습하고 내담자가 피하지 않도록 교육하라. 문화적 이해를 없애거나 사회지능이 부족해지라는 말이 아니다. 그 대신, 다른 사람과 이야기하는 우리의 방식은 조금 더 균형 잡혀야 하고 사회지능을 더 사용할 필요가 있다는 점을 주장하는 것이다. 당신이 강점을 나누거나 다른 중요한 것을 이야기할 때 상황적인 요구가 중요하다. 당신이 말하는 것, 말하는 시기, 말하는 방식이 모두 중요하다. 당신의 접근방식이 당신의 강점을 다른 사람의 강점보다 우월하다고 직간접적으로 제시하는 것이라면, 혹은 많은 강점 때문에 당신이 다른 사람보다 더 나은 사람이라는 것이라면 그것은 분명히 자만하고 있는 것이다. 그러나 자신의 강점을 명명하고 나누는 것은 자만하는 것이 아니다.

둘째, 당신의 강점을 공유함으로써 긍정적인 웰빙 이득을 수확하고, 강점에 기반한 대화에 참여함으로써 다른 사람들에게 웰빙 이득을 주라. 우리가 단지 잘못된 것(예: "어제 애들 때문에 스트레스 받았어!") 혹은 중립적인 것(예: "오늘 저녁 날씨가 어떻게 된대?")만 나눈다면, 우리는 전체 그림을 발견하지 못할 것이다.

셋째, 다른 사람들이 당신이 누구인지를 알 기회를 박탈하지 말라. 우리가 강점, 좋은 특징 및 긍정적 경험을 나누지 않는 것은 남들이 우리에 대해 알아 갈 기회를 주지 않는 것이다. 그 대신, 다른 사람들은 우리의 한 면만 보는 것이다. 그들은 당신 성격의 전체가 아니라 단지 한 조각만 보는 것이다. 이것은 관계에 한계를 두도록 한다. 나에게는 겸손이 가장 높은 강점인 친구가 있다. 때로 그녀는 겸손을 과다 사용한다. 그 결과, 사람들은 그녀에 대해 알 기회를 얻지 못한다. 그녀는 성취나 긍정적 경험들을 잘 나누지 않기 때문에 그것에 대해 잘 모르는 편이다. 그래서 나는 다른 친구들에 대해서 아는 것만큼 그녀에 대해 잘 알지 못한다고 느낀다.

넷째, 겸손과 자기 강점이 다른 사람들에게 얼마나 이익이 되는지에 대한 교육을 제공하라. 겸손을 연구하는 연구자들이 찾은 진짜 겸손은 우리 자신을 비하하고 질책하고 가만히 있도록 하거나 스스로 남에게 복종하는 것이 아니라, 우리가 다른 사람을 우선시하고 다른 사람에게 관심을 둘 수 있는 자신감 있고 강한 자존감을 갖는 것이다. 겸손한 사람은 기분이 좋아지기 위해 다른 사람들의 칭찬에 의지하지 않는다. 수년간 나는 성격 강점과 깊은 겸손함의 관점에서 강점을 나누는 것의 중요성을 강조해 왔다. 때때로 내가 겸손의 중요성과 그것이 세계적으로 가장 흔치 않는 강점 중 하나라는 발견을 말했을 때 집단원들은 웃었다. Everette Worthington(2007)이 언급하듯이 겸손은 조용한 미덕이다. 거짓된 겸손을 만들어 내는 대신, 편안하게 자기공개를 하면서 강한 자기감을 표현하는 것과 다른 사람들이 그들의 최고 자질을 발휘할 수 있도록 그 사람들을 강조하는 진정한 겸손을 우선시하라.

회피, 회피하지 않음 그리고 문화

이 마지막 지점은 회피에 대한 더 깊은 논의로 이어진다. 회피는 인간의 많은 문제의 핵심이다. 정의에 따르면, 그것은 거의 항상 불안과 두려움에 기반한 장애에 기여하는 요인이다. 만약 당신이 연설하는 것, 엘리베이터, 식당에서 먹는 것, 누군가와 이야기하는 것 같은 어떤 것을 몹시 두려워한다면, 당신은 그 두려운 대상을 완전히 또는 가능한 한 피하려 할 것이다. 당신이 두려운 자극을 피할 때, 당신은 두려움에 직면하고 당신의 대처 기술을 활용하고 당신 자신에게 도전하거나 두려움을 극복할 기회를 얻지 못한다. 그 대신, 불안이나 두려움이 쌓인다. 이것이 바로 불안장애의 가장 강력한 근거 기반 치료(실제 노출 및 반응 방지법)에서 회피를 다루는 이유이다.

강점이나 자신의 강점을 아는 작업이 의미하는 바에 대해 실질적인 이해가 없기 때문에 많은 이가 성격 강점이라는 주제를 피하려고 시도하는 것은 당연하다. 새로운 것을 나누거나 다른 사람들이 어떻게 받아들일지 걱정하는 것으로 인해 생기는 불편함을 피하려는 시도는 더 쉽다.

강점을 이야기하는 것에 대한 이러한 반응은 문화적이라고 말할 수도 있다. 그렇다. 일부 문화에서는 전체적으로 자신을 공개할 가능성이 더 낮을 수 있다. 그리고 일차원적으로 긍정적인 방식으로 자신에 대해 말하는 사람들에게 집단적인 사고가 있는 것도 사실이다. 특정 나라의 사람들은 겸손이 자신의 강점을 이야기하는 것을 가로막는다고 말하는 경향이 있다고 이야기된다. 특히 아시아 국가의 사람들이 그렇다. 스칸디나비아 반도 국가에서는 얀테의 법칙(Law of Jante, 역자 주: 자신을 낮추고 남을 존중하는 내용의 법칙)이 문화적 현상이다. 호주에서는 부자나 성공한 사람들을 헐뜯는 증후군(tall poppy syndrome)이 기저에 깔린 현상이다. 물론 나도 세계 각지의 이런 반응을 접해 왔다. 그러나 동시에 내가 강점을 말했을 때, 모든 서부 도시의 사람들이 정확히 같은 말을 하는 것도 들었다. '겸손 카드'를 제시하는 것은 오로지 문화적인 것보다는 보편적인 직감적인 반응에 가까워 보인다.

얀테의 법칙 혹은 부자나 성공한 사람을 헐뜯는 것과 같은 현상에 익숙하지 않은 사람들에게 이러한 것은 남들보다 더 높아지려고 하는 사람들은 원망이나 공격을 받거나 혹은 다른 사람들의 수준으로 '낮아져야' 한다는 것으로 받아들여진다. 사실 이러한 생각은 많은 사람의 의식, 관습 그리고 행동들에 스며들 수 있다. 브라질의 저명한 작가 Paulo Coelho(2012)가 브라질, 프랑스, 스칸디나비아뿐 아니라 전 세계의 모든 나라에서 얀테의 법칙이 두드러진다고 믿는다고 말한 점으로 보아도 이에 동의하는 것처럼 보인다. 그리고 Coelho는 "당신은 당신이 생각하는 것보다 훨씬 더 가치가 있다. 당신이 그렇게 생각하지 않을지라도 이 지구상에서 당신의 일과 존재는 중요하다."라고 말하는 것으로 얀테의 법칙에 반하는 주장을 계속한다.

요약

- 〈표 4-1〉과 〈표 4-2〉는 이 장에서 알아본 흔한 오해들뿐 아니라 행동의 덫과 가능한 해결책에 대한 요약을 제시한다.

〈표 4-1〉 행동의 덫과 전략 제안

행동의 덫	전략 제안
그냥 나타나는 것	자원을 점화하여 대비하라.
낮은 순위의 강점, 결점, 약점을 교정하는 것	교육하라. 그리고 저항과 함께 가라.
이해하기 전에 바로 행동으로 건너뛰는 것	행동으로 옮기기 전에 앎과 탐색을 단단히 하라.
'무엇이 잘못되었나?'로 시작하는 것	'무엇이 잘되었는가?'로 시작하라.
상위 강점에 갇히는 것	상위 강점을 우선시하되, 모든 강점에 주의를 두라.
과다사용을 지나치게 중시하는 것	과다사용을 검토하기 전에 이해하고 확장하고 인정하라.
지시적이거나 권위주의적인 접근법을 취하는 것	권위 있는 정원사가 되는 연습을 하라.

〈표 4-2〉 흔한 오해들과 실제에 기반한 틀

흔한 오해	실제에 기반한 틀
강점에 집중하는 것은 지나치게 낙관적인 것이다.	성격 강점은 최고의 것을 두드러지게 하며 우리가 문제에 직면하고 관리하고 극복하도록 돕는다.
강점 작업은 쉽다.	다양성, 다차원성, 맥락에 기반한 적용을 탐구하여 성격 강점의 깊이를 이해하고, 그것을 정신병리, 트라우마 및 장애와 함께 사용하라.
모든 강점은 평등하게 만들어진다.	우리는 서로 중첩되면서도 고유한 이득이 있는 많은 종류의 강점과 성격 강점의 하위 강점들을 지니고 있다.
성격 강점은 고정된 것이다.	성격 강점은 역동적이고 다차원적이며 개발되는 능력이다.
자신의 강점을 아는 것으로 충분하다.	강점의 자기자각은 중심축이 되지만, 강점의 사용은 더 많은 중요한 이득을 가져온다.
많은 사람이 이미 자신의 성격 강점을 잘 알고 있다.	잠재적으로 개선될 동안, 강점맹(특히 성격 강점)은 만연해 있고, 맥락에 기반해 있다.
'성격'은 소수의 특질을 가리킨다.	성격은 다양하며 개인 특정적이다.
성격 강점을 이야기하는 것은 자랑하는 것이고 자기중심적인 것이다.	성격 강점을 말하는 것은 자기개방의 방법이고 관계에서 친밀감을 촉진한다.

05
성격 강점을 적용할 때 고려할 문제

Values In Action

Inventory of

Strengths

WISDOM

COURAGE

HUMANITY

JUSTICE

TRANSCENDENCE

TEMPERANCE

들어가며

알베르트 아인슈타인은 "배우면 배울수록 내가 모른다는 사실을 더 깨닫게 된다."라는 유명한 말을 했다. 이 장의 각 주제들은 각각이 하나의 책을 채울 수 있을 정도인데, 이는 성격 강점에 대해 우리가 알고 있는 것보다 모르는 것이 훨씬 더 많다는 것을 지적한다. 사람들이 자신과 타인의 강점을 알게 되면, 복잡성이 생기고 새로운 질문들이 떠오르며 통합의 기회가 펼쳐진다. 실무자들은 다양한 집단을 대상으로 성격 강점을 적용하고 관계와 문제를 다루기 위해 강점을 사용하는 것에 관한 질문을 시작한다. 이는 과다사용, 과소사용, 핫버튼, 시너지, 충돌, 도덕성 및 마음챙김이나 음미하기, 또는 몰입과의 통합과 같은 분야에서 강점의 적용을 이해할 때 나타나는 중요한 개념으로 이어진다. 이 장에서는 실무자가 내담자, 학생 및 직장인을 도울 때 관련되는 심화된 문제와 역동으로서 이와 같은 것들을 검토한다.

과다사용, 과소사용 그리고 중용

맥락이 중요하다. 이는 흔한 말이다. 성격 강점의 적용은 우리가 처해 있는 각 상황과 우리의 성격 강점 표현에 기여할 수 있는지에 따라 맥락화된다. 강점은 주어진 상황에서 너무 강하게 나타나거나(강점의 과다사용) 또는 특정 상황에서 너무 가볍게 또는 전혀 나타나지 않아서(강점의 과소사용) 어떤 면에서 자신과 타인에게 부정적인 영향을 미친다. 24개의 VIA 성격 강점 모두가 과다사용되거나 과소사용될 수 있는데(Grant & Schwarts, 2011; Niemiec, 2014b), 이는 또한 다른 강점 범주에서도 수년간 발견되어 왔다(Biswas-Diener et al., 2011; Kaiser & Overfield, 2011; Linley, 2008). 호기심의 과다사용은 그 사람을 도시의 위험한 지역으로 이끌 수 있는 반면, 공정성의 과소사용은 대인관계에 문제를 야기할 수 있다. 또한 희망의 과소사용은 충족되지 않는 느낌을 줄 수 있다. 이러한 것은 덕목과 성격 강점을 표현할 때 균형을 찾는 것이 중요함을 지적한다. 연구자들은 덕목과 성격 강점이 유혹이나 악습을 교정하는 역할을 할 수 있다는 면(예: 자기조절은 충동성에 대해 반대로 작용해 균형을 잡아 줄 수 있고, 열정은 나태함을 겸손은 오만함을 교정하고 균형 잡게 할 수 있다)에서 덕목과 성격 강점이 어떻게 교정되고 표현될 수 있는지 논의해 왔다(Goleman, 1997; Yearley, 1990). 동시에 덕목과 성격 강점들은 개인에게 가장 좋은 것의 표현이다.

　강점 사용에서 균형을 찾는 것이 중요하다는 것은 분명하며, 이론적으로도 연구자들에 의해 강조되어 왔다(예: Biswas-Diener et al., 2011; Fowers, 2008; Grant & Schwartz, 2011; Schwartz & Sharpe, 2006). 게다가 균형적인 성격 강점의 경험적인 이득이 발견되어 왔다. 예를 들어, 연구자들은 강점 균형을 갖는 것을 '강점에서의 팔방미인(jack of all strengths)'으로 표현했으며, 이것은 더 높은 웰빙의 고유한 예언변인이었다(Young, Kashdan, & Macatee, 2014). 성격 강점 균형의 중요성을 밝힌 또 다른 연구에서 Allan(2014)은 한 쌍의 강점(예: 정직/친절, 사랑/사회지능, 희망/감사)에서 두 강점이 모두 높을 때 이 한 쌍이 삶의 의미를 예측하는 것을 발견하였다. 반면, 용감함/공정성 쌍은 그 반대였는데, 두 강점의 차이가 크고 오직 용감함만이 높을 때는 반대로 나타났다.

　대부분의 강점 연구자는 Aristotle(BC4/2000)이 덕의 표현에 관한 균형 개념을 처음으로 명확히 이야기한 철학자라고 여긴다. Aristotle은 모든 미덕이 과잉과 부족의 균형이라고 믿었던 실용적인 철학자였다. 여기서 '중용(the golden mean)'은 이 악덕들 사이에 있는 바람직한 중간으로, 예를 들어 용기라는 덕은 경솔함(과잉)과 겁(부족)의 평균이다. 중용은 부처의 '중도(the middle way)', 공자의 '중용(the doctrine of the mean)', '골디락스 원리(the goldilocks principle, 유명한 동화인『골디락스와 세 마리 곰』에서 나온 것으로 딱 맞는 것을 의미함)'와 유사하다. 이것을 성격 강점에 확장하면, '성격 강점의 중용(the golden mean of character strengths)'이란 딱 맞는 맥락에서 딱 맞는 정도로 딱 맞는 성격 강점의 조합을 사용하는 것을 의미한다(Niemiec, 2014a). 〈글상자 5-1〉에 성격 강점의 과다사용을 이해하기 위한 열 가지 핵심 원리를 제시하였다. 중용을 이해할 때 흔히 사용되는 비유가 심포니 오케스트라인데, 내담자에게 다음과 같이 제시할 수 있다.

　　당신은 다양한 강렬한 악기(즉, 성격 강점)의 연주를 지휘하는 마에스트로입니다.

당신은 연주 중 딱 맞는 때에 하나 이상의 악기들을 이끌어 냅니다. 지휘 중 바이올린 같은 일부 악기를 주기적으로 이끌어 낼 수 있고(즉, 대표 강점), 또 다른 것들은 반주 기적으로 딱 적당한 때 불러낼 것이며(즉, 중간 강점), 또 드럼 같은 다른 것들은 드물 게 불러내지만 전체 악보에서 반드시 필요한 것입니다(즉, 낮은 강점). 기억하세요. 이 것은 당신의 교향곡입니다. 당신의 지휘에 따라 표현은 고유하고, 각 악기에서 나오는

📋 **글상자 5-1** **성격 강점 과다사용의 열 가지 원칙(Niemiec, 2014b)**

1. 모든 24개 성격 강점은 과다사용되거나 과소사용될 수 있다.
2. 24개 성격 강점 각각은 주어진 상황에 따른 표현의 측면에서 볼 때 연속선으로 볼 수 있다. 즉, 가운데는 상황에 딱 맞는 정도의 의미에서 균형 잡힌 최적의 사 용이 된다.
3. 성격 강점이 과다사용되거나 과소사용되면, 그것은 더 이상 강점이 아니다. 예를 들어, 특정 상황에서 호기심이 과다사용되는 것은 더 이상 호기심이 아니고 캐묻 는 것 같은 또 다른 무언가가 된다.
4. 과다사용과 과소사용은 개인의 표현과 맥락의 적절성에 따라 다르다.
5. 사람들은 자신의 가장 높은 강점을 과다사용하고 가장 낮은 강점을 과소사용할 가능성이 크다. 그럼에도 그것은 처방을 위한 것이 아니라 자기이해의 시작점으 로 간주해야 한다.
6. 과다사용과 과소사용은 자신과 타인에게 부정적인 영향을 미칠 때 문제가 된다.
7. 과다사용과 과소사용은 다른 성격 강점을 불러오거나, 강점을 사용하는 새로운 방식을 질문하는 재작업을 통해 관리될 수 있다.
8. 과다사용과 과소사용은 문제를 재구성하는 추가적인 언어를 제공하여 내담자가 다른 관점에서 자신을 볼 수 있도록 한다.
9. 과다사용과 과소사용은 잘못된 것을 강조하기 때문에 결함 기반 접근의 요소를 반영한다. 그렇지만 그것들은 또한 한 사람이 지닌 핵심적인 긍정적 특질도 검토 하고 있기 때문에 중요한 강점 기반 요소도 가지고 있다.
10. 과다사용과 과소사용은 내담자를 위한 탐색과 개입의 새로운 방안을 촉진할 수 있다.

전체 음악은 매 순간 당신에 의해 결정될 것입니다. 악기들의 조합은 아름답고 영감을 주는 음악을 만듭니다(즉, 이는 당신이 누군지 그리고 당신의 성격에 대한 표현입니다).

Chris Peterson(2006b)은 성격 강점의 틀이 심리장애의 지도를 그리는 데 도움이 되며, DSM의 결함 기반 범주형 모델을 향상(또는 패러다임 전환)시키는 역할을 한다고 제안하였다. Peterson은 각 성격 강점이 과장(exaggeration), 부재(absence), 반대(opposite)에 배치될 수 있다고 주장했다. 예를 들면, 공정성은 편파(부재), 선입견(반대), 고고한 거리 둠(과장)으로 볼 수 있다. 희망은 현재 지향(부재), 비관주의/절망(반대), 지나친 낙관성(과장)으로 분류할 수 있을 것이다. 2009년과 2010년에 Peterson의 지원으로 나는 대규모의 성격 강점 훈련에 참가한 다양한 문화권의 많은 실무자에게 이 틀의 언어를 제공하였다. 대체적으로는 임상 실제적 측면에서 혼란스럽고 다루기 불편하다는 반응이었다. 실무자들은 이를 내면화해서, 자신의 학생, 내담자 및 고용인에게 적용하는 것이 어렵다고 보고하였다. 따라서 나는 성격 강점의 선도적인 연구자, 실무자 및 VIA 연구소의 도움으로 Peterson의 본래 아이디어를 담고자 노력하면서 성격 강점 각각을 과다사용, 최적사용, 과소사용의 개념을 반영한 연속성 모델로 단순화하였다(Niemiec, 2014a). 24개 강점에 대한 과다사용, 과소사용 및 최적사용의 언어는 〈표 5-1〉에서 볼 수 있다. 이는 개념적으로 깔끔하고, 실제적인 접근으로 현장의 다른 연구자들에 의해 잘 수용되고 활용되었다(예: Rashid, 2015). 초기 연구를 통해 이것이 개념적으로 지지될 뿐 아니라 심리장애, 특히 사회불안장애를 예측하는 데 유용하고 정확한 것으로 나타났다(Freidlin et al., 2017).

〈표 5-1〉에 있는 언어 틀은 연구자들이 검증한 것이다(Freidlin et al., 2017). 이 연구자들은 성격 강점이 실제 과다사용되거나 과소사용될 수 있고, 아마도 심지어는 정신건강에 해로울 수 있다는 점을 발견하였다. 성격 강점의 과다사용과 과소사용은 더 낮은 삶의 만족도, 더 높은 우울과 관련되는 반면, 최적사용은 유의하게 더 높은 번영과 삶의 만족도, 더 낮은 우울감과 관련된다. 흥미로운 점은 이 세 가지 변인에 걸쳐 나타나는 더 중요한 문제(즉, 더 높은 상관관계)는 성격 강점의 과다사용이 아닌 과소사용이었다. 이 연구에서는 또한 정신병리, 특히 사회공포증에 대해 살펴보았는데, 6개의 과다사용/과소사용 현상의 특정한 조합이 사회불안장애가 있는

〈표 5-1〉 성격 강점의 과다사용, 과소사용, 최적사용의 언어

성격 강점	과다사용	과소사용	최적사용
창의성	기이함	순응	적응적인 독창성
호기심	캐물음	무관심	탐구/새로움 추구
판단력	편협함, 냉소	무분별함	비판적 사고와 합리성
학구열	아는 척	현실 안주	(지식의) 체계적 개발
통찰력	고압적 태도	얕은 생각	넓은 시야
용감함	무모함	비겁함	두려움에 직면하고, 역경에 맞섬
인내	강박	무른 것	모든 장애를 극복하면서 계속 나아감
정직	당위	허위	진솔함
열정	과잉활동	한곳에 머무름	삶에 열의를 가짐
사랑	정서적 문란	정서적 고립	진솔함, 상호 온정
친절	관계의 선을 침범함	무관심	다른 사람을 위해 행함
사회지능	지나친 분석	둔감함 또는 모름	잘 조율하고 요령 있음
협동심	의존	이기심	협력적이고, 집단적 노력에 참여함
공정성	고고함, 거리 둠	편파	모두에게 평등한 기회
리더십	폭정	순응	타인에게 긍정적인 영향을 미침
용서	허용적임	무자비함	잘못되었을 때 상처를 그냥 흘려보냄
겸손	자기비하	근거 없는 자존감	성취가 가치를 높이는 것은 아님
신중성	고루함	자극 추구	현명한 조심성
자기조절	억제	방종	나쁜 습관에 대한 자기관리
감상력	속물근성, 완벽주의	인식하지 않음	사물의 이면을 봄
감사	아첨	극렬한 개인주의	고마워함
희망	지나친 낙관성	부정성	긍정적 기대
유머	경솔함	지나치게 진지함	타인에게 즐거움과 웃음을 제공함
영성	광신적임	무질서	신성함과의 연결

출처: Niemiec(2014a). 허가하에 게재.

사람과 없는 사람들의 87.3%를 정확히 구분해 냈다. 이 조합은 사회지능, 겸손의 과다사용과 사회지능, 자기조절, 열정, 유머의 과소사용이었다.

실제적 측면에서 성격 강점의 과다사용은 종종 더 큰 그림을 잃어버리게 한다. 마치 언제 그만두어야 하는지 모르는, 인내 강점이 높은 사람들이 열심히 노력했지만 어떤 특정 프로젝트가 결실을 맺지 못할 것이라는 점을 받아들이기 위해 작업의 방식에만 사로잡히게 되는 것처럼 말이다. 성격 강점의 과소사용은 종종 삶의 흔들림을 거치면서 자동조종 상태가 되거나 알아차리지 못한 채 길을 잃도록 하는 역할을 한다. 예를 들어, 울고 있거나 어려움에 처한 친구를 망각한 사람은 잠재적으로 사회지능이나 친절을 과소사용하고 있는 것이다. 과소사용은 자신이 판단당하거나 수용되지 않을 것이 두려워서 자신이 누구인지 표현하지 않는 사람의 용기 상실을 반영할 수 있다. 성격 강점을 과다사용하거나 과소사용하는 방법은 많지만, 〈표 5-2〉에서 그 구성을 더 구체화하기 위한 몇 가지 유형 목록과 예시를 제시하였다. 과소사용은 2장에서 논의된 강점맹과 구분될 수 있는데, 강점맹은 개념적인 것이고, 과소사용은 행동 혹은 행동하지 않음에서의 강점 실용성에 대해 다루는 것이다. 즉, 강점맹에 대한 검토와 이해는 강점의 과소사용 예시에 추가될 수 있다. 덕 학자인 Nacy Snow(2016)는 마하트마 간디의 선행을 연구하면서 '분투' 혹은 지나치게 열심히 하는 것의 유형을 구분했는데, 나는 이것을 〈표 5-2〉에 과다사용의 용어로 번역하였다.

한 학교심리학자가 주의력결핍장애가 있으며 자기조절력이 높은 중앙아메리카에서 온 재능 있는 소년과 함께 작업하고 있었다. 그녀는 소년이 자기조절 강점을 과다사용하고 학업에 대해 지나치게 엄격하고, 통제적이며, 완벽하고자 해서 압도되는 것을 걱정하였다. 그녀는 과잉사용 작업 전에 대표 강점의 발견, 탐색 및 사용을 우선시하는 접근을 실시하기로 결정했다(4장 참조). 이것은 그 소년에게 많은 자원과 자기 자신이 될 수 있는 더 큰 자유를 제공했고, 그녀는 실무자로서 이것이 진솔한 접근으로 느껴졌다. 그녀는 소년과 함께 다음의 단계들을 성공적으로 진행하였다.

① 소년의 성격 강점으로서 자기조절을 충분히 탐색한다. 이것이 충동성 및 정서 관리와 어떤 관련성이 있는지, 수년간 그 강점을 어떻게 성공적으로 사용해 왔는지, 그리고 자기조절을 할 때 그의 마음에 어떤 것(즉, 생각)이 지나가는지 이

〈표 5-2〉 과다사용과 과소사용의 예시

불균형의 종류	이름	설명	성격 강점 예시
과다사용	강제	누군가 준비되기 전에 행동할 것을 압박함	Gabriel은 Negan을 강제로 용서했는데, 그것은 인위적이고 솔직하지 않은 느낌을 준다.
	충동성	어떻게 행동할지 먼저 생각하지 않거나 감정의 준비됨을 살펴보지 않고 갑자기 움직임	Tara는 자신이 이미 초과해서 일하고 있는 상태에 있음을 깨닫기 전에 새로운 프로젝트를 하는 것에 열정을 갖고 충동적으로 동의했다.
	너무 많은 생각	결정이나 계획을 지나치게 많이 생각하고 또 생각함	Enid는 작은 생일파티 하나를 계획하는 것에도 비정상적으로 그녀의 삶을 장악할 정도로 너무 많이 생각한다.
	가차 없는 기준	너무 높은 기준을 고수함, 불균형한 기준을 지향하는 완벽주의적 분투	창의적 프로젝트를 하는 Sasha는 프로젝트가 결코 충분하지 않다고 느낀다. 그녀는 '항상 더 많이'라고 말한다.
과소사용	간과	특정한 맥락이나 맥락 속의 주기적인 상황에서 성격 강점을 사용하는 것에 대해 생각하지 않음	Glenn은 자신의 대표 강점인 친절과 감사가 그의 일상의 관계뿐 아니라 직장에서도 관련이 있다는 생각은 전혀 하지 않았다.
	손실 혹은 붕괴	강점이 시간이 지날수록 점점 없어짐, 분명히 강점을 사용한 적이 있지만 더이상 강점과 접촉하지 않음	Michonne은 숨막히는 고강도의 직장에 있으면서 유머 감각을 '잃었다'.
	생략	맥락과 상황에 따른 강점은 강하지만, 특정한 경우 실수로 생략함	Eugene의 대표 강점인 신중성은 스포츠 경기를 응원하는 동안에는 열정과 인내에 의해 압도되었다.
	저평가	강점이 제대로 평가되지 않거나, 강점으로 여기지 않아서 만성적으로 덜 중요하게 보이게 함	Dwight는 겸손을 강점으로 보지 않았다. 그래서 겸손하게 보이거나 겸허하려고 노력하지 않았다. 그대신 직장과 집에서 자기애에 사로잡혀 있다.
	더 적은 강점	그 강점이 결코 강력하거나 초점이 된 적이 없음	Rosita는 창의성이 낮아서 그 강점을 향상시키려는 노력을 하지 않는다. 그래서 그녀는 팀의 브레인스토밍회의에 의견을 적게 낸다.

해한다.

② 그의 어머니, 아버지, 선생님으로부터 추가적인 피드백을 받는다. 그의 분투 뿐 아니라 긍정적인 행동(특히 자기조절과 관련된 행동)에 대해서도 알아본다.

③ 내담자와 자기조절의 균형을 점검한다. 회기 중에 협력적으로 자기조절의 과 다사용, 과소사용 및 균형 잡힌 사용의 행동/생각/기분의 지도를 그린다. 특히 학교 숙제를 마치는 맥락과 상황에 대하여 그려 본다.

💬 **강점 기반 개입 실무자를 위한 Tip**

과소사용

• 핵심 통찰: 강점의 과소사용을 관리하기 위해. 내담자들이(그리고 실무자들도!) 자신의 강점 개 발을 위한 성장 마음가짐을 갖도록 북돋우라. 그들은 모든 것을 다 아는 달인이 아니라 늘 배우 고 있는 학생이다.

• 과소사용 탐색: 강점 중 하나를 과소사용하는 상황을 묘사하라. 이 강점을 더 염두에 두려면 무 엇을 해야 하는가? 어떤 상황에서 이 강점을 더 많이 사용할 수 있는가?

• 조언: 한 주의 강점 사용일지나 기록지를 쓰라. 과소사용하고 잘 인식하지 않는 강점을 더 많이 염두에 두게 될 것이다.

과다사용

• 핵심 통찰: 강점의 과다사용을 관리하기 위해 내담자들(그리고 실무자들)의 강점. 특히 대표 강 점이 어떤 인상을 주는지 주변의 신뢰하는 사람들에게 피드백을 받도록 권유하라.

• 과다사용 탐색: 강점 중 하나를 과다사용하는 상황을 묘사하라. 과다사용을 완화시키거나 당신 이 더 좋은 균형을 맞출 수 있는 또 다른 강점을 쌓기 위해서 어떻게 할 수 있는가?

• 조언: 오늘 당신이 겪은 문제를 고려해 보라. 강점의 과다사용 관점에서 이를 검토하라. 그 문제 에 조금이라도 기여한, 지나치게 강하게 사용한 강점은 무엇인가?

시너지와 충돌: 사분면 모델

성격 강점은 역동적이고 관계적이다. 이러한 관점에서 보면, 2개 이상의 성격 강 점이 모일 수 있고, 새로운 전체가 그 합보다 더 큰 시너지를 낼 수 있다. 또는 2개

성격 강점	시너지(1+1=3)	충돌(1+1=0)
개인 내	Rick의 학구열과 자기조절은 함께 모여서 그가 집중하고 좋은 논문을 쓰는 것을 돕는다.	산책을 즐기면서 하는 Carl의 감상력은 그를 지금 순간에서 끌어내어 머릿속으로 너무 많이 들어가게 하는 그의 판단력과 충돌한다.
대인 간	Daryl의 호기심과 Maggie의 정직함이 연결되어 훌륭한 치료 회기를 만들어 낸다.	아침 회의에서 이야기를 전하고자 하는 Carol의 열정은 Morgan의 신중성(그에게는 구체적이고 꽉 차게 기획된 의제가 있다)과 충돌한다.

[그림 5-1] 성격 강점의 시너지와 충돌의 사분면 모델

이상의 성격 강점이 충돌할 수 있고, 강점의 합보다 훨씬 작은 전체가 될 수 있다. 이것들이 바로 성격 강점의 시너지와 충돌이다. 이는 한 사람 내에서 혹은 사람들 사이에서 일어날 수 있다. 따라서 사분면 모델은 이러한 역학을 이해하는 데 도움이 된다. 4개의 사분면은 다음과 같고, [그림 5-1]에는 예시로 제시하였다.

- 개인 내 시너지
- 대인 간 시너지
- 개인 내 충돌
- 대인 간 충돌

▌개인 내 시너지 검토

무수히 많은 상황 중 당신 안에서 일어나는 강력한 성격 강점의 소용돌이에 대한 지식을 심화시키기 위해서 당신이 일에 몰입하고 생산적이었을 때, 가장 친밀한 관계에 긍정적인 기여를 했을 때, 당신의 공동체에 도움을 주었을 때와 같은 당신이 최고였던 세 가지 상황과 영역의 예를 지도에 그리면서 시작하라. 당신은 소중하면서도 축하할 만한 세 가지 개인 내 시너지를 발견할 것이다. 나의 최고 시기 중 하나

는 집단의 워크숍을 이끌 때이다. 나의 희망—모든 참여자에게 긍정적인 기대를 하는 것—은 곧 이야기할 주제에 대한 나의 사랑(그리고 호기심)과 합쳐진다. 이것은 참가자들에게 나를 표현하면서 열정과 에너지로 나를 가득 채우는 강한 개인 내 시너지를 촉진시킨다.

▮대인 간 시너지 검토

동료, 배우자, 또는 친구와 발생했거나 혹은 발생하고 있는 시너지를 인식하고 명명하는 것으로써 토론을 시작하라. 시너지에 작용하고 있는 강점과 각 강점들이 서로를 어떻게 증진시켰는지 설명하라. 함께 이 역동을 축하하고 인정하라. 대부분의 커플처럼 나와 내 아내는 일상생활에서 사소한 것을 금세 시시콜콜 따지게 될 수 있다. 따라서 부부로서 우리의 긍정적인 것, 특히 우리의 (대인 간) 시너지를 기억하고 이야기하고 축하하는 것은 통찰력과 도움을 준다. 하나의 예시는 현재 우리의 삶을 주의 깊게 살펴볼 때이다. 나는 나의 높은 강점인 통찰력을 큰 그림을 보는 데 사용하고, 나의 아내는 그녀의 높은 강점인 판단력을 세부 사항을 검토하는 데 사용한다. 그리고 우리는 일하느라 바쁜 것, 직업, 그리고 요구와 관심 및 활동을 필요로 하는 우리의 아주 어린 세 아이를 기르고 양육하는 것에 관해서 대화를 나눈다. 나의 통찰력은 특히 도전적인 시기에 이러한 정신없는 그림을 담고 있는 반면, 아내의 판단력은 미묘한 세부 사항들과 이 현실을 인식하는 색다른 방식에 사용된다.

▮개인 내 충돌 실험

충돌은 한 강점의 사용이 다른 강점에 대해 한계, 감소, 또는 부정적인 영향을 줄 수 있을 때 발생하기 때문에, 개인 내 충돌이 나타날 때 그것을 알아차릴 만한 선택의 순간이 있다. 어떤 성격 강점을 더 강하게 사용해야 할까? 대답이 늘 확실한 것은 아니다. 상황의 요구뿐만 아니라 자신의 성격과 관련된 요인을 포함하여 개인이 따져 봐야 하는 많은 요인이 연관될 것이다.

개인 내 충돌에 작용하는 개인 및 맥락적 요소를 더 잘 이해하는 방법으로, 충돌을 묘사하는 다음의 열 가지 시나리오를 고려하라. 다음의 시나리오들을 최적으로 다루기 위해서 어떻게 할 수 있을까?

신중성과 용감함

신중함의 표현 또는 용기의 표현은 고전적인 충돌이다. 어떤 상황에서 과소사용 되는 신중함은 용감함이고, 어떤 상황에서 과다사용되는 용기는 신중함의 부족이 다. 예를 들어, 열정적으로 새로운 사업을 시작하려고 하지만, 힘든 경제적 상황을 염려하는 사업가를 생각해 보라. 그들은 사업 계획과 함께 재빨리 행동해야 하는 새 롭고 약간은 위험한 기회에 대해서 듣는다. 그 사업가는 높은 신중성을 표현하며 경 제 상황이 좋아질 때까지 기다리고자 결정하겠는가? 아니면 열악한 경제적 상황에 도 불구하고 사업 아이디어에 대해 열정적이므로 새로운 투자를 하고 위험을 감수 하며 용기를 내겠다고 결정할 것인가?

자기조절과 용감함

당신이 꿈꾸는 사업이 급상승하도록 도울 가능성이 있는 기업가를 만날 유일한 기회가 있다. 당신의 사업은 많은 사람에게 도움이 될 것이다. 그 기업가는 매우 직 접적으로 종교적이고 정치적인 이야기를 하는데, 그것이 당신을 불쾌하게 할 뿐만 아니라 (아직은 존재하지 않지만) 당신의 특별한 도움이 필요한 아이를 공격하는 것 처럼 보인다. 일단 기업가의 도움을 받으면 그들과 또다시 함께 일하지 않아도 된다 는 것을 알고 있다.

이런 공격적인 행동에 도전하기 위해 (당신의 의견이 무시될 수밖에 없다는 것을 알 면서도) 용감함을 사용하여 주장하는가? 아니면 당신의 '뜨거운' 감정에 의해 무언가 를 말하려는 충동을 조절하는 자기조절을 사용하고 입을 다무는가? 정직 강점, 특 히 진실성의 차원이 여기에서 역할을 할 수 있다.

친절과 공정성

이러한 강점들은 충돌하는 것보다 함께 작용하는 것이 아마도 더 일반적이라는 것을 주목하라. 그러나 다음과 같은 충돌의 좋은 예가 있다. 당신은 긴 줄을 서서 기 다리고 있고, 약간 떨어진 곳에서 누군가가 당신 앞으로 끼어드는 것을 본다. 당신 은 친절을 사용하는가? 즉, 그 사람이 어떤 곤경에 처해 있거나 고통받고 있다고 가정하고, 단지 이타적으로 그것을 허용하는가? 아니면 당신은 공정성을 표현하는가? 즉, 많은 사람이 오랫동안 기다리고 있다고 설명하는가? 만약 당신의 딸이 제시간에 도착해야 하는 이벤트에 이미 늦었다면 상황은 더욱 복잡해진다. 그렇다면 이것이 친절 혹은 공정성 수준에 영향을 미치는가? 또는 만약 새치기를 한 사람이 휠체어에 타고 있다면, 당신은 공정성보다 친절을 우선시할 것인가?

정직과 친절

또 다른 전형적인 예는 아내가 남편을 향해 "이 옷 입으면 뚱뚱해 보여?"라고 묻는 상황이다. 이때 아내가 약간 뚱뚱해 보인다고 인식했을 때를 이야기해 보자. 남편은 완전히 정직하게 "응."이라고 대답해야 할까? 혹은 친절하면서 부정직하게 "아니."라고 말해야 할까? 사회지능으로 뒷받침되는 중간지대가 있을 수도 있다. 그렇지만 이 타협이 한 가지 강점의 진실성을 해치는가, 아니면 다른 강점의 진실성을 해치는가? 이 충돌을 관리하는 데 도움이 될 수 있는 다른 성격 강점은 무엇인가?

자기조절과 열정

나의 충동과 감정을 통제하는가, 아니면 열정적으로 그것들을 그대로 표출하는가? 장례식에 가서 10년 동안 보지 못한 옛 친구를 만난다. 당신은 그 친구와 연락하기를 바랐지만, 연락처를 잃어버렸다. 당신은 그 친구와 함께하는 시간이 곧 끝날 수 있다는 것을 알았다. 당신은 처한 상황 때문에 당신의 흥분과 기쁨을 조절하는 데 많은 노력을 기울이는가? 아니면 그 친구가 얼마나 그리웠는지 설명하는 데 열정과 에너지를 표출하는가?

리더십과 협동심

당신은 8명의 사람과 함께 팀 프로젝트를 하고 있다. 당신은 특정 작업을 할당받고 열심히 하고 있지만, 여전히 해야 할 일이 훨씬 많다. 또 다른 팀원은 '프로젝트를 시작하기'라는 임무를 맡게 되는데, 그들이 일하는 동안 당신은 그들이 하는 일에 만족하지 못한다. 당신은 리더십 강점을 발휘하여 도움을 제안할 수 있다(그래서 당신은 리더십을 발휘하여 그들이 프로젝트를 조직하고, 그룹을 관리하며, 프로젝트를 성공시키는 것을 돕는다). 혹은 당신은 팀을 위해 하고 있는 일에 집중할 수 있을 것이다. 이것이 바로 당신이 집중하기로 동의한 것이고 당신은 여전히 해야 할 일이 더 많기 때문이다.

통찰력과 인내

당신은 많은 난관과 장애물이 있는 장기 프로젝트를 진행하고 있다. 그것은 영원히 지속될 것 같이 보이고, 함께 일했던 몇몇 사람은 현실적으로 성공하리라 생각하지 않기 때문에 프로젝트를 중단하고 나간다. 데이터로는 아직 실현 가능해 보이지만, 원래 목표의 성공 가능성이 감소하고 있다는 것을 보여 주기 시작한다. 하지만 당신은 그것이 가능하다고 계속 믿고 있다. 당신은 통찰력 강점을 더 선호하여 "더 이상은 안 돼."라고 뒤로 물러서서 더 큰 그림을 보고 프로젝트를 중단하는가? 아니면 당신의 결단력과 투철함에 충실하여 불리한 상황이지만 계속 나아가는가(인내)?

용감함과 겸손

당신은 집단에서 대담하게 소신을 말하는 것을 선호하지 않는다. 동시에 당신은 특히 적절한 상황에서 타인에게 민감하면서 솔직해지는 것의 가치를 깨닫는다. 당신은 특정 질병을 위한 모금 행사에 참석하고 있다. 당신은 곧 질병 예방을 위해 당신의 개인적인 경험을 제공함으로써 단체가 이익을 얻을 수 있다는 것을 알게 된다. 한편, 당신은 지식과 경험을 제공할 수 있는 다른 사람들을 본다. 당신은 그 사람들과 함께 집단 앞에서 경험을 공유하는가(용감함)? 아니면 당신은 겸손을 사용하여 이미 집단에서 경험을 공유하고 있는 다른 사람들에게 계속 관심이 집중되도록 하는가?

영성과 사회지능

당신은 최근 특별한 영감을 주는 의미 있는 영적인 경험을 했다. 당신은 그 경험과 그로 인한 이득에 대해 매우 긍정적으로 느껴서 만나는 모든 사람과 그것을 공유하고 싶어 한다. 사회지능 강점의 렌즈를 통해 당신은 모든 상황이 이야기하기에는 적절하지는 않으리라는 것을 깨닫는다. 다음 중 누구와 경험을 공유하는가?

- 강한 무신론자이고 영적인 것에 대해 말하기를 좋아하지 않는 당신의 친한 친구

- 고통 속에서 새로운 대처 기술을 위한 아이디어가 필요한 당신의 동료
- 종교인처럼 보이는 월마트 직원
- 당신이 고용한 직원

창의성과 겸손

당신은 많은 아이디어를 가지고 있고 그것을 공유하는 것을 좋아한다. 또한 당신은 당신의 아이디어를 이야기하면 다른 사람들이 말할 기회를 뺏는다는 것도 알고 있다. 이러한 가능성을 고려할 때, 어떤 상황에서 창의성을 사용하여 당신의 아이디어를 '펼쳐 놓을' 것인가? 혹은 어떤 상황에서 더 많은 겸손을 발휘하여 다른 사람들이 더 많이 공유할 수 있도록 아이디어의 표현을 제한하는가?

▌대인 간 충돌 실험

다음의 다섯 가지 대인 간 충돌을 생각해 보라. 이는 충돌의 실제 모습을 보여 주기 위해 제공된다. 각각의 충돌이 전개될 때, 각자 다른 사람으로부터 다른 '에너지'가 오고 있다는 것이 명백해진다. 이러한 에너지는 서로 다른 강점의 표현이지만, 충돌 시에 '강점' 요소가 손실된다. 각 시나리오 혹은 충돌을 그림으로 그려 보라. 그리고 각각의 시나리오를 어떻게 강점에 기반한 접근방식으로 해결할 수 있을지 생각해 보라. 만약 당신이 시나리오의 사람들 중 한 명이라면, 혹은 당신이 시나리오의 사람들을 중재하거나 코치하는 사람이라면 어떻게 다르게 느끼거나 다르게 행동할 것인가?

창의성과 판단력

이 충돌에서 박스 안에서 벗어난 사상가는 성찰하고 인식하는 사람과 부딪친다. 전자는 더 많은 아이디어를 공유하려고 하는 반면, 후자는 이성적인 아이디어와 합리성을 찾는다. 판단력이 높은 사람은 각각의 아이디어에 도전한다. 이것은 창의성이 높은 사람이 마치 박스에 담겨서 억제되고 약간 거부당하는 것처럼 느끼게 한다. 따라서 창의성이 높은 사람들은 좌절감을 표현한다. 이것은 또 판단력이 높은 사람이 혼란을 느끼게 한다. 왜냐하면 판단력이 높은 사람은 이성적이고 건설적인 비판

을 포함하는 그들의 대표 강점을 표현했을 뿐이기 때문이다.

겸손과 유머

이 충돌에서 표현력과 장난기가 있는 사람은 억제하는 타입의 겸손한 사람과 충돌한다. 유머를 잘 구사하는 사람은 동료들의 방에 들어가서 재미있는 이야기를 한다. 방 안에 웃음소리가 가득하지만 겸손한 사람은 미소를 지으면서 일에 계속 집중한다. 유머 감각이 뛰어난 사람은 참여가 부족하다는 것을 알아차리고 겸손한 사람에게 가서 장난을 친다. 겸손한 사람은 유머 감각이 높은 사람에게 농담을 하고 웃을 수 있는 충분한 공간을 주었다. 하지만 이제는 개인적으로 영향을 미치기 위해 한 걸음 더 들어온 것 때문에 이것을 침범으로 보고 화를 낸다. 유머가 뛰어난 사람은 장난스러움과 웃음의 강점을 사용하여 다른 사람들을 끌어들이려고 하는 반면, 겸손한 사람은 공간을 주려고 하고 다른 사람에게 관심을 기울인다.

자기조절과 호기심

두 친구가 체육관에서 자연스럽게 만나서 처음 체크인을 한 후에 충돌이 일어난다. 자기조절을 잘하는 사람은 시간에 따라 빽빽하게 계획되어 있는 운동 연습으로 다시 돌아가기를 열망하면서 물러나기 시작한다. 호기심이 많은 사람은 대화의 에너지에 흥분하여 몇 가지 질문을 더 하는데, 이것이 친구를 성가시게 한다. 자기조절이 높은 사람은 자신의 절제된 식이요법에 집중하면서 내면으로 들어가기를 원하고 또 필요로 하는 반면, 호기심이 많은 사람은 앞의 상황을 더 많이 탐색하는 것에 집중하면서 외부를 향해 초점을 맞추고자 한다. 따라서 충돌이 생긴다.

친절과 통찰력

두 명의 이사회 이사가 그들의 성격 강점으로 인해 대인관계적으로 충돌한다. 한 이사는 많은 사람을 도울 수 있는 새로운 아이디어에 대한 열정을 가지고 있다. 그는 근거에 기반한 효과를 가지고 있고 조직의 임무에 부합하는 새로운 프로그램의 실행을 지지한다. 또 다른 이사는 더 넓은 관점에서 줄어드는 예산과 지역사회의 다른 많은 요구를 처리해야 한다고 말하면서 그 아이디어를 반박한다. 친절성이 높은 이사는 제안한 프로그램이 나중에 지역사회 전체에서 광범위하게 확장될 수 있는 모범이 될 것이라고 응수한다. 이 결과는 한 사람의 친절이 다른 사람의 통찰력과 충돌하는 것이다.

신중성과 공정성

아이가 신나서 보고 있는 텔레비전 프로그램을 끝까지 보길 원하는 양육 시나리오에서 부모가 최적의 접근이 무엇인지를 두고 서로 충돌한다. 신중성이 높은 양육자는 잠자리 규칙에 따라 다음날 아침에 학교에 가기 전 충분한 수면을 취하려면 지금 텔레비전을 '꺼야 한다'고 말한다. 공정성이 높은 다른 양육자는 그 프로그램을 끝까지 보는 것이 아이에게 얼마나 중요한지를 알고, 아이에게 감정적으로 공정하게 대하기 위해 옹호하여 좋아하는 프로그램을 끝까지 다 보고(단 15분 남음) 잠자리에 들도록 한다. 부모는 서로 '귀 기울이지 않음'을 느끼고 충돌한다.

▌대인 간 충돌 해결

성격 강점 충돌의 개념이 새롭기 때문에 이러한 충돌을 해결하기 위해 고안된 전략은 많지 않다. 일화적으로는 이러한 충돌을 알아차리는 것이 유용할 수 있을 것으로 보인다. 이러한 충돌의 상당수는 한 쌍 내에서 무의식적 역동의 일부로서 발생하기 때문에 각 개인에게 이러한 강점이 어떻게 작용하고 있는지에 대한 알아차림을 불러일으키는 것은 새로운 정보뿐만 아니라 토론과 적절한 행동을 위한 기회를 제공하는 것이 된다.

이것이 어떻게 나타나는지 Abe와 Sasha 커플의 예시를 자각–탐색–적용 모델을 사용하여 제시해 보았다. 실무자를 도울 수 있는 질문도 함께 추가하였다.

자각

충돌 시 작용하는 성격 강점에 대한 통찰을 쌓아 보라.

• 갈등 및 커플 각자가 행동하는 것과 행동하지 않는 것을 명확하게 명명하라.
• 그 상황을 보거나 행동하기 위한 렌즈로 사용하는 각자의 성격 강점은 무엇인가?
• 예시: Abe와 Sasha는 자신들의 대인 간 충돌을 알게 되었다. Sasha는 집 안팎

의 수리(예: 싱크대가 새는 것, 떨어진 큰 나뭇가지를 치우는 것 등)를 하는데 Abe
에게 도움을 청할 것이고, Abe는 제때 그렇게 하지 않을 것이다. Sasha는 Abe
가 바쁜 것과 물건들을 '수리하는' 것을 좋아한다는 것을 알기 때문에 이를 이
해하지 않았다. Abe는 자신이 다른 집안일을 하느라 바빠서 할 수 있을 때 할
것이라고 설명할 것이다. 그들은 Abe의 인내 강점(하고 있는 일을 마무리하고 싶
어 함)과 Sasha의 희망 강점(목표에 도달하기를 바라는 긍정적 기대)이 충돌했다
고 설명했다. Sasha는 남편이 새로운 것을 시도하지 않으려 한다고 보는 반면,
Abe는 아내가 성가시고 자신의 진가를 알아보지 못한다고 여기고 있었다.

탐색

자각의 통찰 후에 충돌을 탐색하는 것은 자기성찰, 토론 또는 다른 방법의 형태를
취할 수 있다.

- 이 커플 각자의 상위 성격 강점이 갈등에서 어떤 역할을 하는가?
- 이것은 커플 간의 소통에서 나타나는 패턴인가, 아니면 일회성 경험인가?
- 충돌의 각 강점들 기저에 있는 의도나 추동력은 무엇인가?
- 각자가 표현하는 이 특정 강점은 얼마나 강한가?(1에서 10까지) 이러한 상황에
  서 이는 강점의 과다사용인가? 강점의 최적사용을 나타내는 숫자는 얼마인가?
- 향후 유사한 상황에서 각자 강점을 최대한 최적으로 사용할 수 있는 방법은 무
  엇인가? 그렇게 하기 위해서는 어떤 단계들을 거쳐야 하는가?
- 이 역동성을 아는 것이 앞으로 그 커플에게 어떤 도움이 될까?
- 예시: Abe와 Sasha는 자신들의 갈등 상태에 대해 토론했다. Abe는 일단 새 프
  로젝트를 시작하면 다른 새로운 프로젝트에 주의가 분산되기 전에 그것을 끝
  내기를 원한다고 설명했다. Abe는 자신이 완성된 프로젝트를 볼 수 있고, 그것
  을 완성하기 위해 극복해야 했던 장애물과 도전들을 알아차릴 수 있을 때 에너
  지를 얻게 된다. 한편, Sasha는 새로운 일을 하고 다른 사람들을 즐겁게 함으로
  써 어떻게 에너지를 얻게 되는지 설명했다. 이를 위해 Sasha는 집을 제대로 꾸
  미고 정리하고 멋있게 보이도록 한다. 따라서 미완성인 상태는 그녀를 움직이
  게 한다. 그녀의 창의성과 감상력 강점은 그녀가 더 활기차게 집에 관여하게

만든다. Sasha와 Abe는 자신들의 성격 강점 표현을 10점 중 8점으로 강하게 평정했다.

적용

그다음의 논의는 향후 유사한 상황에서 성격 강점에 기반한 접근을 사용하고자 하는 의도를 가지고 각자의 행동 계획을 택할 수 있도록 하는 것이다.

- 향후 유사한 상황에서 어떤 행동을 취할 수 있을까?
- 예시: Sasha는 남편이 평소 그녀가 존경해 온 대표 강점인 인내를 강력하게 사용하고 있다고 남편의 행동에 대한 자신의 마음가짐을 재구성했다. Sasha는 남편을 새로운 것을 시도하지 않는 사람으로 보는 대신 새로운 관점을 택한 것이다. 더불어 그녀는 남편이 집 안팎에서 열심히 일해 준 것에 대해 진심으로 감사를 표했다. 한편, Abe는 Sasha를 성가신 사람으로 보는 대신에 행동을 취하고 일을 완료하며 다른 사람들에게 보여 줄 만한 아름다운 집을 꾸미기 위한 방법을 찾기 원하는 활기차고 열정적이며 낙관적인(즉, 희망과 열정의) 사람으로 여기는 방향으로 인식을 재구성했다. Abe는 '즐거움을 주는 커플'의 일원이 되는 것을 즐기면서 Sasha에 대한 감사의 마음과 그녀의 독특성을 새롭게 보게 되었다. 그는 집 안 일부를 집중적으로 수리할 동안 방해받는 것에 대해 좀 더 개방적이 될 것이며, 더 간단한 작업을 수행하기 위해 한 가지 작업을 멈추도록 자신의 인내심을 확실히 감독하겠다고 말했다.

핫버튼

누구나 다른 사람의 강점이 과다사용 또는 과소사용으로 지각되어 불편감이나 좌절을 느끼게 되는 성격 강점의 '핫버튼(hot buttons)' 혹은 민감한 영역이 있다. 전형적으로 이는 개인이 갖고 있는 성격 강점에 대한 믿음, 선호 및 기대로부터 나온다. 이러한 상황에서 개인의 성격 강점은 모욕 혹은 공격당한다. 모욕은 개인적이거나 의도적인 것으로 느껴질 수 있다. 그 결과로 분노, 좌절 또는 다른 나쁜 감정들이 생길 수 있다. 핫버튼은 갈등이나 강점 충돌의 원인이 되거나, 심지어 문제가 왜 일어났는지를 설명할 수 있다. 핫버튼은 종종 다음의 두 가지 중요한 현상으로부터 나타난다.

① 과소사용으로 인식해서 반응이 촉발되는 경우: 당신이 매우 가치 있게 생각하는 당신의 상위 강점을 공유하지 않거나, 사람들이 당면한 상황에서 특정 강점(그 강점이 당신의 대표 강점이건 아니건)을 낮게 행하고 있다고 인식할 때 등 촉발되는 이유는 상당히 많다. 당신이 높은 가치를 부여하는 강점을 누군가 소홀히 취급하는 것을 보면 실망하고 좌절하며 심지어 불안이 유발될 수 있다. 때때로 우리는 다른 사람들에게 높은 기준과 기대를 걸고 특정한 강점을 표현한다. 다음에 몇 가지 예가 있다. 부모는 자녀가 학교에서 역경에 직면했을 때 인내심을 더 발휘하길 바라고, 풋볼을 할 때 더 용감해지길 바란다. 또 관리자는 업무 프로젝트를 하면서 상당한 수준의 우수한 능력(감상력)을 요구하고, 배우자는 가정 내에서 더 많은 지지(예: 팀워크, 사랑)를 원한다. 이러한 모든 상황에서 해당 성격 강점의 과소사용은 핫버튼이나 촉발 지점이 된다.

② 과다사용으로 인식해서 반응이 촉발되는 경우: 예를 들어, 누군가가 강한 행동을 보이면, 이를 성격 강점(그것이 당신의 대표 강점이건 아니건)을 과도하게 보여준다고 인식할 수 있다. 이렇게 인식된 과다사용은 당신을 성가시게 할 수 있고, 당신의 개인적 신념을 모욕하고 불안을 야기하는 등의 다양한 이유로 당신에게 핫버튼이 된다. 예를 들어, 항상 비판적 사고를 하는 사람, 애정 표현에 지나치게 소심한 사람, 당신이 모닝 커피를 마시기 전에 성가신 '열정 넘치는' 행동을 하는 사람, 종교적 광신도처럼 행동하는 사람 등이다.

과다사용과 과소사용의 인식과 그 결과인 핫버튼은 어디에서 오는가? 이는 아마도 당신이 질문한 사람의 이론적 지향과 원가족의 문제, 잘못된 인지, 문제적 환경 또는 다른 이유 등에 근거해서 그들이 믿고 있는 사람들의 변화 방법에 달려 있을 것이다. 3장에서 언급한 내용 중 탐색되지 않았던 이론가와 연구 중에는 Albert Ellis(Ellis & Dryden, 1987)와 비합리적 신념에 대한 그의 광대한 임상적 작업이 있다. Ellis는 사람들이 지니고 있는 공통된 신념으로 '인생은 공평해야 해.' '인생은 더 편해야 해.' '난 너무 열심히 일할 필요가 없어.' '당신은 나에게 더 잘 대해 줘야 해.' '난 모두에게 인정받아야 해.' '난 항상 잘해야만 해.' 등이 있다고 하였다. 사람들은 이러한 신념이 모욕당할 때 핫버튼을 형성한다. 따라서 공정성에 대한 모욕은 '인생은 공평해야 해.'라는 신념에 대한 공격일 수 있고, 감사에 대한 모욕은 '나는 모두에게 인정받아야 해.'라는 신념에 대한 공격일 수 있다. Ellis는 그의 합리적 정서행동치료에서 사람들은 이러한 자동적 사고를 알아차릴 수 있으며, 영리한 사고와 행동으로 그것에 도전하고 극복할 수 있다고 주장했다.

실무자들이 핫버튼과 내담자의 일상에서 큰 역할을 할 수 있는 핫버튼의 중대한 역할에 대해 영리한 생각과 마음챙김적 이해를 향상하기 위한 가장 좋은 두 가지 방법은 자신들이 가진 핫버튼을 명명하고 이해하는 것뿐 아니라 타인의 행동을 보는 것이다. 후자와 관련하여 나의 과거 내담자와 학생들에게서 얻은 성격 강점 핫버튼의 예시들을 제시하고자 한다.

- 친절함과 관대함이 높은 젊은 여성은 단체 회의에서 기부가 부족한 점에 대해서 언짢은 기분을 느낀다.
- 호기심이 많은 남성은 동료들 간 상호 흥미나 질문의 부족에 좌절감을 느낀다.
- 공정성이 높은 여성은 타인의 복지를 노골적으로 무시하는 사람에 대해 분노를 느낀다.
- 협동심이 높은 동료는 참여와 기여가 부족하여 나머지 팀 구성원이 그 일을 하도록 하는 팀원에 대해 좌절감을 느낀다.
- 정직성이 높은 젊은 남성은 단도직입적이지 않고 변명하고 비난하며 과장하고 진실에 대해 빙빙 돌려 이야기하는 사람들, 특히 정치인들로 인해 촉발된다!
- 감사함을 많이 가지고 있는 부하직원은 매주 업무 프로젝트에서 조금씩 더 진행하고 있는 것을 상사에게 인정받지 못할 때 실망감을 느낀다.

▌핫버튼 관리-중점적 전략

이러한 민감한 문제들을 통제하기 위해 당신과 내담자가 함께 시도할 수 있는 두 가지 전략이 있다.

① 후향적 관리(retrospective management): 이것은 당신이 핫버튼의 실제를 인식하게 되었을 때 나타난다. 이는 당신 문제에 있어서 근본적이다.

- 다음번 유사한 상황에서 어떻게 다르게 행동할 것인가?
- 촉발된 것을 누그러뜨리기 위해 어떤 성격 강점을 사용할 것인가?

② 전향적 관리(prospective management): 이는 촉발될 것 같다고 여겨지는 앞으로의 상황을 보고, 예방 조치를 하는 것을 말한다. 아마도 당신은 곧 어려운 사람과 만나거나, 가족 구성원에게 맞서야 하거나, 게으른 사람과 프로젝트를 해야 할 수 있다. 순간의 열기 속에서 최적의 기능을 발휘하도록 준비하려면 다음 질문을 고려해 보라.

- 이러한 상황이나 상호작용에서 당신이 기대하는 결과는 무엇인가? 어떤 일이 일어나길 희망하는가?
- 타인의 시각을 변화시키기보다 어떻게 이해하고 학습할 것인가?
- 어떤 성격 강점이 사용될 필요가 있는가? 어떻게 사용할 것인가?
- 관계를 유지했으면 하는 사람과의 사이에서 발생한 핫버튼을 관리할 때 상황이 특히 민감해질 수 있다. 이 경우 강점에 대한 준비와 성찰이 도움이 된다.
  - 상대방을 바꾸려고 하지 않으면서 그 사람과의 관계를 지속하기 위해서 어떤 성격 강점을 사용할 필요가 있을까? (예: 약간의 용서 강점의 사용?)
  - 관계 개선을 위한 희생으로 어떤 성격 강점을 버려야 할까? (예: 나의 공정성 강점에 대한 모욕)
  - 특정 성격 강점을 계획적으로 배치하는 것이 유용할까? 그렇다면 그 상황에서 어떤 강점을 어떻게 사용할 것인가?

핫버튼 관리-구체적 전략

① 마음챙김 듣기와 마음챙김 말하기: 판단하고 분석하며 감정에 사로잡히기보다는 현재 순간에 온전히 집중하고 듣고 관찰하는 마음챙김 주의로 누군가를 경청하는 것은 순간을 변형시킬 수 있다(Nhat Hanh, 2001). 상호작용은 변형 가능한 순간들의 집합을 포함한다. 우리가 말할 때, 마음으로부터 명확하고 직접적이며 구체적이고 공감적인 마음챙김 말하기를 연습할 수 있다(Niemiec, 2012).

② 특히 '첫 3분' 동안 강해지기: 커플 관계 연구자인 John Gottman은 갈등의 토론을 실시할 때 초기 3분이 중요한 시간이며, 이 첫 3분은 결혼 관계의 성공 여부를 예측하는 요소가 된다고 하였다(Carrere & Gottman, 1999). Gottman은 갈등에 대한 토론을 온화하게 시작하고자 부드럽게 시작하기를 사용하자고 제안하였다. 그는 왜 이 초기 몇 분이 대화에 중요한지 설명하였고, 내가 그 이유에 가설적인 성격 강점을 각각 덧붙여 다음과 같이 정리하였다.

- 잠재적인 '뜨거운(hot)' 정서와 신체의 증가된 생리작용을 관리하는 것과 관련된다(자기조절).
- 대화를 요령 있게 시작하는 것과 관련된다(신중성).
- 긴장된 마음 상태보다는 개방된 상태를 보여 주는 것과 관련된다(호기심과 판단력).
- 정서적 반응성을 관리하는 것과 관련된다(자기조절과 사회지능).

③ 자비 초점적 재평가 연습하기: 당신을 공격한 사람을 인식하는 것의 구체적 연습과 방법을 의미한다. 이는 공격한 사람이 지닌 복잡한 인간성과 공격이 바로 그 공격한 사람에게 긍정적 성장과 변화의 경험이 필요하다는 증거임을 강조하는 것과 관련된다(Witvliet, DeYoung, Hofelich, & DeYoung, 2011; Witvliet, Knoll, Hinman, & DeYoung, 2010). 이는 공격당한 사람의 신체적 그리고 정신적 측면에 모두 이득이 될 수 있다.

④ 여러 상황에서의 핫버튼을 관리하기 위해 성격 강점 사용을 조정하기: 다음에 나의 내담자와 학생들로부터 얻은 예시들이 있다.

- 용서 강점이 특히 높은 내담자가 있었다. 그녀는 용서하지 않고 화를 꽤 잘 내는 가족에 의해 촉발되었다. 그녀는 친절과 사랑 강점을 그들에게 사용하였지만(즉, '친절이 지나쳐 오히려 화를 입히게 될 정도'), 그것이 용서를 조절하지 않는 것 같았다. 행동할 때 적절히 사회지능을 사용하고 말과 행동에서 주의 깊게 신중성을 보이는 것이 갈등을 막는 데 도움이 되었지만, 그녀는 깊은 내면에 있는 용서의 핫버튼을 해결하지 못하였다. 그리고 그녀는 다시 돌아가서 자신이 용서 강점을 사용할 수 있었다는 것을 깨달았다. 자신을 고통스럽게 하고 있던 바로 그 강점을 말이다! 그녀는 가족의 행동, 무시 그리고 형편없는 선택에 대해 의도적으로 '용서했다'. 비록 많은 부분이 내면

적이고 또 상호적으로 표현되지 않았지만, 그녀는 자신의 핫버튼이 눌릴 때마다 사용할 수 있는 도구를 가지고 있다고 느꼈다.

- 새로 온 직원은 직장에서 자신이 흥미로운 이야기를 할 때 다른 사람이 끼어들거나 주제를 바꾸면 창의성 핫버튼이 눌렸다. 그녀는 다른 사람들에게 주의를 더 많이 기울이기 위해 겸손을 사용했고, 이에 대한 유감스러움을 흘려보내기 위해 용서를 사용하였다. 그녀는 더 균형을 잡기 위해 공정성과 친절성 강점을 늘릴 필요가 있다고 추가하였다.

- 새롭고 흥미로운 통찰이 떠오른 젊은 남성은 TV를 보고 있던 자신의 아내와 함께 그것을 나누고자 하였다. 그녀는 남편을 보았지만 듣지는 않았다. 그는 자신이 원했던 공감과 관심을 받지 못했다면서 화가 나서 방을 나가 버렸다. 그는 멈춰서 핫버튼을 찾았다. 그리고 자신의 공정성이 활성화되었음을 깨달았다. 그는 아내에게 불쑥 끼어들고 기대를 걸면서 아내의 흐름을 방해하였기 때문에 아내에게 불공평했던 것은 바로 '자신'임을 발견했다고 말했다. 그는 통찰력 강점의 도움을 받아 아내의 상황을 더 명확히 바라볼 수 있었고, 자기조절 강점을 통해 자신의 감정을 관리하고 그 상황에서 균형을 찾을 수 있었다고 설명했다.

💬 강점 기반 개입 실무자를 위한 Tip

자기탐구로서 핫버튼 탐색을 스스로에게 적용해 보고, 그 후 내담자와도 함께 탐색해 보라. 당신의 대표 강점 중 하나를 고려하여 이 활동을 시험해 보라. 당신의 강점이 모욕당했다고 느껴지는 상황을 묘사하라. 그때 당신은 어떤 반응을 보였는가? 당신의 같은 강점이 공격당했던 유사한 상황이 있었는가? 한 걸음 물러나서 더 넓은 관점에서 이 상황을 보라. 이를 더 잘 다루기 위한 최선의 방법은 무엇인가? 의식적으로 다른 성격 강점을 가져와 사용할 필요가 있는가? 이 상황에 관련된 다른 사람의 성격 강점은 무엇인가?

도덕성

수년 전, 나는 성격 강점을 '선(善)' 혹은 '선하다는 것'이라는 한 단어나 문구로 요약하는 성격 강점에 대한 책을 쓰고 싶은 충동이 있었다. Chris Peterson도 고인이 되기 전에 이와 비슷한 말을 했던 것을 기억한다. 그렇지만 선에 대해 그렇게 단순 명쾌하게 이야기하는 것은 다른 사람들에게 가장 선한 것이 무엇이고 그들이 선한 사람이 되는 것이 무엇을 의미하는지를 주장하는 것처럼 보인다. 이러한 성격 강점 작업은 도덕철학과 신학 내에서 뜨거운 논쟁 주제인 선이 놓인 곳을 명시하고자 하는 것은 아니다. 분명히 말하자면, 나는 개인적으로 성격 강점과 개념들의 진실된 적용이 선해지는 것(즉, 도덕)과 선을 타인과 세상에 표현하는 것(즉, 도덕성)에 중요한 요소라고 믿는다. 그렇기는 하지만 성격 강점과 도덕성 사이의 연관성, 성격 강점이 선을 일으킬 수 있는 무수한 방법(나는 이 책에서 많은 것이 발견될 수 있다고 추측한다), 사람들이 타인에게 선을 표현할 수 있는 새로운 기회를 조사하는 중요한 작업이 많이 남아 있다. 다음에서 이 영역에서 진행되고 있는 몇 가지 작업을 살펴볼 것이다.

도덕성과 성격 강점의 연결고리는 탐구해야 할 중요한 분야이다. 인간의 도덕지능은 지난 몇 세기에 걸쳐 증가해 왔으며, 일부 학자는 이것이 과학과 이성에 의해 이루어져 왔다고 주장한다(Shermer, 2015). 덕성 연구자인 Christian Miller(2013)는 성격 강점의 도덕적 중요성은 우리 자신을 이해하고 가족과 친구, 롤모델, 윤리적 이론과 교육 및 사회적 문제를 이해하는 데 핵심적이라고 주장했다. 또한 많은 사람이 이 목록에 도움을 주는 전문가나 실무자를 추가할 것이다. 이 책의 목적상, 일부가 상담의 모든 만남은 도덕적인 것이라고 주장하는 것에 주목할 필요가 있다. 즉, 인정하든 안 하든 상담에는 도덕적인 비전, 가치의 반영, 선한 삶과 선한 사람이 되는 것에 대한 토론이 있다(Christopher, 1996). 이 징표로 볼 때, 실무자(관리자, 교육자, 코치, 심리학자 등)와 많은 비실무자(가족 구성원, 친구, 동료 등)의 작업은 도덕적인 것이다.

아마도 이 책은 어떤 면에서는 덕(德) 철학자인 Andre Comte-Sponville(2001)이 '적용된 도덕(applied morals)'이라고 지칭한 것으로 해석될 수 있을 것이다. 앞서 설명했듯이, 우리에게는 다른 사람들에게 이득을 주기 위해 우리의 최고의 자질을 사용할 수 있는 수많은 방법이 있다. 1장에 나와 있듯이 VIA 분류체계의 세 가지 굴절은 성격 강점이 개인적 정체성 및 중요한 이득에 기여하는 것뿐 아니라 타인이나 사회의 공동선에 더 큰 선을 가져오기 위한 것이기도 하다. 실제로 선한 사람이 될 수 있는 많은 방법이 있고, 성격 강점은 선한 사람이 될 수 있는 24개의 플랫폼을 나타낸다. 연구에서 선을 행하는 것이 사람들이 의미 있고 만족스러운 삶(즉, 선하다는 것)을 만드는 중요한 길이라는 것이 발견되었다(Steger, Kashdan, & Oishi, 2008). 다른 연구에서도 자신에 대한 도덕적 관점이 대부분 성격 강점을 포착하고 도덕적 배려, 삶의 목표, 대학생 초기의 적응, 진실성을 예측한다는 것을 발견했다(Noftle, 2014). 또한 도덕성이나 선함의 모든 '이야기'의 중심에서 이러한 성격 강점이 발견되는 것도 사실이다. 성격 강점이 선을 표현하게 하여 작더라도 다른 사람에게 이익을 주는 것이 얼마나 쉬운지를 실무자가 알 수 있게 하려고, 〈표 5-3〉에 24개의 각 성격 강점에 대해 '선해지는 방법'의 예시를 제시하였다. 이 표는 또한 이러한 개념적 적용이 도덕성 요소가 있는 강점뿐 아니라 각 성격 강점 모두에 중요하다는 것도 강조한다.

〈표 5-3〉 선해지는 방법

성격 강점	선한 행동의 예시
창의성	시나 감사 카드 혹은 독특한 식사 대접 등 누군가를 위한 깜짝 선물을 창작해 보라.
호기심	다른 사람이 좋은 소식을 전할 때, 관련된 질문을 해서 그 사람이 긍정성을 활용할 수 있도록 하라.
판단력	당신의 삶에서 타인에게 행한 선한 행동 수준을 평가해 보라. 당신의 사고력을 이용해 그들에게 잘해 줄 다른 방법을 생각해 보라.
학구열	친절에 관한 책이나 글을 읽고, 그 속에서 배운 한 가지를 실천에 옮기면서 그 주제에 대해 당신의 배움이 성장하는 것을 성찰해 보라.
통찰력	당신의 주변에서 최근 어려움을 겪고 있는 누군가에게 연락해서 당신의 직간접적인 지지적 조언을 제공해 보라.
용감함	당신이 목격한 공동체, 직장 또는 집에서 잘못을 저지르는 사람에게 (적절하고 균형 잡힌 방법으로) 도전해 보라.
인내	오늘 다른 사람에게 득이 되는 방식으로 프로젝트를 시작하고 마무리해 보라.

정직	누군가에게 그들의 최고 자질에 대해 정직하게 말해 보라. 당신이 알아차린 바를 직접적이고 명확하게 말해 보라.
열정	공동체 안에서 에너지가 부족한 사람이나 집단을 알아차려 보라. 당신의 에너지가 전달될 수 있도록 열정적이고 의도적으로 그 사람이나 집단을 위해 시간을 써 보라.
사랑	지금부터 다음에 하는 두 번째 대화까지 온전하게 상대에게 집중하면서 보디랭귀지와 언어를 통해 당신의 따뜻함과 진실함을 표현해 보라.
친절	만나 본 적이 없는 누군가를 위해 친절을 베풀어 보라.
사회지능	사회 기술이 부족하거나 마음이 상해 있는 외로운 혹은 수줍어하는 누군가에게 긍정적인 말을 걸어 보라.
협동심	업무 프로젝트에서 팀 동료를 지원하겠다고 제의해 보라.
공정성	당신의 아이들, 동료들, 친구들 등의 집단에 당신의 공정성을 표현해 보라. 집단의 모두에게 균형과 공정한 대우를 제공하는 행동을 해 보라.
리더십	여행과 같은 활동이나 공동체에 긍정적으로 기여하거나 집단에서 중요한 문제에 대한 인식을 높이도록 돕는 작은 집단을 위한 자원봉사 활동을 조직해 보라.
용서	당신에게 잘못을 저지른 사람에게 자비와 지지를 보내라. 그들의 취약성을 보고, 당신의 강점을 보고, 만약 당신이 준비되어 있고 적절하다면 그들을 용서한다고 말해 보라.
겸손	시간을 내서 거리의 노숙자(혹은 고통을 겪고 있는 누군가)와 대화해 보라. 그들에게 이야기하고 공유할 수 있는 무대를 제공하면서 관심을 기울이라.
신중성	자녀, 배우자 또는 친구를 위한 특별한 이벤트를 상세히 기획해 보라. 미리 계획을 세우고 모든 것을 준비해서 상대방이 확실히 놀라고 기분이 좋아지도록 하라.
자기조절	누군가 당신에게 분노를 표출할 때, 그 분노에 반응하는 대신 잠시 멈춰서 숨을 천천히 쉬어 보라. 상대의 인간됨과 그들이 고통을 겪고 있음을 보라.
감상력	영감을 주는 영화 등장인물의 도덕적 선함을 관찰함으로써 감정의 고양을 경험하고, 이로 인해 선을 행하려는 당신의 동기를 따르라.
감사	어떤 사람에 대해 당신이 감사하는 이유를 포스트잇에 적으라. 당신의 감사함으로 깜짝 놀라게 될 동료의 책상이나 파트너의 공간에 놓아 보라.
희망	당신의 파트너나 친구와 함께 앉아서 긍정적 미래를 그려 보라. 함께 비전을 가지고 다른 사람들의 삶에 이익을 가져올 수 있는 방법에 대해 이야기하라.
유머	스트레스를 받거나 약간의 가벼움이 필요한 사람에게 미소를 짓거나 즐거운 이야기 혹은 농담을 던져 보라.
영성	당신의 삶 속에 있는 한 사람이 의미 있다고 생각하는 것을 떠올려 보라. 그들과 함께 또는 그들을 위한 경험을 만들면서, 그 의미에 어떤 식으로든 기여할 수 있는 방법을 찾으라.

『성격 강점과 덕목의 분류』(Peterson & Seligman, 2004)에서는 성격 강점의 열 가지 기준 중 하나로 강점은 도덕적으로 가치 있어야 한다고 설명한다. "비록 강점은 바람직한 결과를 생산해 내고 또 그렇게 하지만, 분명한 유익한 결과가 없는 경우에도 각각의 강점은 도덕적으로 그 나름대로 가치가 있다."(p. 19)

성격 강점은 도덕적 영역에서 행동을 예측하는 것으로 밝혀졌다. 또한 경제 분야의 게임 연구들에 있어 정직과 겸손의 증분타당도를 보완하고 제공하는 것으로 밝혀졌다(Ruch, Bruntsch, & Wagner, 2017). 도덕적 성격은 사람들이 자신과 타인을 바라보는 현실적이고 합의된 렌즈이며, 이는 성격 강점의 자기평정과 지인 평정의 일치성을 보여 주는 연구 결과에 의해 뒷받침된다(Helzer, Furr, Barranti, & Fleeson, 2014).

어떤 성격 강점들은 타인에게 친절하거나 공정한 가치처럼 도덕성과 명백히 강한 관련이 있다. 한편, 판단력이나 유머처럼 도덕성과 연관성이 덜 명백한 성격 강점들도 있다. 이를 다루기 위해서 Peterson과 Seligman(2004)은 '부가가치적 강점(value-added strength)'으로 설명하였다. 이는 하나 이상의 다른 성격 강점과 조합될 때 가장 훌륭한 강점을 말한다. 유머와 리더십 또는 유머와 협동심은 '유머러스한 리더' 또는 '즐거운 팀원'이 되고, 각각은 조합의 부가가치에 대한 통찰력을 불러일으킨다. 또 다른 예시는 유머와 친절이다. 유머가 풍부한 무대 위의 코미디언은 아마도 '도덕적으로 가치 있는' 범주에서 본보기가 되는 작품을 보여 주지는 않을 것이다. 하지만 그 코미디언이 광대 옷을 입고 어린이 병원의 소아암 병동에 들어가 고통받는 아이들을 격려할 때(즉, 친절과 결합한 유머), 유머는 도덕적 가치 측면에서 본보기가 된다.

지난 10년간 도덕적 선함과 관련해서 주목을 끈 하나의 성격 강점은 감상력 강점이며, 더욱 특별하게는 '고양(elevation)'이라 불리는 감상력의 한 가지 차원이다. 고양은 사람들이 도덕적 선행을 목격할 때 경험하는 감정이고, 몸으로 느껴지는 생리적 감각이며(예: 가슴이 따뜻함, 손발 끝이 찌릿함), 선하게 행동하도록 동기를 부여하는 것이다(Algoe & Hadit, 2009; Hadit, 2000). 몇몇 연구를 통해 이러한 감정이 친사회적 행동 및 이타주의로 측정한 더 높은 선함으로 사람들을 이끈다는 근거가 나타나고 있다(Aquino, McFerran, & Laven, 2011; Cox, 2010; Diessner, Iyer, Smith, & Hadit, 2013; Landis et al., 2009; Schnall, Roper, & Fessler, 2010; Schnall & Roper, 2011; Siegel,

Thomson, & Navarro, 2014; Thomson, Nakamura, Siegel, & Csikszentmihalyi, 2014). 개
입 방법들에서 더 나은 사람이 되고 선행을 하고자 하는 동기를 높이기 위해 학생들
을 도덕적인 아름다움에 몰입하도록 격려하여 '도덕적 아름다움(moral beauty)'으로
불리는 고양을 느끼도록 하는 것을 목표로 삼았다. 왜냐하면 아름다움에 대한 이러
한 참여는 다른 사람들에 대한 배려, 공감, 사랑 및 자비심을 고유하게 예측하기 때
문이다(Diessner et al., 2013).

고양의 동기적 요소는 Aristotle(BC4/2000)의 생각과 일치하는데, 그는 도덕적 성
격의 핵심이 외부적으로 습득된 지식(예: 도덕적 원칙)뿐 아니라 개인이 그 원칙에
따라 행동하도록 하는 감정, 이유, 의도(예: 도덕적 관념) 등으로 구성되었다고 간주
했다. 논쟁의 여지가 있지만, 후자는 성격 강점의 '내적' 수단, 특히 자기자각, 성찰
및 강점의 표현에 의해 유도된다. 덕 이론가인 Matt Stichter(2007, 2015)는 '덕의 기
술 모델(skill model of virtue)'을 주장함으로 첨언하였다. 그는 덕(virtues)이란 도덕
(morality)의 문제를 다루는 기술이라고 설명한다. 그러므로 덕의 기술 모델은 잘 사
는 것(living well)과 관련한 도덕적 의도를 평가하기 위한 실천적 지혜와 결합된, 잘
행동하기 위한 실제적 노하우와 전념을 동시에 가지고 있는 것이다. Stichter에게
이러한 덕의 기술 모델은 신아리스토텔레스적(neo-Aristotelian)이며, 잘 행동하는
(acting well) 실제적 활동은 잘된 상태(being well)와 일치한다. 성격 연구자들은 또
한 사람들의 변화를 돕기 위한 개입으로서의 잘됨을 위해 '잘 행동하는' 것의 효력에
대해서도 논의하였다(Blackie et al., 2014).

덕성은 무엇이 선하고 존경할 만한지에 따른 명확한 비전에 따라 인도되며, 이는
개인이 상황에 맞는 방식으로 일관되게 행동할 수 있도록 한다(Fowers, 2008). 마음
챙김에 기반한 강점 훈련(Niemiec, 2014a)의 여덟 가지 주요 특징 중 하나는 참여자
가 개인적 의도의 두 가지 중요한 영역인 진실성과 선함에 관하여 성격 강점과 자기
목표의 연관성을 탐구하도록 요청받는 것이다. 하나가 다른 하나 및 그 둘의 상관
을 이끈다는 주장이 있으나, 참가자들은 대개 하나 혹은 다른 것과 공명하며, 따라
서 그것을 출발점으로 삼게 된다. 참여자들은 종종 자신의 개인적 목표와 도덕적 성
격을 향한 추진력이 '더 나은 내가 됨'(진실성) 혹은 '더 나은 사람이 됨'(선함)으로 향
하는 노력과 일치하는지에 대한 감각을 지니고 있다. 전자의 경우 개인의 대표 강점
표현을 더 넓고 깊게 하는 것에 초점을 맞추는 반면, 후자는 타인이나 사회에 이득

이 되는 특정 성격 강점을 의도적인 목표로 삼는 것으로 보인다(예: 친절이나 용감성을 증진시키고자 함). 또 다른 경우, 목적이 있고 도덕적인 목표를 위한 성격 강점 혹은 대표 강점을 의도적으로 표현하려면 마음챙김 노력과 훈련이 필요하다. 그러한 노력이 외부로부터 안으로 침투하는 어떤 것으로서가 아니라 성격이 어떻게 내부에서 외부로 나타나게 되는지를 보여 준다(Diessner et al., 2013).

외부에서 내부로 향하는 움직임은 성격 발달에서도 명확하다. 도덕 영역의 성격 표현은 타인을 관찰함으로써 배울 수 있다. 관찰학습의 아버지인 Bandura(1971)가 그 누구보다 잘 입증했듯이 인간의 학습은 대부분 관찰을 통해서 일어나는데, 관찰된 것은 이후 사용하기 위해서 우리 내부에 부호화된다. 성격 강점과 덕목은 선함과 탁월함을 표현하는 귀감이나 도덕적 본보기에서 관찰될 수 있다. 강점의 도덕적 본보기는 멘토나 롤모델의 영향(Moberg, 2008)뿐만 아니라 개인의 사회적 환경(Laham, 2013)에서도 찾을 수 있다. 도덕적인 본보기는 기관이나 단체의 강력한 동기적 주제를 보여 주며 종종 도전적인 상황의 행동을 묘사한다(Walker & Frimer,

💬 강점 기반 개입 실무자를 위한 Tip

실제 훈련으로서 내담자들에게 자신의 인생에서 가장 큰 영향을 미친 인물이나 긍정적인 롤모델을 떠올려 보도록 요청할 수 있다. 살아 있건 혹은 고인이 되었건, 실재하는 인물이건 혹은 소설 속 인물이건, 젊건 혹은 늙었건 누군가의 이름을 대 보라고 할 수 있다. 가장 큰 영향을 준 사람으로 내담자들은 종종 직접적인 영향을 준 개인적인 사람들(예: 가족, 가까운 친구, 이웃, 선생님)을 떠올린다. 만약 내담자가 개인적인 누군가의 이름을 댈 수 없다면, 그들은 공적인 사람 또는 심지어 어떤 형태로든 미디어에 묘사된 사람(예: 영화, TV 프로그램 또는 책)을 고려할 수 있다. 내가 미 공군사관학교에서 장교와 생도들을 대상으로 성격 강점 워크숍을 진행했을 때, 나는 이와 유사한 활동을 통해 성찰할 것을 요청했다. 활동 결과를 나누는 동안, 특히 냉정하고 강인해 보이는 한 장교가 손을 들고 자신의 본보기는 Mr. Rogers(유명한 아동 TV 프로그램인 〈Mister Rogers의 이웃〉의 등장인물)라고 말하였다. 그는 전투 중이나 그의 부대원과 함께 겪은 다른 힘든 상황에서 종종 Mr. Rogers를 떠올렸다고 말했다. "만약 Mr. Rogers가 이런 상황이라면, 그는 어떻게 했을까?"라고 스스로 물어보면서 말이다. 그리고 그는 Mr. Rogers가 했을 법한 행동과 그의 조언이 무엇일지 생각했고, 그에 더해 Mr. Rogers의 그러한 성격 강점에 의지했다. 그런 후에 그는 그 상황에 옳은 최선의 것을 시도하였다.

2007). 도덕적 성격을 덕으로 표현하는 길은 한 가지만이 아니기 때문에(Walker & Hennig, 2004), 그 폭을 이해하기 위해서 여러 가지 예를 살펴보는 것이 유용하다. 귀 감으로서 최상의 본보기라는 것은 VIA 분류체계에 있는 성격 강점을 정의하기 위해 사용한 기준 중 하나였으며, Peterson과 Seligman(2004)도 24개의 강점에 대해 각각의 예를 제시한다(예: 공정성의 Gandhi). 실제로 롤모델과 멘토는 이러한 성격 강점을 불러일으키는 '활성화 요인'이라는 측면에서 가장 흔하고 반복적인 주제 중 하나이다(Peterson & Seligman, 2004). Niemiec와 Wedding(2014)은 영화 속에서 24개의 성격 강점에 대한 1,500개 이상의 예시를 제공한다. 도덕적 목표(예: 선함, 타인과 사회를 위한 향상)에 도달하기 위한 성격 강점의 표현은 〈스타워즈: 깨어난 포스〉(2015)의 주요 배역들인 Lea, Finn, Han Solo와 관련하여 구체적으로 설명되었다(Sansom et al., 2016).

우리는 또한 사람들이 보여 주는 성격 강점의 부족을 통해서도 도덕적 선함을 배울 수 있다. 이는 비도덕적이거나 나쁜 행동으로 나타날 수 있고, 심지어는 좋거나 나쁜 행동의 부재라는 형태로 나타날 수도 있다. 단지 나쁜 행동을 하지 않는 것이 반드시 강력한 성격 강점의 표현을 반영하는 것은 아니기 때문이다. Fowers(2008)는 Aristotle의 다섯 가지 성격 유형에 대한 설명 중 특히 개인이 어떻게 절제 혹은 무절제한 성격 유형이 될 수 있는지를 설명하면서 이 점을 다루고 있다. 이 성격들은 덕의 선함을 표현하기 위한 갈등이나 투쟁으로 특징지어지기 때문에 덕성(선함)에는 미치지 못하는 유형이지만, 그럼에도 그것들은 악하거나 짐승 같은 성격 영역에는 속하지 않는다. 후자의 범주는 내가 '성격 강점의 오용(character strengths misuse)'이라고 부르는 영역에 속할 수 있는데, 이것은 조종하고자 하는 혹은 악의적인 목적을 위해 성격 강점을 사용하는 것이다. 예를 들어, 당신이 큰 유산의 상속자라고 말하는 나이지리아 왕자의 메시지가 담긴 스팸 이메일에는 창의성이 오용되어 있는데, 만약 당신이 당신의 은행 계좌 번호를 왕자에게 간단히 전달한다면 그는 그걸 확인한 뒤 신나서 돈을 가져갈 것이다. 창의성 연구에서 이러한 창의성 오용을 '악의적 창의성(malevolent creativity)'이라고 불렀고, 몇몇 연구에서 그것의 위험성과 도덕적 복잡성 및 모호성을 검증했다(Cropley, Kaufman, White, & Chiera, 2014). 창의성 연구자들은 악의적 창의성과 부정적 창의성(negative creativity)을 구분하기도 했다. 예를 들어, 악의적 창의성은 직원이 회사를 무너뜨리기 위해 회사

기밀을 훔치는 등의 고의적인 해악의 의도가 있는 것이며, 부정적 창의성은 고용주로부터 사무용품을 훔칠 수 있는 창의적인 방법을 생각하는 직원으로 회사를 해할 의도는 없을 수 있다. 용기 혹은 용감함의 오용에 대한 연구는 Pury, Starkey, Kulik, Skjerning과 Sullivan(2015)에 의해 이루어졌다. 그들은 '나쁜 용기(bad courage)'는 개인이 특정한 목표를 선한 것으로 보는 반면 사회는 그것을 나쁜 것으로 볼 때 일어난다고 설명했다. 테러리스트가 자살폭탄 테러로 용감함을 표현하는 것은 나쁜 용기나 용감함의 오용의 한 예일 것이다. 이들 중 일부는 도덕성의 결여를 보여 주는 명백한 예시이다. 1장에서 '성격'의 본질에 관해 논한 바와 같이, 실무자들은 일반적으로 도덕이 모 아니면 도 혹은 흑백과 같은 범주적 관점이 아니라는 것을 기억해야 한다. 우리는 사람들을 이해하는 데 도움이 되기 때문에 범주적이나 구획된 것에 사람들을 배치하는 것을 좋아한다. 그러나 한 사람을 좋거나 나쁘게 혹은 도덕적이거나 비도덕적으로 한계 짓는 것은 대체로 정교하거나 정확한 접근은 아니다.

나는 여기서 언급하는 주제들이 다양한 수준의 통합성을 가지며, 24개의 보편적 강점들의 관점에서 성격을 탐구하는 좋은 성격의 응집 이론에 의해 강화될 것이라고 본다. 이를 위해 예일 대학교의 David Rand는 성격 강점들이 생존과 번영을 위한 인류의 이익에 기여하기 위해 진화해 온 이유를 연구하는 실험 패러다임에서 중요한 진전을 선보이고 있다.

마음챙김, 음미하기, 몰입 그리고 최면

이 절에서는 마음챙김(mindfulness), 음미하기(savoring), 몰입(flow), 최면(hypnosis)의 상태 간 차이점을 제시하고, 성격 강점과 각 상태들의 접점에 대해 논할 것이다. 서로 공통 부분이 있으나, 중요한 차이점도 도출될 수 있다. 이것들을 논하고 검토하는 방법은 다양하다. 예를 들어, 마음챙김은 특질, 상태 또는 과정으로 볼 수 있고(Niemiec, 2014a), 음미하기는 경험, 과정 또는 반응이나 전략으로 볼 수 있다(Bryant & Veroff, 2007). 여기에서는 이러한 미묘한 측면이나 이들 간의 관계를 검토하거나 논하지는 않을 것이다. 그 대신에 실제적 유용성, 특히 이들이 어떻게 성격 강점을 강화하고 또 성격 강점이 각 현상에 어떻게 영향을 미칠 수 있는지에 초점을 맞출 것이다.

▌마음챙김

2000년대 초, 다양한 배경의 마음챙김 연구자들이 마음챙김의 조작적 정의를 제시하기 위해 공동 연구를 진행했다. 이는 마음챙김 영역이 대폭 성장하고 있었고, 연구자, 실무자 및 사상가들이 각자 다르게 마음챙김을 정의해 왔다는 점에서 특히 중요한 것이었다. 이 다양한 집단은 ① 주의에 대한 자기조절, ② 호기심, 개방성, 수용의 태도라는 두 부분으로 이루어진 마음챙김의 정의에 도달하였다(Bishop et al., 2004). 정의에 따르면, 명확히 두 가지 성격 강점(자기조절과 호기심)이 있는데 이 두 가지는 마음챙김이 무엇인가 하는 핵심적 본질에 이미 속해 있는 것이다.

그러나 마음챙김과 성격 강점의 통합은 거기서 멈추지 않는다(Baer & Lykins, 2011). Niemiec(2014a)은 이러한 구조들을 통합하는 두 가지 방법을 설명하였다. 〈표 5-4〉를 통해 이를 강조하였고, 또한 '강력한 마음챙김(strong mindfulness)'과 '마음챙김 강점 사용(mindful strengths use)'의 정의와 그 중요성의 근거도 제시하였다. 모

〈표 5-4〉 마음챙김과 성격 강점의 두 가지 통합 방법

통합 개념	정의	근거	실습 활동
강한 마음챙김 (strong mindfulness)	성격 강점(CS)을 마음챙김(M)에 가져오기 CS ⇒ M	• 명상의 장애물 관리 • 마음챙김적 삶의 증진(예: 운전, 걷기, 먹기) • 연습에 더 많은 '나'를 가져옴으로써 명상을 극대화	1. 명상의 장애물을 하나 선택한다. 2. 당신의 상위 세 가지 대표 강점이 그 장애물을 직면하는 데 각각 어떠한 도움을 줄 수 있는지 적어 본다. 3. 계획을 세워 시도해 본다.
마음챙김 강점 사용 (mindful strengths use)	마음챙김(M)을 성격 강점(CS)에 가져오기 M ⇒ CS	• 대표 강점 혹은 다른 강점을 더 많이 사용함으로써 강점맹과 싸움 • 과다사용과 과소사용 사이의 최적의 강점 구간을 발견 • 맥락의 미묘한 뉘앙스와 관련된 요령 증가 • 강점으로 문제를 재구성	1. 무엇을 하고 있건 잠시 멈춘다. 2. 10~30초 동안 호흡을 바라본다. 3. 멈춤의 마지막에 자문한다. 지금 어떤 성격 강점을 발휘할 수 있을까? 4. 이 강점을 당시의 행동, 말, 감정 혹은 생각에 가져온다. (마음챙김 멈춤)

든 사람들이 때때로 어떤 형태의 자기조절 훈련을 만들기 위해 고군분투하고, 또 어떤 사람들은 힘겹게 투쟁하다가 그만두기 때문에, 지원을 위해 자신의 가장 좋은 내적 자질에 의지하는 것이 이치에 맞지 않는 것은 아닐까? 마음이 방황하고, 연습을 잊어버리고, 시간을 갖지 못하는 것과 같은 모든 공통 장애물은 강점, 특히 대표 강점을 통해 직면해서 극복할 수 있다. 실제로 마음챙김이나 성격 강점 연습은 긍정적인 전염을 일으킬 수 있다. 즉, 개인 내의 이익을 가져오는 내적 선순환과 더 열심히 실천하는 사람이 다른 사람과 긍정적인 방식으로 상호작용하여 (최근의 마음챙김 혹은 강점 실천으로) 이러한 긍정성을 다시 넘겨 주는 외적 선순환이 있다.

▌음미하기

음미하기(savoring)는 지금-여기에서의 긍정적 경험의 의도적인 함양과 관련된다. 비록 사람들이 음미하는 동안 자신의 경험에 대해 마음챙김하고 있을지라도, 음미하기의 과정은 개인이 내부 또는 외부의 긍정적인 자극을 목표로 하고 그 초점을 유지하므로 더 제한적인 반면(Bryant & Veroff, 2007), 마음챙김 접근은 현재 순간에 일어나는 모든 것, 즉 긍정, 부정 또는 중립적인 모든 것에 열려 있음을 포함한다. 요컨대, 음미하기란 그것이 기쁨이나 평화의 긍정적인 감정이든 혹은 성격 강점의 존재든 간에 긍정적인 것을 연장시키려고 노력하는 것을 의미한다. 마음챙김은 분명히 우리가 음미할 기회를 잡기 위한 출입구를 통과하도록 한다.

성격 강점과 음미하기 간에는 많은 연관성이 있다. 마음챙김으로 우리는 세 가지 중요한 방법의 통합을 검토할 수 있다(〈표 5-5〉 참조). 강한 음미하기(strong savoring)란 하나 이상의 성격 강점에 기대어 의도적으로 음미하기 능력을 강화하는 것을 의미한다. 그리고 음미하기는 적어도 두 가지 중요한 방법으로 성격 강점을 가져올 수 있다. 즉, 순간적으로 (자신 혹은 타인의) 성격 강점을 인정하는 데 초점을 맞추고, 음미하기 연습의 결과로 나타나는 강점을 인식하는 데 초점을 맞춘다. 긍정적 회상, 현재의 순간을 음미하는 것, 그리고 긍정적인 정신적 시간 여행과 같이 과거와 현재 혹은 미래에 각각 중점을 둔 많은 음미하기 훈련이 개발되어 왔다(예: Bryant & Veroff, 2007; Hurley & Kwon, 2012; Quoidbach, Berry, Hansenne, & Mikolajczak, 2010; Quoidbach, Wood, & Hansenne, 2009; Smith, Harrison, Kurtz, & Bryant, 2014).

〈표 5-5〉 음미하기와 성격 강점의 통합

통합 개념	정의	근거	실습 활동
강한 음미하기 (strong savoring)	성격 강점(CS)을 음미하기(S)에 가져오기 CS ⇒ S	• 음미하기의 장애물 관리 • 음미하기적 삶의 증진(예: 운전, 걷기, 먹기) • 연습에 더 많은 '나'를 가져옴으로써 음미하기를 극대화	1. 장애물을 하나 선택한다(예: 연습을 잊어버림, 시간이 없음, 마음의 방황). 2. 당신의 상위 세 가지 대표 강점이 그 장애물을 직면하는 데 각각 어떠한 도움을 줄 수 있는지 적어 본다 3. 계획을 세워 시도해 본다.
음미된 강점 (savored strength)	음미하기(S)를 성격 강점(CS)에 가져오기 S ⇒ CS	• 당신의 성격 강점 중 하나에 대한 인정을 강화 • 다른 사람의 성격 강점 중 하나에 대한 인정을 강화	1. 정립된 음미하기 연습을 선택한다(예: 긍정적 회상). 2. 경험의 목표로서 당신의 성격 강점을 하나 고른다(예: 인내). 3. 당신의 인내가 강하고 긍정적이었던 기억을 회상한다(혹은 다른 성격 강점이나 다른 음미하기 전략을 대신한다). 4. 인내의 기억을 음미하는 것과 관련된 긍정적인 생각, 감정, 말, 행동들에 몰두한다. 이 강점과 관련된 감각을 순간적으로 느껴 본다. 그 경험을 최소 10분 이상 길게 해 본다.
떠오른 강점 (the strength that rises)	음미하기(S)를 성격 강점(CS)에 가져오기 S ⇒ CS	• 음미하기의 결과로 얻은 강점에 집중 • 새로운 알아차림으로, 유익한 경험 내의 혹은 경험 그 자체로 강점이 사용될 수 있으며, 또는 음미된 경험을 더 길게 하고 기억하는 방법으로도 그 강점이 사용될 수 있음	1. 정립된 음미하기 연습을 한다(예: 긍정적 회상). 2. 연습이 끝난 후, 당신의 24개 강점 중 가장 상승한 강점을 알아차려 본다. 3. 당신의 삶에서 그 강점을 표현하는 것을 고려하거나 그 강점을 음미하기 위해 멈추어 본다.

▌마음챙김과 음미하기의 구분

다음은 같은 시나리오를 사용하면서도 공식적인 마음챙김 활동이나 공식적인 음미하기 활동으로 활용될 수 있는 두 가지 명상 활동이다. 각 활동을 할 때, 바깥의 자연으로 나가서 앉는 것부터 시작하라. 이것은 심상 활동이 아니기 때문에 당신은 문자 그대로 밖으로 나가야 할 것이다!

1. **마음챙김 전략**: 자연의 풍경을 알아차리라. 그곳에 앉아서 당신의 감각, 당신의 감정 그리고 당신의 생각에 집중하라. 당신 주변의 수많은 세세한 것에 주의를 기울이라. 순간순간 당신이 느끼고 있는 것이 무엇이든 느낄 수 있도록 하라. 당신은 평화를 느낄지도 모른다. 혹은 초조함? 지속되는 스트레스? 아니면 당신은 차분해지는가? 모든 감정에 개방적이 되고 감정이 그 자리에 있도록 하라. 그것들을 계속 지켜보라. 떠오르는 새로운 느낌이나 생각에 자신을 개방하라. 어떤 세세한 것이나 느낌에도 '휘말리지 않도록' 최선을 다하라. 그 대신, 점점 더 많은 것을 탐구하고 알아보는 접근방식을 취하라. 심지어 자신에게 "내가 또 무엇을 알아차릴 수 있을까?"라고 반복해서 말할 수도 있다. 주변 환경을 둘러보면서 그리고 내면의 경험을 관찰하면서 더 세세한 것을 살펴보라.

2. **음미하기 전략**: 자연의 풍경을 알아차리라. 그 소리, 시각적인 세세함, 기분 좋은 냄새 등 그 아름다움에 몰두하라. 특별히 긍정적인 것, 당신을 기분 좋게 만드는 것을 알아차리라. 아마도 이는 물 흐르는 졸졸졸 소리, 큰 나무의 장엄함, 날아다니는 새들의 지저귀는 소리 등이 될 수 있다. 세세한 것에 스며들라. 내면에 나타난 모든 긍정적인 감정을 알아차리라. 이는 평화로움이나 에너지, 사랑, 경탄, 감사, 희망, 흥미 등일 수 있다. 이 감정 중 하나에 초점을 맞춰 보라. 자연 풍경을 즐기면서 그것을 충분히 느껴 보라. 그 긍정정서에 머물러 보라. 그것이 얼마나 좋게 느껴지는지 그 진가를 인식해 보라. 호흡하면서 그것을 확장하라. 당신의 호흡이 당신의 감정을 강화하고 또 깊게 하는 것처럼 느껴질 수 있다. 만약 그 느낌이 사라지면, 또 다른 긍정적인 감정이나 자연 풍경의 또 다른 즐거운 부분에 관심을 갖도록 해 보라.

▋몰입

　　몰입(flow)이란 압도되지 않고 지속적인 도전을 제공하는 활동에 참여하고 자신의 강점이나 기술을 사용할 수 있을 때 경험하는 정신적 상태이다(Csikszentmihalyi, 1997). 어떤 사람이 몰입 상태에 있을 때, 그들은 직업 활동이나 운동 혹은 대화 등에 온전히 몰두한다. 많은 이가 우리가 이런 식으로 몰두할 때 성격 강점을 포함한 우리의 강점을 사용하고 있다고 설명한다(Seligman, 2002, 2011). 우리가 농구를 하면서 신체-운동감각적 강점 혹은 재능을 사용할 때, 연속적으로 여러 번 슛을 시도하면서 우리는 자신이 몰입의 순간에 있음을 알아낼지도 모른다. 또는 대인관계와 관련된 우리의 재능을 사용할 때, 우리는 (긍정적 의미에서) 몰입한 대화 속에서 길을 잃게 될 수도 있다. 돌이켜 보면 이러한 예에서 성격 강점은 쉽게 발견될 수 있으며, 의심할 여지 없이 몰입 경험을 즐기고 유지하는 데 중요한 역할을 한다. 창의성을 발휘하여 업무 프로젝트나 그림을 그리는 과정에 참여하는 것처럼 몰입할 때 성격 강점이 발견된다면, 이를 '성격 강점 몰입'이라고 할 수 있다. 성격 강점 사용을 촉진하는 몰입 상태와 더불어 그 반대도 발생할 수 있다.

　　우리는 잡 크래프팅(job crafting)처럼 몰입을 가능하게 하는 기회와 상황을 만들어서 우리가 관심 있는 의미 있는 일이나 활동(예: 테니스, 요리, 그림 그리기)에 몰두하여 몰입을 찾는 것을 가능하게 할 수 있다. 따라서 그러한 상황을 마련하기 위해 우리의 성격 강점을 사용할 수 있다. 예를 들어, 어떤 사람은 자신의 리더십 강점을 사용하여 몰입의 가능성이 높은 단체 테니스 야외 모임을 조직하거나, 그림 수업을 듣기 위해 학구열을 사용하거나, 또는 호기심을 사용하여 온라인에서 매력적인 요리법을 검색하고 읽을 수 있다. 몰입을 촉진시키거나 적어도 몰입의 잠재적인 기회를 창출하기 위해 의도적으로 성격 강점, 특히 대표 강점을 사용하는 것은 또 다른 측면에서의 '성격 강점 몰입'이다.

▋최면의 무아지경

　　최면의 무아지경(hypnosis trance)은 몰두(absorption), 주의(attention), 집중(concentration)의 상태이다. 다양한 임상적 · 의학적 및 일상적 문제들에 대한 효과적인 개입법으로서 최면의 효능이 나열된 다수의 연구와 문헌이 있다. 최면이 강력한 과학적 근거를 누리면서 심리학 및 의학적 개입법으로 잘 받아들여지고 있지만(예: 미국의학협회), 일반 대중에게는 많은 오해와 공포 및 혼란을 불러일으키기도 한다. 최면을 이해하기 위한 중요한 진리는 모든 최면은 자기최면이라는 것이다. 이는 통제의 상실이나 의지의 상실이 아니다. 오히려 개인의 깊은 내면의 집중과 치유의 상태를 이용하는 것이다(Hammond, 1988, 1990). 자동차나 운송 수단 등을 멀쩡히 운행하다가 갑자기 출구를 놓쳤다는 것을 깨닫는 '일상의 무아지경'의 예들은 수없이 많다. 무아지경의 상태로 들어갈 수 있는 능력은 문제를 완화시키거나 자기효능감 같은 내적 자질을 강화하기 위해 최면을 사용해 도움을 주는 전문가나 자기최면의 경험 동안 목적적인 방법으로 활용된다. 개입법으로서의 최면은 공통적인 실제적 기반, 방법론, 치료적 지향, 구조 및 연상적 특성을 공유한다는 면에서 마음챙김[특히 '인도된(guided) 마음챙김 명상']과 가장 유사하다(Yapko, 2011). 따라서 비록 약간의 변경이 있겠지만, 마음챙김과 성격 강점의 통합과 관련해서 앞서 제기된 많은 내용이 최면에도 적용된다.

성격 강점은 최면 상태와 같은 깊은 정신적 상태를 끌어내기 위해 사용될 수 있다. 내담자는 기본적으로 자신의 주의에 집중하기 위해 자기조절을, 시각적 심상에 몰두하기 위해 창의성을, 내면을 살피면서 자신의 호흡에 연결하여 머물기 위해 인내를, 그리고 자기 '내면의 조언자'로부터 얻은 새로운 지혜처럼 최면 경험이 제공하는 더 큰 그림을 보기 위해 통찰력을 사용할 수 있을 것이다. 또 다른 측면으로 최면 상태는 성격 강점을 생성할 수도 있다. 특히 장기간에 걸쳐 고요하고 깊은 상태를 경험하는 것은 아마도 24개의 성격 강점을 인식하거나 향상시킬 수 있다. 나는 기존 훈련에서 수백 명의 내담자가 최면 경험으로 연결되는 것을 목격했다. 아버지와의 갈등을 다른 각도에서 바라보면서 판단력을 개선시킨 남성, 과민성 대장 증후군 증상에서 완전히 완쾌되고 자기조절과 신중성을 높인 여성, 자신의 문제를 직접적이고 안전하게 직면함으로써 더 큰 용기를 만들기 위해 최면을 사용했던 수많은 사람이 있었다.

▌모든 것의 통합?

　　나의 마음챙김 코스에 참가한 참여자들은 초콜릿 한 조각을 진짜로 '맛보는' 것을 좋아했거나 혹은 호흡에 집중할 때 그 고요함에 온전히 빠져들었기 때문에 마음챙김을 하는 것을 즐겼다고 말할 것이다. 초콜릿 맛보기는 보기보다 더 복잡하다. 그런 사람들은 처음에 경험에 집중하기 위해 마음챙김을 사용하고, 그러고 나서 맛과 관련한 긍정적 감각을 늘리기 위해 음미하기를 사용한다. 동시에 몇몇은 집중을 방해하는 것에서 벗어나서 몰두되고 매우 집중된 무아지경의 상태로 자연스럽게 들어간다. 그동안 참여자들은 주의집중을 위해 자기조절을, 음식에 대해 호기심을, 지금 경험하고 있는 것에 대해 감사를, 목전에 있는 과제에 대해 인내를, 그리고 또 다른 성격 강점들을 사용할 것이다. 만약 과제가 특히 도전적이라면 그들은 몰입을 위한 기술을 사용할 것이고, 또한 몰입할 수 있을 것이다!

요약

- 성격 강점의 과다사용과 과소사용은 특정 상황에서 강점을 너무 강하게 혹은 너무 부드럽게 떠올리거나 혹은 전혀 떠올리지 않는다는 점에서 성격 강점 사용의 불균형을 반영하는 현상이다. 과다사용과 과소사용의 강점 영역을 찾아내고 적절한 상황에서 적절한 정도로 성격 강점을 적절하게 조합하여 표현할 때, 우리는 비로소 중용을 찾은 것이다.
- 성격 강점의 시너지와 충돌은 두 개 이상의 성격 강점이 각 강점들의 개별적 합보다 훨씬 더 크게 혹은 더 작게 조합될 때 일어난다. 성격 강점 시너지와 성격 강점 충돌은 개인 내 및 대인 간 수준에서 일어난다.
- 핫버튼은 다른 사람의 강점 과다사용과 강점 과소사용이 좌절과 불편감을 촉발하는 민감한 영역이다.
- 도덕성과 성격 강점은 깊게 연결되어 있다. 성격 강점은 선해지는 것과 세상 속에서 선함을 행하는 많은 방법을 제시한다.
- 마음챙김, 음미하기, 몰입, 최면의 무아지경 상태는 성격 강점과 통합될 수 있다. 각각은 성격 강점의 표현을 촉진하기 위해 사용될 수도 있고, 성격 강점의 사용을 통해서 강화되거나 유발될 수도 있다.

06

성격 강점의 핵심 내용
실무자를 위한 24개의 성격 강점 자료

Values **I**n **A**ction
Inventory of
S t r e n g t h s

W I S D O M

C O U R A G E

H U M A N I T Y

J U S T I C E

TRANSCENDENCE

TEMPERANCE

들어가며

24개 성격 강점 내용의 폭과 깊이는 상당하다. 이러한 연유로 나는 실무자들이 실무에서 내담자, 학생, 직원과의 작업이나 개인 삶에 성격 강점을 접근시키고 따라가게 하며, 동화시키는 것을 돕기 위해 각 성격 강점의 '핵심 내용'을 만들었다. 충분한 내용을 담기 위해 각 성격 강점을 한 페이지마다 배치했으며, 연구와 실제를 함께 실었다. 성격 강점은 덕목 분류를 따랐으며, 각 페이지에는 핵심 특성, 원형모형(머리/가슴 및 개인 내/대인 간 차원에서 강점의 위치를 나타냄), 가장 상관이 높은 5개의 성격 강점, 성격 강점을 기르기 위한 질문, 연구 초점, 연구 기반의 개입 방법들 및 강점의 과다사용 및 과소사용의 용어가 담겨 있다. 각각의 자세한 설명은 다음과 같다.

핵심 특성

정의

Peterson과 Seligman(2004)이 제시한 것으로 VIA 연구소(https://www.viacharacter.org)에서 계속 지지되는 정의이다.

본질

이는 성격 강점의 핵심으로 간주된다. 일부 핵심 내용의 경우, 강점에 대해 두 번째 '기억에 남을 만한' 구절이 추가된다. 이 내용들은 성격 과학 연구, VIA 검사의 항목에 대한 조사 및 이 분야 전문가들의 토론과 피드백에서 도출되었다.

차원

이 부분의 동의어는 Peterson과 Seligman(2004)의 VIA 분류체계와 원래의 개념에서 가져왔다. 그것들은 해당 강점과 유사하며 연관성이 있다. 친절은 다차원적이다. 예를 들어, 친절은 사람이 좋고 배려한다는 것이며 또한 연민, 이타주의 및 관용적이라는 의미도 포함한다. 다만 모든 성격 강점에서 이런 식의 주목할 만한 차원을 제시하지는 않는다. 1장에서 언급했듯이 각 성격 강점은 정도에 따라 표현되고, 생각, 느낌, 행동을 위한 능력이며 외적으로 혹은 내적으로 표현된다는 점에서 '차원적'이다. 예를 들어, 실제로 겸양(modesty)이 겸손(humility)의 하위 영역이라고 밝혀진 것과 같이(Davis et al., 2016), 성격 강점의 차원을 연구하여 이를 뒷받침한 근거들이 마련되었다.

원형모형

원형모형(circumplex)은 2요인 그래프 또는 균형 그래프라고도 불린다. 각 성격 강점마다 고유하게 작성된 이 모형은 Peterson(2006a)의 2요인 모델에 기반하였고, 2014년 Robert McGrath의 수정된 자료 분석을 통해 만들어졌다. 이는 교차된 2개의 연속선 위에서 성격 강점 묶음을 묘사한다. 하나의 연속선은 가슴 지향(예: 느낌, 신체, 감정, 직관) 또는 머리 지향(예: 생각, 논리, 분석, 추론)이고, 다른 하나의 연속선은 대인 간 지향(타인과 있을 때 표현되는)과 개인 내 지향(혼자일 때 표현되는)이다. 그래프로 작업하고자 할 때는 24개 성격 강점이 모두 그려진 2장의 [그림 2-1]을 참조하면 된다.

상관

해당 성격 강점과 가장 상관이 높은 5개의 성격 강점이 제시된다. 이는 2013년 5월에 Robert McGrath가 VIA 연구소에서 취합된 45만 8,854개의 대규모 성인용 VIA 검사 결과를 분석한 자료를 통해 얻어졌다. 상관이 가장 높은 강점의 순서대로 5개까지 제시된다(McGrath, 2013). 소수점을 고려했을 때 백 번째까지 완벽히 같은 상관은 없었다.

강점 형성을 위한 질문

이 부분에서는 실무자가 내담자와 함께 강점을 탐색하거나 내담자가 스스로 탐색할 때 도움이 되는 몇 가지 질문을 제공한다. 이것은 자기자각, 통찰 및 행동 변화를 촉진하기 위한 것이다.

흥미로운 연구 결과

해당 성격 강점과 관련된 중요하거나 흥미로운 3~5개 연구에 초점을 맞춘다. 공간의 제약으로 이 정도의 연구만을 제시할 수 있다. 열혈 연구자라면 각 연구에 대한 자세한 내용이나 이 책 이외의 연구들에 대해서 확인할 수 있을 것이다(VIA 연구소 페이지인 https://www.viacharacter.org의 연구 부분 또는 Niemiec, 2013, 2014a; Niemiec & Wedding, 2014; Peterson & Seligman, 2004 참조).

개입 방법

24개의 성격 강점 각각에 대한 무선 할당 연구들이 풍부하지는 않지만, 각 강점에 대해 좋은 혹은 합리적인 개입 방법이 있다. 연구는 최상의 임상 실무 정보를 제공하기 위한 노력의 하나로, 각 강점에 대한 지침이자 기초로 사용된다. 따라서 제시된 2~3개의 개입법은 우리가 아는 해당 성격 강점을 증가시키기 위한 가장 좋은 방법 중 하나이다. 해당 성격 강점에 관한 개입연구가 없을 때는 상관연구들 중 가장 중요한 결과를 제시하였다. 각 인용을 다 밝혔으므로, 더 많은 정보를 알고 싶은 독자들은 원 문헌을 찾아볼 수 있다. 실무자는 특정 내담자와 특정 맥락에 적용할 수 있는지 파악하기 위해 자신만의 판단을 내려야 할 필요가 있다.

과다사용과 과소사용의 연속선

이 개념은 VIA 연구소의 지원으로 Niemiec(2014a)이 수정한 것이다. 24개의 성격 강점이 확장될 수 있다고 최초로 주장한 것과 정신 질환에 대한 이론화뿐 아니라 강점의 반대 측면, 과도함, 부재 등을 제안한 Chris Peterson(2006b)의 공로에 빚졌다. 세계의 선도적인 실무자 및 교육자와 함께 전자의 접근을 시도했을 때, 임상의 관점에서 이 접근은 지속적인 관심을 끌지 못했다. 미덕은 불균형과 황금률이라는 2개의 지점을 지닌다는 Aristotle(BC4)의 개념과 일치하는 과다사용/과소사용의 연속선으로의 전환이 전 세계의 실무자들에게 강력하면서 개선된 안성맞춤이라는 것이 증명되었다. 최근의 연구는 이 모델을 지지하며, 심지어 정신병리를 가진 사람들을 이해하는 데도 유용하다는 것이 밝혀졌다(Freidlin et al., 2017).

💬 강점 기반 개입 실무자를 위한 Tip

- 24페이지에 걸쳐 제시되는 24개 성격 강점의 '핵심 내용'에 대해 더 많이 배워 보자! 800페이지의 책(Peterson & Seligman, 2004), 400페이지의 책(Niemiec & Wedding, 2014), 350페이지의 책(Niemiec, 2014a)도 있다. 제시된 24페이지가 이 책들을 대신하지는 못하지만, 알아두면 특히 도움이 될 것에 대해 짧은 핵심 정보를 제공한다.

- 당신의 상위 5개 강점의 '핵심 내용'을 조사하는 데 시간을 들이고, 자신을 묘사하는 데 이 다섯 가지 렌즈를 사용하는 것에 익숙해지라. 질문에 답해 보자. 개입 방법을 시도해 보자.

- '핵심 내용'을 살펴보라. 어떤 부분이 가장 마음에 드는가? 지식을 쌓기 위해 더 많은 시간을 할애하고 싶은 부분은 어디인가?

- 만약 내담자가 어떤 강점을 키우고 싶어 한다면, 소통을 촉진하기 위해 해당 강점의 '핵심 내용'으로 작업해 보라.

- 만약 내담자가 어떤 강점을 이해하려고 애쓰고 있다면, 강점 형성을 위한 질문, 개입 방법 및 다른 부분을 사용하여 해당 강점의 지식과 훈련을 강화할 수 있는 몇 가지 다양한 방법을 제시해 보라.

- 겸손이나 인내심에 대해 잘 모르는가? 이해를 위한 쉬운 참조 가이드로 다음의 페이지들을 사용해 보라.

덕목: 지혜

창의성

핵심 특성

정의: 개념화하고 실행하는 참신하고 생산적인 방법을 생각하는 것, 예술적 성취를 포함하지만 이에 국한되지는 않음

본질: 실용적인 독창성, 다른 방식으로 보고 생각하는 것

차원: 독창성, 기발함

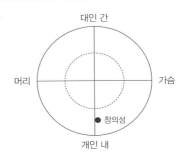

창의성과 가장 상관이 높은 강점

1. 호기심
2. 용기
3. 통찰력
4. 열정
5. 판단력/비판적 사고

흥미로운 연구 결과

- 아동들에게 가장 흔한 강점 중 하나임
- 지원, 개방성, 비전형적, 지지적인 환경에 의해 강화됨
- 시간적 압박, 엄격한 감독, 비판적 검토에 의해 제한됨

강점 형성을 위한 질문

- 당신은 어떤 상황에서 가장 창의적인가요?
- 창의성은 문제를 해결할 때 어떻게 도움을 주나요?
- 당신의 창의성을 막는 것은 무엇인가요?

창의성을 위한 개입 방법

- 사고력 과제나 문제 해결 활동 전에 '창의적일 것'을 격려한다. 이는 창의성 연구에서 가장 오래된 발견 중 하나이다(Nusbaum, Silvia, & Beaty, 2014).
- 하나의 '정답'을 찾기보다는 다양한 대안적 해결책을 창출하는 확산적 사고를 개발한다(Scott, Leritz, & Mumford, 2004). 문제에 이름을 붙인 후 브레인스토밍을 통해 가능한 해결책에 관한 아이디어를 나열해 본다.

순응	창의성	기이함
과소사용	강점 영역	과다사용

덕목: 지혜

호기심

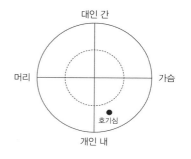

핵심 특성

정의: 현재 하고 있는 경험 자체에 관심을 가짐, 흥미로운 주
　　　제와 대상을 찾음

본질: 탐구

차원: 흥미, 자극 추구(novelty-seeking), 경험에 대한 개방성

호기심과 가장 상관이 높은 강점

1. 열정
2. 학구열
3. 호기심
4. 희망
5. 통찰력

흥미로운 연구 결과
- 행복 및 삶의 만족도와 가장 관련이 높은 5개의 강점 중 하나임
- 세계에서 가장 자주 보고되는 5개의 강점 중 하나임
- 삶의 몰입과 가장 관련이 높은 강점 중 하나임
- 지능, 장수, 삶의 의미 및 좋은 대인관계와 관련되어 있음

강점 형성을 위한 질문

- 삶의 다양한 영역에서 당신의 호기심은 어떤 식으로 나타나나요?
- 호기심이 느껴지는 가장 편한 장소는 어디인가요?
- 호기심 때문에 문제가 되는 상황은 어떤 때인가요?
- 당신의 호기심을 가로막는 것은 무엇인가요?

호기심을 위한 개입 방법

- 싫어하는 활동을 생각한다. 이 활동을 하면서 세 가지 새로운 측면에 주의를 기울인다(Langer, 2006).
- 주변에서 새로운 것이 생길 때만 호기심을 갖는 수동적 호기심 대신, 주변을 적극적으로 탐색하는 능동적 호기심을 연습해 본다(Kashdan, 2009).

덕목: 지혜

판단력/비판적 사고

핵심 특성

정의: 모든 측면에서 생각하고 검증함, 섣불리 결론을 내리지 않음, 증거에 비추어 생각을 바꿀 수 있음, 모든 근거를 공평하게 고려함

본질: 분석적, 세세한 부분까지도 모든 관점에서 검토함

차원: 비판적 사고, 개방성, 합리성

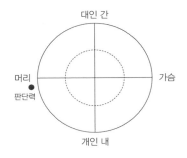

판단력과 가장 상관이 높은 강점

1. 통찰력
2. 인내
3. 정직
4. 학구열
5. 공정성

> **흥미로운 연구 결과**
> • 세계에서 가장 자주 보고되는 5개의 강점 중 하나임
> • '교정적 덕목'임. 잘못된 생각과 편견에 대응하여 의사결정을 도울 수 있음
> • 암시나 조종에 저항하는 데 도움이 됨

강점 형성을 위한 질문

• 판단력/비판적 사고를 생산적이면서 자동적인 방법으로 사용하는 방법들은 어떤 것인가요?
• 판단력이 강한 '머리'의 강점이라면, '가슴'의 강점과 결합하는 것이 가장 좋은 상황은 언제인가요?
• 당신이 이 강점을 과다사용하기 쉬울 때는 언제인가요?

판단력을 위한 개입 방법

• 당신의 신념, 태도 및 행동에 배치되는 정보를 찾아서 당신의 편견과 의견에 도전하라(Hart et al., 2009). 이를 통해 당신은 많은 유리한 상황과 정보를 얻게 될 것이며, 생각을 확장시킬 수 있을 것이다.
• 논쟁할 때, 진실은 모든 중요한 측면을 고려해야 하는 비판적 탐구 과정에서 나타난다는 믿음을 구체화한 접근법을 연습한다(Peterson & Seligman, 2004).

무분별함	판단력	편협함
과소사용	강점 영역	과다사용

덕목: 지혜

학구열

핵심 특성

정의: 정식이든 아니든 새로운 기술, 주제, 지식 체계를 터득

함, 호기심 강점과 관련되나 그것을 넘어서 알고 있는

것에 체계적으로 추가하는 경향성

본질: 지식에 깊이 빠짐

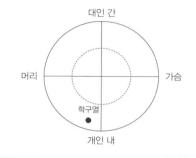

학구열과 가장 상관이 높은 강점

1. 호기심

2. 감상력

3. 판단력/비판적 사고

4. 창의성

5. 열정

흥미로운 연구 결과

• 몇몇 연구에서 학문적 성공과 관련성을 보임

• 긍정적 경험을 지원하여, 웰빙으로 이끎

• 지식의 기반을 더 깊게 하며, 효능감과 유능감을 강화함

강점 형성을 위한 질문

• 이 강점을 적용할 수 있는 새로운 분야는 무엇인가요?(예: 정원 가꾸기, 철학, 요리, 그림, 목공)

• 학구열을 통해 당신이 더 깊고 체계적으로 새로운 기술이나 주제를 배우게 되는 때는 어떤 상황인가요? 또 학구열이 원동력으로 작용하지 않을 때는 언제인가요?

• 어떤 학습 주제가 당신에게 제일 중요한가요?

학구열을 위한 개입 방법

• 제일 관심이 있고 배우고 싶은 주제를 골라 보라(Covington, 1999). 그 주제를 더 깊고 넓게 파고들면서 관심 분야를 계속 탐구하라.

• 지루할지도 모르는 것을 배워야 할 때, 배움이 당신과 세상 모두에 어떻게 이득이 될지 생각하라(연구자들은 '자기초월적 목적'이라고 부름; Yeager, Henderson et al., 2014). 이 모두에 초점을 맞춘다면 동기, 학습, 의미를 모두 강화할 수 있다.

통찰력

핵심 특성

정의: 타인에게 현명한 조언을 할 수 있음, 자신과 타인 모두
에게 합리적으로 세상을 보는 방법

본질: 더 넓은 관점

차원: 내 입장을 넘어서 관점들을 통합함

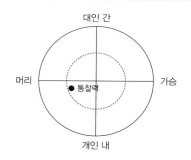

통찰력과 가장 상관이 높은 강점

1. 사회지능
2. 판단력
3. 희망
4. 용감함
5. 정직

흥미로운 연구 결과

• 삶의 몰입과 가장 관련이 높은 강점 중 하나임
• 성공적인 노화 및 노년기의 웰빙과 관련됨
• 스트레스나 트라우마의 부정적 영향에 대한 완충
역할을 함

강점 형성을 위한 질문

• 어떤 상황에서 당신의 통찰력을 나누는 것이 가장(혹은 적어도) 편한가요?
• 이 강점이 당신의 대인관계와 일에 어떻게 도움이 되었나요?
• 더 큰 그림을 나눌 기회를 놓쳤을 때를 이야기해 보세요. 그 경험으로부터 무엇을 배웠나요?

통찰력을 위한 개입 방법

• 인생의 문제를 떠올리라. 세계를 여행하면서 각기 다른 문화의 사람들을 만나 당신의 그 문제를 얘기하면서
각기 다른 삶의 맥락과 가치 및 통찰에 대한 정보를 모으는 것을 상상해 보라(Baltes & Staudinger, 2000).
• 지혜로운 사람과 이야기하라(혹은 이야기하는 상상을 하라). 만약 상상했다면, 질문과 주어진 답, 대화의
뉘앙스, 제시된 모든 조언 등 전체 대화를 마음에 그려 보라(Baltes & Staudinger, 2000). 이를 통해 지혜와
관련된 지식이 늘어날 것이다.

얕은 생각	통찰력	고압적 태도
과소사용	강점 영역	과다사용

덕목: 용기

용감함

핵심 특성

정의: 위협, 도전, 어려움이나 고통에서 몸을 사리지 않음,
　　　옳은 것을 옹호함, 사람들이 좋아하지 않더라도 신념
　　　에 따라 행동함

본질: 두려움에 맞섬, 역경에 맞섬

차원: 용맹, 신체-심리-윤리적인 용감함

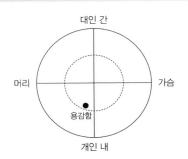

용감함과 가장 상관이 높은 강점

1. 통찰력
2. 사회지능
3. 정직
4. 창의성
5. 희망

흥미로운 연구 결과

- 개인적 용기(고소공포를 직면하는 것 같은 용기)보다
  일반적 용기(모두를 위한 용기)와 더 관련됨
- 불안을 낮추며, 이는 모호한 상황을 견디는 능력을 강
  화함
- 과제를 극복하고 능동적 대처 기술을 만들면서 탄력성
  을 구축함

강점 형성을 위한 질문

- 신체적 도전, 심리적 장애물, 윤리적 딜레마 중 어떤 것에서 용감함을 가장 잘 발휘합니까?
- 당신이 용감함을 행한 뒤 사람들이 당신을 존경하나요, 아니면 걱정하나요?
- 과거에 당신의 어떤 강점이 용감함과 가장 잘 결합하였나요? 무슨 이유에서였나요?

용감함을 위한 개입 방법

- 도움받는 사람을 생각하고, 행동의 선함을 떠올리며, 해야 할 의무를 상기하는 것 같은 용기 있는 행동의
  결과에 주목한다(Pury, 2008).
- 그러한 의견을 낼 적절한 이유가 있다면, 타인(혹은 자기)을 용기 있는 사람이라고 부르는 것은 심리적 용
  기를 북돋는 방법이다(Hannah et al., 2007).

비겁함	용감함	무모함
과소사용	강점 영역	과다사용

덕목: 용기

인내

핵심 특성

정의: 시작한 것을 끝냄, 장애물이 있어도 계속 행동함, '결과를 내기', 일을 완수하는 것을 기뻐함

본질: 지속함, 모든 역경을 극복함

차원: 근면함, 끈기

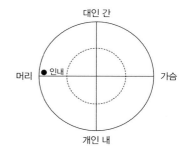

인내와 가장 상관이 높은 강점

1. 자기조절
2. 정직
3. 희망
4. 열정
5. 용감함

흥미로운 연구 결과

• 과제를 위한 노력과 과제를 지속하는 기간이라는 2개의 방향과 관련됨
• 삶의 몰입과 가장 관련이 높은 강점 중 하나임
• 성공 및 다양한 종류의 성취와 반복적으로 상관이 나타남

강점 형성을 위한 질문

• 당신이 인내심 있는 행동을 하도록 자극하는 것은 무엇인가요?
• 인내를 적용해서 더 잘 관리하고 싶은 나쁜 습관이 있나요?
• 인내심을 발휘하지 못하게 하는 장애물은 무엇인가요? 그런 장애물을 뛰어넘기 위해 당신의 강점들을 어떻게 사용할 수 있나요?

인내를 위한 개입 방법

• 부정적인 사건에 직면했을 때 적응하는 것은 인내심을 기르는 데 결정적이다. 적응할 것인지 아닌지를 결정하는 데 중요한 한 가지 요소는 '계속 간다'는 사고방식을 유지하는, 부정적 사건에 대한 긍정적인 재인식 능력(즉, 좋고 긍정적이고 의미 있는 것 그리고 경험을 통해 배운 것을 보는 연습)이다(Diener et al., 2006).
• 원하는 결과에 초점을 맞추기보다는 과제나 어려운 상황에 집중하는 능력, 노력, 에너지를 중심으로 긍정적인 피드백을 한다. 즉, 낮은 노력과 낮은 능력을 구분하고, 노력에 대해 보상하고 강화한다(Dweck, 2006; Peterson & Seligman, 2004).

무기력	인내	강박
과소사용	강점 영역	과다사용

덕목: 용기

정직

핵심 특성

정의: 진실을 말함, 더 넓은 의미에서 자신을 진솔하게 드러
내고 진심 어린 행동을 함, 자신의 감정과 행동에 책임
을 지는 것

본질: 자신에게 솔직하고 타인에게 진솔함

차원: 진솔성, 진실성

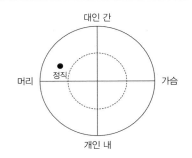

정직과 가장 상관이 높은 강점

1. 인내
2. 통찰력
3. 친절
4. 공정성
5. 용감함

흥미로운 연구 결과

• 자기일치와 관련됨. 개인의 목표가 자신의 내적인 흥미
와 가치를 정확하게 나타내는 정도
• 세계에서 가장 자주 보고되는 5개의 강점 중 하나임
• 타인과 자신에 대한 자신의 의도와 약속을 스스로 더 정
확하게 평가하도록 함

강점 형성을 위한 질문

• 어떤 상황에서 조금 덜 정직하거나 진실을 말하지 않으려고 하나요?
• 다른 사람들에게 건설적인 피드백을 주는 법을 검토해 보세요. 어떤 것이 가장 좋은 방법인가요?
• 실수했을 때, 그것을 책임지는 것이 쉬운 편인가요?

정직을 위한 개입 방법

• 가능하다면, 다른 사람들이 진솔함이나 정직성을 뒷받침하는 선택과 자기표현의 온전한 감각을 갖고 행동
하도록 권장하라(Sheldon, Ryan, Rawsthorne, & Ilardi, 1997).
• 집과 직장에서 완전히 다른 태도로 행동하기보다는 장소나 역할에 상관없이 일관되게 자신을 표현하도록
한다(Sheldon et al., 1997).

허위	정직	당위
과소사용	강점 영역	과다사용

덕목: 용기

열정

핵심 특성

정의: 신나고 활력 있게 삶에 접근함, 어중간하고 성의 없게 하
　　　지 않음, 인생을 모험처럼 살고, 활기차고 생기 있게 느낌

본질: 삶에 대한 열의

차원: 활력, 활기, 에너지

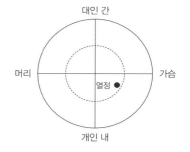

열정과 가장 상관이 높은 강점

1. 희망
2. 호기심
3. 감사
4. 인내
5. 유머

흥미로운 연구 결과

- 삶의 만족도와 지속해서 가장 높은 상관을 보이는 2개의 성격 강점 중 하나임
- 세계에서 가장 적게 보고되는 강점 중 하나임
- 몰입, 의미, 직업이 천직이라고 여김, 건강한 행동 및 직업 만족과 높은 관련성

강점 형성을 위한 질문

- 무엇이 당신의 열정을 방해하고 억제하나요? 어떻게 그것을 다룰 수 있나요?
- 당신이 최선을 다하기 위해 어떤 강점이 열정과 결합하는 것이 가장 좋을까요?
- 일상이나 하루 일과를 검토해 보세요. 어떤 경험이 당신에게 가장 많은 에너지와 열정을 가져다주나요? 당신은 그 일들을 더 많이 경험할 수 있나요?

열정을 위한 개입 방법

- 다른 사람과 긍정적인 경험을 나누는 것이 그렇지 않은 경우에 비해 에너지와 활력을 더 증가시킨다는 연구가 있다. 그리고 더 많이 나눌수록 3주 후의 활력이 더 많이 증가하였다(Lambert, Gwinn, Fincham, & Stillman, 2011).
- 밖으로, 특히 자연 속으로 나가는 것이 열정과 활력을 증가시킨다(Ryan et al., 2010). 야외에서 휴식하고, 또 자연에서 시간을 보내도록 일정을 계획해 본다.

한곳에 머무름　　　　　　　　열정　　　　　　　　과잉활동

과소사용　　　　　　　　강점 영역　　　　　　　　과다사용

덕목: 자애

사랑

핵심 특성

정의: 타인과 가까운 관계, 특히 서로 나누고 보살피는 관계
에 가치를 둠, 타인과 친밀함

본질: 진심, 서로에게 따뜻함

차원: 타인을 사랑하고, 타인에게 사랑받음

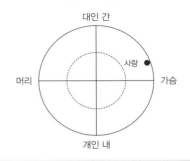

사랑과 가장 상관이 높은 강점

1. 감사
2. 친절
3. 열정
4. 희망
5. 사회지능

흥미로운 연구 결과

• 삶의 만족도와 가장 상관이 높은 5개의 강점 중 하나임
• 아주 어린 아이들의 가장 일반적인 성격 강점 중 하나임
• 관계의 건강함과 지속성을 돕는 공감, 관용 및 용서를 촉진함

강점 형성을 위한 질문

• 당신이 직장이나 가정에서 그리고 친구들에게 건강하게 사랑을 표현하는 방법은 무엇인가요?
• 다른 사람들과 사랑을 똑같이 주고받는다는 균형감을 느끼고 있나요?
• 당신의 높은 순위의 강점들과 어떻게 조합될 수 있을까요?

사랑을 위한 개입 방법

• 이 강점의 표현 및 강화 방법으로, 많이 계획하고 기억하고 미리 생각할 필요 없이 자연스럽게 그 순간에 사랑하는 것을 연습해 보라(Kammrath & Peetz, 2011).
• 사랑을 느끼고 표현하는 데 중점을 둔 정신 집중, 이미지 및 표현을 통해 의식적으로 사랑의 내적 자원에 접촉하는 자애(loving-kindness) 명상을 연습한다. 이는 사랑을 북돋우며, 정신적 및 육체적 이익을 많이 가져온다(Cohn & Fredrickson, 2010).

정서적 고립	사랑	정서적 문란
과소사용	강점 영역	과다사용

덕목: 자애

친절

핵심 특성

정의: 타인에게 호의와 선행을 베풂, 남을 도움, 남을 보살핌

본질: 남을 위한 행동

차원: 관대함, 돌봄, 배려, 연민, 이타주의, 다정함

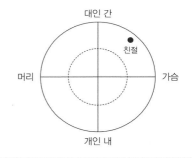

친절과 가장 상관이 높은 강점

1. 감사
2. 협동심
3. 리더십
4. 공정성
5. 사랑

흥미로운 연구 결과

• 세계에서 가장 자주 보고되는 5개의 강점 중 하나임

• 스트레스나 트라우마의 부정적 영향에 대한 완충 역할을 함

• 친절함은 낙관성, 사회적 연결감, 목표 숙달감, 낮은 불안과 자기비난 및 완벽주의를 포함한 수많은 이득을 지님

강점 형성을 위한 질문

• 다른 사람들이 당신의 친절함을 어떻게 받아들이나요?

• 당신은 친절의 각 차원들, 즉, 관대함, 배려, 연민, 다정함 등을 표현하는 것의 차이를 알고 있습니까?

• 친절을 내면으로, 당신 자신에게로 향하는 것이 가장 중요한 때는 언제인가요?

친절을 위한 개입 방법

• 매일 행한 친절한 행동을 계속 기록하고, 하루의 마무리에 그날 한 친절한 행동을 세어 본다(Otake, Shimai, Tanaka-Matsumi, Otsui, & Fredrickson, 2006).

• 시간을 내어주지 않으려던 사람에게 도움을 줄 수 있는 시간을 내어 본다(Gander, Proyer, Ruch, & Wyss, 2013).

• 남에게 이익이 되면서 당신에게는 직접적인 이익으로 돌아오지 않는 무작위의 친절한 행위인 '대가 없는 선행(pay forward)'을 해 본다(Baker & Bulkley, 2014; Pressman, Kraft, & Cross, 2015).

무관심	친절	관계의 선 침범
과소사용	강점 영역	과다사용

덕목: 자애

사회지능

핵심 특성

정의: 타인과 자신의 동기와 감정을 알아차림, 각 사회적 상황
에 잘 맞는 행동을 알고 있음, 타인의 행동의 이유를 앎

본질: 조율된, 잘 아는

차원: 정서지능, 성격지능

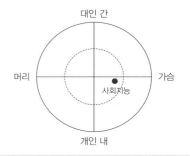

사회지능과 가장 상관이 높은 강점

1. 통찰력
2. 리더십
3. 용감함
4. 유머
5. 열정

흥미로운 연구 결과

• 즐거운 삶과 가장 관련된 강점 중 하나임
• 교실 내에서 긍정적 행동을 하도록 하는 중요한 강점임
• 스트레스나 트라우마의 부정적 영향을 완충시키는 데 도움이 됨

강점 형성을 위한 질문

• 사회지능 강점이 가장 강하게 나타나는 상황은 언제인가요? 어떻게 하면 그러한 사회적인 지식을 다른 상황에도 적용할 수 있나요?
• 당신의 성격 강점 중 어떤 것이 사회지능을 가장 잘 보완할까요?
• 만약 사회적 상황을 잘못 '읽었다면' 그 경험으로부터 어떤 교훈을 얻을 수 있을까요?

사회지능을 위한 개입 방법

• 당신 안에서 일어나는 감정의 범위를 인식하고, 그것을 다른 사람들에게 균형 잡힌 방식으로 표현하는 연습을 하라(Neils, Quoidbach, Mikolajczak, & Hansenne, 2009).
• 마음챙김 연습과 정서지능은 과학적으로도 연관되어 있다(Schutte & Malouff, 2011). 마음챙김은 감정의 자각과 명명뿐 아니라 비언어적 행동과 사회적 맥락의 구체적인 측면에 대한 사회적 자각을 가능하게 한다.

모름/둔감함	사회지능	지나친 분석
과소사용	강점 영역	과다사용

덕목: 정의

협동심

핵심 특성

정의: 한 집단의 구성원으로 잘 행동함, 집단에 충성함, 자신
의 주어진 몫을 함

본질: 참여적인, 집단 활동에 공헌함

차원: 시민의식, 사회적 책임감, 충성심

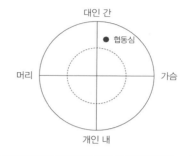

협동심과 가장 상관이 높은 강점

1. 리더십
2. 친절
3. 공정성
4. 사랑
5. 정직

흥미로운 연구 결과

• 이 장점이 높은 순위에 있는 사람은 높은 사회적 신뢰감
과 타인에 대해 더 긍정적인 관점을 지님
• 고등학교 학생들의 더 적은 우울 증상을 예측함
• 사회적 혹은 물리적 환경을 보호하기 위한 행위로 정의
되는 지속적 행동과 가장 관련이 높은 강점 중 하나임

강점 형성을 위한 질문

• 업무뿐 아니라 놀이에서 혹은 대인관계나 가족 혹은 육아에서 어떻게 협동심을 발휘할 수 있나요?
• 스트레스가 클 때, 당신은 협동심으로부터 어떤 도움을 얻나요?
• 협동심과 가장 잘 결합할 수 있는 강점은 무엇인가요?

협동심을 위한 개입 방법

• "우리는 잘할 거야." "우리는 준비됐어." "우리는 우리의 능력을 믿어."와 같이 당신의 팀(당신 자신이 아닌)
을 위한 긍정적인 혼잣말을 해 보라(Son, Jackson, Grove, & Felts, 2011).
• 팀원 간에 긍정적이고 주도적인 접근 지향적 마음가짐을 갖도록 해 본다(Kilduff & Galinsky, 2013).
• 성공 가능성을 낙관적으로 보고, 능력에 대해 자신감을 가지며, 좌절에서 회복할 수 있도록 팀원을 격려함
으로써 팀의 낙관성, 효능감, 탄력성을 개발한다(West, Patera, & Carsten, 2009).

덕목: 정의

공정성

핵심 특성

정의: 공정함과 정의로움에 따라 모든 사람을 똑같이 대함,
사적 감정으로 타인에게 편견을 갖지 않음, 모두에게
공정한 기회를 제공함

본질: 모두에게 균등한 기회

차원: 배려에 기반한, 정의에 기반한, 윤리적 추론

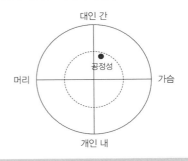

공정성과 가장 상관이 높은 강점

1. 리더십
2. 협동심
3. 용서
4. 친절
5. 정직

흥미로운 연구 결과

- 세계에서 가장 자주 보고되는 5개의 강점 중 하나임
- 공정한 사람들은 긍정적이고 친사회적인 행동을 더 많이 하고, 비윤리적인 행동을 할 가능성이 낮음
- 세 가지 공정성: 절차적 정의(사용된 방법이 공정함), 분배적 정의(최후 결과가 공정함), 상호작용적 정의(정책과 절차의 실행에서 개인은 존엄과 존경을 받음)

강점 형성을 위한 질문

- 직장이나 가정에서 당신이 공정하지 않게 되는 상황은 언제인가요?
- 당신이 부당함을 목격했을 때, 어떻게 하면 당신은 많은 장점을 사용하는 생산적인 방법으로 행동할 수 있나요?
- 당신이 매일 공정성을 사용하는 세 가지 작은 일은 무엇인가요?

공정성을 위한 개입 방법

- 다른 사람에게 영향을 미치는 의사결정에 참여하면서 그들이 그 아이디어나 가정들에 반대하거나 반박하도록 허용함으로써 공정성을 향상시키도록 하라(Kim & Mauborgne, 1997).
- 최종 의사결정에 대한 명확한 설명을 제공하고, 새로운 규칙/정책에 대한 기대를 확실히 이해시켜 보라(Kim & Mauborgne, 1997).
- 관용, 열린 마음, 조망 수용을 실천할 수 있는 상반된 관점을 제시하는 도덕적 딜레마나 이야기에 대한 논의를 촉진하라(Berkowitz, 1985).

편파적	공정성	고고한(거리를 두는)
과소사용	강점 영역	과다사용

덕목: 정의

리더십

핵심 특성

정의: 소속된 집단을 격려하여 일을 성사시키고, 동시에 집단
　　내의 좋은 관계를 유지함, 단체 활동을 조직하고 그 활
　　동을 살핌

본질: 타인에게 긍정적 영향을 미침

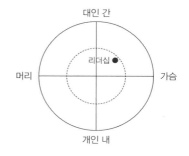

리더십과 가장 상관이 높은 강점

1. 공정성
2. 협동심
3. 친절
4. 사회지능
5. 감사

흥미로운 연구 결과

• 리더십은 실행(방향의 규정이나 설정 혹은 확인, 집단 과정의 촉진)과 개인적 자질(리더의 역할을 찾고, 성취하고, 수행하려는 동기와 능력)로 구분될 수 있음
• 거래적 리더는 책임, 기대 및 수행해야 할 과제를 명확히 하는 반면, 변혁적 리더는 매우 높은 수준에서 수행하도록 동기를 부여하여 신뢰와 헌신의 분위기를 조성함
• 확실히 더 적은 문제들(예: 불안, 우울)과 관련된 장점 중 하나임

강점 형성을 위한 질문

• 직장이나 친한 관계에서 리더십을 발휘할 수 있는 구체적인 방법은 무엇인가요?
• 당신이 자신의 리더십을 과신하고 있을지도 모른다는 단서를 다른 사람들로부터 어떻게 얻을 수 있나요?
• 이끌어 가기에 혹은 따라가기에 가장 좋은 시기를 어떻게 알 수 있습니까?

리더십을 위한 개입 방법

• 이 강점을 향상시키기 위해서 과다사용과 과소사용을 경계하면서 자신의 강점을 인식하고 활용하라 (Kaiser & Hogan, 2011).
• 리더 행동 유연성을 향상시키라. 이는 상황에 따라 상당히 다른 식으로 대응할 수 있고, 관리 혹은 지도하는 대상의 개별적인 요구를 충족시킬 수 있도록 리더십 스타일을 조정하는 것을 의미한다(Sumner-Armstrong, Newcombe, & Martin, 2008).

순응	리더십	폭정(독재)
과소사용	강점 영역	과다사용

덕목: 절제

용서

핵심 특성

정의: 잘못을 저지른 사람들을 용서함, 타인의 단점을 수용
함, 타인에게 다시 기회를 줌, 복수심이 없음

본질: 잘못된 일로 받은 상처를 그냥 흘려보내는 것

용서와 가장 상관이 높은 강점

1. 공정성
2. 리더십
3. 협동심
4. 친절
5. 사랑

흥미로운 연구 결과

• 용서는 부인(denial), 묵인, 사면, 망각 및 화해와 구분됨
• 용서는 정서적 웰빙, 건강한 생활방식, 사회적 지지, 영적 웰빙 등과 같은 신체적 및 심리적 건강과 관련됨
• 용서하는 사람들은 그렇지 않은 사람들에 비해 분노, 불안, 우울, 적대감이 더 낮음

강점 형성을 위한 질문

• 당신이 상대를 진심으로 용서했지만 상대방의 죄는 잊지 않았던 때를 떠올릴 수 있나요?
• 당신이 누군가를 완전히 용서했을 때 당신의 몸에서 어떤 느낌이 드나요?
• 당신에게 먼저 사과하지 않은 사람을 용서했던 때를 생각해 보세요. 그때 어떤 성격 강점을 사용했나요?

용서를 위한 개입 방법

• 자비 초점적 재평가를 훈련하라. 당신을 공격한 누군가를 좋고 나쁨의 흑백논리적 관점에서 보지 말고, 긍정적인 성장과 변화의 경험이 필요한 복합적인 인간이라는 점을 생각해 보라(Witvliet et al., 2011, 2010).
• 누군가 당신에게 작은 실수를 한 뒤, 그 실수로부터 얻은 당신 자신의 이득에 대해 써 보는 인지적 처리를 해 보라(McCullough, Root, & Cohen, 2006).
• 용서는 지속적인 노력이 반복되는 과정이라는 점을 기억하라(Baskin & Enright, 2004).

무자비한	용서	허용적인
과소사용	강점 영역	과다사용

덕목: 절제

겸손

핵심 특성

정의: 자신의 성취를 굳이 알리기보다는 자연스럽게 드러나
　　　도록 함, 실제보다 더 특별하다고 생각하지 않음

본질: 성취가 가치를 높이는 것이 아님, 나는 괜찮다고 여기
　　　면서 타인에게 긍정적 초점을 맞춤

차원: 겸허함

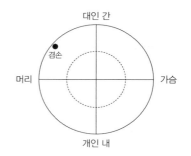

겸손과 가장 상관이 높은 강점

1. 신중성
2. 공정성
3. 정직
4. 협동심
5. 친절

흥미로운 연구 결과

- 겸손은 세계적으로 가작 적게 보고되는 강점 중 하나임
- 겸손은 정확한 자기평가, 한계 인식 및 '자기' 망각을 포함함
- 겸손은 사회적 관계를 강화함
- 겸손한 사람들은 그렇지 않은 사람들보다 남을 더 많이 도움

강점 형성을 위한 질문

- 겸손해서 후회했던 적이 있나요? 약간의 변화를 주면서 겸손함을 유지할 방법이 있나요?
- 삶에서 겸손함을 표현하려고 할 때 어떤 것이 장애가 되나요?
- 인정과 칭찬을 원하는 자아의 욕구와 겸손 사이에서 어떻게 균형을 맞추나요?

겸손을 위한 개입 방법

- 겸손함을 느꼈을 때를 적어 보라. 어떤 느낌을 느꼈고 무슨 생각을 했는가? 자기비하가 아니라 진정으로 겸손했던 경험이라는 점을 확실히 기억하라(Exline & Geyer, 2004; Kesebir, 2014).
- 당신의 오만한 본성을 '굶기고' 당신의 겸손한 본성을 '먹이는' 것을 도울 수 있게 겸손의 모범이 되는 사람이나 영웅을 찾아서 그들의 특징에 대해 글을 써 보라(Worthington, 2007).

오만함	겸손	자기비하
과소사용	강점 영역	과다사용

덕목: 절제

신중성

핵심 특성

정의: 선택에 있어 조심스러움, 과도한 위험을 무릅쓰지는 않음, 나중에 후회할 일을 말하거나 행하지 않음

본질: 현명한 조심성

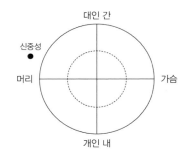

신중성과 가장 상관이 높은 강점

1. 판단력/비판적 사고
2. 겸손
3. 정직
4. 자기조절
5. 공정성

> **흥미로운 연구 결과**
> • 세계적으로 가작 적게 보고되는 강점 중 하나임
> • 학교의 교실 내에서의 긍정적 행동과 관련된 강점 중 하나임
> • 신체적 건강, 직무 성과 및 생산성과 관련됨
> • 더 적은 외현적 행동(예: 공격성)과 상당히 관련됨

강점 형성을 위한 질문

• 신중함이 존중, 신중한 선택, 양심 및 목표 설정과 관련되는데도 왜 나쁜 평판을 받을까요?
• 언제 용감함과 신중성을 결합하나요? 신중성을 표현하기 위해 용감함을 최소화하는 때는 언제인가요?
• 사람들이 당신의 신중함을 고마워할 때는 언제인가요?

신중성을 위한 개입 방법

• 활동을 계획할 때, 멈추어서 가능한 장애물을 고려하고 활동과 관련된 과거 경험(즉, 지난번에 시간이 얼마나 걸렸는가?)과 과제를 구성하는 단계와 요소들(즉, 각 부분에 얼마나 시간이 필요할까?)의 두 가지 요소를 반영해 보라(Weick & Guinote, 2010).
• 목표 달성에서의 제약을 고려하면서 할 일 목록에 있는 목표에 대해 하나씩 구체적인 계획을 수립하라. 당신은 하나의 '도덕적 활동'을 집중해야 할 목표로 고려할지도 모른다(Dalton & Spiller, 2012).

자극 추구	신중성	고루함
과소사용	강점 영역	과다사용

자기조절

핵심 특성

정의: 느낌과 행동을 조절함, 규율적임, 식욕이나 감정을 조절함

본질: 나쁜 습관에 대한 자기관리. 충동이나 정서에 대한 적절한
    통제

차원: 자기통제(self-control)

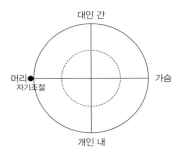

자기조절과 가장 상관이 높은 강점

1. 인내
2. 열정
3. 희망
4. 신중성
5. 정직

흥미로운 연구 결과

- 세계적으로 가작 적게 보고되는 강점 중 하나임
- 자기조절은 근육과 같음. 과도한 노력으로 지칠 수 있고, 훈련을 통해 강해질 수 있음. 실험실에서 고작 7분 만에 고갈되었음
- 부모의 자기조절은 자녀의 행복과 관련됨
- 다른 강점에 비해 더 많은 건강 행동과 관련되어 있음

강점 형성을 위한 질문

- 자신의 습관이나 행동 중 어떤 것을 가장 잘 조절하나요?
- 열심히 노력해서 나쁜 습관을 극복한 상황을 떠올려 보세요. 어떤 강점을 사용했나요?
- 자기조절은 당신 삶의 최고의 성공에 어떻게 기여했나요?

자기조절를 위한 개입 방법

- 일일 자기통제 연습을 시작하는 것은 자기조절의 일반적 능력을 향상시킨다. 하나의 자기통제 영역에서의 자신을 관찰해 보라(예: 식사, 정서 조절, 자세 조절, 신체 운동, 돈 관리, 명상 연습). 이는 또한 다른 영역(당신의 전체 능력)에 대한 관리도 향상시킬 것이다(Baumeister et al., 2006).
- 또 다른 방법은 ① 바꾸고 싶은 중요한 행동을 정하고, ② 당신의 행동이 바뀌었을 때 얻을 수 있는 가장 긍정적 결과를 상상하고, ③ 당신의 바람을 이루려고 할 때 가장 결정적인 장애가 되는 것을 상상해서, ④ 그에 따라 구체적인 계획을 세우는 것이다(Stadler, Oettingen, & Golwitzer, 2010).

덕목: 초월

감상력

핵심 특성

정의: 자연에서 예술까지, 수학에서 과학까지 아우르는 삶의
다양한 일상에서의 미(美), 탁월함 및 숙련됨을 인지하
고 진가를 알아봄

본질: 사물의 이면을 봄, 아름다움이나 위대함 앞에서 경외심
을 경험함

차원: 경외, 경탄, 고결함, 감탄

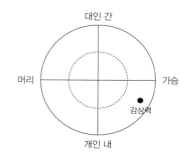

감상력과 가장 상관이 높은 강점

1. 감사
2. 호기심
3. 학구열
4. 친절
5. 창의성

흥미로운 연구 결과

• 자연적인 혹은 추상적인 아름다움(경외나 경탄을 일으키는),
탁월함/기술/재능(감탄을 자아내는), 미덕이나 선(고결함을
느끼게 하는)에 대한 감상과 관련됨

• 다양한 건강 행동과 관련된 강점 중 하나임

• 여러 연구에서 고결함은 친사회적 혹은 이타적 행동으로 이
어진다는 것이 나타남

강점 형성을 위한 질문

• 당신은 탁월함이나 아름다움을 감상하는 것에서 더 많은 울림을 받나요? 왜 그런가요?

• 당신이 경탄, 감탄 혹은 고결함을 느끼도록 하는 예시나 경험은 무엇입니까?

• 당신의 일과 대인관계에 이 강점이 어떤 영향을 미치나요?

감상력을 위한 개입 방법

• 하루 중 자연이나 예술 혹은 타인의 선함을 알아차리는 시간을 갖고, 그 아름다움과 당신의 경험에 대해 간
단한 일기를 쓰라(Diessner, Rust, Solom, Frost, & Parsons, 2006).

• '아름다움 산책'을 계속 해 보라. 연구에 따르면, 자연에 직접적인 주의를 기울이며 걷는 것은 아름다움에
대한 더 많은 마음챙김으로 이끌 수 있다(Diessner, Woodward, Stacy, & Mobasher, 2015).

인식하지 않음	감상력	속물근성/완벽주의
과소사용	강점 영역	과다사용

덕목: 초월

감사

핵심 특성

정의: 좋은 일이 생긴 것을 인지하고 감사함, 시간을 내어 감
사를 표함

본질: 감사하는 태도

감사와 가장 상관이 높은 강점

1. 친절
2. 사랑
3. 희망
4. 영성
5. 열정

흥미로운 연구 결과

• 삶의 만족도 및 행복과 가장 상관이 높은 5개의 강
점 중 하나임
• 의미 있는 삶과 가장 관련이 높은 강점 중 하나임
• 심리적 및 신체적 건강상의 많은 이득에 기여함
• 성취, 직무 만족 및 소명의식과 관련됨

강점 형성을 위한 질문

• 감사함을 가장 많이 표현하게 되는 때는 언제입니까?
• '작은 일'에 대한 감사의 관점에서 당신의 하루는 어떻게 기억될 수 있나요?
• 당신이 애써서 감사를 표하고 싶은 사람들이 있나요? 이런 상황에서 다른 강점이 당신에게 어떻게 도움이
될까요?

감사를 위한 개입 방법

• 다음 주에 하루를 마칠 때 매일 세 가지 감사한 일을 쓰고 그 일이 일어난 이유를 설명해 보라(Gander et
al., 2013; Seligman et al., 2005). 매일 같은 예시를 반복해서 적지 않도록 주의하라.
• 당신이 특히 감사하고 싶은 사람과 제대로 감사하지 않았던 사람에게 감사의 편지를 쓰라. 적절한 경우라
면, 직접 방문하여 감사함과 감사 편지를 전해 보라(Gander et al., 2013; Seligman et al., 2005).

권한(당연하다 여김)	감사	아첨
과소사용	강점 영역	과다사용

덕목: 초월

희망

핵심 특성

정의: 향후 최고의 것을 기대하고 그걸 달성하기 위해 노력
　　함, 좋은 미래가 올 수 있다고 믿음

본질: 긍정적 기대

차원: 낙관주의, 미래의 마음가짐, 미래 지향

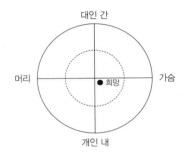

희망과 가장 상관이 높은 강점

1. 열정
2. 감사
3. 통찰력
4. 인내
5. 사랑

흥미로운 연구 결과

• 삶의 만족도 및 행복과 가장 상관이 높은 5개의 강점 중 하나임
• 의미, 몰입 및 즐거움과 강하게 관련됨
• 두 가지 사고방식과 관련됨. ① 주도적 사고: 목표를 이루기 위한 에너지와 동기를 계속 유지할 수 있다는 것을 인식함, ② 경로적 사고: 목표를 세우고 그것을 이루기 위해 다양한 방법을 따를 수 있다는 것을 인식함

강점 형성을 위한 질문

• 당신의 희망 수준을 유지할 수 있게 하는 것은 무엇인가요?
• 어려운 시기에 희망은 당신에게 어떻게 도움이 되나요?
• 희망과 낙관성의 측면에서 당신은 현실적인 것과 비현실적인 것 사이의 균형을 어떻게 맞추나요?

희망을 위한 개입 방법

• 미래의 어떤 시점에서 가능할 것 같은 최고의 자신에 대해 시각화하고 써 보라. 개인, 대인관계, 직업의 세 영역에서 당신의 삶이 긍정적으로 발전되는 것을 보라(Meevissen, Peters, & Alberts, 2011; Peters, Flink, Boersma, & Linton, 2010).
• 목표를 정하고 그 목표를 달성할 수 있는 다양한 경로와 이유를 적음으로써 당신의 희망찬 사고를 북돋우라(Feldman & Dreher, 2012; Snyder, Rand, & Sigmon, 2002).
• 좋고 나쁜 일에 대해 기록하라. 좋은 일이 왜 지속될 것이고 더 확대되며 어떻게 당신의 행동과 관련될지 써 보라. 나쁜 일이 왜 빨리 지나갈 것이고, 그 영향이 제한적이며, 그에 대해 당신이 모든 비난을 받지 않는 이유에 대해 써 보라(Seligman, 1991).

덕목: 초월

유머

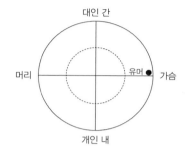

핵심 특성

정의: 웃음 및 장난과 관련됨, 타인을 웃음 짓게 함, 밝은 면
　　을 봄, 농담(꼭 말하지는 않아도)

본질: 다른 사람들에게 즐거움과 웃음을 줌

차원: 장난스러움

유머와 가장 상관이 높은 강점

1. 사회지능
2. 열정
3. 친절
4. 희망
5. 사랑

흥미로운 연구 결과

- 삶의 만족도 및 행복과 가장 상관이 높은 5개의 강점 중 하나임
- 즐거움 및 긍정적 정서와 가장 상관이 높은 강점 중 하나임
- 건강상의 많은 이득과 관련됨

강점 형성을 위한 질문

- 당신은 어떤 상황에서 유머를 더 잘 사용하게 되나요?
- 시의적절하게 유머를 사용하기 위해서 분위기를 잘 파악하려고 사용하는 강점은 무엇입니까?
- 당신은 어떻게 다른 사람들과 장난치기 시작합니까? 또 다른 사람들은 어떻게 당신에게 농담하기 시작합니까?

유머를 위한 개입 방법

- 다음 주에 하루를 마칠 때 매일 당신이 경험한 혹은 당신이 했던 가장 재밌었던 일을 세 가지 적고 그것이 일어난 이유를 설명해 보라(Gander et al., 2013).
- 장난스럽고 유쾌한 태도를 함양하라. 예를 들어, 당신이 진지할 때와 장난스러울 때를 떠올려 보고 후자를 하는 데 더 많은 시간을 보내는 것, 좀 더 장난스러운 인생관을 채택함으로써 얻을 수 있는 이익을 생각하는 것, 어린아이들과 놀면서 시간을 보내는 것, 매일 적어도 한 가지 재미있는 일을 하는 것, 장난스럽게 행동하도록 스스로 상기하는 것 등이다(McGhee, 2010).

지나치게 진지함	유머	경솔함
과소사용	강점 영역	과다사용

덕목: 초월

영성

핵심 특성

정의: 우주의 더 큰 목적과 의미에 대해 일치된 믿음을 지님, 더 큰 계획 속에서 개인이 어디에 적합한지 아는 것, 행위를 만들고 위안을 주는 삶의 의미에 대한 믿음을 갖는 것

본질: 성스러움과의 연결, 거대한 계획 속에서의 작은 삶

차원: 목적, 의미, 신뢰, 독실함

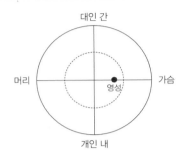

영성과 가장 상관이 높은 강점들

1. 감사
2. 희망
3. 열정
4. 사랑
5. 친절

흥미로운 연구 결과

- 과학자들의 정의에 의하면 영성은 성스러운 것에 대한 추구 혹은 소통임
- 삶의 의미와 가장 상관이 높은 5개의 강점 중 하나임
- 자비, 이타주의, 자원봉사, 자선 활동과 관련됨
- 낮은 부부 갈등, 배우자 사이의 높은 지지, 더 일관된 양육, 부모와 자녀 간의 더 지지적인 관계와 관련됨

강점 형성을 위한 질문

- 당신은 영성을 무엇이라고 정의하나요?
- 남에게 이익을 주면서 개종시키지 않는 방법으로 당신은 어떻게 '믿는 것을 가장 잘 실천'하나요?
- 어떻게 하면 남을 방해하지 않고 직장에서 영성을 행할 수 있나요?(예: 의미나 목적의 추구, 곁에 성스러운 물건을 두거나 종교적 실천을 위해 휴식하는 것 등)

영성을 위한 개입 방법

- 공동체에 긍정적으로 기여할 수 있는 새로운 자원봉사를 하는 것 등을 통해 보다 적극적으로 삶에 참여하여 목적의식을 쌓아 보라(Hill, Sumner, & Burrow, 2014).
- 매일 몇 분씩 가치 있고 성스럽고 귀중하다고 여기는 것에 주의를 돌려 유형 혹은 무형의 성물을 신성시해 보라(Goldstein, 2007).
- 자비와 같은 영적 자질을 지닌 롤모델로부터 배워 보라. 당신이 그에 대해 가장 높이 평가하는 점과 모방하고 싶은 긍정적인 속성을 생각해 보라(Oman et al., 2007, 2009; Oman & Thoresen, 2007; Plante, 2008).

무질서	영성	광신적
과소사용	강점 영역	과다사용

07

성격 강점 개입의 적용 방법

Values In Action

Inventory of

Strengths

W I S D O M

C O U R A G E

H U M A N I T Y

J U S T I C E

T R A N S C E N D E N C E

T E M P E R A N C E

들어가며

7장과 8장에서는 이 책의 주안점인 임상 실제에 관한 내용이 제시되며, 이는 아마도 임상 실제의 정점을 나타낼 것이다. 8장에는 성격 강점에 대한 70개의 근거 기반 개입이 명시적으로 포함되어 있다. 개입마다 개요, 목적, 단계별 접근법, 연구 결과, 몇 가지 문제 해결, 조언 그리고 예시들이 제시된다. 사용 편의성을 위해 각 개입의 시작 부분 상단에 개입별 번호를 표시했다.

실무자는 이러한 개입을 행동적 · 대인관계적 · 정서적 · 인지적 수준에서 성격 강점과 함께 하는 '의도적 활동들'로 간주할 것이다. 활동들은 실무자가 개인적으로 사용하거나 내담자, 학생, 직원 혹은 워크숍 참여자들에게 웰빙을 증진시키기 위해서 복사하여 나누어 줄 수 있는 유인물용으로 쓰여 있다. 유인물은 사용자 친화적이라서 실무자가 내담자나 학생들에게 과제로 제시하기에 상당히 좋다.

웰빙은 이러한 개입들의 상당히 중요한 결과이다. 조직된 목적별로 성격 강점 개입(Character Strengths Interventions: CSI)은 더 큰 웰빙을 위한 결과(혹은 그 자체로 '목적'임)와 경로(예: 어떤 내담자들은 삶에서 더 많은 의미를 원하고 동시에 삶의 의미는 더 큰 웰빙으로 가는 경로가 됨)인 8개의 범주 중 하나에 배치된다. 이러한 범주들은 대체로 여러 결과 및 경로와 연결될 수 있지만, 실무자들에게 초기 초점을 맞출 지점을 제공한다. 강점에 기반한 실무자들은 내담자에게 다음의 것들을 장려하는 데 관심이 있다.

① 성격 강점의 자각
② 성격 강점의 사용
③ 의미와 몰입
④ 개별 성격 강점(예: 감사, 사랑, 영성)
⑤ 긍정적 관계
⑥ 탄력성(문제 관리)

⑦ 목표 설정/성취

⑧ 마음챙김

긍점심리학과 성격 강점의 과학은 이러한 종류의 개입에 대해 미묘한 차이를 설명할 수 있는 정도에 이르지는 못했다(예: 하나의 특정 연습이 인지적으로 확실히 긍정적인 영향을 미치지만, 감정적 행복은 아니라고 말할 수 있는 것). 개입에 대한 연구가 더 세밀화되면, 우리는 각각의 다른 CSI에서 나올 수 있는 다양한 긍정적 결과를 더 많이 구분하게 될 것이다. 예를 들어, 주어진 CSI가 의미의 세 가지 차원인, 목적, 일관성, 중요성을 증진하는 데 더 뛰어날까?(Martela & Steger, 2016) 어떤 연습이 신체적 건강의 특정 요소(예: 수면 향상)를 증진시킬까? 만약 어떤 성격 강점 연습이 PERMA의 한 영역을 증진시킨다면, 그리고 PERMA 요소가 상호 관련되어 있음을 알면(Seligman, 2011), 모든 영역이 정적인 관련성이 있는 것인가? 자기효능감의 향상이나 자존감 강화와 같은 성격 강점 사용의 결과는 CSI와 관련 없이 증진되는 것인가? 이때 연습의 분류는 세밀화가 아니라 일반화되어야 한다.

앞서 제시한 여덟 가지 범주 혹은 영역 이후에 실무자, 내담자, 워크숍 진행자, 교사나 고용주가 사용해 볼 수 있는 추가적인 성격 강점 활동에 대한 짧은 설명을 마지막 부분에 제시하였다. 그리고 다음과 같은 이유로 세부 내용을 조금 제공하였다. 즉, 그것들은 8장에서 사용된 구조에 의지하지 않았을 수 있고, 안면 타당도가 좋지 않았을 수 있고, 혹은 연구 근거가 최소한이었을 수도 있다. 그러나 일부는 개념적으로 상당히 강력하며, 그들 모두는 적어도 일화적 예시로는 유익한 것으로 밝혀졌다.

성공적인 성격 강점 개입을 위한 최적의 조건

이러한 개입들은 그 근거는 있지만 모두 출발점이다! 그것들은 외부와 단절된 상태에서 맹목적으로 적용해서는 안 된다. 개별화와 맥락화 없이는 최대의 이득을 가져올 수 없다. 이는 개인의 특수성과 처한 상황을 고려해 각 개입들이 더욱 진전될 수 있다는 뜻이다.

긍정적 개입의 연구들이 점점 더 많은 관심을 받으면서(예: Parks & Schueller, 2014), 긍정적 개입 연구자들은 개입의 '방법'을 검증하기 시작했다. 즉, 개입법들이 웰빙을 증진시키도록 작용하는 요인은 무엇인가 하는 것이다. Lyubomirsky(2008) 는 다섯 가지 요인을 제안하였다. 당신이나 당신의 내담자가 특정 개입법을 선택하고 지속하는 데 도움이 되는 빠른 안내를 위해 나는 이를 다섯 개의 질문으로 표현하였다. 그렇다 혹은 아니다의 형태로 답하도록 구성하였지만, 1점에서 10점까지 척도를 이용하여 더 자세히 평가할 수도 있다.

① **자연스러움**: 당신이 이 활동에 참여하면, 그것이 당신에게 자연스럽게 다가온 다는 것을 발견했나요?

② **즐거움**: 이 활동이 마치 재미있는 도전처럼 즐겁고 흥미롭다는 것을 발견했나요?

③ **가치**: 이 활동이 어떤 결과를 가져다주기 때문이 아니라 활동 그 자체가 가치 있다고 여겨지나요?

④ **죄책감**: 당신은 이 활동에 참여하지 않으면 불안하거나 죄책감을 느끼거나 혹 은 부끄러울 것 같기 때문에 참여하나요? (역채점)

⑤ **상황**: 당신은 강요받는다고 느끼거나 혹은 다른 사람의 비위를 맞추고자 이 활 동에 참여하나요? (역채점)

종단 연구에서 개인 내 요인을 검증하면서, 연구자들은 동기와 노력(즉, 의지 와 방법) 모두가 핵심적이라는 것을 발견했다(Lyubomirsky, Dickerhoof, Boehm, & Sheldon, 2011). Lyubormirsky와 Layous(2013)는 한 걸음 더 나아가 긍정 개입의 중 요한 측면을 포괄적으로 설명하는 모델을 개발했다. 즉, 활동 자체의 특징(정도, 다 양성, 순서), 개인이나 내담자의 특징(동기, 노력, 효과적 신념, 사회적 지지, 성격), 사람 과 활동 간의 적합성 등이다. Proyer, Wellenzohn과 동료들(2014)은 이 모델을 그들 이 수년간 연구해 오고 있는 수많은 긍정심리학 연습에 적용하였다. 그들은 3년 반 의 장기간 동안 더 큰 행복과 더 적은 우울감을 예측하는 좋은 예측치가 되는 네 가 지의 핵심 요소를 정리하였다. 여기에는 자발적으로 지속하는 훈련, 개입법을 계속 적용하기 위한 노력, 개입으로부터 얻은 이득을 좋아하고 인지하는 선호도, 사람들 이 활동을 통해 즉각적으로 긍정적 감정을 경험하는지 여부인 초기 반응성이 포함된다. 게다가 그들은 이 네 가지 요소를 결합하는 것이 장기적으로 가장 성공적인 접근법이라는 것을 발견했다.

CSI를 보는 또 다른 렌즈는 부담스럽기는 하지만 '개입이 현명한가?'라는 질문이다. 스탠퍼드 대학교의 연구자 Gregory Walton이 묘사한 현명한 심리적 개입은 좋은 심리 이론에 의존한다는 점에서 평범하고, 간략하며, 보다 정확한 새로운 차원의 개입이다(Walton, 2014). Walton은 현명한 개입이 일상적 경험과 매우 비슷하다고 설명하였다. 그리고 '당면한 심리적 과정은 무엇인가?'가 가장 중요한 질문이라고 하였다. 그는 현명한 개입을 개발하기 위해서 개인의 '심리적' 측면이 문제나 번영을 가로막는 데 기여하고 있는 것을 확인한 다음 교정의 대상으로 삼을 것을 조언한다. 개입의 초점은 흔히 개인의 자기강화 과정을 변경하여 이를 맥락에 잘 맞도록하는 것이다. 즉, 현명한 개입은 하나의 특효약이 아니라 맥락에 따르는 것이다. 비록 이러한 종류의 개입이 복잡한 시스템의 변화에 영향을 미치는 작은 지렛대를 제공하는 사회적 문제에 맞춰져 있지만, 현명한 개입에 대한 개념적 자극제는 실무자들이 고려해야 할 중요한 차원을 제공한다. 8장의 개입 중 일부는 이러한 종류의 현명한 개입에 대한 연구를 하는 Walton과 그의 연구에서 직접적으로 비롯되었다.

CSI를 통한 성공 가능성을 높이는 요인 이외의 것에도 실무자들은 충분한 주의를 두어야 한다. 일반적으로 더 좋게 혹은 나쁘게 변화할 수 있는 웰빙의 다른 영역을 고려하는 것뿐 아니라, 개입에 대한 지식이나 목적의 명확성, 확실한 목표 없이 개입법을 적용하지 않아야 한다(Blackie et al., 2014). 내담자를 위한 개입의 안전성은 실무자가 각 내담자를 위해 평가해야 하는 가장 중요한 고려 사항 중 하나이다(Rashid, 2009).

모두 함께 담기: 맞춤형 성격 강점 개입

앞부분에서 제시된 근거들을 바탕으로 해서 실무자들은 8장의 활동들로 어떻게 최적의 CSI를 만들 것인가? 내담자와 함께 주어진 개입을 최적으로 적용하기 위해 실무자에게 몇 가지 중요한 팁을 제시하고자 한다.

- 당신 자신이 먼저 시도해 보라. 내담자와 함께 해 보기 전에 스스로에게 적용하여 개선과 긍정적 변화를 만들어 보는 것을 대체할 것은 없다. 적용한 개입이 어떻게 나타날지 모르지만, 개입을 스스로 해 보는 것은 항상 색다른 경험이 된다. 새로운 통찰력, 세부 사항들, 놀라움, 전략 등이 자주 등장할 것이다.

- 판단하기 전에 행하라. 때로 실무자와 내담자들은 연습의 설명이나 단계에 부정적인 반응을 보인다. 아마도 연습에 대한 구체적인 비판에는 '나는 일기 쓰기를 좋아하지 않는다' '그것은 너무 불편할 것 같다' 또는 '그것을 왜 해야 하는지 모르겠다' 등이 있을 것이다. 여기에서의 콘셉트는 스스로 행동하도록 도전하는 것이다. 한번 시도해 보라. 일부는 스스로 놀랄 때도 있을 것이다.

- 안전이 제일이다. 모든 실무자는 개입을 실시하고, 특정 개인 또는 집단에 제공할 때 나타날 수 있는 다양한 결과를 처리할 수 있는 자격을 갖추어야 한다. 또한 개입과 그 진행이 내담자에게 안전할 수 있도록 모든 문제를 해결해야 한다.

- **의지와 방법을 찾으라.** 좋은 동기(의지)와 노력(방법)은 개입의 성공을 위해 과소평가되면 안 된다. 동기는 내담자들이 활동을 할 수 있다고 확신하고, 그 활동이 자신에게 중요하다고 느끼는 것을 포함한다. 후자는 내담자가 왜 그 개입을 요구받았는지 이해하는 것을 포함하는 반면, 확신의 중요한 부분은 내담자가 그 단계를 이해하는 것을 포함한다. 즉, 만약 실무자가 내담자에게 그 개입을 자신에게 '다시 가르쳐 달라'고 요청한다면, 내담자가 그것을 할 수 있을까? 만약 그렇다면, 이는 확신이 생긴 것이다. 동기, 흥미, 활동의 가치를 아는 것이 시너지로 형성되면서 내담자의 노력이 뒤따를 것이다.

- **활동을 현명하게 만들라.** 활동을 개인과 그들의 상황에 맞추라. 실무자들은 다음의 질문을 스스로에게 던져 볼 수 있을 것이다.

  -내담자의 선호나 가치에 맞게 조정할 수 있는 간단한 방법이 있는가? 나는 CSI가 어떻게 일곱 가지의 일반적 방법 중 하나에 해당하는지에 대해 ROAD-MAP이라는 각 머리글자로 된 말을 사용하여 설명했다(Niemiec, 2014a). 여기에는 과거의 강점 사용을 돌아보고(Reflect), 타인의 강점을 관찰하며(Observe), 타인의 강점을 높이 평가하고(Appreciate), 타인과 강점을 토론하고(Discuss), 자신의 강점을 관찰하며(Monitor), 타인에게 자신의 강점에 대해 묻고(Ask), 강점 목표를 계획하는 것(Plan)이 포함된다. 8장의 많은 개입

은 내담자에게 가장 잘 맞을 수 있게 이 7개의 방법으로 바꿀 수 있다. 예를 들어, '쓰기 연습'은 토론 연습이 될 수도 있고, 성찰이나 명상 연습이 다른 사람들에게 특정 주제에 대한 피드백을 요청하는 질문으로 바뀔 수도 있다.

- 내담자의 고유한 목표 및 그들의 대표 강점에 이 활동을 어떻게 맞출 수 있을까?
- 내담자가 이 연습을 적용할 때 가장 이득을 얻게 되는 상황이나 맥락은 언제인가?
- 내담자의 바로 지금의 상황을 고려할 때, 이 사람과 이 개입을 사용할 적절한 타이밍인가?(Schwartz & Sharpe, 2006; Waterman, 2012)
- 단계의 순서나 성격 강점의 통합이 중요한 역할을 하는가? 내가 경험한 하나의 예시를 들어 보자. 나의 내담자 중 한 명은 팀 회의에서 집중하지 못하고 비생산적이라는 피드백을 받았다. 그녀가 자신의 대표 강점인 열정이나 유머를 회의에서 사용했을 때, 이것은 오히려 그녀의 문제에 더 기여했다. 팀원들은 그녀가 높은 에너지의 농담이나 다양한 이야기로 그 회의의 관심의 초점을 장악해 버렸다고 생각했기 때문이었다. 나는 그녀가 자신의 성격 강점을 표현하는 순서를 재고해 볼 것을 제안하였다. 나는 그녀가 대표 강점을 표현하기 전에 다른 강점을 먼저 적절히 나타내면 어떨지 생각했다. 그녀는 판단력에서 출발해 보기로 결정했다. 이것은 그녀가 세부 사항을 모으고, 정보를 수집하고, 팀원들이 공유하고 있는 새로운 방향을 듣는 사고 지향적인 접근법을 취했다는 것을 의미했다. 그러고 나서 그녀는 이성적인 판단력 강점을 이용하여 이에 대한 요약을 제시했다. 그 후 그녀는 자신의 열정과 유머로 눈을 돌렸다. 이 순서는 그녀의 팀이 그녀의 스타일을 더 잘 수용하고 그녀의 열정과 유머 강점뿐 아니라 팀에 대한 그녀의 기여를 더 잘 인정하도록 하였다.

연구 근거: 강점과 한계

8장에 있는 개입들은 연구 문헌들에서 비롯되었다. 연구들은 내가 각 활동을 선택하고 그것들을 분류하는 데 지침이 되었다. 나는 연구자가 원래 보고한 개입법을 정확하게 유지하려고 했다. 일부 활동은 긍정적 개입의 메타분석 또는 기타 포괄적인 분석이나 리뷰에서 검토되었다(예: Boiler et al., 2013; Hone, Jarden, & Schofield, 2014; Quinlan et al., 2011; Quoidbach, Mikolajczak, & Gross, 2015; Sin & Lyubomirsky, 2009). 몇몇 경우에는 개입을 좀 더 실용적으로 만들거나 개선을 시도하거나 성격 강점 요소를 추가하기도 했다. 드물지만(예: 성격 강점 핫버튼), 연구 문헌이 없어서 전문가의 의견에서 개입을 이끌어 낸 경우도 있다.

　나는 무선 통제 실험만을 포함 기준으로 할 수는 없었다. 왜냐하면 개입 내용을 상당히 축소시키고, 강력하고 유망한 개입을 배제할지도 몰랐기 때문이었다. 나는 이것이 영향력 있는 아이디어를 찾는 실무자들에게 피해를 주고, 검증할 근거가 있는 유망한 활동을 찾는 연구자들에게도 피해를 줄 수 있다고 믿었다. 다음은 내가 개입에 관한 연구 정보를 수집하기 위한 기준으로 사용한 범주들이다.

① 통제된 개입연구에서의 개입
　예시: CSI 20: 강점 정렬
② 강점에 대한 통제연구에서의 성공적 개입에 대한 다양한 변형
　예시: CSI 16: 강점의 전체적 사용
③ 성격 강점이 통합 요소로 들어간 통제연구에서의 개입
　예시: CSI 64: 최대한 가능한 나
④ 동료 리뷰나 전문적 논문 혹은 책에서 논의된 개입
　예시: CSI 43: 당신의 강점을 타인에게 향하게 하기
⑤ 상관연구에서 추론된 개입
　예시: CSI: 41 성격 강점의 가치를 인정하기
⑥ 이론적 개념에서 추론된 개입
　예시: CSI 59: 강점의 핫버튼 관리
⑦ 연구에서 지지된 전체 프로그램에 속한 개입
　예시: CSI 70: 강점 가타(노래)

〈표 7-1〉은 근거를 이해하기 위한 가이드를 제공한다. 독자들은 다양한 성격 강점 개입을 검토하는 동안 쉽게 이 표로 돌아와서 찾아볼 수 있도록 이 페이지를 표

시해 두면 좋을 것이다. 연구 근거 안내 숫자는 앞서 제시한 일곱 가지 범주의 해당 번호이다. 숫자가 연구 강도의 순서를 대표하는 것은 아니다. 각 개입은 고유의 장점과 적용 잠재성에 따라 독립적으로 검토되고, 적용되며 연구되고 평가되어야 한다. 다수의 범주가 적절할 경우 하나 이상의 번호를 붙였다.

〈표 7-1〉 성격 강점 개입과 부합되는 연구 근거

성격 강점 개입(CSI)	연구 근거 안내
CSI 1: 시작하기: 성격 강점의 소개 및 탐색	6
CSI 2: VIA 검사 실시	1, 4
CSI 3: 강점을 확인하고 가치 있게 여기기	3
CSI 4: 동기를 고취하기	3
CSI 5: 대표 강점 빼기	3
CSI 6: 성격 강점 가계도	6
CSI 7: 성격 강점 360°	2, 7
CSI 8: 강점의 자기관찰	3
CSI 9: 이야기와 성격 강점(강점 포착 개발)	1, 3
CSI 10: 멘토 혹은 롤모델	4, 6
CSI 11: 새로운 방식으로 대표 강점 사용하기	1
CSI 12: '~인 것처럼' 행동하기(강점에서 행동하기)	3
CSI 13: 강점을 내부로 향하기	2
CSI 14: 강점 습관 만들기	4
CSI 15: 다양한 영역에서의 대표 강점	2
CSI 16: 강점의 전체적 사용	2
CSI 17: 덕목 사용의 길	2, 6
CSI 18: 머리, 가슴 그리고 손: 덕(德) 있는 삶	5, 6
CSI 19: 낮은 강점 북돋기	1
CSI 20: 강점 정렬	1
CSI 21: 임종 실험	4
CSI 22: 삶의 개요	1
CSI 23: 가장 중요한 것은?	3
CSI 24: 내적 자기가치 함양	4
CSI 25: 결정적 순간 연습	4, 7
CSI 26: 영화를 통한 긍정 행동	1, 4

CSI 27: 새로움을 통한 호기심 강화	1
CSI 28: 대화 상상하기	1
CSI 29: 당신의 열정을 깨워라!	1
CSI 30: 자애 명상	1
CSI 31: 시간의 선물	1
CSI 32: 대가 없는 선행	1
CSI 33: 친사회적 소비	1
CSI 34: 역할 매칭을 통한 협동심 기르기	5, 6
CSI 35: 겸손의 함양	1, 2
CSI 36: 아름다움에 접촉하기	1
CSI 37: 세 가지 좋은 일	1
CSI 38: 감사편지/방문	1
CSI 39: 세 가지 재밌는 일	1
CSI 40: 영성적 순간 늘리기	1
CSI 41: 성격 강점의 가치를 인정하기	4, 5
CSI 42: 러브레터	1
CSI 43: 당신의 강점을 타인에게 향하게 하기	4
CSI 44: 마음챙김 듣기와 마음챙김 말하기	4, 7
CSI 45: 건강하고 공정한 다툼	5
CSI 46: 빼기, 그리고 더하기	2, 3
CSI 47: 조망 수용하기	1, 3
CSI 48: 칭찬 재고하기	1, 3
CSI 49: 강점의 긍정적 회상	1, 3
CSI 50: 관계에서 좋은 것 세기	2
CSI 51: 변화가 가능함을 믿기	1
CSI 52: 자원을 점화시키기	2
CSI 53: 강점으로 이득 찾기	1
CSI 54: 성격 강점의 문 열기	1
CSI 55: 강점을 통한 긍정적 재평가	1, 3
CSI 56: 도움? 해로움?	6
CSI 57: 유머로 스트레스 극복하기	1
CSI 58: 성격 강점의 과다사용 관리	6, 7
CSI 59: 강점의 핫버튼 관리	6

CSI 60: 성격 강점으로 목표 설정하기	3
CSI 61: 목표를 위한 희망	3
CSI 62: 정신적 대비(contrasting)	1
CSI 63: 실행 의도	1
CSI 64: 최대한 가능한 나	3
CSI 65: 마음챙김 멈춤	4, 7
CSI 66: 강력한 마음챙김	4, 7
CSI 67: 새로운 관점 명상	5, 7
CSI 68: 마음놓침에서 마음챙김으로	7
CSI 69: 성격 강점을 목표로 한 명상	1, 7
CSI 70: 강점 가타(노래)	7

프로그램에 대한 설명

다수의 성격 강점 연습을 제공하거나, 몇 개의 활동이 하나의 특정 성격 강점을 목표로 하는 여러 개의 성공적인 프로그램이 있다. 이러한 프로그램들은 너무 길어서 8장의 틀에 맞지 않는다. 그러나 합당한 이유가 있을 때는 프로그램의 주요 연습을 추출하거나 요약하였다. 예를 들어, '시간의 선물'이라고 불리는 긍정 심리치료의 활동은 그 자체로 유익하다는 것이 연구에서 증명되었고, 마음챙김에 기반한 강점 훈련에서 나온 새롭게 보기 명상은 긍정적 재평가 연구 문헌에 기반을 두고 있다. 게다가 겸손에 대한 것과 같이 문헌에서 효과가 있는 것으로 밝혀진 긍정심리학 워크북도 있다(Lavelock, Worthington, & Davis, 2014a). 84페이지의 이 워크북에 나온 수많은 활동을 다시 보기보다는 이론, 연구, 좋은 적용에 가장 필수적인 것으로 보이는 활동을 요약하고, 겸손 강점 활동을 위해 그것들을 통합했다. 하나의 성격 강점을 겨냥한 종합적인 프로그램이라는 측면에서 감상력(Martinez-Marti, Avia, & Hernandez-Lloreda, 2014), 유머(McGhee, 2010), 친절(Neff & Germer, 2013), 용서(Griffin et al., 2015) 등 몇 가지 추가 사례가 있다.

맞춤형 개입 묶음

지나치게 처방적일 수 있는 위험을 무릅쓰고, 나는 실무자와 내담자들이 고려해 볼 수 있는 개입 묶음을 다음에 제시하였다. 이러한 묶음은 하나의 성격 강점을 높이기 위해 고안되거나, 웰빙 또는 다른 긍정적인 결과를 얻기 위해 고안된 활동들의 모음을 제공하는, 바로 앞서 언급된 많은 개입 프로그램에 비유된다. 연구에 따르면, 개입들을 함께 묶고 긍정적인 개입들의 최적의 결합을 찾는 것이 사람들에게 유익할 수 있다(Schueller, 2010, 2011; Schueller & Parks, 2012).

8장에 나온 개입들을 사용하는 다음의 15개 묶음은 개인 내담자, 집단 경험, 워크숍, 학급 자료 및 직장의 세미나 또는 오찬 간담회의 일부와 같이 실무자들이 다양한 방법으로 사용할 수 있도록 제공된다. 이러한 묶음은 '검증된 묶음'이 아니라 내담자, 맥락, 다루고 있는 문제와 목표에 맞춘 개입의 신속한 시작을 제공하기 위한 맞춤형 개입 조합의 예이다.

- VIA 소개 및 진행: 성격 강점 작업이 생소한 내담자를 위한 묶음

  CSI 1: 시작하기: 성격 강점의 소개 및 탐색

  CSI 2: VIA 검사 실시

  CSI 3: 강점을 확인하고 가치 있게 여기기

  CSI 15: 다양한 영역에서의 대표 강점

  CSI 11: 새로운 방식으로 대표 강점 사용하기

- '강점에 기반한 마음자세 만들기' VIA 프로그램: 축약된 버전은 다음의 패키지로 구성된다. 내담자가 VIA 검사를 수행한 후, 다음 활동에 참여하도록 한다.

  CSI 1: 시작하기: 성격 강점의 소개 및 탐색

  CSI 9: 이야기와 성격 강점(강점 포착 개발)

  CSI 11: 새로운 방식으로 대표 강점 사용하기

  CSI 19: 낮은 강점 북돋기

  CSI 53: 강점으로 이득 찾기

- **행복 증진**: 많은 연구에서 다른 강점들에 비해 지속적으로 행복과 더 많은 상관을 보인 다섯 개의 성격 강점이 있다. 그리고 행복을 증진시키기 위해 이 강점들을 목표로 하면 된다는 일부 근거도 있다. 웰빙을 위해 당신 스스로 적용하거나 내담자에게 몇 주 이상 적용해 보라.

  CSI 29: 당신의 열정을 깨워라!

  CSI 38: 감사편지/방문

  CSI 30: 자애 명상

  CSI 27: 새로움을 통한 호기심 강화

  CSI 64: 최대한 가능한 나(희망을 위해)

- **자각-탐색-적용**: 성격 강점 모델을 활동에 포함시키는 많은 방법이 있으며, 다음은 그 예이다.

  CSI 8: 자기 강점 관찰

  CSI 16: 강점의 전체적 사용

  CSI 60: 성격 강점으로 목표 설정하기

- **일반적인 강점 사용-당신의 ROAD-MAP**: 앞서 논의한 바와 같이, 각 머리글자를 따서 만들어진 이 단어는 성격 강점을 발달시키는 일반적인 일곱 가지 방법을 제시한다. 이는 모든 강점에 다 적용 가능하다. 다음의 개입들은 각 글자에 해당하는 예로서 이 순서대로 따를 필요는 없다.

  성찰(reflect)-CSI 9: 이야기와 성격 강점(강점 포착 개발) 혹은 CSI 25: 결정적 순간 연습

  관찰(observe)-CSI 66: 강력한 마음챙김 혹은 CSI 26: 영화를 통한 긍정 행동

  인정(appreciate)-CSI 41: 성격 강점의 가치를 인정하기

  토론(discuss)-CSI 44: 마음챙김 듣기와 마음챙김 말하기

  관찰(monitor)-CSI 8: 자기 강점 관찰

  질문(ask)-CSI 7: 성격 강점 360°

  계획(plan)-CSI 60: 성격 강점으로 목표 설정하기

- 성격 강점 지식의 확장: 특정 성격 강점 부분으로 가서 직접적으로 소개된 11개 성격 강점 중 5개 이상을 훈련해 보라(일부 성격 강점은 증진을 위한 활동이 하나 이상 설계되어 있음). 예를 들어, 5일간 해 보거나 더 길게 5주간 해 볼 수 있는 예시가 있다.

  CSI 36: 아름다움에 접촉하기

  CSI 35: 겸손의 함양

  CSI 28: 대화 상상하기(판단력을 위해)

  CSI 39: 세 가지 재밌는 일

  CSI 40: 영성적 순간 늘리기

- 성격 강점을 배우는 사람들을 위한 워크숍 이끌기: 다음은 숙련된 실무자가 이끄는 집단에서 특히 잘하는 몇몇 연습이다.

  CSI 9: 이야기와 성격 강점(2명씩 짝을 지어서 강점 포착 개발 연습)

  CSI 5: 대표 강점 빼기(전체 집단을 대상으로)

  CSI 44: 마음챙김 듣기와 마음챙김 말하기(2명씩 짝으로)

  CSI 23: 가장 중요한 것은?(작은 집단으로)

  CSI 59: 강점의 핫버튼 관리(작은 집단으로)

- 수심에 빠졌을 때: 삶에서 매일의 움직임을 겨우 해내고 있는 것 같은 낮은 정신적 혹은 사회적 기능에 빠지는 것은 흔한 일이다. 그러나 당신과 당신의 내담자들은 무기력에서 나올 수 있다.

  CSI 2: VIA 검사 실시

  CSI 3: 강점을 확인하고 가치 있게 여기기

  CSI 24: 내적 자기가치 함양

  CSI 51: 변화가 가능함을 믿기

  CSI 12: '~인 것처럼' 행동하기(강점에서 행동하기)

  CSI 54: 성격 강점의 문 열기

- 더 깊은 내면으로: VIA 성격 강점의 이해도가 높은 내담자 혹은 코칭을 받는 사

람들과의 일반적인 작업

CSI 7: 성격 강점 360°

CSI 25: 결정적 순간 연습

CSI 58: 성격 강점의 과다사용 관리

CSI 67: 새로운 관점 명상

- **직장에서의 몰입:** 직원들이 자신의 일에 더 많이 몰입하도록 돕고자 하는 관리자와 작업 중인가? 그렇다면 다음의 묶음을 사용해 보라.

CSI 2: VIA 검사 실시

CSI 11: 새로운 방식으로 대표 강점 사용하기

CSI 20: 강점 정렬

CSI 62: 정신적 대비(contrasting)

- **학교에서의 몰입:** 몇 개월간 수강하는 학생들을 가르치며 돕고 있는가? 그렇다면 다음의 묶음을 사용해 보라.

CSI 2: VIA 검사 실시

CSI 9: 이야기와 성격 강점(강점 포착 개발)

CSI 10: 멘토 혹은 롤모델

CSI 27: 새로움을 통한 호기심 강화

CSI 39: 세 가지 재밌는 일

CSI 51: 변화가 가능함을 믿기

CSI 52: 자원을 점화시키기

- **관계 향상:** 친밀한 관계에서 건강한 행동 취하기

CSI 41: 성격 강점의 가치를 인정하기

CSI 49: 강점의 긍정적 회상

CSI 50: 관계에서 좋은 것 세기

CSI 45: 건강하고 공정한 다툼

CSI 43: 당신의 강점을 타인에게 향하게 하기

CSI 44: 마음챙김 듣기와 마음챙김 말하기

- **건강 증진**: 강점 기반의 라이프스타일 조정을 통해 당신의 신체적 건강을 증진
  시키기 위한 행동을 취하기

  CSI 29: 당신의 열정을 깨워라!

  CSI 14: 강점 습관 만들기

  CSI 68: 마음놓침에서 마음챙김으로

  CSI 62: 정신적 대비(contrasting)

  CSI 63: 실행 의도

- **스트레스 퇴치?**

  CSI 52: 자원을 점화시키기

  CSI 59: 강점의 핫버튼 관리

  CSI 57: 유머로 스트레스 극복하기

  CSI 65: 마음챙김 멈춤

  CSI 70: 강점 가타(노래)

  CSI 63: 실행 의도

- **자기개발에서 번영으로**: 전문가의 도움 없이 스스로 자기개발을 하기 원하는가?

  1. '성격 강점 자각' 연습의 각 부분을 체계적으로 시행해 보라(예: 한 주에 하나씩).

  2. 그리고 '성격 강점 사용' 연습으로 옮겨 가라(예: 한 주에 하나씩).

  3. 마지막으로 주제들을 검토하여 가장 흥미를 끌거나 필요한 것이 무엇인지
     살펴보라(예: 문제를 극복하고자 하는 경우 탄력성 부분으로 가고, 더 강력한 관계
     를 만들고자 하는 경우 긍정적 관계 부분으로 간다).

08

연구 기반의 성격 강점 개입

Values In Action

Inventory of

Strengths

WISDOM

COURAGE

HUMANITY

JUSTICE

TRANSCENDENCE

TEMPERANCE

성격 강점의 자각

▌들어가기

이 절에서는 성격 강점을 자각하는 토대를 마련하는 개입에 초점을 맞춘다. 통찰과 변화는 자각을 따라 일어난다. 따라서 실무자들은 여기에 특히 주의를 기울여야 한다. 이러한 활동들은 접근방식이 다양하고 내담자들은 그것들이 그들의 삶에 특히 관련되어 있다는 것을 알게 된다.

▌목차

성격 강점의 자각 CSI **1**

┃시작하기: 성격 강점의 소개 및 탐색

개요

강점 기반의 실무자들은 내담자나 직장인 또는 학생들에게 성격 강점을 언제 그리고 어떻게 소개할지에 대해 각자 자신만의 방법을 사용할 것이다. 따라서 여기서는 스크립트를 제시하기보다는 성격 강점을 소개하고 탐색하기 위한 구성을 소개한다.

목적

강점 작업을 준비한다! 성격 강점 사용을 위한 도움을 시작한다. 성격 강점을 소개하기 위한 틀을 사용한다. 대화를 시작하고 강점 작업을 더 깊이 탐구하기 위한 중요한 질문들을 이해한다.

단계

성격 강점의 소개

① '왜 강점인가?'에 대한 질문으로 시작한다. 강점이나 성격 강점은 왜 중요한가? 강점의 핵심은 무엇인가?

- 아마도 이 대답에는 부정적 편견을 설명하는 것, 결함/문제/위험(예: 투쟁/도피 체계)을 보기 위한 뇌의 연결, 나쁜 것이 좋은 것보다 얼마나 더 강한가에 대한 연구, 많은 사람이 자기 강점을 모르는 것에 관한 연구, 직장에서의 높은 이탈 수준, 사람들 사이의 낮은 번영 수준에 관한 연구들뿐 아니라 성격 강점과 수많은 긍정적인 결과를 연결하는 연구나 결함을 교정하는 것보다 최상의 것을 목표로 하는 것이 더 나을 수 있다는 연구들이 포함될 것이다.

② 질문을 내담자로 좁힌다. 바로 이 내담자에게 왜 성격 강점이 중요한가?

- 여기에는 강점과 내담자가 만나게 된 이유의 연결, 만약 그것을 알고 있다면 성격 강점과 내담자의 목표(예: 성격 강점은 모든 목표를 달성하는 데 특수한 경

로가 된다) 및 개인적 가치를 연결하는 것이 포함된다.

③ '무엇'에 대해 더 탐구한다. 성격의 강점이란 무엇인가?

- 이는 성격 강점의 정의에 대한 의견, 성격과 대표 강점 및 VIA 분류체계의 강점 예시에 대한 새로운 연구, 성격 강점이 다른 종류의 강점과 어떻게 다른지에 대한 설명 등을 포함한다.
- 만약 내담자가 VIA 검사를 완료하지 않은 경우, 검사를 강점에 대한 초기 테스트이자 초기의 대화, 탐색 및 개입의 틀로 활용할 수 있도록 장려할 수 있다. 많은 실무자가 첫 번째 회기나 만남 전에 내담자나 학생이 VIA 검사를 받게 한다.

④ '어떻게'를 설명한다: 어떻게 강점 기반 접근을 택할 것인가? 내담자와 성격 강점 작업을 하면서 어떻게 도움을 줄 것인가? 1~2개의 활동에 대한 개요를 제시한다.

- 이는 강점 발견(회기 내의 내담자의 성격 강점 사용을 포함)에 대한 설명, 대표 강점 사용, 특정 성격 강점을 목표로 하기, 웰빙과 대인관계를 증대시키고 문제나 역경들을 관리하기 위한 성격 강점의 적용이 포함된다.

시작 질문

- 먼저, 나는 당신의 성격 강점 프로파일에 대한 감정적 반응이 궁금합니다. VIA 검사 후에 순위가 매겨진 결과를 처음 봤을 때, 당시 감정을 정확히 짚고 왜 그렇게 느꼈는지 설명해 볼 수 있을까요?
- 당신의 프로파일을 다시 한번 자세히 보세요. 그 순서, 강점의 이름 그리고 설명을 읽으면서 어떤 것이 느껴지나요? 무엇이 떠오르나요?

상위 강점 파고들기

- 당신의 상위 10개 성격 강점 각각에 대해 스스로 다음과 같이 질문해 보세요. '이 성격 강점이 인간으로서 내가 누구인가를 정의할 때 핵심적인 것인가?' '이 성격 강점은 나에게 활력을 주며, 사용할 때 자연스럽고 쉬운가?'
- 열 가지 강점에 대해 다음 세 가지 질문을 읽고 깊게 생각하고 강하게 "예."라고 대답할 수 있는지 살펴보세요(아마도 4~7개 강점이 해당할 것인데, 최대 7개까지

로 제한하기를 권장합니다).

　　−이 성격 강점이 진짜 나에 대해서 어떻게 묘사하나요? 그것은 어떤 점에서
　　　나에 대한 진정한 묘사인가요?

　　−이 강점이 나에게 어떤 가치가 있나요? 그것이 나에게 왜 중요한가요?

　　−이 강점의 대가는 얼마인가요? 어떤 면에서 그것이 나에게 도움이 되지 않
　　　나요?

후속 지원

두 번째 질문들은 아마도 회기 내 혹은 회기 간 과제로 제시될 수 있을 것이다. 따라서 실무자는 내담자가 선호하는 성찰/학습의 '메커니즘'이 무엇인지 질문하여 이 활동을 최대한으로 하게 할 수 있다. 전형적인 방법으로는 일기를 써서(손으로건 타이핑으로건) 답하기, 사랑하는 사람(가족이나 친구)과 공식적으로 토론하기, 명상을 하거나 조용한 상태에서 질문에 관해 성찰하는 것 및 질문에 관한 답을 다른 사람에게 요청해 보기 등이 있다.

연구

이 활동은 연구 기반의 개입보다는 작업을 시작하고 파고드는 방법으로 실무자에 의해 제시되었다. 코칭, 심리치료의 기술, 마음챙김 듣기/마음챙김 말하기를 비롯한 더 많은 것에 대한 연구가 포함된 책과 문헌들이 인용될 수 있을 것이다.

성격 강점의 자각　　　　　　　　　　　　　　　CSI **2**

▌VIA 검사 실시

개요

자신의 가장 좋은 특성이나 성격 강점을 이해하는 것은 긍정심리학의 핵심이며, 이는 실무자와 내담자 스스로가 자신과 타인을 더 잘 이해하도록 하는 시작점이 되어 왔다. 2004년 이전에는 이러한 주제에 대해 대화할 수 있는 공통 언어가 없었다. VIA 성격 연구소는 과학적으로 생성된 범문화적인 언어를 전 세계에 전파하였고, 이와 같은 인간의 긍정적 속성을 측정하기 위해 여러 언어로 번역된 검사를 개발했다.

목적

성격 강점을 측정한다. 자신의 가장 강한 자질을 자각한다. 성격 강점의 언어에 익숙해진다.

단계

① 성격 강점의 세계 총본부인 VIA 연구소의 웹사이트(https://www.viacharacter.org)에서 원하는 검사를 선택하고 24개 성격 강점을 측정하는 질문들에 답하라. 주의: 10~17세 사이의 청소년들은 VIA 청소년 검사를 사용한다. 13세 이하의 경우에는 검사하기 위해 부모의 동의가 필요할 것이다.

② 검사가 끝나면, 1위부터 24위까지 성격 강점의 설명과 함께 순위가 매겨진 결과를 프린트한다. 결과에서 제일 인상적인 점에 집중한다. 떠오르는 통찰 및 긍정적 행동으로 즉시 이어지는 것을 특히 더 알아차리려 한다.

③ 추가선택: VIA 검사 결과에 대한 개인적인 해석 보고서를 얻는 것을 고려하라. 일반인, 전문가, 단체 해석 및 청소년들을 위한 형식들이 있다.

문제 해결

세계의 다양한 사람이 참여하므로 온라인 접속이 제한적이거나 불가능한 곳도 있다. 더불어 많은 사람이 VIA 검사를 받을 수 있는 컴퓨터/노트북 등을 사용하지 못하기도 한다(예: 감옥이나 정신과 보호 병동에 있는 경우 등). 그리고 또 일부 사람은 검사를 받거나 전자기기를 사용하는 것에 대한 저항이 있다. 하지만 이런 모든 상황에도 불구하고 사람들은 자신의 성격 강점을 배우고 작업할 권리가 있다. 특정 연구를 하는 연구자들은 지필로 가능한 VIA 검사를 사용할 수 있다. 연구자가 아닌 경우에는 내담자들에게 설명이 함께 담겨 있는 VIA 분류체계를 제시하고 그들이 누구인지를 가장 잘 설명하는 강점을 5~7개 정도 골라 표시하도록 하는 것으로 시작할 수 있다.

조언

성격 강점 프로파일에 대한 피드백을 줄 때, 결정적인 해석보다는 탐색적 접근을 사용하는 것이 중요하다. 시작할 때 좋은 질문 중 하나는 "프로파일 결과를 보고 어땠나요?"이다. 어떤 사람들은 행복하다, 자랑스럽다, 신난다 혹은 흥미롭다라고 하며, 또 다른 사람들은 무시하거나 좌절하거나 실망하기도 한다. 만약 적절하다면 이러한 감정들을 논의하고 모든 반응을 정상화하는 것이 중요하다. 종종 교육을 할 기회도 있다(예: "나는 내 약점이 싫어요."라는 내담자의 반응은 검사 및 그 결과에 대한 교육을 필요로 함). 더불어 VIA 검사 결과를 자기자각, 자기성장, 내담자의 목표, 타인에게 주는 이익 및 가치 있는 결과의 맥락 안에 두는 것이 중요하다.

연구

다양한 장면을 배경으로 한 연구를 통해 VIA 검사를 받는 것이 긍정적인 경험이라는 것이 밝혀졌다. 이는 일반인(Seligman et al., 2005)부터 은퇴군인(Resnick & Rosenheck, 2006), 정신장애를 가진 사람들(Huffman et al., 2014; Sims et al., 2015)을 포함한다. 많은 내담자에게 긍정적 질문에 응답하는 간단한 행동 자체가 새로운 경험이 된다. 때때로 이는 자신의 많은 긍정적 특성을 깨닫고 기억하는 데 도움이 되는 알람이 된다.

성격 강점의 자각 CSI **3**

▌강점을 확인하고 가치 있게 여기기

개요

사람들은 스스로를 대체로 선하고 도덕적이며 유능한 사람이라고 여기고 싶어 한다. VIA 검사를 하고 순위의 결과를 받는 것과 그 특성들이 자신이 누구인지를 묘사하고 삶에서 각각 중요하다는 점을 인지하고 이해하는 것은 다른 문제이다.

목적

가장 상위의 강점을 자기 삶의 가치로 본다. 상위 강점들을 인정하고 긍정한다. 자신의 강점들이 자신의 삶에 중요하다는 점을 이해한다.

단계

① 당신이 가치 있게 여기는 상위 성격 강점 중 하나를 선택하라.

② 이 성격 강점이 당신의 인생에서 왜 의미 있고 중요한지를 적는다.

③ 추가선택: 스트레스를 받거나 매우 스트레스가 많은 상황에 처하기 직전에 이 활동을 하는 것을 고려하라.

조언

이 개입은 스트레스가 발생하는 곳과는 다른 삶의 영역에서 자신을 긍정하는 것을 포함한다(Cohen & Sherman, 2014). 예를 들어, 만약 학교에서 스트레스를 경험한다면, 가족 관계에서의 사랑의 가치에 초점을 맞추는 것이 좋은 포인트가 될 수 있다.

연구

개인적 특성을 성찰하는 것은 중요하고 믿을 만한 행동 변화를 가져온다. 자기확인 이론(self-affirmation theory)은 개인 가치에 대한 확인이 자신과 자신의 자원 및 가장 소중한 것에 대한 관점을 확장한다고 가정한다(Steele, 1999). 가치 확인을 포함하는 연습이 연구들에 잘 정리되어 있다(예: Harackiewicz, Canning, Tibbetts, Giffen, & Hyde, 2014; Legault, Al-Khindi, & Inzlicht, 2012; Sherman, Nelson, & Steele, 2000). 그들은 연구에서 자기명료화의 증가(Stapel & van der Linde, 2011), 힘든 시기에 처한 청소년들의 소속감 증가(Cook, Purdie-Vaughns, Garcia, & Cohen, 2012), 다양한 스트레스의 예방과 교육, 건강 및 관계에서의 결과가 향상되는 것을 보여 주었다(Cohen & Sherman, 2014). 특정 맥락에서의 가치 확인은 비난이나 거절에 대한 탄력성을 증가시키고, 성취를 북돋고, 공격성을 억제하며, 신체적 스트레스 반응을 완충한다(Creswell et al., 2005). 이러한 연구들에서 개입 집단의 참여자가 가장 흔히 쓰는 가치들은 친절, 창의성, 유머, 영성과 같은 VIA 성격 강점이다. 물론 24개의 성격 강점 중 어느 것이라도 탐색할 핵심 가치로 선택할 수 있다(기억하라. VIA는 'Values in action'의 머리글자를 딴 것이다).

성격 강점의 자각   CSI **4**

▌동기를 고취하기

개요

변화하는 것은 간단하면서도 도전적이다. 변화는 자연스럽고 또 대부분 큰 노력 없이(즉, 간단하게) 일어나지만, 여전히 습관과 문제 행동은 너무 저항적일 수 있다 (즉, 도전적이다). '준비, 의지 그리고 역량(ready, willing, able)'이라는 격언 속에 지혜 가 있다. 개인은 변화의 중요성을 기꺼이 인식하고, 변화할 수 있다는 자신감을 갖 고 지금이 변화할 적절한 시기라고 여기고 준비해야 한다(Miller & Rollnick, 2002).

후자의 관점에서 인기 있는 변화 모델은 개인이 겪는 행동 변화의 5단계인 '숙고 전 단계, 숙고 단계, 준비 단계, 실행 단계 및 유지 단계'이다(Prochaska & Diclemente, 1982).

목적

동기를 강화한다. 변화의 단계를 시작한다. 동기를 성격 강점 작업에 적용한다.

단계

이 예시는 성격 강점을 더 자주 사용하기 위한 동기를 강화하는 데 초점을 맞춘 것이다.

① **중요성**: 성격 강점을 더 많이 배우는 것이 당신에게 얼마나 중요한지, 성격 강 점을 사용하는 것이 얼마나 중요한지, 그리고 강점을 더 많이 사용하는 것이 얼마나 가치 있는지를 1~10점 척도(10점은 중요도가 높음, 1점은 중요도가 낮음) 에서 평가한다.

② **자신감**: 성격 강점에 대해 얼마나 더 많이 배울 수 있다고 자신하는지, 삶에서 얼 마나 더 많은 성격 강점을 사용할 수 있다고 자신하는지를 1~10점 척도(10점은 자신감이 높음, 1점은 자신감이 낮음)에서 평가한다.

③ **준비**: 변화의 일반적인 5단계 중 어느 단계에 있는지 평가한다.

    a. 숙고 전 단계: 내가 변화할 만한 어떠한 이유도 가치도 없다.

      "성격 강점을 사용하는 작업을 하지 않을 거야." 또는 "나는 성격 강점을 사용하는 작업을 할 수 없어."

    b. 숙고 단계: 변화의 가치는 알겠는데, 어떤 행동을 취할 만한 준비는 되지 않았다.

      "언젠가는 내 성격 강점을 사용하는 작업을 '할 수 있어.' 그리고 '할 것 같아.'"

    c. 준비 단계: 변화는 중요하다. 나는 변화할 준비가 되었다.

      "'나는 변화할 거야.' 그리고 곧 성격 강점을 사용할 거야. 나는 내 활동을 위한 계획을 세우고 있고, 강점을 사용할 상황에 대해서 생각 중이야."

    d. 실행 단계: 변화가 일어났고 나는 계속 그 과정 중에 있다.

      "성격 강점을 더 많이 사용하면서 '나는 변화하고 있어.'"

    e. 유지 단계: 변화가 6개월 이상 지속된다.

      "회사에서나 집에서 계속해서 매일 성격 강점을 더 많이 사용하면서 '나는 여전히' 변화하고 있어."

④ **검토 및 실행**: 세 가지 단계에서 발견한 것을 검토한다.

    a. 긍정성을 인정한다. 기념하고 인정해야 할 것이 무엇인가? 어쩌면 깨달은 것보다 변화를 통해 더 높은 가치를 볼 수 있지 않을까? 전에 생각하던 것보다 더 자신감을 느끼게 되었는가? 숙고 전 단계를 넘어 온 과정이 보이는가? 어떤 성격 강점이 이러한 긍정적인 것들을 가능하게 했는가?

    b. 성장 영역에 영향을 준다. 세 가지 영역(중요성, 자신감, 준비) 중 향상하고 싶은 하나를 고르라. 평가 척도에서 점수를 올릴 포인트 또는 다음 준비 단계로 이동하거나 도달하기 위해 수행해야 할 작업을 생각하라. 중요성을 증가시키는 한 가지 예는 변화를 자신의 본질적 가치와 더 연관시키는 것이고, 자신감을 키우는 예는 스스로 확신을 북돋는 것이다.

    c. 강점 지원을 구축한다. 다른 사람(예: 상담자)과 당신의 성격 강점 중 하나를 이용하여 당신의 성장 영역을 목표로 삼을 방법을 이야기하라.

조언

당신의 성격 강점의 '동인(動因)'이나 자극을 찾으라. 당신을 계속 행동하게 하고, 많은 상황에서 자연스럽게 동기를 끌어내는 1~2개의 대표 강점이 있는가? 어떤 사람들이 행동할 이유가 친절이나 사랑 같은 성격 강점이라면, 또 다른 사람들의 경우 그들을 안내하고 동기를 부여하는 것은 영성이다. 당신의 성격 강점의 동인은 무엇인가?

연구

중요성, 자신감, 준비, 확신 및 변화와 관련된 활동의 많은 부분은 동기강화 상담의 요소에서 가져왔다. 이는 변화의 이유를 온정적으로 탐색함으로써 목표에 대한 동기를 높이고 전념하도록 돕는 것을 강조하는 협력적 접근법이다. 동기강화 상담은 저항적인 문제를 작업하는 사람들을 돕는 데 상당수의 인상적인 연구 근거를 보유하고 있다(Miller & Rollnick, 2002). 여기서 강조하는 것은 자기안내의 방식으로, 동기강화 상담의 접근법이 내담자와 실무자 사이에서 일어나는 과정이라는 것을 분명히 하는 것이 중요하지만 변화는 내담자에게서 나오는 것이지 실무자에 의해 강요되는 것이 아니다.

성격 연구자들은 우리의 성격 특성에는 자연스럽게 동기를 부여하는 특징이 있다는 것을 발견했다. 그것은 사람들이 목표를 달성하도록 자극하는 데 유용할 수 있다(McCabe & Fleeson, 2016). VIA 성격 강점은 각 인간에게 존재하는 중요한 자연스러운 동기부여를 제공한다.

성격 강점의 자각   CSI **5**

█ 대표 강점 빼기

개요

우리 중 대다수는 품위 있거나 좋은 삶을 살고 있지만, 사소한 문제와 도전에 휘말리고 '장미 냄새를 맡기' 위한 시간을 들이지 않기 때문에 종종 그것을 깨닫지 못한다. 그리고 우리가 일상생활에서 벗어나 행복을 추구하려고 할 때, 더 행복해지려는 노력의 일환으로 우리는 기본적으로 소유물, 대인관계 경험, 성취와 같은 것들을 더하고 있다. 이 개입은 자동조종 상태의 마음을 타파하는 것을 돕기 위해 다른 전략을 취한다. 즉, 무언가를 빼는 것이다. 그것은 당신의 최고의 특성 중 하나가 없을 때 당신의 삶이 어떨지 생각해 보는 것이다.

목적

사람들이 자신이 가진 것에 대해 감사하도록 돕는다. 감사와 긍정적 활동을 강화한다. 대표 강점의 진가를 더 깊이 받아들인다.

단계

① 대표 강점 중 당신이 누구인가를 나타내는 데 가장 핵심적인 것으로 볼 수 있는 하나를 선택하라.

② 잠시 이 강점을 상상하라. 그것을 행하는 것을 떠올려 보고, 그동안 자신에게 얼마나 중요했는지에 주목해 본다. 아마도 이는 인생에서 중요한 관계를 맺고, 많은 것을 성취하고, 수많은 순간에 행복과 만족을 느끼도록 도왔을 수 있다. 이러한 이득들을 명확하게 보라.

③ 자, 이제 다른 것을 상상하라. 앞으로 한 달 동안 이 강점을 사용할 수 없다고 상상해 본다. 한 달 동안 어떤 식으로든 이것을 사용할 수 없다. 어떨 것 같은가? 어떤 느낌일까? 예를 들어, 만약 호기심을 선택했다면, 당신은 새로운 활동을 추구하지 못하고, 모든 것을 탐색하거나 조사하지 못하며, 남들에게 어떠

한 질문도 하지 못하고, 새로운 음식을 먹지 못하며, 도시의 새로운 장소에 갈 수도 없다. 또한 인터넷이나 휴대전화로 뭘 찾지도 못하고, 다음 달을 위해 무언가 새롭거나 색다른 것을 해 볼 수도 없다.

④ 관찰한 것들을 적어 보자.

연구

한 사람의 인생에서 긍정적이고 중요한 무언가를 빼는 이 활동은 연구에서 마음의 뺄셈이라고 불린다. 이러한 활동을 하지 않는 경우에 비해 이를 했을 때 웰빙이 더 촉진된다(Koo, Algoe, Wilson, & Gilbert, 2008). 마음의 뺄셈은 물질적인 소유에 대해서 사용했을 때도 행복의 증가를 보여 주었다(Ang, Lim, Leong, & Chen, 2015).

예시

수천 명의 워크숍 참가자와 함께 이 연습을 하면서, 사람들이 얼마나 핵심 특성의 상실로 인해 충격을 받는지 상당히 놀라웠다. 대표 강점을 빼는 것에 대해 사람들이 묘사하는 전형적인 반응들은 공허한, 상실된, 우울한, 불가능한, 숨을 쉴 수 없는, 공황 상태의, 우유부단한, 절망적, 혼란스러운, 황폐한, 헛된, 내가 아닌, 기쁨의 상실, 무능력한, 방향을 상실한, 자기혐오, 상실감에 빠진, 쓸모없는, 박탈감을 느끼는, 목적 없는, 무서운, 자기 자신을 모르는, 스트레스를 받는 등이다.

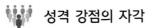 성격 강점의 자각 CSI **6**

성격 강점 가계도

개요

가계도는 세대 간 가족 관계를 펼쳐보는 공식적 방법으로 한눈에 모든 것을 볼 수 있도록 한 장에 그린다. 가계도는 특히 1950년대 가족치료가 유행한 이후 수십 년간 많은 가족치료자나 상담자의 주요소가 되어 왔다.

목적

가족 관계를 자각한다. 가족 역동에 대한 통찰을 증가시킨다. 가족에게 강점 기반 접근을 적용해 본다.

단계

① 현재 당신의 가족을 적어 보라. 남성은 네모로, 여성은 원으로 그리고 이름을 적는다. 세대 차를 나타내기 위해 같은 세대 관계는 수평선으로, 세대 간 관계는 수직선으로 연결한다(위로 갈수록 부모님이나 조부모와 같은 윗세대를, 아래로는 자녀 세대를 나타낸다).

② 각 구성원 옆에 대표 강점을 2~3개씩 적어 보라[열정(zest)은 'Z'로, 호기심(curiosity)은 'Cu'로, 자기조절(self-regulation)은 'SR'과 같은 약자로 쓸 수 있다]. 만약 가족 구성원이 VIA 검사를 했다면, 상위 3개 강점을 적는다. 검사를 하지 않았고 살아 있다면, 검사를 하거나 24개 강점 목록을 검토하도록 권유한다. 만약 그렇지 않다면, 그들을 가장 잘 아는 사람들의 지혜로부터 어떤 특성들이 그들을 가장 잘 묘사하는지를 배워서 추측해 본다.

③ 당신이 원하는 만큼 되도록 많은 가족, 친척 및 세대에 대해 이 연습을 확장해 보라.

④ 전체적으로 가계도를 검토하라. 다른 사람들과 함께 이에 관해 이야기하라.

조언

현재의 가족을 중심으로 하는 것처럼 간단한 범위부터 시작한다. 가계도가 익숙하다면 아마도 여러 세대의 가족이나 친척이 포함된 복잡한 가계도를 다양한 공통 기호를 사용해서 빠르게 그릴 수 있을 것이다.

문제 해결

특히 가족 관계에 어려움이 있고 이러한 성찰에 익숙하지 않다면, 이 활동은 매우 충격적이고 감정적이게 될 가능성이 있다. 몇몇 사람은 도움을 주는 전문가와 토론함으로써 효과를 볼 수 있을 것이다.

연구

가계도는 의학, 사회복지, 가족치료, 계보학, 사회학 등의 많은 영역에서 널리 사용된다. 도움을 주는 전문 영역에서, 가계도는 가족 관계에 대한 중요한 자각 형성 활동으로 이용된다. 여러 전문 영역에 걸쳐 가계도에 대한 수많은 연구가 수행되었다. 예를 들어, Rempel, Neufeld와 Kushner(2007)는 가계도가 사람들의 사회적 관계에서 실현되지 않은 잠재력을 발견하는 데 도움이 되고 보살핌의 기회로써 사회 연결망에 관한 더 큰 이해를 촉진했다는 것을 발견했다. 이 연습의 짧은 버전('가족 강점 나무')은 웰빙과 우울증에 전반적인 효과가 있는 14주간의 긍정 심리치료 프로그램의 일부이다. 내담자들은 가족 구성원들이 VIA 검사를 하도록 권유한 다음, 가족 전체의 결과를 종합한다(Rashid, 2015; Seligman et al., 2006).

예시

이 활동을 탐색하기 위한 다양한 무료 옵션으로 된 '온라인에서 가계도 만들기'를 인터넷에서 찾고, 가계도가 어떻게 구성되는지 예시들을 살펴보라.

성격 강점의 자각   CSI **7**

▌성격 강점 360°

개요

360° 피드백 형식이 세계적으로 조직의 표준이 되어 가고 있다. 조직 장면에서 이는 각 직원들이 상사나 감독자, 부하, 동료 및 고객을 포함한 다수의 자원과 맥락으로부터 받는 피드백을 포함하며, 각자의 성취에 중요한 통찰을 제공한다. 성격 강점에 대한 피드백은 이와 유사한 방법으로 작업할 수 있으며, 당연히 일의 영역을 넘어서까지 확장할 수 있다.

목적

자신의 핵심 강점에 대한 타인의 인식을 배운다. 자신에 대한 타인의 통찰을 자신의 삶에 통합한다. 강점 렌즈를 통해 자신을 보는 새로운 시각을 얻는다.

단계

이 연습을 위해 다음 페이지에 제시된 도구를 사용한다.

① 당신을 알고 있는 사람들에게 이 도구를 나누어 준다(당신을 매우 잘 알 필요는 없다). 10명 이상의 사람에게서 피드백을 받는다. 개인이나 가정(예: 부모님, 형제자매, 배우자/파트너, 자녀 등), 직장, 학교, 사회적 관계, 종교, 공동체 등 되도록 삶의 다양한 영역에 있는 사람들에게서 받도록 노력한다.

② 당신을 가장 강력하게 묘사한다고 여겨지는 성격 강점만을 골라서 되도록 솔직하게 답해 줄 것을 요청한다. 아무리 많아도 5~7개 정도의 강점을 넘지 않도록 제한하는 것이 좋다.

③ 그들이 고른 각 강점에 대한 구체적인 예시나 일화를 제시하는 두 번째 단계를 강조한다.

④ 모두에게서 피드백을 모은다. 각 이야기나 성격 강점들에서 공통된 것이 있는

지 찾아본다.

⑤ 당신의 VIA 검사 결과와 성격 강점 360° 결과를 비교하라.

- **강력한 대표 강점**: 당신과 타인 모두가 높게 선정한 강점은 무엇인가?
- **가능한 맹점 영역**: 당신은 아니지만, 타인이 높게 선정한 강점은 무엇인가?
- **잠재적 기회**: 타인은 아니지만, 당신이 높게 선정한 강점은 무엇인가?

⑥ 행동을 취하라. 자신의 통찰을 점검하고 사용할 수 있는 새로운 통찰을 추가한다.

연구

이 활동은 때때로 통찰과 그와 관련된 연결성 때문에 마음챙김에 기반한 강점 훈련(MBSP; Niemiec, 2014a)의 참여자들이 가장 좋아하는 연습이라고 보고된 것 중 하나이다. 세계적으로 워크숍과 대학 강의 과정에서 넓게 쓰이고 있다. 교육 장면에서도 학생과 선생님들에 의해 사용된다(Linkins et al., 2015). 더 복잡한 버전은 '최고의 성찰적 자화상'이라고 불려 왔다. 이 연습은 '나의 최고의 강점'과 '향상시킬 수 있는 방법'의 이야기들을 친구, 가족, 선생님, 동료나 지인 등의 30여 명에게 모으는 것이 포함된다. 이야기를 모으고 반복되는 행동, 가치나 성격 강점을 검토한다. 그러고 나서 몇 단락으로 정리하거나 에세이, 발표문, 비디오나 이미지 등 더 창의적인 형태로 검토된 패턴들을 통합한다. 이 활동은 긍정 정서 자원, 능동성 자원(우리 삶에서 사건에 대한 통제력을 발휘할 수 있다는 능력에 대한 믿음) 및 관계 자원을 통해 스스로 발전하도록 촉진한다(Roberts et al., 2005; Spreitzer, 2006). 청소년 대상의 연구에서 연구자들은 전문가에게서만 혹은 전문가와 지인에게서 모두 강점 피드백만 받은 경우와 강점 피드백에 더해 성장 영역에 대한 피드백을 함께 받은 경우를 비교하였다. 그 결과, 다양한 사람으로부터 강점과 성장 영역에 대해 모두 피드백을 받은 경우 가장 효과가 좋았음을 발견하였다(Spreitzer et al., 2009).

〈도구〉

단계 1

다음에는 24개의 성격 강점이 있습니다. 이 사람을 가장 강력하게 묘사하는 것들은 무엇이고 그들의 삶에서 그것이 어떻게 나타나나요? 그들에게서 가장 명확하게 나타나는 강점에 표시해 주세요. 5개 정도(7개 이하로) 골라 주세요.

____ 창의성: 기발함, 새롭고 독특한 방법으로 보고 행동함, 독창적이고 적응적인 아이디어

____ 호기심: 새로움을 추구함, 흥미를 가짐, 색다른 경험에 대한 개방성, 질문함

____ 판단력: 비판적 사고, 분석적, 논리적, 꼼꼼히 따짐

____ 학구열: 새로운 기술과 주제를 습득함, 지식과 배움에 대해 열정적임

____ 통찰력: 지혜로움, 현명한 조언을 줌, 큰 그림을 봄, 타인의 관점을 통합함

____ 용감함: 씩씩함, 공포에 위축되지 않음, 옳은 것을 주장함

____ 인내: 끈기, 근면, 장애물을 뛰어넘음, 시작한 것을 끝냄

____ 정직: 진실성, 정직한, 진솔한

____ 열정: 열의, 정력적인, 활기 있는, 살아 있고 활동적인 느낌

____ 사랑: 사랑을 주고받음, 진심 어린, 타인과 친밀한 관계를 가치 있게 여김

____ 친절: 관대한, 보살피는, 배려하는, 연민, 이타적인, 상냥한

____ 사회지능: 자신과 타인의 동기와 감정을 알아차림, 타인이 하는 행동의 이유를 앎

____ 협동심: 단체 활동을 잘하는 사람, 공동체 중심적, 사회적으로 책임 있는, 충실한

____ 공정성: 정의의 원칙에 따라 행동함, 타인에 대해 편견을 갖지 않으려 함

____ 리더십: 단체 활동을 조직함, 목표 달성을 위해 집단을 북돋고 이끌어 감

____ 용서: 자비로운, 타인의 단점을 수용함, 타인에게 다시 기회를 줌

____ 겸손: 겸허함, 자기 성취를 자연스럽게 드러나도록 함, 타인에게 초점을 둠

____ 신중성: 주의 깊은, 현명한 조심성, 말하기 전에 생각함, 과도한 위험을 무릅쓰지 않음

____ 자기조절: 자기통제력, 규율적인, 충동과 정서를 관리함

____ 감상력: 경외심이 있는, 경이로운 것에 쉽게 감동함, 아름다움과 위대함에 경탄함

____ 감사: 좋은 것에 감사함, 고마움을 표현함, 축복받았다고 느낌

____ 희망: 낙관적, 미래 지향적, 긍정적인 견해

_____ 유머: 장난기 많은, 농담을 즐기고 타인을 미소 짓게 함, 밝은 마음

_____ 영성: 종교적이고 또는 영적인, 신앙의 실천, 목적과 의미에 의한

단계 2

이 질문지 뒷면에 당신이 체크한 각 강점을 이 사람이 어떻게 보여 주는지에 대한 예시나 간단한 이유를 적어 주세요.

성격 강점의 자각   CSI **8**

▌자기 강점 관찰

개요

우리 행동의 대부분은 그 순간 우리의 생각, 감정 및 행동에 대한 특별한 자각이 없는 자동조종 상태에서 이루어진다. 자기관찰은 강점과 관련된 생각, 감정 및 행동에 대한 마음챙김 자각을 이끌어 긍정적 행동을 촉진하도록 돕는다.

목적

자각하지 못하는 곳에서 작동하는 강점의 알아차림을 강화한다. 내적인 성격 강점과 행동을 연결한다.

단계

① 다음 페이지의 표나 앱(app)을 활용하여 관찰 기록지를 만든다.
② 멈춰서 행동을 관찰하고 체크할 수 있도록 시간별로 혹은 간헐적으로 알람을 맞춘다.
③ 관찰 기록지에 반드시 자신이 하고 있는 활동, 사용하는 강점이나 강점의 사용 방법을 적는다. 이 활동을 통해 당신의 내적 과정과 실제 행동의 관련성을 끌어낼 수 있을 것이다.

조언

연구를 통해 자기관찰에서 더 큰 효과를 얻기 위해서는 솔직하고 지속적으로 하는 것이 중요하다는 것이 드러났다. 솔직하고 지속적인 기록은 당신이 조절할 수 있는 행동이다.

연구

자기관찰은 평가와 치료에 사용되어 온 신뢰할 수 있는 도구이다(Korotitsh &

Nelson-Gray, 1999). 이는 정서 관리, 섭식 행동 향상 및 중독 관리 등 다양한 행동을 이해하고 향상시키는 데 사용되어 왔다. 자기관찰은 마음챙김에 기반한 강점 훈련(MBSP)의 주별 연습과 특별 활동(강점 활동 지도라고 불리는)으로도 사용된다 (Niemiec, 2014a).

주별 요일/시간	현재 활동	성격 강점(들)	강점 사용 방법	기타 (예: 감정, 강점 사용의 장애물, 강점 의도 등)
요일: 시간:				
요일: 시간:				
요일: 시간:				
요일: 시간:				
요일: 시간:				
요일: 시간:				
요일: 시간:				

성격 강점의 자각 CSI **9**

▌이야기와 성격 강점(강점 포착 개발)

개요

인간은 이야기 수집가이다. 오늘 아침에 이를 닦았다처럼 겉보기에 중요하지 않은 이야기부터, 아이를 낳았다는 매우 중요한 이야기로 여겨지는 것까지, 일상과 사건들 중간에 일어난 대화까지 모든 이야기가 있다. 성격 강점은 이러한 삶의 경험의 일부이고, 모든 이야기 속에서 발견할 수 있다.

목적

우리 자신 혹은 타인의 성격 강점에 주의 초점을 맞추는 강점 조준기(Lottman, Zawaly, & Niemiec, 2017) 혹은 자신과 타인에 대한 강점포착 연습이라고 불리는 것을 개발한다. 성격 강점의 '언어'에 더 익숙해진다. 타인과 긍정적 이야기나 좋은 소식을 더 편하게 나눈다.

단계-1번

① 최근 또는 얼마 전 당신이 최고였던 특정한 시간을 생각해 보라. 당신은 역할을 잘 수행하고 있었다. 이는 직장, 학교, 집 또는 다른 어떠한 장소였을 수 있고, 당신은 자신의 본모습에 충실한 방식으로 행동하고 있었을 것이다.

② 이를 시작과 중간 그리고 끝을 가진 이야기로 발전시킨다.

③ 그 이야기를 적는다.

④ 이야기를 검토하고 그 이야기에서 사용한 성격 강점을 주의 깊게 살펴보라.

단계-2번

① 당신이 의미 있는 방법으로 기여한 최근의 긍정적인 경험을 누군가와 공유하라.

② 이 이야기를 한 후 그 사람에게 당신이 이야기에서 표현했다고 여겨지는 성격 강점에 대한 피드백을 제공해 달라고 부탁한다.

힌트: 당신의 성격 강점을 고르는 데 도움을 주기 위해 VIA 분류체계 성격 강점 리스트를 제시할 수 있다.

조언

너무 앞서가지 말라는 것을 이르는 "말 앞에 마차를 놓지 말라."라는 속담이 있다. 이 연습을 할 때, 이야기에 앞서 구체적인 강점을 늘어놓지 말라. 대체로 강점에 낯선 내담자들은 그 자리에서 신중성이나 학구열에 대한 이야기를 생각해 보라고 하는 것보다, 긍정적인 것에 관한 일반적인 이야기를 나누라고 하는 것이 더 쉽다. 내담자들이 그 언어에 익숙해질 때, 특정 강점에 대한 이야기를 요청하라.

문제 해결

일부 사람은 자신의 '최상'이라는 극단적인 용어에 고심한다. 그렇다면 맥락에 맞는 좀 더 수수한 용어인 '일에서 행복했을 때' '학교에서 잘 했을 때' '이번 주 대인관계에서 일어난 긍정적인 것' 등과 같은 말로 바꾸어서 제시할 수 있다.

연구

이 개입법의 이전 버전은 '당신이 최상일 때'라고 불렸다. 이 개입은 긍정심리학의 대표적인 연구(Seligman et al., 2005)에서 길게 유지되지는 않지만 일정 정도의 효과가 있음이 밝혀졌다. 이는 개입이 효과가 없다는 의미가 아니다. 오히려 그 반대로 지금까지 전 세계적으로 수천의 실무자가 성공적으로 이 개입을 사용하여 왔다. 이는 강점 유창성에 있어 유용하고 실질적인 도입부가 된다(Linkins et al., 2015). 더욱이 좋은 소식과 같은 긍정적 경험을 타인과 나누는 것이 효과가 있으며(Gable et al., 2004; Reis et al., 2010), 행복이나 긍정 정서 및 삶의 만족도를 가져온다는 것(Lambert et al., 2011)이 몇몇 연구에서 나타났다. 긍정 정서에 대한 이러한 이득은 듣는 사람이 열정적인 반응을 보여 줬을 때 더 강해졌다.

성격 강점의 자각 ⬛ CSI **10**

▌멘토 혹은 롤모델

개요

멘토는 후배들의 성격에 긍정적인 영향을 미칠 수 있는 일종의 롤모델이다. 이는 멘토가 목표 설정, 지식 쌓기, 좋은 삶에 대한 성찰, 실질적 문제 해결 및 롤모델 동일시 같은 것과 관련될 때처럼 다양한 방법으로 일어난다(Moberg, 2008).

목적

롤모델의 시선에서 자신의 성격 강점을 이해한다. 멘토나 롤모델의 강점 포착을 훈련한다.

단계

당신의 과거 및 현재의 인생에서 한 명 이상의 멘토나 롤모델을 탐색하라.

① 당신의 멘토 혹은 롤모델이 되는 사람의 이름을 떠올린다. 애쓰고 있던 시기에 당신을 돕기 위해 당신의 삶에 들어온 사람에 대해 떠올리면 누구인지 명확해질 것이다.

② 당신과 당신의 강점에 대한 그들의 핵심 믿음은 어떤 것이었는가? 그들은 당신 안에서 무엇을 발견했는가? 그들은 어떤 식으로 당신과 이에 관해 이야기했는가?

③ 이것이 그 당시 당신에게 어떤 영향을 끼쳤는가? 현재 영향을 미치고 있는 것은 무엇인가?

④ 뒤돌아 생각해 봤을 때 그들의 성격 강점은 무엇이었나? 그들은 당신을 돕기 위해 자신의 성격 강점을 어떻게 사용했는가?

문제 해결

가능하다면 멘토나 롤모델을 개인적으로 아는 사람으로 해 보라. 만약 살아 있는 롤모델을 떠올리기 어렵다면, 고인이 된 중요한 사람에 대해 생각하고 그런 방식으로 연습하도록 해 보라. 만약 이 또한 어렵다면 살아 있거나 사망했거나 관계없이 당신의 성격에 긍정적인 영향을 준 지도자나 배우 같은 대중적인 사람을 떠올리라. 그래도 없다면 끝으로 영화나 책 속의 가공적 인물을 떠올리라(예: Niemiec, 2017).

조언

이 연습을 당신 인생의 다른 사람들에게까지 확장한다. 예를 들면 애쓰고 있으나 인내심을 가진 불완전한 아버지나 어머니, 연락이 끊긴 형제자매들, 또는 가까운 친구들에게서 영웅을 찾아보라. 이 사람들의 존경할 만한 점은 무엇인가? 그들이 어떤 식으로 당신에게 긍정적 영향을 주었는가? 그들은 어떤 식으로 진짜 당신을 보고 있는가?

연구

대부분의 사람은 최소 2명에서 대개는 6명 이상의 영웅과 동일시한다(Allison & Goethals, 2011). 멘토나 롤모델은 성격 교육 중 실습을 통한 연구(Berkowitz, 2011)에서 지지되었다. 또한 멘토로부터 배우는 것은 지혜를 기르는 세 가지 주요한 경로 중 하나로 기술되었다(Gluck & Baltes, 2006). 타인을 관찰하는 것은 오랫동안 핵심적인 학습 경로로서 논의되어 왔으나, 모델이 덕이 있는 사람일 때 특히 더 영향력이 있을 수 있다(Bandura, 2003, 2008). Niemiec과 Wedding(2014)은 미덕이나 성격 강점을 나타내어 잠재적 롤모델이 될 수 있는 약 1,500여 개의 영화 속 인물에 대한 예시를 제공하였다.

성격 강점의 사용

▌들어가기

이 절에서는 성격 강점을 행동으로 옮기는 개입을 제시한다. 많은 내담자가 실무자에게 "내 강점을 가지고 무엇을 합니까?"라고 질문한다. 이 책에 있는 개입법들이 모두 그 질문에 대한 대답이 될 수 있으나, 이 절의 내용은 특히 행동을 시작하는 데 있어 중요하다.

▌목차

CSI 11: 새로운 방식으로 대표 강점 사용하기
CSI 12: '～인 것처럼' 행동하기(강점에서 행동하기)
CSI 13: 강점을 내부로 향하기
CSI 14: 강점 습관 만들기
CSI 15: 다양한 영역에서의 대표 강점
CSI 16: 강점의 전체적 사용
CSI 17: 덕목 사용의 길
CSI 18: 머리, 가슴 그리고 손, 덕(德) 있는 삶
CSI 19: 낮은 강점 북돋기

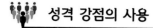 **성격 강점의 사용** CSI **11**

▌새로운 방식으로 대표 강점 사용하기

개요

대표 강점을 알고 사용하는 것은 긍정심리학 연습의 정수(精髓)이다. 이는 대표 강점과 플라세보 혹은 다른 여러 개입을 적용한 집단의 효과 비교 연구를 통해 다양한 문화와 표본에 걸쳐 효과적임이 증명되었다.

목적

다음 단계로 가기 위한 강점을 인식한다. 자신의 최고 자질에 대한 앎과 사용을 확대한다. 내가 누구인가와 일치하는, 즉 진정한 나 그대로 행동한다.

단계

① 웹사이트(https://www.viacharacter.org)에서 연령에 맞는 VIA 검사를 한다.
② 강점 순위를 살펴보고 상위 강점 중 하나를 선택하라.
③ 일주일간 매일 새로운 다른 방식으로 강점을 사용하라.

조언

각 강점에 대한 느낌과 강점을 사용할 때의 장소 및 방식에 대한 감정에 주의를 기울인다(Duan et al., 2013). 이는 당신의 행동, 감정 및 맥락을 서로 더 많이 연결하도록 도울 것이다.

문제 해결

일부 참가자는 새로운 방식으로 자신의 강점을 사용할 수 있는 방법을 생각해 내지 못한다. 24개 강점 각각의 예시를 제공하는 것이 도움이 될 수 있다. 2장의 〈표 2-1〉은 이 연습의 예시를 제공한다. 아이디어를 자극할 수 있는 또 다른 표와 그림들은 1장의 〈표 1-2〉, 2장의 [그림 2-2] 및 3장의 〈표 3-1〉이다.

과학적으로 탐구되지 않았으나 이 활동을 위한 또 다른 전략은 일주일 동안 매일 새로운 방법으로 다른 대표 강점을 사용하는 것이다. 이러한 활동은 하나의 대표 강점에 대한 요구는 덜하지만 대표 강점 각각에 대해서 약간씩의 노력을 요구한다. 관련하여 엄격하게 연구되지 않았으나, 이것이 개인의 강점 사용에 다양성을 더하고, 향후 강점 사용을 위해 더 많은 선택지를 제공할 것이라고 가정할 수 있다.

연구

5개의 긍정 개입에 대한 무선 이중맹검 플라세보 통제연구인 대표적 기준연구에서 자신의 대표 강점을 새로운 방식으로 사용하는 개입에 할당된 참여자들은 6개월간 행복이 증가하고 우울이 감소하였다(Seligman et al., 2005). 이는 다른 연구에서도 완전히 반복 검증되었고(Gander et al., 2013), 2장에서 언급했듯이 다양한 나라의 다양한 표본에서 유사한 결과가 나타났다.

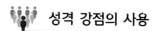 성격 강점의 사용   CSI 12

‖ '~인 것처럼' 행동하기(강점에서 행동하기)

개요

사람들이 성격 강점에 대해 흔히 반복하는 말은 '만약 내가 ~한다면(더 창의적이라면, 더 용기가 있다면, 더 희망적이라면 등)'이라고 외치는 것이다. '개인심리학'이라고 불리는 영향력 있는 심리치료의 창시자인 Alfred Adler(1963)는 '만약 ~라면'이라는 신념에 대해 실제 행동으로 대항하기 위해 '~인 것처럼 행동하기'라는 기법을 만들었다. 훈련에서 벗어난 실제 현실을 창조하기 위해 새로운 행동을 시도하는 힘은 오래전부터 Jacob Moreno가 표명한 사이코드라마로 작업하는 사람들에 의해 옹호되어 왔다(Blatner, 1988). 현대의 성격 연구자들은 개개인이 성격 강점과 같은 특질 행동을 할 수 있도록 훈련받을 수 있고, 이것이 그러한 특질과 웰빙을 증진할 수 있다는 것을 확인하고 있다(Blackie et al., 2014).

목적

성격 강점 사용을 증진한다. 강점을 원하는 것에서 강점을 행하는 것으로 전환한다. 자신의 강점들을 맥락에 조화롭게 사용할 수 있는 자신의 강점 교향곡을 작곡해 본다.

단계

① 향상시키고 싶은 강점을 선택하라.

② 강점을 더 강력히 사용하고 싶은 상황(사람까지 포함해서)을 고른다. 예를 들면, 데이트에서 호기심을, 업무 회의에서 용감함을, 힘든 가족 구성원에게 창의성을, 저녁 외출에서 친구에게 유머를 사용하는 것 등이다.

③ 그 상황에서 그 강점과 일치하는 행동을 하라. 즉, 용감하게, 창의적으로 또는 감사나 희망을 가지고 행동한다. 그 강점과 일치되는 행동을 하기 위해 자신의 강점 교향곡과 VIA 분류체계의 정의(定義)를 사용한다. 예를 들면, 만약 열

정을 골랐다면, 열정적으로 행동할 뿐 아니라 열의를 가진, 에너지 넘치는, 활력 있게, 신나는 삶을 살고, 진심을 다해 행동하며 삶을 하나의 모험으로 보는 것을 탐구한다.

조언

이 활동은 Polly와 Britton(2015)이 제시한 24개 각 강점에 관한 시나 독백 혹은 유명한 연설과 같이 강점을 예시하는 글이나 영감을 주는 구절을 소리 내어 읽음으로써 촉진될 수 있다. 예를 들어, 그들은 통찰력과 관련해서 에이브러햄 링컨의 '게티즈버그 연설', 셰익스피어의 사랑의 소네트 및 마더 테레사의 겸손에 대한 연설의 발췌본을 큰 소리로 읽을 것을 제안한다. 실무자는 회기 내에서 내담자와 함께 이러한 '~인 것처럼' 행동하기 읽기 연습을 함께 한다.

문제 해결

만약 내담자가 이 연습을 너무 겁내하고 참여하기를 거부한다면, 비교적 부드러운 연습인 '~인 것처럼' 생각하기(Watts, 2013)를 할 수 있다. 이 방법에서 내담자는 앞서 제시한 단계를 밟고, 가능성을 탐색한 뒤, 작은 행동을 하기 전 실무자와 함께 '~인 것처럼' 하는 행동의 목록을 만든다.

연구

성격 연구자들은 우리의 상태를 변화시키는 순간에 우리의 특질 또한 변화시킬 수 있다고 주장하며(Fleeson, 2001), 특질적인 행동을 하는 것이 웰빙을 강화할 수 있다고 제안한다(Fleeson et al., 2002). 성격 연구자들은 이러한 전략이 창의성 강점에 적용될 수 있음을 보여 주었다. 즉, 경험에 대한 개방성처럼 창의성을 일관되게 예측하는 것을 삶에 구축하고, 탐구심 철학, 호기심 및 상상력이 있는 개방적인 방식으로 행동함으로써 창의성이 육성될 수 있다고 한다(Blackie et al., 2014). 이 연구자들은 성실성(신중성 강점으로 여길 수 있는)에 대한 예시도 제시하였다. 만약 누군가 업무에서 자신의 '신중성'을 증가시키고 싶다면 그는 계획적이고 조심스럽고 책임감 있게 행동하면 된다.

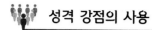

성격 강점의 사용　　　　　　　　　　　　　　　　CSI **13**

강점을 내부로 향하기

개요

어떤 성격 강점들은 명백히 타인에게 표현되는 특성으로 여겨진다(예: 친절, 용서, 공정성). 그러나 각 성격 강점은 우리 자신, 즉 내부로 향해질 수 있다.

목적

자기돌봄, 자기이해, 자기계발

단계

① 무언가 잘못된, 실수를 저지른 또는 어떤 식으로든 고통을 겪는 구체적인 상황을 떠올려 보라. 다음 질문들에 대해 내부로 얼마나 적용하고 있는지 1점(제일 낮게 적용)에서 10점(제일 높게 적용) 척도를 사용하여 스스로를 평가해 본다.

- 자기친절/자기자비의 수준은? 자신에게 얼마나 친절한가요?
- 자기공정성 수준은? 자신에게 얼마나 공정한가요?
- 자기용서 수준은? 자신을 얼마나 용서하나요?
- 자기리더십 수준은? 행동을 하기 위해 얼마나 자기리더십을 발휘하고, 통제하고 자신을 이끌며 조직화할 수 있나요?
- 자기용감성의 수준은? 자신의 내부에서 벌어지는 것들(예: 내적 투쟁, 결점, 한계, 고통스러운 기억들)에 대해 얼마나 용기 있게 직면하나요?
- 자기정직성의 수준은? 자신에게 얼마나 솔직하나요?
- 자기통찰의 수준은? 얼마나 자주 당신 자신의 내적 지혜에 의지하고 따르나요?
- 앞서 언급한 것 이외의 강점들에 대해서도 같은 방식으로 생각해 보고 점수를 매긴다.

② 점수가 가장 높은 것을 고른다. 어떤 것을 가장 잘하는가? 당신이 고른 이 긍정

적 접근으로부터 어떻게 배울 수 있는가?

③ 점수가 가장 낮은 것을 고른다. 향상시킴으로써 가장 득이 되는 것이 무엇인가? 무엇이 가장 필요한가? 어떤 것이 당신에게 가장 큰 반향을 일으키는가?

③ 3단계에서 고른 성격 강점이 타인에게 어떻게 표현되는지 생각해 보라. 당신이 말하고 생각하고 행하는 것을 숙고한다. 이러한 생각, 말, 행동을 스스로에게 적용해 본다.

연구

성격 강점을 내부로 향하는 것과 관련한 연구들이 점점 증가하고 있으며, 특히 자기자비라는 용어로 종종 언급되는 친절(Neff & Germer, 2013), 자기용서(Cornish & Wade, 2015; Griffin et al., 2015), 통찰/지혜(Baltes & Staudinger, 2000)에 관한 연구가 많이 이루어진다. '심리적 용기'라고 알려진 내부로 향하는 용감함이라는 개념도 Putnam(1997)에 의해 논의되어 왔다.

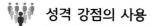 **성격 강점의 사용**

CSI **14**

▌강점 습관 만들기

개요

좋건 나쁘건 우리 습관의 대부분은 의식적이지 않게 자동으로 만들어진다. 행동에 작은 변화를 만드는 것은 간단하게 들릴 수 있다. 그러나 자신의 강점을 개발하는 것이 자신의 업무를 더 쉽고 또 즐겁게 하는지를 알고 있을 때도 많은 사람이 그것을 너무 압도적으로 느껴서 변화의 시작을 위한 마음의 여유나 힘을 내지 못한다. 간단히 말해서, 자동조종 상태와 일상의 습관에서 헤매기 쉽다.

목적

습관화 과정을 더 의식적으로 통제한다. 강점 사용을 강화한다.

단계

① 당신이 확립하고 싶은 성격 강점을 생각해 보라.
② 신호: 짧은 신호(예: 30초)를 고른다.
③ 일상: 새로운 일상 규칙(예: 5분)을 만든다.
④ 보상: 자신에게 보상(예: 30초)을 준다.

연구

습관화 행동을 연구하는 신경과학자들은 습관을 만들고 자동화하는, 소위 습관 반복이라고 불리는 이 세 가지 과정을 밝혀 왔다(Duhigg, 2012). 이를 강점 연구에 적용하여, Michelle McQuaid는 65개국의 직장인 2천여 명 이상을 대상으로 연구하였다. 그녀는 사람들이 11분 만에 강점 습관을 만들 수 있음을 밝혀냈다. 더 구체적으로 보면, 41%의 참여자에서 자신의 강점을 명명하는 능력이 향상되었고, 61%는 주간 강점 기반 목표를 더 잘 세우게 되었고, 41%는 매일 가장 잘하는 것을 할 기회가 더 많았다는 느낌을 가졌다. 더불어 39%는 상사와 의미 있는 강점 관련 대화를 더 많이 하게 되었으며, 32%는 조직이 참여자들의 강점을 향상시키기 위해 더 많이 노력했다고 느꼈다(McQuaid & VIA Institute on Character, 2015). 이에 더해 더 많은 번영과 몰입의 느낌, 가치 있고 활력 있고 달라졌다는 느낌을 포함한 상당한 효과들이 있었다. 강점 습관화는 McQuaid와 Lawn(2014)에서 더 많이 논의되었다.

예시

- 신호(유머의 경우): 하루를 시작하기 위해 컴퓨터를 켠다.
- 일상: 재미있는 온라인 동영상을 5분간 본다.
- 보상: 커피의 첫 한 모금을 마신다.

- 신호(감상력의 경우): 개를 산책시킨다.
- 일상: 자연에 대한 사진과 짧은 영상을 찍는다.
- 보상: 페이스북이나 인스타그램에 1~2개의 사진을 올린다.

- 신호(자기조절의 경우): 컴퓨터에 2시간 간격으로 설정해 놓은 마음챙김 알람을 듣는다.
- 일상: 몇 분간 마음챙김 호흡을 한다.
- 보상: 스마트폰에서 1분간 게임을 한다.

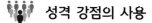 **성격 강점의 사용**　　　　　CSI **15**

▌다양한 영역에서의 대표 강점

개요

　사람들은 흔히 자신의 대표 강점을 좁은 틀에서 사용하여 자신의 가능성을 제한한다. 일부 사람은 직장에서 신중성을 사용하는 방법을 많이 발견하지만, 가족이나 사회적 관계에서 적용하는 방법을 찾는 것은 상당히 어려워한다. 반대로 어떤 사람들은 자신의 사랑 강점을 가족이나 친구들에게 쉽게 사용하지만, 직장에서 적용하지 못한다고 (잘못) 주장하기도 한다.

목적

　상위 강점들을 훈련하고 적용한다. 강점 사용의 상황 범위를 확장한다. 대표 강점의 자각 및 사용을 강화한다.

단계

① 대표 강점 중 하나를 고르라. 아마 더 잘 이해하고 향상하고 싶은 대표 강점을 고려해 볼 수 있을 것이다.

② 정기적으로 참여하는 삶의 세 가지 영역을 선택하라. 가족, 대인관계, 사회적 관계, 영성, 공동체, 운동, 학교, 직장 등의 영역을 고려할 수 있을 것이다.

③ 당신이 세 영역에서 이 특정 대표 강점을 사용할 수 있는 방법을 적어 보라. 아마 적은 것 중 일부는 그 영역에서 과거에 사용했던 것일 수 있고, 또 일부는 강점을 사용하는 데 있어 새롭거나 혹은 예전의 것에 변화를 준 방법일 수 있다.

④ 각 영역에서 그 강점을 행동으로 옮길 수 있는 구체적인 계획을 세워 보라. 일정한 기간을 정해 행동을 취한다.

연구

이 활동은 행복과 우울감에 대해 의미 있고 장기적인 효과를 보인, 새로운 방식으로 대표 강점 사용하기로 불리는 기존 연습의 변형이다(예: Gander et al., 2013; Seligman et al., 2005). 교육 장면에서 학생들에게 이 연습을 적용한 연구도 있다(Linkins et al., 2015).

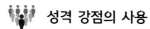 **성격 강점의 사용**　CSI **16**

강점의 전체적 사용

개요

교차하는 두 연속선(머리-가슴 및 개인 내-대인 간) 위에 그려진 24개 성격 강점의 원형모델은 특히 실무자들 사이에서 상당한 관심과 흥미를 끌어 왔다(가장 최근의 원형모델은 2장의 [그림 2-1] 참조). 이는 원래 Chris Peterson의 연구(예: Peterson, 2006a)에서 고안되었고 2014년 Robert McGrath에 의해 개정되었다(VIA Institute, 2014, 연구소 페이지에서 원형모델 지도에 대한 샘플을 볼 수 있음). 몇몇 성격 강점은 머리보다는 가슴 지향적이며(예: 사랑), 일부는 머리 지향적(예: 판단력)이다. 또 일부는 좀 더 대인 간 기반이라면(예: 협동심), 일부는 좀 더 개인 내에 기반한다(예: 호기심). 그럼에도 성격 강점은 이 네 가지 부분 모두에서 표현될 수 있다. VIA 연구소는 2009년 이후로 수천, 수만 명의 개인 성격 강점 보고서에 이 원형모델을 포함시켜 제시해 왔다. 이것을 사용하여 개입하는 실무자들은 그 실용성에 관심을 둔다. 이 활동은 이러한 실용적 사용의 한 예가 된다.

목적

성격 강점 표현의 사용을 확장한다. 좀 더 복잡하고 전체적인 방법으로 강점을 표현한다.

단계

① 당신의 대표 강점(또는 작업하고자 하는 강점) 중 하나를 고르라.

② 다음의 각 부분에 따라 그 강점이 어떻게 표현되는지 적는다.

- 머리-논리, 분석, 생각: 그 강점에 따르는 생각은 무엇인가? 그 강점을 사용할 때 어떤 생각이 머리에 스쳐 지나가는가? 그 강점을 '머리의' 어떤 방식으로 표현하는가? 예를 들어, 인내에 관한 생각은 '나는 할 수 있어.' '계속 밀고 나갈 거야.' '최선을 다할 거야.'와 같은 것들이 있다.

- 가슴-감정, 직관, 신체: 그 강점을 사용할 때 어떤 느낌이 드는가? 신체의 어디에서 느껴지는가? 가슴 기반의 방식으로 어떻게 그 강점을 표현하는가? 예를 들어, 감사는 가슴에서 느끼고, 열정을 느낄 때는 손과 손가락이 찌릿찌릿하다고 말할 수 있다.
- 개인 내: 강점을 내부로 향한다. 혼자일 때 그 강점을 어떻게 표현하는가? 상호작용의 맥락을 벗어나면 그 강점은 어떤 모습일까? 예를 들어, 인터넷으로 무언가를 찾고 있을 때의 호기심, 기도할 때의 감사, 울적하거나 자기비판적일 때의 자기친절 등이다.
- 대인 간: 강점을 외부로 향한다. 타인에게 그 강점을 어떻게 표현하는가? 상호작용의 맥락에서 그 강점은 어떤 모습일까? 예를 들어, 다른 사람에게 질문할 때의 호기심, 부탁을 들어준 사람에 대한 감사, 다른 사람에게 친절하고 사려 깊은 행동을 하는 것 등이다.

③ 이 영역 중 하나 이상에서 새로운 방식으로 강점을 행할 수 있는 구체적 계획을 세워 보라. 일정한 기간을 정해 행동을 취한다.

문제 해결

도전적인 영역에 초점을 두었다면, 강점이 정서적으로 깊게 표현되는 친밀한 관계인, '대인 간' 및 '가슴' 영역을 조합하라.

연구

이 연습은 Niemiec(2014a)이 다루었다. 이 활동은 행복과 우울감에 대해 의미 있고 장기적인 효과를 보인, 새로운 방식으로 대표 강점 사용하기로 불리는 기존 연습의 변형이다(예: Gander et al., 2013; Seligman et al., 2005). 이 연습의 요소들은 성격 강점을 대인관계적으로 만드는 커플 분석 등에서 제안되었다(Veldorale-Brogan et al., 2010).

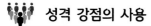 **성격 강점의 사용**   CSI **17**

▌덕목 사용의 길

개요
VIA 분류체계에서 덕목은 성격 강점보다 상위에 있는 더 넓은 속성으로 성격 강점들은 그 덕목으로 '가는 길'로 정의된다(Peterson & Seligman, 2004).

목적
덕을 쌓는다. 자기개발과 강점 개발에 각각 다른 렌즈를 제시한다. 강점 혹은 덕목 사용을 확장한다.

단계
① 덕목을 선택한다. 더 집중하거나 강화하고 싶은 덕목(지혜, 용기, 자애, 정의, 절제, 초월)은 무엇인가? 하나를 선택하라.

② 강점을 탐색한다. 성격 강점과 덕목에 대한 VIA 분류체계를 보고, 당신이 선택한 덕목의 하위에 속한 성격 강점을 탐색하라.

③ 길을 정한다. 그 특정 덕목의 하위에 있는 강점들 중 어느 것이 가장 높은가? 그 덕목을 기르기 위한 '당신만의 고유한 길'로써 가장 높은 강점을 어떻게 사용하는가?(예: 더 큰 지혜로 가는 길로서의 호기심 사용, 절제로 가는 길로서의 용서의 사용) 이 단계는 새로운 방식으로 높은 강점을 사용하는 것을 포함한다.

④ 다른 강점을 고려한다. 만약 필요하다면, 덕목 표현을 위한 길을 명확하고 확고히 하기 위해 두 번째 혹은 세 번째 강점을 사용하라. 그리고 당신이 고른 덕목의 하위에 있는 것 이외의 성격 강점들을 고려하라.

⑤ 당신의 덕목을 다시 탐색한다. 당신의 덕목을 다시 한번 보라. 추가적인 작업이 더 필요한가, 아니면 다른 덕목으로 옮겨 갈 준비가 되었는가?

문제 해결

만약 당신이 초점을 맞출 덕목을 결정하기 위해 애쓰고 있다면, 당신의 가장 높은 덕목을 '확장(증축)'하거나, 낮은 덕목을 '강화(개발)'하는 것을 고려하라. 덕목들의 전체적인 틀을 만들기 위해 다음의 질문을 고려하라.

- (지혜) 당신은 더 '사고 지향적' 또는 더 '지식 기반적'이 되고 싶은가요?
- (용기) 당신은 더 결단력이 있거나 행동하기 위해 자신의 깊은 내면을 더 파고드는 '직감 지향적'이 되고 싶은가요?
- (자애) 당신은 대인관계에 더 집중하고 싶은가요?
- (정의) 당신은 공동체 혹은 집단에 더 초점을 맞추고 싶은가요?
- (절제) 당신은 자신의 나쁜 습관을 관리하거나 매사에 무언가를 지나치게 하지 않으려는 데 더 많이 집중하고 싶은가요?
- (초월) 당신은 더 영성적이 되거나 또는 더 의미에 기반하고자 하나요?

조언

이 연습을 더 넓은 관점으로 보라. 여섯 가지 덕목은 역사적으로 많은 위대한 사상가에 의해 옹호되어 왔다. 당신은 그 위대한 덕목 중 하나를 향상하는 데 집중하고 있는 것이다!

연구

연구자들이 모든 문화와 국가에 걸쳐 종교, 철학 및 문헌들을 통해 덕목과 인간의 선에 대한 전통적인 자료들을 검토한 뒤 공통적인 주제를 발견하였고(Dahlsgaard, Peterson, & Seligman, 2005), 이는 VIA 분류체계의 덕목들이 되었다(Peterson & Seligman, 2004). 일부 연구자는 각 덕목에 강점들이 상당히 잘 들어맞는다는 것을 발견하였고(Ruch & Proyer, 2015), 또 다른 연구자들은 최상의 분류 맞춤을 위해 일부는 다시 배치되는 것이 더 유용하다는 것을 찾아냈다(McGrath, 2014). 유머 같은 성격 강점은 하나보다는 여러 개 덕목의 하위에 있는 것이 더 낫고(Ruch & Proyer, 2015), 용기 덕목 하위에 있는 희망 같은 성격 강점은 다른 덕목의 하위에 속하는 것이 더 낫다(Pury, 2008). 이 연습은 6개월 후까지 지속되는 행복의 증진과 우울의 감소에 효과적이라는 연구에 사용된 새로운 방식으로 상위 강점 사용하기의 핵심 단계가 포함된 연습의 변형으로 볼 수 있다(예: Gander et al., 2013; Seligman et al., 2005).

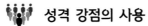 **성격 강점의 사용** CSI **18**

▌머리, 가슴 그리고 손: 덕(德) 있는 삶

개요

성격이 돌봄(caring), 탐구심(inquisitiveness) 및 자기통제(self-control)로 칭할 수 있는 세 개의 기본 요소 또는 덕목으로 이루어진다고 설명할 수 있는 근거가 있다. 학자들은 이 세 가지 모두가 가치 있고 잘 사는 삶을 위한 자양분이 될 것이라고 하였다. 그 어떤 것도 그 자체로는 충분치 않다. 잘 사는 삶은 가슴, 머리, 손(긍정 행동)이 필요하다.

좋은 성격의 발달을 위한 하나의 길은 자신을 관리 및 통제하고, 동시에 다른 사람을 돌보며, 세상을 탐구하고 감상하며 몰입하는 것에 관심을 갖는 것을 배우는 것이다.

목적

덕목 사용을 늘린다. 덕이 있고 진실한 삶에 몰입한다. 자신과 타인 그리고 세상을 위한 선함을 늘린다.

단계

① 다음에 있는 자기통제 강점 목록을 살펴보라. 이는 자신을 관리하는 덕이 있는 삶을 사는 것과 관련된다. 이러한 강점들을 개별적으로 그리고 집단적으로 성찰하라. 이 강점들을 촉매제로 사용하여 자신에게 더 좋은 것을 가져다줄 수 있는 한 가지 방법을 적는다. 당신에게 더 좋은 것을 가져다주는 것은 어떤 모습일까?

② 다음에 있는 돌봄 강점 목록을 살펴보라. 이는 타인에게 선하고 타인을 돌보는 덕이 있는 삶을 사는 것과 관련된다. 이러한 강점들을 개별적으로 그리고 집단적으로 성찰하라. 이 강점들을 촉매제로 사용하여 타인에게 더 좋은 것을 가져다줄 수 있는 한 가지 방법을 적는다. 다른 사람들에게 더 좋은 것을 가져

다주는 것은 어떤 모습일까?

③ 다음에 있는 탐구심 강점 목록을 살펴보라. 이는 일반적으로 주변 환경이나 세계에 선을 가져다주는 덕과 관련된다. 이러한 강점들을 개별적으로 그리고 집단적으로 성찰하라. 이 강점들을 촉매제로 사용하여 환경이나 세상에 더 좋은 것을 가져다줄 수 있는 한 가지 방법을 적는다. 세상에 더 좋은 것을 가져다주는 것은 어떤 모습일까?

④ 당신이 적은 세 가지 덕의 행위 예시를 살펴보라. 이 세 가지를 모두 담는 행동을 계획해 보라. 머리, 가슴 및 손을 강력한 방식으로 행해 본다. 지금 당장 할 수 있는 첫걸음은 어떤 것인가?

연구

성격 강점을 보는 다양한 렌즈가 있다(예: 머리/가슴, 내적/외적, 6개의 덕목 분류 등). 이 활동은 연구를 통해 만들어진 또 다른 중요한 렌즈를 반영한다. McGrath(2015c)는 다양한 성격 강점 측정 도구를 사용하여 4개 표본의 백만 명 이상의 사람을 대상으로 연구를 진행하였고, 성격 강점들이 3개 묶음으로 나누어질 수 있다는 근거를 발견하였다. 그는 이 세 가지를 돌봄, 탐구심, 자기통제로 명명하였다. 다음에 각 묶음에 해당하는 성격 강점 목록이 있다.

- **자기통제**: 정직, 판단력, 인내, 신중성 및 자기조절
  -겸손: 이 묶음에 속하지만 다른 것들만큼 핵심적이지는 않다.
- **돌봄**: 공정성, 용서, 친절, 감사, 사랑 및 영성
  -협동심과 리더십: 이 묶음에 속하지만 다른 것들만큼 핵심적이지는 않다.
- **탐구심**: 감상력, 호기심, 창의성, 학구열 및 통찰력
  -용감함, 열정, 사회지능, 희망 및 유머: 이 묶음에 속하지만 다른 것들만큼 핵심적이지는 않다.

예시

- **자기통제**: 나는 스스로 내 삶을 더욱 통제하도록 노력할 것이다. 나는 내 자아가 관심과 애정이 필요하다는 점에 대해서 스스로 더 솔직해질 수 있을 것이다.

나는 재빨리 나를 판단하는 내면의 비판에 대해 도전할 수 있을 것이다. 내가 먹고 마시는 음식과 음료를 관찰함으로써 내 몸에 더 좋을 것을 할 수 있을 것이다.

- **돌봄**: 어떻게 하면 다른 사람들을 더 도울 수 있을까? 내 주변 지인뿐 아니라 모든 사람을 위해서 어떻게 할 수 있을까? 노숙자나 일진이 사나운 동료 또는 운동장에 넘어졌던 내 아이 등 힘든 사람들에게 더 많은 연민을 보여 줄 것이다. 나는 오늘 사람들과 한 소통의 신성함을 감사히 여길 것이다. 상대방 및 상대방과의 대화를 선물로 여길 것이다.

- **탐구심**: 나는 내 신념에 대해 도전하는 것에 집중하고 다른 사람들이 생각하고 느끼는 것을 더 많이 배울 것이다. 나는 지역의 자원봉사나 시민 활동에 더 적극적이 되거나 또는 한 달에 한 번씩 동네를 청소하는 등 내가 공동체에 기여할 수 있는 일에 관심을 가질 것이다. 나는 내가 쌓은 새로운 지식을 세상에 전달할 수 있도록 계획적으로 새로운 주제나 기술을 배워서 다른 사람들을 가르칠 것이다. 나는 하루 중 자연의 경이로움을 느끼거나 내 동료가 행하는 기술 및 TV에서 보여 주는 운동 기술 등에 대해 경탄할 시간을 가질 것이다.

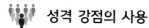

성격 강점의 사용   CSI **19**

▌낮은 강점 북돋기

개요

VIA 검사를 받은 사람이 보여 주는 흔한 혹은 아마도 보편적인 행동은 자신의 낮은 순위 강점을 찾는 것이다. 사람들은 자연스럽게 이것들을 약점으로 보는 경향이 있어서 이를 향상시키고 싶어 한다. VIA 검사는 약점을 측정하지 않기 때문에, 낮은 강점들은 약점으로 볼 수 없다. VIA 검사는 각각의 강점을 측정한다. 낮은 강점들은 아마도 덜 개발된 강점들이거나 덜 가치 있게 여기고 있는 강점이거나 또는 실천하기에 자연스럽지 않고 쉽지 않은 강점일 수 있다. 이는 자신이나 타인마다 독특한 프로파일에서 그 강점들이 왜 낮은가를 탐색하기 위한 가설적 기반이 된다. 대표 강점으로 작업하는 것이 효과적이라는 연구들이 많지만, 하위 강점과 같은 다른 성격 강점으로 작업하는 것에 대한 지지 근거도 있다.

목적

강점 사용을 증가시킨다. 익숙하지 않은 강점을 증진한다. 모든 성격 강점에 대한 이해를 넓힌다.

단계

① 웹사이트(https://www.viacharacter.org)에서 연령에 맞는 VIA 검사를 한다.
② 강점 프로파일상 하위 5개에 있는 낮은 강점 중 하나를 고른다.
③ 매일 새로운 방식으로 낮은 강점을 사용한다.

문제 해결

몇몇 사람은 그 강점에 익숙하지 않고, 사용한다고 해서 힘이 나지 않으며, 사용할 때 자신이 진실하지 않게 느껴지기 때문에 낮은 강점들을 실천하는 데 어려움을 겪을 수 있다. 대표 강점의 '견인 효과'를 기억하라. 이는 낮은 강점을 '이끌거나' 끌어내기 위해 대표 강점을 사용하는 것을 말한다. 한 사람의 대표 강점이 호기심이라면 파티에 참가한 다른 사람들에게 흥미 있는 것을 질문하며 타인에게 관심을 둠으로써 낮은 강점인 겸손을 행할 수 있을 것이다.

연구

무선 실험에서 상위 강점으로 작업한 집단과 하위 강점으로 작업한 집단이 모두 플라시보 집단에 비해 행복해지는 효과가 있었음이 밝혀졌다(Rush et al., 2009). 또 다른 연구에서는 낮은 강점을 기르는 것에 초점을 맞춘 집단에서 이득이 있었음이 밝혀지기도 하였다(예: Proyer et al., 2015; Rashid, 2004). Proyer와 동료들에 의해 실시된 연구에서 참여자들이 자신의 낮은 강점에 초점을 맞췄을 때 웰빙에서 효과가 있었고, 이 효과는 전체적으로 모든 강점을 높지 않게 표기한 참여자들에게 특히 효과적이었다.

의미와 몰입

▌들어가기

의미와 몰입은 긍정심리학의, 더 구체적으로는 웰빙 이론의 근본 요소이다. 성격 강점은 이 중요한 결과들로 향하는 명확하고 직접적인 통로를 제공하며, 의미 설정 과 몰입 형성 과정의 핵심으로 간주된다.

▌목차

의미와 몰입

▌강점 정렬

개요

강점 작업에 있어서 가장 의미 있고 실용적인 것 중 하나는 상위 강점을 의식적으로 모든 활동, 대화, 업무 또는 매일의 일상에 정렬해 놓는 것이다. 이것은 직장에서 제일 명백하다. 고용주가 관심을 갖는 직원들의 몰입, 직원의 소명의식 및 직원의 생산성과 같은 성과에 도달하기 위해 직장인들은 자신의 대표 강점을 업무와 의도적으로 연결할 수 있다.

목적

직장에서 활력과 몰입을 향상시킨다. 직장에서 의미와 소명의식을 더 많이 발견한다.

단계

① 직장에서 가장 자주 하는 다섯 가지 업무 목록을 작성하라(예: 서류 정리, 팀 회의 진행, 고객에게 이메일 보내기, 판매 전화 하기 등).

② VIA 검사 결과 프로파일에서 상위 5개의 성격 강점을 찾아보라.

③ 다섯 가지 업무 각각에서 상위 강점 중 하나를 어떻게 사용할 수 있는지 적어보라(예: 창의성을 발휘하여 매번 새로운 인용구로 팀 회의를 끝내기, 창의성을 발휘하여 판매 전화 시에 다양한 통찰력을 제공하기 등). 주어진 업무에 성격 강점을 어떻게 사용할 수 있을지 설명하라.

④ 준비되었다면 다른 강점을 가지고 3단계를 반복한다. 당신의 5개 대표 강점을 모두 사용할 때까지 앞선 단계를 반복하라.

연구

이 연습(Littman-Ovadia & Niemiec, 2017에 기술되어 있음)은 최근의 업무에 임할

때 대표 강점을 더 많이 사용하기 위한 가능성을 검토하는 것이다. 4주 이상의 업무
에 특히 4개의 대표 강점을 적용한 직장인과 통제 집단을 비교한 결과 이러한 개입
은 6개월 후 직업 소명의식의 향상과 3개월 후 삶의 만족도 증가로 이어졌다(Harzer
& Ruch, 2016). 이 연구는 직장에서의 대표 강점 사용이 소명의식을 쌓는 데 중요하
다는 다른 연구 결과(Harzer & Ruch, 2012) 및 강점 내용과 관계없이(즉, 그것이 창의
성이건, 신중성이건, 희망이건) 천직과 성격 강점의 관련성 연구(Harzer & Ruch, 2013)
로부터 도출된 것이다. 다른 성격 강점 연구자들은 성격 강점, 특히 대표 강점과 직
장에서의 성취(Dubreuil, Forest, & Courcy, 2013), 조직적 시민 행동 및 업무 행동에
서의 작은 역효과(Lavy & Littman-Ovadia, 2016), 번영(Hone et al., 2015) 그리고 야망
있는 업무 행동(Gander et al., 2012) 사이에 중요한 연관성이 있음을 밝혔다. 이에
더해 인내는 직업 환경에서 가장 핵심적인 성격 강점인 것으로 나타났다(Littman-
Ovadia & Lavy, 2016). 조직심리학 연구에서는 이러한 종류의 활동을 '잡 크래프팅
(job crafting)'으로 지칭하는데, 이는 직장인들이 자신의 업무를 향상시키기 위해 신
체적 · 관계적 · 인지적 · 정서적으로 주도적인 변화를 추구하는 것이며, 이는 향상
된 직업 만족도와 업무에서의 더 큰 의미를 포함한 다양한 긍정적 결과와 관련된다
(Wrzesniewski et al., 2013).

 의미와 몰입　　　　　　　　　　　　　　　　　　　　　　　CSI **21**

▌임종 실험

개요

성격 강점의 기준을 요약할 때, 성격 강점의 가장 본질적인 요소 중 하나는 그 강점이 충족감을 주는 것이라는 점이다. 이 기준을 밝히기 위해 Peterson과 Seligman (2004)은 단순한 재미를 위한 활동보다는 충족감과 의미에 기여하는 자질의 증거로서 임종 실험의 예시를 제공한다. 그들은 다음과 같이 설명한다.

> 강점은 자신과 타인의 좋은 삶을 이루는 다양한 성취에 기여한다. 강점과 덕목들이
> 개인이 역경에 어떻게 대처하는지 결정하지만, 우리의 초점은 그것들이 개인을 어떻게
> 충족시키는가에 있다(p. 17).

목적

통찰력을 쌓는다. 현재의 삶에 감사한다. 인생의 충족감을 채운다.

단계

① 당신이 지금 임종을 앞두고 누워 있다고 상상해 보라.
② 다음의 문장을 채우라. _____ 하는 데 좀 더 많은 시간을 보냈으면 좋았을 텐데.
③ ②단계에서 작성한 내용을 달성하기 위해 사용할 수 있는 성격 강점은 무엇인가?

연구

이와 관련된 활동은 Peterson과 Seligman(2004)의 저술에 기록되어 있다. 이는 또한 의미 개입에 관해 폭넓게 저술해 온 Wong(2015)으로부터 찬사를 받은 연습이기도 하다. Kurtz(2008)는 유사한 연습을 일시적 결핍으로 칭했고, 웰빙을 증진시키는 것을 보여 주었다. 이 연습은 개인에게 얼마나 짧은 시간이 남았는지를 강조하는 상

황에 대해 성찰하고 쓰는 것을 포함한다. 예를 들면, 학생이라면 졸업 전까지 단 6개월만 남은 것을 생각하는 것이다. 또 다른 예시는 자신의 수명(壽命)과 제한된 여명(餘命)을 생각하는 것이다. 이러한 연습들은 현 상황의 가치를 자각하는 것을 증가시킨다.

예시

2단계의 예시로 Peterson과 Seligman(2004)은 "세상에 흔적을 남기는 데 좀 더 시간을 보냈으면 좋았을 텐데." "내 자녀들을 더 잘 알고 친구들에게 더 친절하게 하는 데 좀 더 시간을 보냈으면 좋았을 텐데." "신께 기도하고 감사하는 데 좀 더 시간을 보냈으면 좋았을 텐데." 등을 제시했다(p. 17). 나의 워크숍에서 사람들이 가장 자주 하는 반응은 "내가 사랑하는 사람과 더 많은 것을 하는데." "다른 문화를 탐방하는데." "내 아이들과 함께하는데." "사람들에게 감사를 표하는데." "내 건강에 힘쓰는데." "자원봉사를 하는데."라는 것들이다.

의미와 몰입   CSI **22**

삶의 개요

개요
자신의 과거와 미래에 가능한 것을 생각하는 것을 통해 인생에 관심을 두는 것은 몇몇 사람이 자동적으로 하는 직관적인 접근이다. 이 연습은 이 매력적인 정신 활동을 더욱 구체적으로 만들며, 여기에 성격 강점이 더해질 때 목표 설정 접근방식에 더 쉽게 맞을 수 있다.

목적
삶의 통찰을 쌓는다. 강점 포착을 연습한다.

단계
① 당신의 삶을 손주들 혹은 증손주들에게 어떻게 전달하고 싶은지에 대해 짧은 글을 써 보라.
② 며칠 후 삶의 개요를 적은 그 글을 다시 보라. 어떤 성격 강점(VIA 분류에 있는 정확한 단어가 아니더라도)이 그 이야기 속에 있는가?
③ 당신 삶에서 놓친 것과 그 개요를 실제로 만드는 데 필요한 변화를 생각하라.
④ 이러한 변화들을 실제로 일어나게 하려면 어떤 성격 강점이 필요한가? 오늘부터 시작해서 어떻게 이러한 강점을 사용해 나갈 것인가?

연구
원래 삶의 개요 연습은 Schueller(2010)가 일부 긍정적 개입을 조합할 방법을 알아보기 위해 연구되었다. 이 연구에서 삶의 개요 연습이 효과가 있던 사람들은 다른 활동과 달리 감사 연습 중 하나인 축복 세기 연습에서도 특히 효과를 보는 경향이 있었다. 이 연습과 다른 개입들을 함께 조합한 것에 관한 또 다른 연구에서 여러 연습을 하는 것이 우울 감소에 효과적임이 밝혀졌고, 2~4개의 긍정적 개입(6개는 아니었음)을 6주 이상 했을 때 특히 더 효과적이었다(Schueller & Parks, 2012).

예시

Jason, 25세, 경영에 종사함.

나는 내 손주들이 내가 지역사회에 적극적으로 기여하는 일원이었다는 것을 알았으면 한다. 나는 군대에서 힘든 시간을 보냈고, 오랫동안 실직 상태였지만, 절대 포기하지 않았다는 것을 그들이 알았으면 한다. 나는 결국 스타트업 회사에 취직하여 경영에 종사하고 가정을 꾸렸다. 나는 좋은 아버지가 되고 옳다고 믿는 것을 옹호하는 것에 대해 자부심을 느꼈다.

나는 내 이야기에서 여러 개의 성격 강점을 보았다. 열정('적극적으로'), 협동심('군대에서'), 인내('포기하지 않았다'), 사랑과 통찰('좋은 아버지') 그리고 용기('옳다고 믿는 것을 옹호하는'). 지금 내 인생에서 놓치고 있는 것은 '좋은 아버지'로서의 긴 경험이다. 그 목표를 달성하기 위해 나는 사랑과 열정을 통해 내 사랑하는 아이들에게 매일 표현할 것이다. 내 대표 강점인 감사는 오늘 내가 여기에 있는 게 얼마나 행운인지 상기시켜 줄 것이다. 이 감사 강점은 내가 좋은 아버지로 머무를 수 있도록 지원해 줄 것이다. 나의 종교적 믿음과 친절은 내가 다른 사람들에게 옳은 일을 하도록 도울 것이다.

 **의미와 몰입** CSI **23**

▌가장 중요한 것은?

개요

이 간단해 보이는 질문을 자세히 조사할 때 의미와 의도가 실리게 된다. 이 연습은 현재의 당신을 돕기 위해 당신이 미래를 보도록 한다.

목적

개인적 의미의 핵심적 자원에 대한 자각을 늘린다. 의미에 이르는 내적 구조를 안다. 삶의 통찰을 늘린다. 의미와 의도를 개발하고 유지한다.

단계

① 가장 중요한 것을 상상하기: 지금부터 6개월 또는 1년 후 당신 인생에서 가장 중요한 분야를 마음속에 그린다. 이미 지금도 잘하고 있더라도, 지금과 비교해서 그때 더 잘하게 될 삶의 분야를 그려 본다.

② 자신의 의도(목적)를 한 구절로 표현하기: 이 분야를 강화하기 위해 당신이 그 분야에 집중적인 초점을 맞추도록 돕는 간단한 의도를 만든다. 이 의도를 한 구절이나 문장으로 표현한다. 예를 들면, 결혼 생활에서 행복 늘리기, 대학 졸업, 더 생산적으로 일하기, 건강해지기 등이다.

③ 대표 강점 경로: 당신의 다섯 가지 최고 대표 강점 각각을 적어 보라. 의도를 현실화하거나 의미 있는 분야를 향상시키기 위해 '의미로 가는 길(경로)'로 사용할 수 있다. 이러한 각 강점은 가장 중요한 것을 하고 있는 당신의 행동이나 경험에 도움이 될 수 있다.

④ 실천 계획: 이제 당신은 가장 중요한 것을 강화하거나 또 강화된 상태에 머무르는 다섯 가지 경로를 알고 있다. 향상을 위해 필요한 단계들을 적어 본다. 한 번에 한 가지 경로를 행할 것인가? 여러 개를 조합할 것인가? 어떻게 하면 다섯 가지 최고 강점을 확실히 모두 사용할 것인가?

연구

활동의 원래 개요는 Littman-Ovadia와 Niemiec(2017)에서 비롯되었는데, 이 연습은 의미와 목적을 목표로 하여 만들어졌다. 의미의 과학에 기반했으며, 가장 좋은 가능한 자기 연습의 변형으로(King, 2001), 이는 낙관성을 증진한다(Meevissen, Peters, & Alberts, 2011). 또 다르게 변형한 개입도 행복을 증가시키고 우울감을 낮추었고(Shapira & Mongrain, 2010), 매우 고통받고 있는 사람들에게 성공적으로 적용할 수 있었다(예: Huffman et al., 2014).

의미와 몰입　　　　　　　　　　　　　　　　　　CSI **24**

▮ 내적 자기가치 함양

개요

의미의 충족은 사람들이 알고 있는 것보다 더 중요하다. 우리는 의미 충족의 위로, 성장 및 번영을 위한 광대한 가능성의 표면만을 만져 본 것이다(Wong, 2015). 의미 설정을 시작하는 중요한 지점은 우리의 고유성과 가능성을 제대로 인정하는 것이다. 이는 타인과 우리 사회의 개발에 기여하는 기초이다.

목적

개인적 의미를 함양한다. 자기가치 및 자기확신을 향상한다. 성격 강점과 미래 가능성을 연결한다.

단계

삶과 일상의 고유한 내적 가치를 자각하기 위해 일기, 성찰 또는 토론으로 다음의 네 가지 영역을 탐색한다.

① 관계: 누가 당신을 가장 중요하게 여기는가? 그들은 당신의 어떤 성격 강점을 보는가?
② 고유성: 당신은 유일하고, 대체할 수 없으며 중요한 기여를 할 능력이 있다. 이 것이 왜 진짜인지 설명해 보라. 당신의 성격 강점이 이 요소 각각에 어떻게 기여하는지 탐색한다.
③ 성장: 도전이라는 것을 배우고 성장할 수 있는 기회로 보는 것은 당신이 개발하고 사용할 수 있는 자질이다. 어떤 성격 강점이 이러한 성장적 관점을 기르는데 도움이 되는가? 각 강점을 향상하기 위해 도전을 극복하는 성장 마인드의 관점에서 당신의 성격적 강점을 어떻게 볼 수 있는가?
④ 영성: 모든 사람은 자기 외부의 더 훌륭한 영적인 것과 연결될 수 있다. 예를 들

면, 자연, 신, 능력자, 집단 무의식이나 궁극적 관심사의 추구 등이 포함된다. 당신이 추구하는 영적인 혹은 성스러운 것은 무엇인가? 당신의 성격 강점들은 당신의 여정에 어떻게 도움이 되는가?

문제 해결

몇몇 사람은 탐구 과제로 답할 수 없는 문제나 도전 같은 하나의 영역에 갇혀 있을 수 있다. 그들에게 다음 단계로 나아가기 위해 단계를 꼭 순서대로 끝낼 필요는 없다고 용기를 주어야 할 수도 있다. 그렇기는 하지만, 갇혀 있다는 것은 명상과 성찰 및 통찰력 있는 대화를 필요로 하는 깊고 핵심적인 문제를 반영할 수도 있다. 따라서 며칠 또는 몇 주 후에 새로운 관점을 가지고 건너뛴 단계로 돌아가는 것이 유용하다.

연구

이 개입은 의미치료의 핵심적 도구로 이론적으로 근거 있는 통합적 접근법이다. 이는 내담자들이 인생에서 의미를 찾고 창조하는 능력을 향상함으로써 도전을 탐색하는 것을 돕는다(Wong, 2010, 2015). 성격 강점 요소들은 활동을 더 개인적으로 만들고, 각 단계에서 행동을 취하도록 돕기 위해 추가되었다.

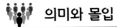 **의미와 몰입** CSI **25**

▌결정적 순간 연습

개요

우리 삶의 각 순간은 잠재적인 의미와 중요성의 순간이다. 대부분의 순간이 기억할 만하지 않더라도, 일부에는 기대치 않게 깊은 뜻이 담긴다. '결정적 순간'이 되는 순간은 고통이나 성취의 경험으로부터 온다. 이는 인생의 전환기, 외상적 경험, 스트레스, 인생의 고난, 기념할 일이나 성과 및 대인관계의 연결과 같은 일들의 이전, 그 과정 동안 혹은 그 후에 일어날 수 있다.

목적

긍정적 기억을 쌓는다. 성격 강점을 중요한 순간과 연결함으로써 자기이해를 강화한다.

단계

① 당신에게 긍정적인 영향을 미친 한순간을 떠올리라. 어떤 식으로든 행동을 취한 순간을 선택하라. 이 순간은 극적일 필요는 없다. 단지 당신에게 의미 있는 영향을 준 어떤 순간이면 된다.

② 그 상황에서 사용했던 성격 강점 목록을 적어 보라. 어떤 성격 강점들을 사용했는가? 어떻게 표현했는가?

③ 이 순간이 당신을 어떻게 만들었는지 탐구하라. 이 순간이 당신의 정체성에 어떻게 기여했는가? 아무리 작더라도 그것이 오늘날 스스로에 대한 관점에 어떤 영향을 끼쳤는가?

④ 물러서서 좀 더 큰 그림을 보라. 당신은 그 순간에 당신의 장점을 사용하도록 도움을 준 덕목을 행하고 있었는가? 행동을 취할 용기? 겸손, 정의 혹은 지혜? 절제 혹은 초월?

연구

서사적(narrative) 정체성은 웰빙과 관련된다. 웰빙 수준이 높은 사람들은 그들의 인생 이야기 속에서 개인적 성장을 강조하는 경향이 있으며, 그들의 도전은 종종 전환적인 것으로 생각된다(Bauer, McAdams, & Pals, 2008). 이 활동은 자신의 이야기를 성장적 관점에서 탐구하도록 초대한다. 이는 마음챙김에 기반한 강점 훈련(MBSP)에서 사용되어 왔다(Ivtzan et al., 2016; Niemiec, 2014a; Niemiec & Lissing, 2016). MBSP의 일부가 아닌 단독으로 사용되는 이 개입의 효과를 탐색하는 연구가 필요하다. 이 연습은 음미하기(savoring)를 증가시키고, 자기효능감을 강화하며, 긍정적인 기억 떠올리기를 증가시키고, 긍정적인 자기인식을 향상시킬 것이라는 가설이 있다. 개인적 경험에서 보면, 사람들은 희미해지는 기억들에 더 우선순위를 부여하고, 음미하기를 경험하며, 지금 현재 순간에 더 확신을 느낀다고 응답하기도 한다.

예시

전환점은 성장을 위한 기회와 건강 문제, 직장이나 직업에서의 사건, 부모, 결혼, 성적인 관계, 타인의 질병과 죽음 같은 가장 강력한 영역의 일부이다(Wethington, 2003). 대부분의 사람이 경험에 적극적으로 참여했을 때를 결정적 순간으로 보고하지만, 내가 기억하는 어떤 사람은 다른 접근을 하였다. 그는 자신의 결정적 순간 중 하나는 베트남 전쟁 중 군에 복무했을 때라고 했다. 그는 자신의 전우가 폭발물로부터 어린 소년을 밀쳐서 구출하는 것을 그저 옆에서 수동적으로 관찰하였음을 떠올렸다. 이러한 자기희생적이고 친절한 행동은 그의 정체성을 만들었고 현재 자신이 실천하고자 애쓰는 행동의 표본이 되었다고 하였다.

 의미와 몰입   CSI **26**

▌영화를 통한 긍정 행동

개요

저명한 신부였던 Thomas Merton은 "예술은 우리 자신을 찾게 하는 동시에 잃어버리게 한다."라고 하였다. 이것은 우리가 경험 속에서 우리 자신을 잃어버리고 깊이 들여다보고, 우리가 진짜 누구인지 발견하고, 우리의 가치에 도전하고 맞추며, 의미와 가장 중요한 것을 발견하거나 재발견함으로써 완전한 몰입과 즐거움을 창출하는 좋은 영화를 보는 즐거움을 표현한다.

목적

기분의 고조와 감탄을 맛본다. 타인(친사회적 행동)이나 자신(자기개발)을 위한 긍정적 행동을 한다. 강점 포착 개발을 연습한다. 자신에게 즐거움, 몰입, 의미를 경험하는 세 가지 영화적 즐거움을 선사한다.

단계

① 당신에게 감동적이었던 영화나 다음 페이지의 영화 목록 중 하나를 골라 보라.
② 당신과 타인에 대해 배우고 느끼고 이해할 수 있도록 개방적인 자세로 영화를 보라.
③ 영화의 엔딩 크레딧이 올라갈 때 마음에 소용돌이치는 것을 표현해 보라. 어떤 느낌인가? 어떤 성격 강점이 마음속에 차오르는가? 당신과 타인에게 이득이 된다고 느껴지는 긍정적인 행동에 대한 모든 동기를 알아차려 본다.
④ 특정 인물이건, 대화이건, 이야기 흐름이건, 상호작용이나 장면이건, 무대 배경, 조명, 음악 같은 영화적 요소이건, 영화를 보고 가장 인상 깊었던 것을 적으라. 등장인물과 관련된 강점이나 영화적 요소와 관련된 강점들을 적는다.
⑤ 관찰한 것 중 하나를 당신의 개인적 삶으로 가져올 방법을 생각해 보라.

연구

영화는 영웅주의를 묘사하는 가장 강력한 매개체가 될 수 있다. 허구의 영웅들 (예: 영화 등장인물)이 비허구적 영웅들(예: 부모)보다 영웅 척도에서 더 높이 평가되 기 때문이다(Allison & Goethals, 2011). 그리고 긍정심리학적인 영화 시청은 긍정적 특성과 긍정적 행동의 증가(Smithikrai, 2016) 및 웰빙과 선을 위한 개인적 동기와 관 련한 다양한 지표의 상승(Smith, 2004)으로 이어졌다. 실제로 영화는 관찰된 것이 행 동 지침으로서 미래의 잠재적 사용을 위해 우리 내부에 부호화된다는 점에서 관찰 학습의 기회를 제공한다(Bandura, 1977). 가장 높게 평가받는 영화는 효과가 가장 오래 지속되는 영화들로, 영화를 본 후의 감정과 성찰의 경험이 포함된다(Oliver & Bartch, 2010).

영화를 볼 때의 기분 고조나 감탄 같은 감정들과 친사회적 행동 사이의 중요한 연 관성 때문에 기분 고조와 감탄은 영향력의 중요한 요소로 제안되어 왔다(예: Schnall & Roper, 2011). 정서 쌓기는 Haidt(2000)와 동료들(Algoe & Haidt, 2009)에 의해 연구 되었는데, 영화를 볼 때의 기분 고조는 어떤 사람의 연기에서 선함이나 성격 강점이 드러나는 것을 관찰하고, 영감을 받아 짜릿하고 따뜻한 감각을 느끼며, 선행에 대한 동기가 부여됨을 경험할 때 일어난다. 영화를 볼 때의 감탄은 이와 달리 자기개발 및 등장인물을 따라 하고자 하는 동기 부여의 결과로 생리적 감각이 더 '차갑고' 활 기차다는 점에서 다르다(Niemiec & Wedding, 2014).

예시

기준에 맞는 긍정심리학적 영화의 열두 가지 예시는 다음과 같다(Niemiec, 2007). 〈아멜리에(Amelie)〉(2001), 〈아메리칸 뷰티(American Beauty)〉(1999), 〈안녕, 헤이즐(The Fault in Our Stars)〉(2014), 〈겨울왕국(Frozen)〉(2013), 〈사랑의 블랙홀 (Groundhog Day)〉(1993), 〈우리가 꿈꾸는 기적: 인빅터스(Invictus)〉(2009), 〈멋진 인 생(It's Wonderful Life)〉(1946), 〈인생은 아름다워(Life is Beautiful)〉(1998), 〈스타워 즈: 깨어난 포스(Star Wars: The Force Awakens)〉(2015), 〈베를린 천사의 시(Wings of Desire)〉(1987), 〈오즈의 마법사(The Wizard of Oz)〉(1939), 〈희랍인 조르바(Zorba the Greek)〉(1964). 성격 강점, PERMA, 마음챙김 및 탄력성에 관한 1,500여 가지의 예시 는 Niemiec과 Wedding(2014)을 참고하라.

개별 성격 강점

▌들어가기

이 절에서는 VIA 분류체계의 개별적 성격 강점에 대한 개입을 소개한다. 어떤 성격 강점들은 다른 것들보다 더 많이 활용될 수 있다. 예를 들면, 감사를 증진하는 다수의 연습이 있고 이 연습들은 상대적으로 적용이 간단하지만, 공정성은 도전적이고 복잡해서 증진하기가 쉽지 않다. 이 장의 다른 절들은 또한 특정 성격 강점을 목표로 하는 활동을 포함한다. 예를 들면, 용서나 자비 또는 친절 같은 구체적인 강점을 함양하는 자비 초점적 재평가(compassion-focused reappraisal)가 탄력성 부분에 제시된다.

▌목차

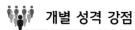 **개별 성격 강점**　

▌새로움을 통한 호기심 강화

개요

　모든 인간은 생각과 행동의 많은 부분을 움직이는 강력한 자동조종의 마음을 가지고 있다. 자동조종은 생각을 거의 하지 않고 움직이는 일상적 활동에서 특히 강력하게 작용한다. 아주 작은 정도의 마음챙김 주의라도 이러한 일상을 바꿀 수 있다. 호기심은 마음챙김 주의의 핵심적인 부분이다(Bishop et al., 2014). 그리고 이 연습의 초점이 된다.

목적

　호기심을 구축한다. 평범한 일상 속에서 새로운 에너지를 발견한다. 자동조종 혹은 일상의 마음에서 벗어난다.

단계

① 매주 당신이 좋아하지 않는 과제를 선택하라. 아마도 그것은 지겹거나 싫증난다고 느껴지는 활동일 수 있다.

② 이번 주에 그 활동을 하면서 그것의 새롭고 독특한 세 가지 특징에 관심을 가져 본다. 꼭 당신의 감각들을 사용하라.

③ 경험을 적어 보거나 친구와 이야기해 보라.

연구

　이 연습은 하버드의 Ellen Langer에 의해 과학적인 실험으로 수행되었다. 연구에 의하면, 호기심 집단에 있던 사람들은 통제 집단에 비해서 활동을 보는 관점을 바꾸었으며, 몇 주 후에 이전에 좋아하지 않았던 일을 스스로 다시 할 가능성이 높았다(Langer, 2006). Kashdan(2009)은 이와 유사한 호기심 연습을 장려해 왔는데, 한 주 동안 궁금함과 몰입 활동에 참여하는 데 초점을 맞춘 호기심 활동은 더 많은 행복을 일으키는 것으로 밝혀진 광범위한 개입의 일부였다(Proyer et al., 2013). Langer의 활동은 마음챙김에 기반한 인지치료(Segal et al., 2013)나 마음챙김에 기반한 강점 훈련(Niemiec, 2014a) 같은 성공적인 마음챙김에 기반한 프로그램 속에 있는 활동과 밀접하게 관련된다. 마음챙김에 기반한 프로그램에서 참여자들은 이 닦기나 머리 빗기 또는 반려동물 밥 주기 등과 같이 매일 큰 생각 없이 하는 일상 활동을 하나 고른 뒤 온전한 주의와 감각이 관여된 마음챙김으로 매일 그 일상 활동을 하게 된다.

예시

이러한 활동으로 사람들이 고르는 흔한 예로는 설거지하기, 청소기 돌리기, 주유하기, 빨래 개기, 잔디 깎기, 저녁 준비하기, 출근을 위해 운전하기 등이 있다. 2단계에서 청소기 돌리기를 선택한 사람은 청소기가 돌아가는 소리에 주의를 기울이고, 가구들 주위를 부드럽게 움직이는 것을 알아차리고, 청소기가 지나간 뒤 카펫에 남는 깨끗한 줄무늬를 관찰하는 것에 주의를 집중할 수 있다.

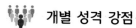 개별 성격 강점

▌대화 상상하기

개요

흔히 우리는 우리 안의 많은 질문에 대한 답을 이미 가지고 있다고 한다. 하지만 우리는 전문적 조언이 필요하다거나 어떤 지식이 부족하다고 생각한다. 연구에서 우리는 우리가 알고 있는 것보다 더 현명하고 문제를 잘 해결하는 능력을 갖추고 있는 것으로 나타난다.

목적

통찰력 강점을 높인다. 내 안의 지혜와 다시 연결한다.

단계

① 당신이 경험한 작은 문제를 고르라.

② 눈을 감고, 당신 삶에서 지혜로운 사람과 만나서 그 문제에 관해 대화를 나누는 것을 상상하라. 전후로 문제와 그들의 반응 및 대화의 앞뒤 흐름에 대한 묘사를 상상해 보라.

③ 대화가 끝나면 자신의 반응을 적어 보라.

문제 해결

연습은 (상상 속) 여러 현자와의 대화를 포함한다. 그들이 제공하는 각기 다른 조언, 질문 또는 접근법을 알아차리도록 한다.

조언

또 다른 유사한 효과적인 접근은 '여행 상상하기'로, 마음속으로 문제를 생각하고 나서 세계 각지를 돌아다니면서 다른 장소, 다른 상황, 다른 문화에서 만난 사람들에게 당신의 문제를 털어놓는 것이다. 다양한 삶의 맥락과 가치를 반영하는 각 장소에서 배워 보는 것이다[Gluck & Baltes, 2006; 또한 Niemiec의 MBSP(2014a)에서도 사용됨].

연구

베를린 지혜 프로젝트(Berlin Wisdom Project)에서 20년 이상 지혜를 연구하고 있는 학자들은 지혜 혹은 통찰력으로도 불리는 것을 늘리기 위해 많은 실용적 전략을 발견해 오고 있다. 연구자들은 직접적인 단기간의 개입이 특히 효과적일 수 있다고 제안하였는데, 여기에는 두 가지가 포함된다. 연구자들에 따르면 대화 상상하기를 통해 지혜 관련 성취 수준이 상당히 늘어났는데(거의 1 표준편차 가까이), 이는 실제로 현명한 사람을 만나서 대화를 나눴던 집단의 사람들과 유사한 수준이었다(Gluck & Baltes, 2006). 내면의 조언자 기법으로 불리는 유사한 연습에서 참여자들은 현자를 만나기 위한 내면으로의 여정을 떠나도록 권유된다. 그리고 그들과 대화를 나누게 되는데, 이는 특히 최면의 연구와 임상 실제에서 효과적인 것으로 나타난다(예: Hammond, 1990).

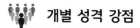 **개별 성격 강점**　CSI **29**

▌당신의 열정을 깨워라!

개요

움직임, 운동, 즐거움이나 의미 있는 행동 같은 활동을 일상에서 더 많이 하는 것은 좋은 기분을 느끼는 데 매우 중요하고 또 성공적인 길이 된다. 이러한 열정 활성화의 많은 예시에서 사람들은 활동 그 자체를 하면서도 이득을 경험한다. 또한 만약 다른 사람과 함께 한다면 그 자체로 좋은 일인 것처럼 그로 인해 생기는 부가적인 이익도 얻는다.

목적

열정 강점을 강화한다. 움직임이나 운동을 늘린다.

단계

① 당신이 즐기는 신체적 활동을 하나 선택하라. 당신이 좋아할 만한 다양한 활동의 예시가 다음에 있으니 고려해 보라.
- 균형: 요가, 태극권
- 심혈관계: 수영, 달리기, 자전거 타기, 스케이트 타기, 힘차게 걷기, 가볍게 걷기
- 근력 향상: 역기 들기, 필라테스
- 스포츠: 테니스, 농구, 축구
- 움직임 추적: 매일 얼마나 걸었는지 확인하는 만보기를 사용한다. 매주 걸음 수를 늘리기 위해 자신을 활동적으로 만든다.

② 일주일에 15~30분씩 5회 하기와 같은 단순한 계획에 따라 당신이 선택한 활동을 하라. 활동, 이전의 운동 수준, 그리고 지금 시점에서 당신에게 가장 적합한 것을 기반으로 빈도와 강도를 조정한다.

③ 매번 활동을 통해 갖게 된 경험, 느낌, 이득을 적는다.

문제 해결

만약 앞서 제시한 활동들이 당신과 맞지 않거나 아니면 당신이 이미 자신에게 맞는 움직임이나 운동을 하고 있다면, 그다음으로는 즐겁고, 몰입되거나 혹은 의미 있는 삶의 활동(예: 진정한 행복 이론; Seligman, 2002)들을 고려해 본다. 연구자들에 의해 논의되는 또 다른 행동 활성화의 예시들은 주간 행동 관찰, 주간 행동 검토, 주간 활동 계획, 활동 중 완성 정도 평가, 목표 달성과 관련된 대안적 행동 탐색 및 레저 활동 계획 등이 있다(Mazzuccelli, Kane, & Rees, 2010).

연구

열정은 우리를 소모감에서 활력으로 바꾸는 성격 강점이다(Ryan & Deci, 2008). 열정은 직업적 소명의식을 가장 잘 예측하고(Peterson et al., 2009), 행복과 관련된 상위 2개 강점에 반복적으로 포함된다(Buschor et al., 2013; Park et al., 2004; Proyer et al., 2011). 그리고 열정이 목표가 되었을 때 행복을 가져오는 것이 발견되었다(Proyer et al., 2013). 행동 활성화 형태인 이 특정한 연습은 심리학에서 가장 인정받는 개입 중 하나이다. 이는 비임상 집단에서 우울감을 낮추고 웰빙을 늘리는 지속적인 효과를 나타냈다(Mazzaucchelli et al., 2010). 유사한 행동 활성화 연습은 행복의 효과가 밝혀진 개입연구에서 열정을 증가시키기 위해 사용되었다(Proyer et al., 2013). 행동 활성화는 항우울제 약물보다 증상 결과, 자연 감소율 및 부작용에서 우수한 것으로 밝혀졌으며, 인지치료적 접근을 능가하는 것으로 나타났다(Dimidjian et al., 2006).

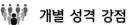 **개별 성격 강점**　　　　　　　　　　　　　CSI **30**

▌자애 명상

개요

자애(loving-kindness) 연습은 종종 '자애(metta) 명상'이라고 불리는데, 이는 자신과 타인 및 살아 있는 모든 것에게 사랑과 친절을 만들고 보낼 수 있는 능력이 포함된 명상의 한 종류이다. 이 연습의 기원은 2,600여 년 전 불교로 거슬러 올라간다. 현대 과학자들은 이제야 이 연습의 효과를 밝히는 첫걸음을 떼었다.

목적

사랑 강점을 높인다. 자기돌봄을 늘린다. 타인에 대한 자비심을 향상한다.

단계

자애는 당신 안의 특정한 성격 강점인 사랑에 마음챙김을 적용하는 것으로 '마음챙김 강점 사용'(Niemiec, 2014a)이라고도 불린다. 표준적인 연습(Salzberg, 1995)은 다음과 같다.

① 당신의 삶에서 당신을 깊이 사랑하는 사람을 떠올리라. 그 사람에게 온전하고 진실하게 사랑을 받는 구체적인 상황을 생각해 보라.

② 그 상황이 지금 바로 이 순간인 것같이 당신이 사랑받는 느낌을 느끼라. 당신의 몸에서 느껴지는 것들을 알아차리라.

③ 다음의 네 가지 명상 문장을 따라 하면서 각 문장과 관련된 즐거운 이미지를 느끼고 형성 해 보라.
- 내 안에 사랑과 친절(자애)이 가득 차기를……
- 내가 내 안의 그리고 외부의 위험으로부터 안전하기를……
- 나의 심신이 건강하기를……
- 내가 편안하고 행복하기를……

조언

자신의 내면으로 사랑을 보내는 것이 편안해지면, 그다음 단계로 구체적인 대상에게 사랑을 보내는 연습을 하고(즉, '나'라는 말을 '당신'으로 바꾼다), 세 번째 단계로 '모든 존재'에게 사랑을 보내는 연습을 한다. 이는 상담 관계에서 내담자와 함께 활용하는 중요한 활동이며 자신과 자신 그리고 타인과의 연결을 맺는 데 도움이 된다.

연구

자애 및 자기자비 분야에서 이 분야의 개척자인 Sharon Salzberg(1995)와 Jack Kornfield(1993)의 적지 않은 연구부터 최근 Kristin Neff와 Christopher Germer (2013)의 연구에 이르기까지 지난 20여 년간 많은 연구가 진행되어 왔다. 뇌영상 연구들은 이 명상이 공감과 정서 처리 과정과 관련된 뇌의 부분을 강화시킨다는 것을 보여 주었다(Hormann, Grossman, & Hinton, 2011). 자애 명상은 긍정 정서를 증가시키고(Cohn & Fredrickson, 2010), 더 깊은 마음챙김과 목적성, 사회적 지지와 같은 개인적 자원을 늘리고 장애의 증상을 줄여서 삶의 만족도를 높이고 우울감을 감소시킨다(Fredrickson, Cohn, Coffey, Pek, & Finkel, 2008). 단기 자애 명상 또한 사회적 연결과 긍정성을 증진하고(Hutcherson, Seppala, & Gross, 2008), 만성 통증 환자들의 통증과 심리적 고통감의 호전을 가져왔다(Carson et al., 2005). 자기자비라는 유사한 연습에 대한 Kristin Neff(2003; Neff, Rude, & Kirkpatrick, 2007; Neff & Vonk, 2009)의 연구도 많은 긍정적 결과를 보여 줬는데, 이에는 행복감과 낙관성 및 호기심의 증가, 불안과 우울 및 반추의 감소, 더 낮은 실패나 열등감, 더 적은 자기비난, 완벽주의 분노 및 폐쇄성, 더 높은 정서지능과 지혜, 주도성과 목표의 숙달감 향상 등이 있다.

▌시간의 선물

개요

긍정적 관계는 행복으로 가는 왕도(王道)로 간주되어 왔다. 긍정적 관계는 친밀함을 표현하고, 타인의 요구에 관심을 갖고, 타인에게 보살핌을 받을 수 있도록 하여 우리와 다른 사람에게 모두 이득이 된다. 또한 즐거움이나 유쾌함, 다른 긍정 정서 및 성격 강점을 촉진한다. 이러한 친절 활동은 관계의 연결을 강화하는 기회를 여는 문이다.

목적

친절을 강화한다. 사회지능을 연습한다. 긍정적 관계를 기른다.

단계

① 당신이 이번 주에 친해지고 싶고 관심이 가는 세 명을 고르라.
② 세 명의 사람에게 당신이 함께하는 시간이라는 선물을 하라. 여기에는 그들을 돕거나, 함께 대화하거나 또는 활동하는 것이 포함된다. 각 만남에서 당신이 일주일 동안 이미 계획한 것 이외의 다른 활동을 하도록 한다.
③ 각각 상대에게 시간의 선물을 줄 때 당신의 대표 강점을 표현하라.

연구

이 활동은 원래 Tayyab Rashid(2015)에 의해 지지되어 온 긍정 심리치료에서 사용되었다. 긍정 심리치료는 14주 프로그램으로 보통의 치료(Treatment As Usual: TAU) 및 통제 집단에 비해 개인 및 집단에서 모두 우울감 감소 효과를 나타냈다(Seligman et al., 2006). 또한 몇몇 추가 연구에서 긍정적 효과가 더 밝혀졌다(Rashid, 2015 참조). 또한 이 개입을 긍정 심리치료에서 분화시켜 단독으로 적용했을 때에도 행복 증진과 우울 감소 효과가 나타났다(Gander et al., 2013). Rashid(2015)는 시간의 선물을 실시할 동안 대표 강점을 사용하는 것은 내담자들이 "친밀한 관계나 공동체적 관계를 강화하거나 예술적ㆍ지적, 혹은 과학적인 발견을 추구하거나 철학적 혹은 종교적인 명상을 통해 의미와 목적을 추구하는 것을 돕는다."(p. 9)라고 밝혔다.

개별 성격 강점

▌대가 없는 선행

개요

대부분의 사람은 '대가 없는 선행(Pay it Forward)'을 요청받으면 그것이 누군가를 위해 어떤 친절한 행동을 하는 것을 의미함을 바로 이해한다. 2000년에 나온 동명의 영화 〈아름다운 세상을 위하여(Pay it Forward)〉에 의해 유명해진 이 활동은 주는 사람과 받는 사람 모두에게 상호적 이익이 되는 적응적인 전략으로 여겨진다. 최근에 와서야 연구자들이 이 활동을 연구하기 시작했다.

목적

친절을 늘린다. 타인을 더 좋게 하는 데 기여한다.

단계

① 타인에게 이득이 되며 그 대가로 당신이 보상받을 수 있는 것은 아닌, 무작위의 친절한 행동을 하라.

② 하루에 하나 혹은 한 주에 하나와 같이 정기적으로 친절한 행동을 할 계획을 세우라. 당신의 활동을 다양하게 만들려고 노력하라. 그 활동을 강요당한다는 느낌이 들지 않고 계속 새롭고 활기차게 할 수 있도록 어떤 것은 즉흥적으로 또 어떤 것은 계획적으로 해 보라.

조언

이 연습에 덧붙일 수 있는 추가적인 것은 당신의 친절을 세어 보는 것이다. 친절한 행동을 세는 것은 개입연구의 주제가 되어 왔다. 한 연구에서 참여자들(대부분 일본 여성)에게 한 주 동안 매일 타인에게 행한 자신의 친절한 행동을 세어 보라고 하였는데, 이는 감사, 행복 그리고 더 행복한 기억의 상승으로 이어졌다(Otake et al., 2006). 무선 플라세보 통제연구에서 친절함을 세는 개입은 행복을 늘리고 우울감을 감소시켰다(Gander et al., 2013).

문제 해결

만약 당신이 행하는 무작위적 친절 행동이 더 이상 당신에게 힘을 주거나 진솔하게 느껴지지 않는다면, 한 주 혹은 한 달 동안 연습을 쉬고 나서 이후에 다시 연습을 고려하라.

연구

연구자들은 친절과 행복 사이에 호혜적 관계가 있다고 주장했다(Otake et al., 2006). Baker와 Bulkley(2014)는 대가 없는 선행의 호혜성 기저에 있는 동기를 찾는 중요한 연구를 수행하였다. 사람들은 돕고 싶어서 선행을 행할까? 아니면 사람들이 보고 있는 것을 아니까 너그럽게 보이고 싶고, 그래서 미래에 도움을 더 많이 받을 가능성이 있어서 선행을 할까? 긍정적 정서 때문일까? 혹은 명성이나 자기이익 때문일까? 그들이 알아낸 것은 자기이익을 위한 친절의 이익은 짧게 지속되며 시간이 지남에 따라 약해지지만, 대가 없는 선행은 더 강력하고 더 지속되는 효과가 있다는 점이다.

9~11세 아동들을 대상으로 한 연구에서 4주간 매주 세 가지의 친절한 행동을 한 경우 웰빙이 늘어났고, 인기와 같은 또래 수용도 유의미하게 증가하였다(Layous, Nelson, Oberie, Schonert-Reichl, & Lyubomirsky, 2012). 또 다른 연구에서 한 시간 반 동안 무작위의 친절 행동을 한 학생들은 더 많은 긍정 정서, 더 낮은 부정 정서를 포함한 폭넓은 이득을 얻었다(Pressman et al., 2015). 덧붙여 친절한 행동의 혜택을 받은 다수의 학생이 자신들도 친절한 행동을 할 것이라고 보고하였고, 그중 40%는 이미 선행을 했다고 언급했다. Lefevor과 Fowers(2016)는 '돕는' 상황에서의 친절(VIA에서 정의된)과 우호성(BIG 5에서 정의된)을 연구했는데, 오직 친절만이 돕는 행동을 예측했다.

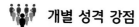 **개별 성격 강점**   CSI **33**

▌친사회적 소비

개요

어떻게 소비가 웰빙을 향상시키는지 생각해 보는 것은 흥미로운 일이다. 우선 무엇보다도 우리는 의식주, 아이 돌보기, 자동차에 주유하기처럼 기본적인 필요를 위해 돈을 쓴다. 그리고 재량 비용 혹은 일회성 비용이라고 불리는 것으로 휴가, 특별한 날, 추가적인 전자 제품, 보석 및 다른 물질적 소유물 등과 같은 것에 쓰는 돈이 있다. 이 연습은 후자의 유형을 위한 최적의 전략적 사고와 관련된다.

목적

친절(관용), 자금 관리, 웰빙 증진

단계

① 당신이 쓰고 싶은 소액의 금액을 결정하라.

② 다른 사람에게 친절이나 관용을 베풀고 공동의 경험을 할 수 있는 방법을 생각해 보라.

③ 콘서트에 가거나 스포츠를 하는 것과 같이 한 명 혹은 그 이상의 사람과 함께 하는 경험에 돈을 써 보라.

조언

어디에 돈을 써야 할지 잘 모를 때는 물건보다는 경험을 사라(Mann & Gilovich, 2016).

연구

Capraiello와 Reis(2013)는 4개의 연구를 통해 돈을 쓸 때 다른 사람들을 포함하는 것이 행복을 경험함에 있어 중요하다는 것을 발견했다. 그들은 함께 하는 사회적 경험에 돈을 쓰는 것이 자신만의 경험을 위해 돈을 쓰거나 물질적 소유에 돈을 쓰는 것보다 낫다는 것을 발견했다. 다른 연구들도 이 결과를 지지해 왔는데, 웰빙은 친구나 낯선 사람 혹은 자선과 같이 다른 사람에게 적은 돈을 쓰는 것을 통해 증가한다는 것을 보여 주었다(Dunn, Aknin, & Norton, 2008, 2014).

개별 성격 강점 CSI **34**

▌역할 매칭을 통해 협동심 기르기

개요

최적의 팀은 구성원 각자가 그들의 에너지와 강점을 발휘해 기여할 때 번영할 수 있다. 이를 위해 팀 역할의 새로운 모델이 아이디어 발상가, 정보 수집가, 의사결정자, 실행가, 영향력 있는 사람, 대인관계 관리자 및 활력을 주는 사람의 일곱 가지 역할에 따라 개발되었다.

목적

팀에 기여할 수 있는 자신의 고유한 역할을 이해한다. 성격 강점을 그 역할에 적용하여 사용한다. 직장에서 더 큰 활력과 생산성을 촉진한다.

단계

① 다음 페이지에 나오는 일곱 가지 역할에 대한 설명을 읽는다. 당신에게 가장 잘 맞는 두 가지 역할을 확인하라. 직업과 직장에서의 주요 업무 또는 자원봉사를 수행할 때 당신이 좋아하는 일의 종류를 반드시 고려하라.

② 각각의 구체적 역할을 최대한 활용하기 위해, 어떻게 하면 당신의 대표 강점을 좀 더 온전히 보여 줄 수 있는지 생각해 보라.

③ 하나 혹은 두 가지 역할 모두에서 당신이 고유한 방식으로 팀에 기여할 수 있으려면 어떻게 해야 하는가?

④ 업무 설정에 참여하게 되는 것에 관해 상사나 관리자와 상의하라. 두 가지 역할을 최대한 활용하기 위해 당신의 업무에서 조정할 일이 있는가?

⑤ 팀과 작업할 때, 가능하고 또 적절할 때마다 당신의 최상의 두 가지 역할에 에너지를 집중하려고 노력하라.

연구

이 일곱 가지 역할은 VIA 연구소 소장인 Neal Mayerson이 강력한 팀의 본질적인 기능으로 착안한 것이며, 그 후 전문가들의 검토와 피드백이 이뤄졌다. 이후 이 역할들의 여부, 특수성 및 24개 성격 강점과 관련성을 측정하기 위한 평가 도구가 개발되었다(Ruch, Gander, Platt, & Hofmann, 2016). 이 연구자들은 이러한 팀 역할들이 직무 만족도 및 대부분의 성격 강점과 관련된다고 하였다. VIA 검사 결과에 근거해서 가장 잘 어울리는 역할과 가장 덜 어울리는 역할을 예측하기 위해 개인의 전체 성격 강점 프로파일을 조사하는 알고리즘이 개발되었다. 이를 통해 성공적인 역할 매칭이 이루어졌다. 그러나 이는 한 사람의 성격 강점 프로파일 전체를 조사해야 이루어지는 것으로, 특정 성격 강점을 특정 역할에 매칭하는 것처럼 단순하지는 않다.

- 아이디어 발상가: 문제를 해결하기 위해 아이디어를 내는 것을 즐기며 성장을 촉진한다. 혁신, 재구성, 갱신, 심지어 대변혁을 일으킨다.
- 정보 수집가: 최상의 훈련, 경쟁자, 고용주를 돕는 정보를 배우는 것을 즐긴다. 배운 것을 문서나 발표를 통해 팀 회의에서 나눈다.
- 의사결정자: 다양한 관점에서 정보를 분석하고 근거들을 따져 보며 논리를 적용하고 유익한 행동 방침을 선택하는 것을 즐긴다.
- 실행가: 결정을 실행한다. 팀 내의 '행동가'이며 제조, 광고, 판매 또는 전달하는 일을 한다.
- 영향력 있는 사람: 낙관주의자이자 열정적이며, 타인을 설득하는 도전을 즐긴다. 고객이나 투자자 등을 설득하는 데 필요한 반대와 거절에 대처하는 것을 돕는다.
- 대인관계 관리자: 인적 네트워크를 형성하고 팀 내 갈등 해결을 돕고 사람들을 격려하며 동기를 높인다. 배려 있는 마음과 실질적 조언을 갖춘 좋은 경청자이다.
- 활력을 주는 사람: 굴하지 않고 끈기 있게 할 수 있도록 활력과 열정을 다른 사람에게 전파한다. 분기별로 그리고 해마다 소진되지 않고, 씩씩하게 장애물을 헤쳐 나간다.

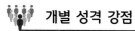

▌겸손의 함양

개요

겸손은 제대로 인정받지 못하는 성격 강점으로 종종 고요한 미덕으로 여겨진다 (Worthington, 2007). 그러나 VIA 분류체계가 나오고 나서 연구자들은 자신과 타인에 대한 겸손의 이득을 탐색하고 있으며, 겸손이 특히 긍정적인 방식으로 사회적 관계를 증진하는 이점이 있음이 밝혀졌다. 연구자들은 최근 몇 년 동안 피험자들이 성공에 대해 겸손해지도록 했는데, 이 활동은 이러한 '약한' 강점을 강화하는 더 자세한 탐색 전략을 제공한다.

목적

겸손을 함양한다. 다른 성격 강점을 쌓는다. 사회적 관계를 향상한다.

단계

연구자들은 유용한 결과들 중에서도 PROVE 모델(다음 다섯 가지 활동의 앞 글자를 딴 약자; Lavelock et al., 2014a, 2014b)이 겸손을 함양하는 데 효과적임을 검증하고 밝혀냈다. 이 모델은 각 단계의 수많은 탐색 활동을 포함하며, 대개 마치는 데 7시간 30분이 걸린다. 제시된 단계들은 이 연구자들이 사용한 것이지만 각 단계마다 하나의 활동으로 상당히 축약된 것이다.

① 당신이 겸손하지 않았던 때를 고른다(Pick a time when you weren't humble). 겸손하지 않았던 상황을 자세하고 상세하게 묘사하라. 당신의 이야기를 듣고 객관성을 제공할 제3의 관찰자를 떠올리고, 그 이야기에 대해 거리를 두어 본다. 관찰자의 관점에서 자세한 내용을 상술한다. 그 두 가지 이야기가 어떤 점에서 차이가 있는가?

② 큰 그림 속에서 당신이 능력 있고 성취했던 때를 기억하라(Remember the place of

your abilities and achievenements within the big picture). 당신이 무언가를 성취했을 때를 적는다. 성취 전, 성취 중 그리고 성취 후 당신의 감정, 생각 및 행동을 묘사하라. 자, 이제 그 성취에 대해 겸손하기 위해 그 사건 전, 사건 중 그리고 사건 후에 무엇을 할 수 있었는지 생각해 보라.

③ 마음을 열고 적응하라(Open yourself and be adaptable). 다른 사람을 위해 겸손했던 때를 적어 본다. 당신의 감정과 행동을 묘사하라. 겸손을 표현하고 나서 혹은 교만하거나 이기적인 것을 그만둔 후 어떤 느낌이었는가? 당신의 행동을 '현실로 돌아온', 공정한, 지지적인, 혹은 현명한 것으로 묘사할 것인가? 왜 그런가?

④ 자기중심 초점을 낮추기 위해 모든 것을 중시해 보라(Value all things to lower self-focus). 당신이 좀 더 가치 있게 여겨야 할 다섯 가지를 적고 왜 그런지 설명한다. 대부분의 사람이 부정적으로 볼만한 상황을 떠올리라. 왜 이 상황이 여전히 가치 있게 여겨질 수 있는지 적어 보라.

⑤ 당신의 한계를 검증하고 겸손한 생활방식을 행하라(Examine your limitations and commit to a humble lifestyle). 당신 자신에게 스스로에 대해 적은 편지를 쓴다. 당신의 성격 강점을 적고 당신의 한계 및 겸손의 장애물도 적는다. 되도록 정밀하게 쓰라. 편지와 앞선 단계에서 얻은 통찰을 검토하고, 일상에서 성취나 도전의 시기에 어떻게 겸손함을 유지할 것인지 요약하라.

연구

앞서 제시한 단계보다 더 긴 내용의 겸손 워크북을 완료하는 집단 또는 통제 집단에 무선으로 참여자를 배치한 연구(Lavelock et al., 2014a)에서 오직 의도적으로 겸손에 초점을 맞춘 집단만이 이 강점이 증가하였다. 더불어 겸손 집단은 용서와 참을성이 증가했고, 일반적인 부정성이 줄어들었다(Lavelock et al., 2014b). 연구자들은 워크북의 기초 내용들을 다양한 출처에서 참고하였는데, 특히 Tangney(2005), Peterson과 Seligman(2004)을 많이 참고하였다고 설명했다.

개별 성격 강점   CSI **36**

▋아름다움에 접촉하기

개요

많은 사람이 눈가리개를 쓰고 인생의 세부적인 부분을 놓치며 살아간다. "멈춰서 장미 향기를 맡아 보라."라는 말이 진부한 구절인 까닭이 있다. 연구자들은 사람들에게 영감을 주는 다양한 종류의 아름다움을 연구하기 시작했다. 자연 속의 아름다움은 경외심을 불러일으킬 수 있고, 예술과 기술은 찬탄을 불러일으킬 수 있으며, 인간의 긍정적 행동에서 아름다움을 목격하는 것은 감정의 고조를 불러일으킬 수 있다. 감정의 고조는 사람들이 타인을 위해 좋은 일을 하도록 동기를 부여할 수 있다는 것이 밝혀졌다.

목적

아름다움과 탁월함에 대한 감상력을 기른다. 나를 둘러싼 세계에 더 접촉한다.

단계

연구자들이 '아름다움 기록일지'라고 부른 것을 작성하라. 세 가지의 아름다움을 찾고 묘사해 본다.

① 하루에 한 번씩 다음에 제시된 아름다움의 세 가지 형태 중 하나를 찾는다.
  • 자연에서 아름다움을 느낀 것을 찾아 묘사한다.
  • 인간이 만든 것(예: 예술품)에서 아름다움을 느낀 것을 찾아 묘사한다.
  • 인간의 행동(예: 선행)에서 아름다움을 느낀 것을 찾아 묘사한다.
② 당신이 본 아름다움을 몇 문장으로 묘사한 내용을 일지에 기록한다.

연구

Diessner와 동료들(2006)은 이 개입을 통제 집단과 비교했을 때, 아름다움 기록일지에 있는 도덕적인 아름다움에 대한 접촉과 희망이 더 늘어났다고 밝혔다. 또한 연구를 통해 매일의 아름다움 산책이 자연의 아름다움을 더 많이 알아차리도록 했다는 점도 나타났다(Diessner et al., 2015). 도덕적 아름다움으로도 알려진 위의 세 번째 아름다움에 접촉하는 것은 기분의 고조를 이끌어 내고, 특히 이타주의나 친사회적 행동의 증가를 포함한 상당수의 긍정적 효과를 가져온다는 점도 밝혀졌다(예: Algoe & Hadit, 2009; Aquino, Mcferran, & Laven, 2011; Cox, 2010; Thomson et al., 2014).

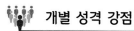 개별 성격 강점   CSI **37**

▌세 가지 좋은 일

개요

이 감사 연습은 축복받은 일을 세는 것이다. 사람들은 습관과 일상의 희생양이 되고 일과 중에 일어나는 좋은 일들을 쉽게 간과해 버릴 수 있다. 우리가 삶의 세부 사항을 보기 위해 속도를 늦출 때, 비로소 그 작은 일들이 중요하다는 것을 깨닫기 시작한다. 이 연습에서는 하루 동안에 일어나는 작고 긍정적인 일들을 성찰하도록 당신을 초대한다.

목적

감사함을 증진한다. 일상 속 상호작용의 미묘한 뉘앙스와 세부적인 것들을 제대로 인지한다. 삶을 더 가까이 보기 위해 '눈가리개'를 벗는다.

단계

① 하루를 마무리할 때 잘된 일을 떠올리라.
② 잘된 일 세 가지를 적고, 그것이 왜 좋았는지 적는다.
③ 최소 일주일간 이 감사 일지를 적어 본다.

조언

이 연습을 최대한 활용하기 위해 감사 일지에 쓴 어떤 것도 절대 반복하지 않겠다고 결심하라. 그리고 만약 당신이 1년 동안 매일 이 활동을 한다면, 당신은 1,000개 이상의 고유한 감사 표현을 얻게 될 것이다. 그렇게 되면 확실히 당신 안에서 이 성격 강점을 확장할 수 있을 것이다.

연구

이 연습은 사람들이 순응이나 습관화를 극복하는 것과 선행의 의미를 증가시키는 것을 돕는다. 이중맹검 플라세보 무선 통제 연구에서 이 연습은 6개월간 행복 증가와 우울 감소를 가져왔다(Seligman et al., 2005). 이 연습은 노년기 성인들의 행복(Proyer, Gander, et al., 2014a) 및 건강 유지와 부정 정서 감소(Emmons & McCullough, 2003)에 유의미한 효과를 보였다. 이 연습과 관련하여 특별히 중요한 요소는 행동의 자발성, 즉 참여자들이 스스로 이 연습을 하고자 하는 것이다. 한 연구에서 일주일 간 이 연습을 하고 스스로 활동을 지속한 참여자들이 2주간 활동을 하도록 지시받은 참여자들보다 더 잘했다는 것이 나타났다(Gander et al., 2013). 또 다른 중요한 요소는 빈도이다. 일주일에 한 번씩 자신들이 축복받았던 일을 셌던 사람들은 일주일에 세 번씩 셌던 사람들보다 더 높은 행복을 보고하였다(Lyubomirsky et al., 2005).

개별 성격 강점   CSI **38**

▎감사편지/방문

개요
감사는 연습으로 비교적 쉽게 증진될 수 있는 성격 강점이며, 긍정적 이득을 얻을 수 있음이 밝혀졌다. 감사와 관련된 많은 활동이 있다. 이번 개입은 연구자들에 의해 가장 많이 언급되고 적용되는 것 중 하나이다.

목적
감사함을 증진한다. 다른 사람들이 당신의 삶에 기여한 바를 높이 평가한다. 긍정적 관계를 촉진한다.

단계
① 당신의 삶에 긍정적인 영향을 미쳤고 당신이 상당히 고마워했으나, 감사함을 충분히 전하지 못한 사람을 떠올려라.
② 당신의 감정과 당신이 왜 그렇게 감사함을 느끼는지에 대한 이유를 담은 편지를 쓰라.
③ 추가선택: 만약 적절하고 타당하다면, 그 사람에게 편지를 전하고 그 사람에게 직접 편지를 읽어 준다.

문제 해결
이 한 가지 활동에는 실제로 두 가지 개입이 포함되어 있다. 그리고 그것은 각각 다양한 성격 강점을 포함한다. 편지 쓰기는 그 자체로 효과적이다. 편지를 전달하는 것은 또 다른 활동으로 용감함과 더불어 열정, 사회지능, 사랑, 통찰력 같은 다양한 성격 강점이 요구된다. 당신이 감사편지를 전달하고 읽기 전에, 당신이 그렇게 하는 것이 필요한지 그리고 적절한지를 생각하는 것이 중요하다. 게다가 어떤 반응이라도 있을 수 있음에 대비한다. 이 같은 편지 전달과 읽기가 받는 사람과 쓴 사람

그리고 관계에 실제로 좋은 일이라고 할지라도, 그것이 긍정적일 것이라는 보장은 없다. 일부는 마음에서 우러나온 말에 대해서 긍정적인 반응만을 기대하면서도, 그러한 새로운 경험을 어떻게 감당할지 모르는 사람과 만났을 때는 실망하는 경우도 있다. 편지 전달의 장단점을 믿을 만한 친구나 상담자와 논의하는 것은 그 편지를 전달하기 전 좋은 예비 단계가 될 수 있다.

연구

다섯 가지 긍정심리학 개입과 플라세보에 관한 연구에서 감사편지 쓰기 집단은 연구가 진행되면서는 행복 수준이 기준점 수준으로 되돌아왔음에도 불구하고 초기에는 행복이 가장 증가한 집단이었다(Seligman et al., 2005). 빠른 안도감이 필요할 때(예: 비행기에 타기 전) 항불안제를 먹은 사람들처럼, 이 연습은 행복의 빠른 증진을 찾는 내담자들에게 유용할 수 있다.

한 연구에서 감사편지를 쓴 사람들은 중립적 활동을 한 경우보다 더 높은 겸손함 수준을 경험했다(Kruse, Chancellor, Ruberton, & Lyubomirsky, 2014). 감사편지 쓰기가 도움이 되는 상황을 검증하는 다른 연구들이 진행되었다. 한 연구에서 8주간 매주 감사편지를 쓴 사람들 중에서 이미 더 행복해지고자 하는 욕구가 있던 사람의 경우에만 행복이 증진되었다(Lyubomirsky et al., 2011).

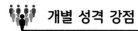 **개별 성격 강점**   CSI 39

▌세 가지 재밌는 일

개요
유머는 삶의 즐거움 및 행복과 관련된 성격 강점이다. 이는 흔히 좋은 사회적 관계의 윤활유로 간주된다.

목적
유머 능력을 기른다. 사회적 관계를 강화한다.

단계
① 하루를 마무리할 때, 하루 동안 경험했던 가장 재밌는 일을 떠올리라.
② 하루 동안 재밌었던 세 가지 일을 적는다. 각각의 일들이 왜 일어났는지, 그리고 그 경험에서 느낀 기분을 묘사한다.
③ 일주일간 매일 이 연습을 완료하라.

조언
재미있던 사건을 반드시 구체적으로 적으라. 누가 관련되었는지, 당신이 한 말 혹은 하지 않은 말, 비언어적 표현들, 그 당시 당신이 있던 상황이나 배경을 자세히 적으라.

연구
긍정심리학의 대표적 연구에서 이 개입은 참여자의 행복을 증진하고 우울을 감소시켰다(Gander et al., 2013). 논쟁의 여지가 있으나, 유머가 부정적 상태나 경험에 완충 역할을 할 수 있는 즐거움을 증가시키기 때문이다. 이후 연구에서 이러한 경험들은 6개월간 행복을 증가시켰고, 우울에도 단기적 효과를 보였다(Wellenzohn et al., 2016a). 노인 집단에서 이 연습은 특히 우울감의 감소를 가져왔다(Proyer, Gander, et al., 2014a).

개별 성격 강점   CSI 40

영적인 순간 늘리기

개요
영성은 과학자들에 의해 영적인 것을 찾는 것으로 정의되어 왔다(Pargament & Mahoney, 2002). 이는 사람이 자연이나 신, 더 큰 힘이나 삶의 모든 것 등 초월적인 것과 연결될 수 있는 세속적인 및 비세속적인 다양한 방식을 지칭하는 포괄적인 정의이다. 영적인 순간은 종종 자연스럽게 일어나지만, 이 활동에서는 영적인 순간을 함양하는 의도적인 접근을 실시한다. 이는 '마음챙김 강점 사용' 연습(Niemiec, 2014a)으로, 특정 성격 강점인 영성에 마음챙김을 사용하는 것이다. 초월적인 것과 연결되는 느낌의 예로는 경외감, 상승감, 자비, 감사, 내적 평화, 놀라움, 의도, 의미, 타자와의 상호연결, 신이나 더 큰 힘 또는 자연과의 합일 등이 있다.

목적
영성 강점을 강화한다. 일상에서 초월성을 경험한다. 특별한 물건을 신성시한다.

단계
① 3일간 매일 최소 5분 동안 마음챙김 호흡을 훈련하라.
② 당신이 귀중하게 혹은 소중하게, 축복으로 여기거나 아끼는, 혹은 성스럽게 여길 수 있는 물건을 고르라.
③ 매일 느긋하게 마음챙김 호흡을 최소 5분간(매주 5일씩 3주간) 훈련하고 나서 당신의 주의를 영적인 물건에 집중하라. 그 순간의 영성을 받아들이라.

문제 해결
만약 당신이 집중할 만한 물건을 고르지 못한다면, 결혼반지나 목걸이, 종교적인 작품이나 당신이 이룬 기념이 될 만한 다른 상징처럼 직접적인 것을 선택하라. 작은 조각상이나 인물상, 의미 있는 사진, 여행 기념품, 영적인 책이나 다른 보석 같은 것도 흔한 예시들이다. 만약 당신이 여전히 실재하는 물건을 고르기 어렵다면, 개인적인 만트라, 명언 혹은 의미 있는 기억 같은 무형의 것도 괜찮다. 그 물건이 애착 대상이 아닌 웰빙을 위한 디딤돌을 의미한다는 것을 유념하라(Goldstein, 2007).

연구

영성의 순간 함양 연습은 Goldstein(2007)에 의해 개발되었고, 웰빙을 증진시킨다는 것이 밝혀졌다. 연구자들은 치료자–내담자 치료 관계의 영적인 순간들에 대해 연구했고, 내담자와 작업 중 경험한 중요한 순간을 '영적인' 순간이라고 묘사한 치료자가 55% 정도라고 밝혔다. 이는 치료적 관계에서 내담자가 지각한 향상 및 작업 동기와 강력히 연관되어 있었다(Pargament, Lomax, McGee, & Fang, 2014). 만트라를 사용한 영적 명상은 이완 및 세속적 만트라를 연습한 경우에 비해 긍정 정서와 영성을 증가시켰음이 밝혀졌다(Wachholtz & Pargament, 2005).

긍정적 관계

▌들어가기

이 절에서는 종종 '행복으로 가는 왕도(王道)'로 여겨지는 긍정적 관계를 강조한다. 성격 강점은 긍정적인 관계를 만들고, 강화하고, 회복하는 중추적인 길을 제공한다. 여기서 제시하는 많은 활동은 결혼이나 헌신적인 장기적 관계와 같은 친밀하고 장기적인 관계를 지향하는 틀이 된다. 그러나 이러한 연습은 긍정적이고 건강한 관계를 구축하는 것이기 때문에, 대부분 조금만 변경하여 적용하면 모든 친밀한 관계에 도움이 될 수 있다.

▌목차

CSI 41: 성격 강점의 가치를 인정하기

CSI 42: 러브레터

CSI 43: 당신의 강점을 타인에게 향하게 하기

CSI 44: 마음챙김 듣기와 마음챙김 말하기

CSI 45: 건강하고 공정한 다툼

CSI 46: 빼기, 그리고 더하기

CSI 47: 조망 수용하기

CSI 48: 칭찬 재고하기

CSI 49: 강점의 긍정적 회상

CSI 50: 관계에서 좋은 것 세기

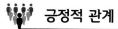 긍정적 관계　　　　　　　　　　　　　　　　　　　　　　　　 CSI　41

▌성격 강점의 가치를 인정하기

개요

'미켈란젤로 현상'이란 친밀한 관계에 있는 사람들이 서로 영향을 주고받고 조각(sculpt)하면서 서로를 이상적인 자아에 더 가깝게 만드는 것을 말한다(Drigotas, Rusbult, Wieselquist, & Whitton, 1999; Rusbult, Kumashiro, Kubacka, & Finkel, 2009). 이는 조각하는 것을 돌에 숨겨진 형상을 밝혀내고 드러내는 과정으로 설명한 유명한 이탈리아의 화가이자 조각가의 이름을 딴 것이다. 이 '조각'은 커플의 상호작용을 통해 서서히 일어난다. 이 과정에서는 이상적 자아의 핵심 요소로 볼 수 있는, 서로의 대표 강점을 이해하고 인정하는 커플의 가치에 초점을 맞춘다. 이 연습은 다른 사람의 강점을 인식하는 것을 넘어서 그 사람이 지닌 최고 자질의 가치를 인정하는 것까지 확대된다.

목적

타인에 대한 통찰을 제공한다. 긍정적 관계를 증진한다. 대표 강점을 발견 및 인정한다.

단계

① 파트너(애인 혹은 배우자)의 최고 성격 강점 세 가지를 정하라.

② 당신의 파트너가 최근 이 성격 강점들을 보여 준 훌륭한 예시를 적는다. 그 강점을 각각 어떻게 보았는가?

③ 그 가치를 인정한다는 것을 표현하라. 당신이 쓴 것을 파트너와 함께 나누면서, 그들의 성격 강점 사용이 왜 당신에게 중요하고 또 가치가 있었는지 설명하라. 예를 들면, 아마도 감정적으로 더 끌렸거나, 관계에 더 전념하게 되었거나 혹은 그들과 함께하는 관계가 더 행복하게 느껴졌을 수 있다. 인정은 비언어적으로도 표현될 수 있다.

조언

이 활동을 당신의 가장 친한 친구, 청소년기의 자녀 혹은 직장 동료처럼 다양한 삶의 영역에 걸쳐 확장하여 연습해 보라.

연구

앞서 제시한 단계 중 첫 번째와 두 번째 단계는 원래 Seligman(2002)이 커플을 위해 제안한 것이다. 이는 애정과 존경의 불씨를 키우는 John Gottman의 관계에 대한 연구(Gottman & Silver, 1999) 내용이 반영된 것으로 Seligman은 이것이 그가 가장 좋아하는 연습이라고 하였다. 세 번째 단계는 친밀한 관계에서의 인정의 중요성 때문에 추가되었다.

관계에서 가치를 인정하는 것에 대한 연구는 음미하기와 감사 같은 개념에 수많은 장점을 드러내며 탄력을 받고 있다(Adler & Fagley, 2005; Bao & Lyubomirsky, 2013; Sheldon & Lyubomirsky, 2012). 이 활동의 토대는 Kashdan과 동료들의 연구(2017)로, 상대의 성격 강점을 알고 인정했던 커플들이 더 높은 관계 만족도, 소속감, 자율성, 성적 만족도, 그리고 관계에 대한 헌신을 가지고 있다는 것이 밝혀졌다. 이 연구에서는 또한 파트너의 강점 사용을 어려운 것, 파트너를 위해 과하게 애쓰는 것, 관계에 문제나 갈등을 일으키는 것으로 인식하는 사람들은 관계 만족도가 더 낮다는 것도 발견했다. 이 결과는 강점 사용의 과다사용과 과소사용이 가져올 수 있는 잠재적인 부정적 영향을 말해 준다.

미켈란젤로 현상에 관한 연구처럼 이상적 자기(ideal self)와 현실적 자기(real self)에 대한 연구도 이와 관련되어 있는데, 이상적 자기에 대한 파트너의 지지와 움직임을 지각하는 것이 커플의 웰빙과 강한 상관을 보였다(Drigotas et al., 1999; Rusbult et al., 2009). 이에 더해 미국, 러시아, 중국 등 다양한 문화에서 이루어진 이상적 자기와 현실적 자기의 상관연구에서 파트너로부터 자신의 자율성을 지지받을수록 개인들의 실제적 자기개념이 이상적 자기에 가깝다는 것이 밝혀졌다(Lynch, La Guardiab, & Ryan, 2009). 즉, 당신이 가장 당신 자신답게 있는 것을 지지하고 격려하는 사람이 삶에 있는 것이 매우 중요하다는 것이다.

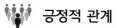 긍정적 관계   CSI **42**

▌러브레터

개요

사랑이라는 성격 강점은 친밀한 관계에 적용할 수 있는 확실한 특성이다. 그러나
이 강점이 이미 존재한다고 가정하고 당연시하기 쉽다. 사랑하는 사람들에 대한 따
뜻함, 배려, 깊은 긍정적 관심과 진솔한 감사를 표현하는 방법을 찾는 것, 즉 주는
사람은 표현하고 받는 사람은 듣고 경험하는 것이 중요하다.

목적

사랑을 북돋는다. 기분을 좋게 한다. 긍정적 관계를 증진한다.

단계

① 당신이 파트너에게 지닌 사랑의 마음을 생각하라.
② 그 사람에게 짧은 러브레터를 써 보라. 편지에서 당신의 생각, 강점 등의 예를
　 들어서 그 사람에 대한 당신의 사랑을 이야기하라. 그리고 당신의 사랑을 오
　 늘이나 최근에 일어난 일과 연결시켜 보라.

조언

원래 이 연습은 더 광범위하게 사랑하는 사람이라면 누구든지 대상으로 삼도록
하였다(Lavy et al., 2014a). 로맨틱한 사랑에 더해서 가족 사랑, 친구 사랑, 부모-자
녀 사랑, 심지어 아가페적 사랑 등 다양한 다른 분야에 적용해 보라.

연구

참여자들을 러브레터 개입 혹은 2개의 통제 집단에 배치한 연구에서 이 강점 활
동에 참여한 개입 집단의 사람들이 다음 날 기분이 좋아짐을 경험했다고 나타났다
(Lavy et al., 2014a). 이러한 결과들은 부정적 정서 감소에서의 성격 강점 사용의 역

할을 강조하고 있는데, 연구자들은 일상의 강점 사용이 다음 날 기분에 미치는 인과적 효과 때문에 이를 '정서 수리 전략(mood-repair strategy)'이라고 부른다. 이 연구자들이 실시한 커플에 대한 또 다른 연구에서 성격 강점을 찾고 사용하는 것이 커플 모두의 삶의 만족에 기여했음을 밝혔다(Lavy et al., 2014b). 그들은 성격 강점을 사용할 기회가 부족한 것이 건강한 관계를 손상시킬 수 있기 때문에 친밀한 관계에서 강점 사용에 대한 새로운 방법을 발견하는 것이 매우 중요하다고 주장했다.

왕성한 활동을 하고 있는 마음챙김의 스승인 Thich Nhat Hahn(2001) 스님은 가족, 친구, 심지어는 갈등 관계에 있는 사람에게 러브레터를 쓰는 것이 평화와 이해 및 갈등 해결을 증진하는 방법이라고 자주 이야기한다.

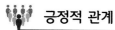 긍정적 관계 CSI **43**

▌당신의 강점을 타인에게 향하게 하기

개요

성격 강점 활동의 성공에 결정적인 요인은 활동을 적절한 맥락에 맞추는 것이다. 이 연습의 목표는 성격 강점을 외부의 타인에게 향하는 것으로, 친밀하고 가까운 관계에 있는 사람들을 대상으로 연습한다. 이 연습에는 모든 성격 강점과 대인관계에 이익을 가져오도록 사용하는 경로를 개념화하는 것이 포함되어 있다.

목적

성격 강점을 새롭게 표현할 방법을 찾는다. 가까운 관계에서 기술을 적용하는 것보다 성격 강점을 우선시한다.

단계

① 당신의 대표 강점 중 하나를 선택하라.

② 당신의 파트너에게 이 강점을 적용할 수 있는 방법을 생각해 보라. 어떻게 그들이 인정할 만한 방법으로 이 강점을 분명히 표현할 수 있는가? 어떻게 하면 당신의 파트너를 더 잘 이해하고 그들의 행동을 정확히 알아차릴 수 있을까? 이 강점을 사용하면 그들에게 어떤 이득을 줄 수 있을까?

③ 당신의 강점을 타인에게 향할 수 있는 행동을 취해 보라.

④ 당신의 두 번째 대표 강점으로 앞서 제시한 단계를 반복하라.

연구

연구자들이 이 연습의 근거를 마련해 오고 있다. 성격 강점이 관계에서의 미덕으로 행해질 수 있다면, 관계의 소통과 적응에 긍정적인 영향을 줄 수 있을 것이다 (Veldorale-Brogan et al., 2010). Fowers(2000)는 커플들이 기술(예: 커뮤니케이션 기술)을 배우는 것을 넘어(이 기술은 종종 가정으로 가져와 적용하지 못한다), 관용이나 공정성, 용서, 수용, 감사 같은 성격 강점들을 적용해야 한다고 제안한다.

예시

친절, 공정성, 협동심 같은 일부 성격 강점은 자동적으로 타인 지향적이다. 그러나 이러한 '명확한' 관계 강점에 대한 질문(어떻게 하면 당신의 관계를 '팀'으로 볼 수 있나요? 혹은 오늘 당신이 파트너에게 베풀 수 있는 의도적인 친절은 어떤 것인가요?)을 명시적으로 다루는 것은 새로운 통찰을 드러낼 수 있다. 다른 강점들의 타인 지향성은 덜 명확할 수 있지만 여전히 중요하다. 예를 들어, 호기심을 갖고 파트너에게 새로운 것을 물어볼 수 있다. 적용하기가 다소 까다로운 사회지능은 파트너의 감정을 세심히 살펴보고 배려심을 갖고 민감하게 그들의 감정에 반응할 때 사용할 수 있다.

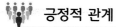

▌마음챙김 듣기와 마음챙김 말하기

개요

마음챙김은 일상의 어떤 활동에도 다 적용할 수 있다. 좀 더 도전적인 마음챙김 분야 중 하나는 의사소통이다. 즉, 마음챙김 말하기와 마음챙김 듣기 연습이다. 마음챙김 말하기는 간결하고 구체적이면서 직접적이고 마음으로부터 우러나오는 정직한 방식으로 말하는 것이다. 이것은 옆길로 새는 것, 거부하는 것, 상처가 되는 논평이나 반복하는 것을 피하고자 하는 것을 포함한다. 마음챙김 듣기는 진솔한 친절과 자비의 마음을 가지고 말하는 이에게 온전한 주의를 두는 것이다. 이는 들으면서 반응하거나 다음에 할 말을 생각하고자 하는 충동을 떼어 놓는 것을 포함한다.

목적

마음챙김 의사소통을 향상시킨다. 사랑하는 사람과 깊게 연결한다. 다른 사람을 진짜로 '보고' 그리고 '듣는' 연습을 한다.

단계

이 연습을 위해 15분간 커플의 시간을 따로 마련하라. 예비 단계로 커플에게 다음의 기본 규칙에 동의하도록 안내한다. 모든 전자 기기를 꺼내서 옆으로 놓고 방해가 될 만한 것들은 모두 끄기, 둘만 조용히 보낼 수 있는 공간에 함께 앉기, 다른 사람이 이야기할 때는 말하지 않기. 누가 먼저 이야기할지 결정하기 위해 동전 던지기를 한다. 연습의 부분별 시간은 괄호 안에 제시되어 있다.

① B가 듣는 동안 A가 말한다. A는 그날 경험한 일을 공유하면서 마음챙김 말하기 원칙을 연습한다. 긍정적이거나 부정적이거나 중립적인 사건들 혹은 성격 강점에 대해 새롭게 알게 된 것이나 사용한 것을 나눈다. B는 마음챙김 듣기 원칙을 연습한다. (5분)

② 역할을 바꾼다. B는 마음챙김 말하기를, A는 마음챙김 듣기를 연습한다. (5분)

③ 마음챙김 의사소통 연습을 순서에 상관없이 연습한다. 이 시간 동안 커플은 마음챙김 말하기와 마음챙김 듣기를 하면서 대화를 지속한다. 이 단계는 좀 더 전형적이면서 현실적인 상호작용에 가깝지만, 이전 단계에서 가져온 연습을 하는 것이다. (5분)

④ 만약 두 사람이 모두 원하면, 앞서 제시한 단계들을 반복하거나 혹은 끝맺는다.

연구

이 연습의 단계들은 마음챙김과 성격 강점으로부터 가져온 것이다. 마음챙김 말하기와 마음챙김 듣기는 마음챙김에 기반한 강점 훈련(MBSP) 프로그램(Niemiec, 2014a)에서 매주 훈련하는 것으로, 이를 통해 웰빙이 증가하였다(Ivtzan et al., 2016; Niemiec & Lissing, 2016). 마음챙김 접근은 Thich Nhat Hanh의 작업과 마음챙김 삶의 원칙들(1979, 1993, 2009)에서 가져왔다.

█건강하고 공정한 다툼

개요

친밀한 관계에서 갈등과 다툼은 필연적이다. 성공적인 관계를 유지하기 위해서 커플들은 관계에서 그 특정한 문제가 얼마나 심각한지를 바탕으로 다양한 전략을 배울 수 있다. 즉, 사소한 문제와 심각한 문제에 대한 관리는 매우 다른 접근이 필요하다. 커플은 의사소통과 문제를 잘 해결하는 방법을 배울 수 있다(일부는 이를 '공정한 다툼'이라고 부른다).

목적

관계에서 습관적으로 반응하기보다는 잘 대응하는 것을 배운다. 갈등 관리 능력을 향상시킨다. 성격 강점들의 균형을 잡는다.

단계

① 당신의 관계에 존재하는 문제나 갈등을 확인하라.

② 갈등이나 문제가 사소한지 혹은 심각한지 결정하라. 당신의 파트너가 접시 정리를 잊었거나 지난밤에 TV를 너무 많이 본 것 같은 사소한 문제인가, 아니면 파트너가 바람을 피웠거나 중독 증상이 있음에 직면하기를 피하는 등의 심각한 문제인가?

③ 균형 잡힌 적절한 행동을 취하기 위해 당신의 성격 강점을 사용하라.

- 사소한 문제: 작은 것들은 그냥 '흘려보내기' 위해 용서 강점을 사용하라. 사소한 문제에 대해서는, 특히 매번 '버럭 화를 내고', 강한 분노를 표현하고, 비난을 가하는 것은 역효과를 낳을 수 있다.

- 심각한 문제: 큰 문제들을 직접 대면하고 직면하기 위해 용기 강점을 사용하라. 심각한 문제에 대해서는 그 행동이 당신에게 얼마나 영향을 주었는지에 대해 솔직하고 강한 감정을 공유하고 자신의 행동을 직접 직면하는 것이 생

산적일 수 있다.

④ **경고:** 이 연습은 통찰력이나 지혜 혹은 사회지능과 같은 메타강점을 사용해야 할 수 있다. 왜냐하면 앞서 제시한 공식들이 커플만의 상황, 관계의 역사, 문제의 심각도 등에 다 들어맞지는 않기 때문이다. 모든 심각한 상황이 직면을 통해 효과를 보지 않을 수 있고, 또 모든 사소한 문제를 그냥 흘려보내는 것이 맞는 것도 아니다. 앞의 단계들은 당신만의 상황에 적절하게 적용하기 위해 고려할 수 있는 일반적인 조언이나 전략을 제공하는 시작점으로 봐야 한다.

연구

이 활동은 McNulty와 Russell(2010)이 실시한 상관연구에 기반한다. 그들은 신혼부부의 문제 해결 행동을 탐구하는 2개의 종단 연구를 진행하였다. 그들은 문제의 심각도 수준에 따라 사용한 접근법이 관계 만족도에 영향을 준다는 것을 밝혀냈다. 문제가 심각할 때 직접적인 접근은 높은 만족도를 예측했고, 그 반면에 문제가 작을 때는 같은 접근이 불만족을 예측했다. 그들은 작은 문제들을 다루는 커플은 부정적 행동을 직접 다루지 않고 회피하는 것이 효과적이라고 하였고, 좀 더 심각한 문제를 다루는 커플은 부정적 행동을 직접 다루는 것이 효과적일 수 있다고 제안했다. 그들이 제시한 예는 "당신은 술을 너무 많이 마셔."라고 비난하는 것과 "당신은 술을 끊어야 해."라고 명령하는 것, 그리고 "술을 그렇게 많이 마시는 것은 정말 이기적인 행동이야."라고 거부하는 것이다. 그들은 문제 심각도와 관계없이 낮은 관계 만족도와 관련된 간접적인 부정적 행동들도 발견했다. 그들이 언급한 간접적 의사소통의 예로는 "술을 그렇게 많이 마시는 사람이 나만 있는 거 아니잖아."라는 회피, "술을 적당히 마신다는 말을 들어 본 적이 있어?"라는 암시, 그리고 "당신은 나를 사랑하지 않는 게 분명해."라는 추정이 있다.

 긍정적 관계 　　　　　　　　　　　　　　　　　　　CSI **46**

▌빼기 그리고 더하기

개요

당신이 가장 좋아하는 관계 중 하나가 없다면, 당신의 삶은 어떨 것 같은가? 아마 상상하기 어려울 것이다. 심지어 고통스럽거나 그 사실을 믿을 수 없을지도 모른다. 한번 시도해 보라. 그리고 그 활동에 추가적인 고마움을 더 많이 넣어 보라.

목적

긍정적 관계를 증진한다. 더 깊은 감사와 고마움을 느낀다. 의미 있는 관계에 대한 통찰을 쌓는다.

단계

① 당신의 삶에서 중요한 긍정적인 관계를 하나 생각해 보라. 이는 친밀한 파트너이거나 가까운 친구, 당신의 자녀 등 당신과 가까운 누군가일 수 있다.

② 당신의 삶에서 그 사람이 없는 것을 상상해 보라. 이를 분명하게 그려 보라. 어떤 영향이 있을 것 같은지 알아차려 보라. 당신의 삶이 어떻게 달라질까? 당신의 기분은 어떨까?

③ 그 사람들이 당신에게 얼마나 중요한지를 묘사하는 편지를 써 보라. 그들이 당신에게 어떤 의미인가? 그들이 당신에게 왜 그리고 어떻게 중요한가?

④ 그 편지에 반드시 그들의 성격 강점을 칭하고 설명하라.

⑤ 편지를 다 쓰면, 당신이 개인적으로 활성화시킨 성격 강점을 다시 한번 살펴보라.

연구

이 활동은 2개의 성공적인 긍정적 개입의 조합이다. 첫 번째 부분은 웰빙을 증진시키는 것으로 알려진 정신적 빼기이며(Ang et al., 2015; Koo et al., 2008), 두 번째 부분은 단기적으로 행복을 확실히 증가시키는 것으로 알려진 감사편지를 더한 것이다(Seligman et al., 2005).

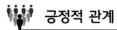 **긍정적 관계**

▌조망 수용하기

개요

현명한 개입이란 특정한 맥락의 기저에 있는 심리적 이슈를 겨냥하는 단순한 개입이다(Walton, 2014). 이 활동은 갈등 관리에 있는 커플을 지원하는 데 있어 더 깊은 쟁점을 다룬다. 이는 7분간의 관계 활동이라고도 불린다.

목적

통찰력 강점을 강화한다. 갈등 관리 능력을 향상시킨다. 친밀한 관계의 질(quality)을 유지한다.

단계

① 친밀한 관계에서 겪었던 갈등을 떠올리라.

② '모두를 위한 최선'을 원하는 중립적인 제삼자라면 그 갈등을 어떻게 볼지 생각해 보라. 이 관점을 적으라.

③ 당신의 파트너와 함께 적은 내용을 논의하라. 파트너와 함께 앞으로의 갈등에서 이 관점을 어떻게 적용할 수 있을지 논의하라. 만약 각각 이 연습을 했다면, 적은 것을 서로 비교하고 시너지 효과를 낼 수 있는 것을 찾아보라.

④ 이 관점을 취하고 그다음 행동으로 옮기기 위해서 당신과 파트너에게 필요한 성격 강점들에 대해서 논의하라.

연구

Finkel, Slotter, Luchies, Walton과 Gross(2013)는 이 개입의 효과를 연구하고자, 커플들에게 상상의 중립적 제삼자가 관계 갈등에 대해 뭐라고 할 것인지를 토론하는 7분간을 1년간 4개월마다 한 번씩 가져 볼 것을 요청하였다. 이 연습은 갈등 시 커플에게 발생할 수 있는 분노와 같은 부정적 감정의 악순환을 미연에 방지하고자 하는 것이었다. 그들의 무선 할당 통제연구에서 통제 집단은 결혼의 질적인 측면(사랑, 만족도, 친밀감, 신뢰 및 열정의 수준)이 저하된 반면, 개입 집단은 안정적이었다. 그리고 커플이 생산적인 행동을 하는 방법을 제시하고자 하는 목적으로 성격 강점 요소가 여기에 더해졌다.

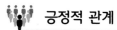

▌칭찬 재고하기

개요

칭찬을 주고받는 것은 관계에 있어서 중요한 교환이다. 어떤 커플들은 다른 커플들보다 칭찬받는 것을 통해 더 많은 효과를 경험할 것이다. 이러한 점은 파트너의 성격 강점을 알고 그것에 대한 인정과 감사를 표현하는 것의 중요성과 관련된다. 성격 강점을 인정하는 것이 효과가 있지만, 누가, 어느 정도로, 또 어떤 방법과 상황에서 더 큰 효과를 얻는지는 아직 밝혀지지 않았다.

목적

균형 있는 긍정적 관계를 형성한다. 낮은 자신감이나 자존감을 가진 사람을 위한 수단을 마련한다. 강점을 인정하는 것을 강화한다.

단계

① 당신의 애인에게 들었던 칭찬을 생각해 보라.

② 상대가 당신을 칭찬한 이유와 그 칭찬이 당신에게 왜 중요한지, 그리고 관계에서 어떤 의미를 갖는지에 대해서 적어 보라.

③ 당신의 파트너가 당신에게서 발견하고 칭찬한 성격 강점은 무엇인가? 파트너가 VIA 분류체계에 있는 정확한 용어를 사용하지 않았더라도 괜찮다.

연구

Marigold, Holmes와 Ross(2007, 2010)는 자존감이 낮은 사람들은 마치 아무 의미가 없는 것처럼 칭찬을 빨리 잊는다는 이론을 제시했다. 이 활동은 교정적이면서 단순한 긍정적 경로를 제시하여 기저의 심리적 이슈를 건드린다. 따라서 이는 Walton(2014)의 현명한 개입의 범주에 속한다. Marigold와 동료들은 이 활동이 결국 거절에 대한 공포를 다루는 데 도움이 되어서, 단기적 및 장기적으로 관계의 안정감을 상승시킨다는 것을 발견했다. 참여자들은 또한 자신들의 관계를 더 가치 있게 평가했으며, 파트너 간 평정을 통해 서로에게 더 긍정적으로 행동하고 파트너가 더 긍정적으로 행동한다고 보고하였다.

연애 중인 커플을 대상으로 한 연구에서 자존감이 낮은 사람들은 자신들의 새로운 강점을 발견하거나 파트너의 결점을 찾는 것을 통해 효과를 보았다고 나타났다. 이 활동으로 파트너의 헌신과 긍정적 관심을 인식함으로써 안정감이 증가하였고, 뿐만 아니라 자기가치감에 대해서도 긍정적 감정이 증가하였다(Murray et al., 2005).

서로의 성격 강점을 알아차리고 인정하는 커플들의 관계 만족도, 성적 만족도, 관계 헌신 및 심리적 욕구 충족과 관련된 효과 연구들이 점점 더 많이 진행되고 있다(Kashdan et al., 2017). 더불어 성격 강점을 알고 관계에서 이를 실행하는 커플들의 경우 더 높은 관계 만족도를 나타냈다(Lavy et al., 2014b).

 긍정적 관계 CSI 49

▌강점의 긍정적 회상

개요

음미하기(savoring)의 연구와 실제는 긍정심리학의 중요한 영역이다. 음미하기는 긍정적인 것을 확실히 연장시킨다. 당신은 아마 긍정 정서나 성격 강점을 경험하게 될 것이고, 정서나 강점을 더 존재하게 하고 강하게 유지하기 위해 행동을 취할 것이다. 이는 음미하기를 증가시키는 많은 연습 중 하나이다.

목적

가까운 관계에 음미하기를 적용한다. 긍정적 기억을 강화한다.

단계

① 긍정적인 관계를 하나 떠올려 보라. 이는 과거 혹은 현재의 대인관계일 수 있다. 당신과 가까운 혹은 가까웠던 사람을 한 명 선택하라.

② 그 사람과 함께했던 즐거운 기억을 다시 한번 경험해 보라. 마음속에서 그 기억과 그 사람과 함께 했던 긍정적 이야기를 또렷하게 그려 보라.

③ 그 기억을 심화시키는 데 당신의 성격 강점을 사용하라. 예를 들어, 탐색을 위해 호기심을, 다른 관점에서 긍정적인 기억을 생각하기 위해 창의성을, 그리고 그 순간의 긍정 정서를 경험하기 위해 사랑과 감사를 사용해 보라.

④ 다음 질문에 대한 당신의 경험과 생각을 적어 보라.

- 당신의 긍정적 회상에서 가장 눈에 띄는 것은 무엇인가?
- 관계를 음미하는 것은 어떤 느낌인가?
- 관계를 강하게 만드는 요소는 무엇인가?
- 그 관계에서 당신은 어떤 기분을 느끼는가?
- 상대가 당신에게서 본 것은 무엇인가?(설명할 때 성격 강점을 사용해 보라)
- 당신이 그들에게서 본 성격 강점은 무엇인가?

연구

　음미하기를 위한 과학적 근거는 Bryant와 Veroff(2007)의 독창적인 책에 요약되어 있다. 음미하기의 개입은 과거(회상), 현재 그리고 미래(기대)에 초점을 맞출수 있다. 과거에 초점을 둔 이 특별한 연습을 통해 음미하기를 한 사람들은 그렇지 않은 사람들에 비해 웰빙 수준이 더 높았다(Bryant et al., 2005). 또한 Pinquart와 Forstmeier(2012)는 대화를 상기시켜 주는 것이 긍정적 회상을 촉진하는 데 사용될수 있다는 점을 제시하였다.

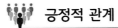 긍정적 관계   CSI 50

관계에서 좋은 것 세기

개요
작은 것이 중요하다. 이 격언을 반복하는 것은 쉽지만, 따르기는 어렵고 특히 가까운 관계에서는 더욱 그렇다.

목적
긍정적 관계를 쌓는다. 다른 사람에게 감사하는 마음을 더 많이 갖는다.

단계
① 당신의 파트너가 당신에게 혹은 타인에게 행한 긍정적인 일들을 관찰하고 주목하라.
② 일주일 동안 하루를 마무리하면서 당신의 파트너가 그날 행한 좋은 일을 적어도 한 가지 이상 적는다. 다음에 따라 적으라.
- 그들이 무엇을 했는지 묘사하라.
- 그들이 어떤 성격 강점들을 사용했는가? 그들이 그 강점들을 어떻게 표현했는가?
- 파트너의 행동이 당신에게 혹은 타인에게 어떤 영향을 주었는가?
③ 일주일간 매일 이러한 좋은 일들을 계속 기록해 보라.

연구
이 활동은 축복 세기라고 불리는 감사 연습의 변형이다(행복을 늘리고 우울감을 감소시키는)(Gander et al., 2013; Seligman et al., 2005). 축복 세기는 의학적 문제부터 정신과적 문제에 이르는 다양한 표본의 연구에서 웰빙에 효과가 있음이 밝혀졌다 (Emmons & McCullough, 2003; Froh, Sefick, & Emmons, 2008; Huffman et al., 2014).

탄력성(문제 관리)

▌들어가기

이 절에 제시된 연습은 "행복의 한쪽 문이 닫히면 다른 문이 열린다. 하지만 종종 우리는 닫힌 문을 너무 오래 쳐다봐서 우리를 위해 열린 문을 보지 못한다."라는 헬렌 켈러의 말로 잘 설명된다. 학생이건 직원이건 코치건 혹은 환자이건 모든 내담자에게는 삶의 문제와 도전들이 있다. 내담자들은 해결책이나 치유를 찾을 때 성격 강점을 전략적으로 자주 개입시키지 않는다. 하지만 연구에서는 성격 강점이 스트레스 대처 전략으로 중요한 역할을 한다는 것을 보여 준다(Gusems-Carnicer & Calderon, 2016; Harzer & Ruch, 2015). 여기에서는 사람들이 삶의 문제와 갈등을 관리하는 데 도움이 되는 성격 강점 개입들을 제시한다. 강점을 매끄럽게 통합하는 일반적인 연습에는 도전 과제 재구성, 애쓰는 과정의 좋은 점 찾기, 조망 수용하기, 타인에게 있는 공통된 인류애 보기, 그리고 균형을 찾기 위해 성격 강점을 사용하기가 포함된다.

▌목차

탄력성(문제 관리)　　　　　　　　　　　　　　　　　　CSI **51**

변화가 가능함을 믿기

개요

성격이 고정되고 변화하지 않는다고 간주하는 것은 여러모로 해로울 수 있다. 그것은 우리가 좋거나 나쁜 우리의 특성에 사로잡혀 있고 과거를 되풀이할 운명이라는 것이다. 최근 연구를 통해 이러한 관점들은 사실이 아니고, 사람들이 자신의 성격을 변화시키기로 결정하고 성공적으로 변화할 수 있을 뿐만 아니라(Hudson & Fraley, 2015; Roberts et al., 2017) 자신과 타인을 위한 변화의 유연성을 인식하는 성장의 마음가짐도 개발할 수 있다(Dweck, 2006)는 점이 밝혀졌다.

목적

성장의 마음가짐을 증진하고 고정적 마음가짐에 대응한다. 우리 안에 있는 변화 가능한 본성을 이해한다.

단계

① 소외감이나 '피해자'처럼 느꼈던 상황을 떠올려 보라.

② 사회과학이나 신경과학에서 얻은 다음의 통찰을 생각하라. 사람들에게는 변화의 가능성이 있다. 소외감이나 피해자가 된 것 같은 느낌은 변화하지 않는 당신 안의 결핍이 아니라는 것을 이해하라. 또한 소외시키고 가해하는 것도 고정된 것이 아니며, 나쁜 사람들은 변화하지 못하는 것이 아니라 복잡한 동기를 가진 변화의 대상이라는 점을 이해하라. 최근 신경과학 연구는 부정적인 행동을 다루는 뇌의 경로가 바뀔 수 있다는 것을 보여 준다.

③ 이러한 통찰에서 도출된 예시(과거, 현재 혹은 가능한 미래의)를 제시하는 개인적인 이야기를 써 보라. 이 이야기를 쓸 때 당신의 성격 강점을 고려하라.

연구

이 활동은 사회적 역경이 높아지는 고등학교에 갈 때 도전적인 전환을 경험하는 청소년들에 대한 Yeager, Johnson과 동료들(2014)의 연구에서 비롯되었다. 연구자들은 일회적인 간단한 개입을 시도했는데, 여기에는 신경과학의 간단한 논문들과 그 통찰을 적용했던 학생들의 예시가 포함되어 있었다. 이 개입은 사람들이 유연하고 성장하며 가변적이라고 간주하는 증진 이론(incremental theory)에 의해 뒷받침되는데, 이는 고정과 성장의 마음가짐에 대한 Carol Dweck(2006)의 작업에 기초한다. 연구 결과, 학생들의 사회적 역경 경험에 대한 부정적 반응이 줄었으며, 8개월 후 전반적인 스트레스와 신체적 질병도 적었고, 1년 후 더 나은 학업 성취를 보였다(Yeager et al., 2014). 이 연구자들은 또한 사람들을 고정적이고 변하지 않는다고 여기는 성격의 불변 이론(entity theory)에 대해서도 검증하였는데, 이 같은 고정적 마음가짐이 사회적 역경에 대해 더 많은 부정적인 즉각적 반응과 스트레스, 더 나쁜 건강 상태 및 학년 말의 더 낮은 성적을 예측하였다.

이 활동은 목표가 분명한 특정 맥락에 대한 간단한 개입이며, 가장 필요할 때 심리적 도움을 주는(Yeager et al., 2014) '현명한 개입'(Walton, 2014)이다. 이 개입은 핵심적인 통찰의 내재화를 강화하고 자기설득을 연습하기 때문에 '말하는 것이 곧 믿는 것이다'라고 보일 수 있는 활동인데, 이는 사람들이 태도나 행동을 변화시키는 것을 돕는 데 직접적인 마케팅이나 정치적 연설과 같은 설득의 직접적 형태보다 더 탁월한 것으로 밝혀졌다(Aronson, 1999).

탄력성(문제 관리)   CSI 52

▌자원을 점화시키기

개요

준비하는 것은 성공에 있어 결정적이다. Benjamin Franklin은 "준비에 실패하면 실패를 준비하게 된다."라고 말한 적이 있다. 자원의 점화(resource priming)는 실무자가 내담자, 학생 또는 고용인과의 만남을 위해 자신의 강점을 생각함으로써 준비하는 체계적인 방법이다. 여기에서는 다가오는 스트레스 상황이나 앞으로 닥칠 인생의 문제에 사용하기 위한 소중한 준비로서 자원의 점화 활동을 제시한다.

목적

준비를 강화한다. 내적 자원을 활성화한다. 가까운 미래의 성공 가능성을 높인다.

단계

① 당신이 직접 관여하거나 다뤄야 하는 앞으로의 스트레스를 생각하라.

② 당신의 최고 성격 강점 다섯 가지를 생각하라. 과거에 그것들을 얼마나 사용했고 또 그것들이 당신에게 얼마나 중요한지 생각하라.

③ 당신의 성격 강점들과 그 스트레스 상황을 연결해 보라. 그 상황에서 각 성격 강점을 어떻게 사용할지 상상해 보라.

④ 그 상황에서 당신의 강점으로 행동을 취하라.

문제 해결

자신을 지나치게 칭찬하는 것을 걱정하지 말라. 치료자들의 자원 준비에 관한 연구에 따르면, 훈련된 치료자가 강점 활성화를 극대화하도록 지시받았을 때조차도 훈련된 관찰자에 의해 지나친 칭찬이라고 평정된 시간은 6,247분 중에 오직 6분이었다(Fluckiger et al., 2010).

조언

자원 준비 연구에서 이 연습의 최적화를 위해 변형한 강점 활성화 증진의 몇 가지 예를 제시한다(Fluckiger et al., 2010).

- 앞으로의 상황에 대한 당신의 고민이나 요구를 기록할 기록지를 사용하라. 각각의 문제를 해결하는 데 당신의 성격 강점들을 어떻게 사용할 수 있을지 생각해 보라.
- 당신의 최고 강점, 동기를 부여하는 강점, 사용하지 않은 강점을 생각하라.
- 당신과 친분이 있는 사람들이 지지해 줄 것 같은 성격 강점들을 고려하라.

연구

내담자와의 만남 전에 자원 준비를 하는 심리치료자들이 치료자 평정 및 독립된 관찰자 평정 모두에서 관찰 가능한 향상, 즉 강점 활성화, 내담자에 대한 애착과 성공 경험 및 향상된 치료 결과가 나타났다(Fluckiger & Gross Holtforth, 2008). 이 강점 활성화 접근은 변화를 위한 긍정적 기대를 강화하고, 내담자가 변화의 촉매제로 강점을 사용하는 것을 도왔다(Fluckiger et al., 2009). 그들은 "활성화된 강점(자원 활성화)에 집중하면 치료 동맹을 촉진하고 환자의 수용력을 높이는 긍정적 피드백 회로를 시작하고 유지할 수 있다."라고 설명하면서, 자본 모델(강점에 초점을 둔)과 보상 모델(약점을 교정하는)이 통합되어야 한다고 주장한다(Fluckiger et al., 2009, p. 213). 이것은 스트레스 이전에 가치를 확신하는 것(나의 경우, 이는 성격 강점을 확신하는 것이다)이 신경내분비와 스트레스 반응을 완충했다는 또 다른 연구 결과와도 관련된다(Creswell et al., 2005).

탄력성(문제 관리)　　　　　　　　　　　　　　　　CSI 53

강점으로 이득 찾기

개요

언뜻 보기에는 가지고 있는 문제의 긍정적 측면에 초점을 맞추거나 다른 사람이 당신에게 준 개인적인 모욕의 이득을 찾느라 시간을 보내는 것이 잘 납득되지 않을 수 있다. 그러나 연구자들은 이러한 접근이 긍정적 효과가 있음을 발견하고 있다.

목적

역경으로부터 얻는 개인적 성장을 강화한다. 관점을 넓힌다. 이분법적 사고에서 벗어난다.

단계

① 누군가 당신을 불쾌하게 했던 상황을 떠올리라.

② 이 경험의 결과로 얻게 되는 개인적 이득에 초점을 맞추라.

③ 약 20분 정도 다음과 같이 당신이 얻은 이익에 대해 써 보라.

- 이 경험의 긍정적 측면은 무엇인가?
- 어떤 성격 강점이 촉진되었는가?
- 결과적으로 무엇을 배웠는가? 이는 당신의 성장에 어떻게 기여했는가?
- 향후 있을 유사한 도전에 직면할 때, 이 경험이 어떤 도움이 되겠는가?
- 향후 비슷한 상황에 직면할 때 어떤 성격 강점을 끌어낼 것인가?

조언

문제에 강점을 사용하는 이 연습은 과거 문제들에 대해서도 성공적인 해결책으로 적용할 수 있다. 이것은 과거 성공적으로 해결한 어떤 문제나 갈등을 생각하고, 그것을 해결하기 위해 사용한 성격 강점을 명명하는 것을 포함한다. 이 접근은 잊었거나, 알아차리지 못했거나 혹은 평가절하했으나 현재 혹은 미래에 사용할 수 있는 내적 자원이 될 수 있는, 과거에 사용했던 성격 강점의 이점을 찾는 것도 포함한다.

연구

McCullough와 동료들(2006)은 타인과 갈등 관계에 있거나 불쾌한 일(예: 대인관계에서의 침해)을 당한 사람들을 대상으로 이 연습을 적용하였다. 참여자들은 앞의 활동을 한 집단, 자신의 기분 나쁜 경험의 외상적 측면에 초점을 맞춘 집단, 통제 집단에 무선적으로 할당되었다. 연구자들은 이득 찾기에 초점을 맞춘 집단이 다른 두 집단에 비해 더 많이 용서하게 되었음을 밝혔다. 이득 찾기와 성격 강점의 증가가 치명적인 질환을 지닌 아동들의 삶의 만족도에 긍정적 변화를 예측하였다(Chaves, Hervás, García, & Vázquez, 2016). 많은 연구에서 이득 찾기는 사람들의 신체 및 심리적 수준에도 긍정적인 영향을 미쳤음이 밝혀졌다(Bower, Low, Moskowitz, Sepah, & Epel, 2008). 그러나 늘 그런 것은 아니었다(유방암 여성을 대상으로 한 Tomich와 Helgeson(2004)의 연구 참조). 이득 찾기가 '현명한 개입'(Walton, 2014)이 되기 위해서는 시기가 상황과 맥락에 적합해야 하며, 기저의 적절한 심리적 요소들을 다뤄야 한다.

탄력성(문제 관리)　　　　　　　　　　　CSI 54

▌성격 강점의 문 열기

개요

우리는 종종 인생의 고난이나 도전을 눈앞에 있는 손잡이가 없는 닫힌 문으로 여긴다. 아마도 문은 결국 열리거나 혹은 열리지 않을 것이다. 이 활동은 우리가 기회를 찾고, 성장을 촉진하고, 새로운 통찰을 받아들이면서 열릴 수 있는 문을 찾거나 새로운 손잡이를 발견하거나 만들기 위해 다른 곳을 찾아보도록 한다.

목적

희망을 북돋고, 재구성을 연습한다. 문제를 관리하거나 고난을 극복한다. 통찰을 기른다. 스트레스의 이점을 찾는다.

단계

① 최근 겪은 부정적 사건을 써 보라.
② 즉각적으로 명백히 드러나지는 않지만, 이 사건에서 비롯된 긍정적 결과에 대해서 써 보라.
③ 이 사건으로 촉진된 성격 강점을 쓰고 설명하라.

조언

이 연습의 이득을 최대화하기 위해서 일주일간 매일 실시해야 한다. 이는 결국 당신 삶의 일곱 가지의 부정적인 일과 그 긍정적인 결과 및 각각에서 나타난 성격 강점들에 대해서 성찰한다는 의미이다.

연구

이 활동은 원래 Tayyab Rashid(2015)의 긍정 심리치료에서 사용되었다. 긍정 심리치료는 14주 프로그램으로 개인이나 집단 모두에서 보통의 치료(TAU)나 통제 집단에 비해 우울 감소의 효과를 보였다(Seligman et al., 2006). 몇 개의 추가적인 연구에서 긍정적 효과들이 더 나타났다(Rashid, 2015 참조). 문 하나가 닫히면, 다른 하나의 문이 열린다는 이 개입은 긍정 심리치료와 구분되며, 독자적인 연습으로 사용하여 행복을 증진하고 우울을 감소시켰다(Gander et al., 2013).

예시

유방암 진단이라는 부정적 경험을 이야기한 내담자는 화학치료와 방사선치료를 받았다고 하였다. 내가 그녀에게 그 결과로 열린 다른 문이 무엇인지 물었을 때, 그녀는 즉시 많은 이야기를 하였다. 그녀는 자신이 힘든 약물요법에 직면한 경험을 통해 스스로 생각했던 것보다 더 용감하다는 것을 깨달았다고 말했다. 또한 치료기간 동안 최적의 생활방식을 유지하고자 의사, 간호사 및 의료팀과 함께 공동으로 노력했고, 이 협동심이 또 다른 강점의 문이었다고 하였다. 그녀는 사랑도 더 많이 느꼈는데, 그전에는 받기 어려워했던 가족과 친구들의 사랑을 훨씬 더 열린 마음으로 받아들였다. 침대에 누워 있는 많은 시간 동안 그녀는 감사하기를 연습했고, 이는 매일 치료를 받은 후에 하는 일종의 의례가 되었다. 그녀는 자신이 호전되고 있다는 점, 완전히 살 수 있는 또 다른 기회를 얻게 된 점, 주변 사람들의 지지, 배려해 준 의료진(비록 모든 직원이 그런 것은 아니었지만, 몇몇 직원은 매우 친절했다)에게 감사했다. 그리고 침대 옆에 있는 꽃, 창문으로 날아온 새, 따뜻한 수프 한 컵 등과 같은 사소한 것들에도 모두 감사함을 느꼈다.

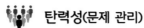 탄력성(문제 관리)   CSI 55

▌강점을 통한 긍정적 재평가

개요
타인의 행동 때문에 기분이 상한 후, 당신이 할 수 있는 긍정적인 행동이 있다.

목적
더 많이 용서한다. 자비를 함양한다. 조망 수용을 늘린다. 성장 마음가짐을 만든다. 타인에게서 변화 가능성을 본다(유연성).

단계
① 마음에 남도록 불쾌감을 준 한 사람을 떠올리라.
② 다음의 질문에 대한 것을 써 보라. 그것을 경험할 때 당신은 어떤 성격 강점을 보여 주었는가? 지금 당신이 보여 주는 성격 강점은 무엇인가? 그 불쾌한 일로부터 당신이 얻게 된 통찰은 무엇인가?
③ 그 사람이 지닌 인간성의 복잡함을 보는 연습을 하라. 그들을 불완전하고 결함이 있으면서도 성격 강점을 지닌 한 명의 인간으로 보라. 작을지라도 그들 안에 있는 성격 강점은 무엇인가? 그들을 긍정적인 성장과 변화의 경험이 필요한 사람으로 간주하라.

조언
이 활동은 대인관계에서 불쾌함을 느끼는 상황에 효과적인 두 가지 개입이 통합된 것이다. 첫 번째(1단계와 3단계)는 자비 초점적 재평가로 불리는 것이며, 2단계는 이득 찾기 활동으로 불린다. 아마 당신은 한 가지 활동이나 다른 활동에 참여하는 것이 유용하다는 것을 알게 될 것이다. 왜냐하면 각각의 활동은 당면한 문제를 보거나 관리하는 독특한 방법을 제시하며 유사하면서도 서로 다른 이점을 제공하기 때문이다.

문제 해결

친구에게 무시당한 기분을 느끼거나 운전 중 앞에 누가 끼어든 것과 같은 대인관계의 사소한 불쾌한 상황에서부터 이 연습을 시작하는 것이 현명할 것이다. 이러한 일들을 통해 이 연습과 그 이점을 이해할 수 있을 것이고, 아마도 또한 이는 이 연습을 일기 쓰거나 다른 사람들과 이야기하는 것 등 당신에게 개인적으로 맞춰서 할 수 있는 방법들로 이끌어 줄 것이다.

연구

긍정적 재평가란 자기를 더 균형 있게 지각해서 스트레스 상황, 사건 또는 사람에 대한 인식을 친절하고 가치 있고 또 유익하게 재구성할 수 있도록 돕는 의미 기반 대처의 한 유형이다. 그것은 매우 힘든 상황에서조차 효과적인 대처 전략인 것으로 밝혀졌다(Folkman, 1997). 자비 초점적 재평가는 더 많은 용서, 공감, 미소, 행복, 긍정 정서 및 긍정적인 사회적 언어와 더 적은 부정 정서, 눈 밑의 긴장이나 느린 심박 같은 생리적 활동의 감소 효과를 내는 불쾌한 일에 대한 특정한 해석 방법을 제공한다(Witvliet et al., 2010, 2011). 이 연습이 효과적인 이유 중 하나는 타인을 흑백논리적으로 보는 것(예: "그 인간은 거짓말쟁이고 나쁜 사람이야.")에서 벗어나 더 복잡한 인간으로 보도록 돕는 것이다. 2단계인 또 다른 개입은 이득 초점적 재평가이다. 이는 감사와 이득 지향적인 언어를 증진시킨다(Witvliet et al., 2010).

탄력성(문제 관리) CSI **56**

도움? 해로움?

개요

미묘하지만, 우리의 생각과 행동은 우리에게 친구 또는 적이 될 수 있다. 생각은 우리를 짓누르고 부정적인 것의 소용돌이로 끌어당기는 내적 학대의 한 유형이 될 수 있다. 우리의 행동들, 심지어 순수한 와인 한 잔이나 전남편과의 재결합, 혹은 작업 프로젝트를 '하나 더' 떠맡는 것조차도 부정적인 결과를 초래할 수 있다. 하지만 이러한 행동들이 우리에게 도움이 될 수 있는 경우라면, 그것들이 반드시 해로운 것은 아니다. 오히려 때로 그 부정적 생각은 우리에게 새로운 통찰이나 아이디어를 준다. 이와 유사하게, 성격 강점은 우리에게 영양을 공급할 수도 있고 잘못된 길로 인도할 수도 있다. 이 기술은 우리의 강점을 탐색할 방법을 제공하기 때문에, 우리는 그것들을 관리하고 어떤 순간에라도 최대한 활용할 수 있다.

목적

자기돌봄. 건강한 행동을 한다. 건강하지 않은 행동을 피한다. 걱정이나 속상함을 느낄 때 유용하게 사용한다.

단계

① 지금 사용하고 있거나 혹은 가까운 시일 내에 사용하려고 하는 당신의 성격 강점을 알아차려 보라.

② 스스로에게 다음의 질문을 해 보라. 이 성격 강점이 현재 당신에게 도움이 되는가 혹은 해가 되는가? 또는 만약 이 성격 강점을 사용한다면 도움이 되겠는가 혹은 해가 되겠는가?

③ 잠시 멈추라. 당신의 솔직한 답을 떠올리면서 두세 번 정도 심호흡을 하라.

④ 만약 강점이 당신을 성장시키는 데 도움이 된다면 그에 따라 행동하라. 만약 그것이 당신을 해치거나 어떻게든 해가 될 것이라고 여겨지면 다른 행동 방침

이나 다른 성격 강점 사용을 고려하라.

조언

이 기술은 곧 다가올 갈등에서 사용할 잠재적인 강점을 평가하는 데 특히 도움이 될 수 있다. 많은 사람이 이것이 깊은 고통 속에서 균형을 찾는 데 도움이 된다는 것을 알게 된다.

연구

이 기술은 문제가 있는 사고 패턴이나 걱정을 다루는 기술로 인지행동치료나 합리적 정서행동치료 등의 심리치료에서 사용된다(예: Reivich & Shatte, 2003). 또한 슬픔을 다루는 작업과 관련된 필수 전략으로서 이 기술을 논하는 Lucy Hone(2017)의 연구와 실제에 예시된 바와 같이, 특히 이 기술은 탄력성의 맥락에서 사용되어 왔다. 예를 들어, 이러한 행동이 나의 일상적 기능에 도움이 되는가, 아니면 해를 끼치는가? 그리고 결정을 내릴 때 그 잠재적인 행동 방침이 도움이 될 것인가, 해가 될 것인가와 같은 것이다. 이 접근법은 미국에서 군인들의 사고 패턴을 조사하고 이것이 그들의 탄력성에 도움이 되는지 혹은 방해가 되는지 결정하는 탄력성 훈련에도 사용되어 왔다(Reivich, Seligman, & McBride, 2011).

예시

"타인에게 친절하게 대하는 것이 저한테는 좋지 않아요. 저는 남을 돕는 데 집중하느라 저를 돌보는 데는 충분한 관심을 기울이지 않기 때문이에요." "인터넷에서 관심 있는 주제를 탐색하는 것이 일하기 전에 저를 더 활기차게 만들어 주기 때문에 지금 저에게 학구열은 도움이 됩니다." "곧 참여하려는 모임에서 저의 용감함은 저에게 해가 될 것 같아요. 왜냐하면 아마도 그곳에서 동료와 대면하게 될 텐데, 그것이 어쩌면 구경거리가 될 수도 있기 때문이에요. 그래서 저는 사회지능을 사용해서 모임의 다른 사람들을 챙기려고 해요."

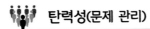 탄력성(문제 관리)　　　　　　　　　　　　　　　CSI **57**

▌유머로 스트레스 극복하기

개요

유머는 성격 강점 프로파일에서 상위에 있지 않아도 모두가 표현할 수 있는 성격 강점이다. 이에는 즐거운 것, 진지하거나 도전적인 상황에서 유머를 찾는 것, 미소와 웃음, 역설적이거나 부조리한 것에서 다의적인 면을 찾아내는 것 등이 포함된다. 이 활동은 당신이 생각할 때 유머를 사용하고 표현할 수 있게 해 준다.

목적

유머 능력을 기른다. 스트레스를 관리하기 위한 특정 성격 강점을 사용한다.

단계

① 낮에 경험한 사소한 스트레스 사건을 떠올리라.

② 유머러스한 방법으로 그 스트레스를 어떻게 해소할 수 있을지 생각하라.

③ 향후 유머를 사용하기 위한 당신의 전략을 평가하라. 그러나 당신의 사회지능이나 친절이 정도에서 너무 벗어나게 하지는 말라.

조언

이 연습의 가장 중요한 부분은 문제를 사소하게 보는 것이 아니라 문제를 다른 관점으로 검토하는 것이다. 어둠을 밝게 만드는 코미디언들의 지혜를 생각해 보라. 종종 그들이 밝게 하는 것은 그들 자신의 어둠이다.

문제 해결

이 활동이 어색하게 느껴진다면, 유머의 핵심은 장난기라는 것을 기억하라. 그리고 성인의 진지한 세계에 속하면서 유머 감각을 잃었다고 느끼는 사람이라면, 장난기 어린 태도를 재발견하는 것이 변화의 핵심 요소이다. 연구자들은 장난의 다섯 가지 다른 면에 주목했다(Proyer & Ruch, 2011 참조). 어떻게 이런 부분을 더 많이 표현할 수 있을까?

- 즉흥적: 당신은 충동적이거나 모험을 즐기거나, 근심걱정이 없거나 혹은 자유분방한가요?
- 표현: 당신은 활기차고 감정적이거나, 활력이 넘치고, 개방적이거나 혹은 즐거움을 표출했다고 느끼나요?
- 창의적: 당신은 적극적으로 상상하며 독창적인가요?
- 즐거운: 당신은 흥분되고 장난기가 많은가요(따분함과 반대로)?
- 철없는: 당신은 아이 같고 변덕스러운가요?

연구

'유머러스한 방법으로 스트레스 상황 해결하기'라고 불리는 이 연습은 다양한 유머 개입의 무선 플라세보 통제 집단과의 비교연구를 통해 행복 증가와 우울감 감소 등에 단기적 효과가 있음이 밝혀졌다(Wellenzohn et al., 2016a).

탄력성(문제 관리)　　　　　　　　　　　　　　CSI 58

성격 강점의 과다사용 관리

개요

성격 강점 24개는 모두 연속선상에 놓일 수 있다. 연속선의 양극단에는 과다사용 및 과소사용이 있고, 가운데에는 맥락 기반의 강점 영역인 최적사용이 있다(Niemiec, 2013, 2014a). 이 개념은 미덕을 두 극단의 가운데 있는 것으로 설명한 Aristotle(BC4)에서 비롯되었고, 정신병리적 입장에서 이 개념을 고려한 Peterson(2006a)에 의해 확장되었으며, 강점 연구자들에 의해서 반복적으로 추가되었다(Biswas-Diener et al., 2011; Linley, 2008; Rashid, 2015). 표현되는 강점의 강도가 상황에 맞지 않을 때 성격 강점의 과다사용이 일어난다. 이는 정도 혹은 강도에 있어서 표현과 맥락, 즉 상황에 포함된 사람들과 세부 사항들 모두를 참조해야 한다. 과다사용은 알아차림, 탐색, 훈련을 통해 상황의 강점 영역으로 재조정될 수 있다.

목적

강점의 과다사용에 대한 알아차림을 강화한다. 과다사용 관리를 위해 자신의 힘을 기른다.

단계

① 상황: 성격 강점을 과다사용했던 상황을 글로 서술하라. 어떤 상황 혹은 정황이었는가? 당신과 타인에게 어떤 결과가 있었는가?

② 과다사용 검토: 강점의 과다사용을 돌이켜 볼 때, 당신은 그 당시 과다사용하고 있음을 알아차렸는가? 과다사용을 하는 동안 어떤 생각과 느낌을 느꼈는가? 당신이 강점을 과다사용하는 것에 대해 다른 사람들은 뭐라고 이야기하는가?

③ 과거의 성공 경험 검토: 이 성격 강점을 자신과 다른 사람들에게 유익하게 사용했던 상황을 묘사하라. 어떤 이득이 있었는가? 성격 강점을 사용했던 그 당시 당신의 생각과 기분 그리고 행동은 어떠했는가?

④ 모순: 당신이 강점을 과다사용했던 상황과 그 강점을 성공적으로 사용했던 상황(3단계)의 차이점은 무엇인가? 그에 따라서 조정할 수 있는 것은 무엇인가?

⑤ 균형: 당신이 이 상황에서 과다사용된 강점을 누그러뜨리거나 균형을 잡기 위해 사용할 수 있는 하나 이상의 대표 강점은 무엇인가? 과다사용한 강점을 관리하는 데 대표 강점이 아닌 강점 중 하나를 어떻게 사용해 볼 수 있을까?

연구

성격 강점의 과다사용은 유의미하게 낮은 번영과 삶의 만족도 그리고 높은 우울과 관련되었다(Freidlin et al., 2017). 과다사용은 여러 방면에서 대인관계와 삶에 부정적인 영향을 미칠 수 있다(Grant & Schwarts, 2011). 성격 강점의 과다사용, 과소사용 및 최적사용을 측정하는 도구가 개발되었으나(Freidlin et al., 2017), 개입법은 이제 막 개발 단계에 있다. 마음챙김에 기반한 강점 훈련(MBSP)이 마음챙김 강점 사용 훈련을 통한 성격 강점의 과다사용과 과소사용을 위한 연습 전략을 강조하는 첫 번째 프로그램이다(Niemiec, 2014a).

탄력성(문제 관리)   CSI **59**

▌강점의 핫버튼 관리

개요

우리의 성격 강점은 타인과의 상호작용 속에서 민감한 영역으로서 '핫버튼' 역할을 할 수 있다. 누군가의 말이나 행동 때문에 발끈하게 되었을 때, 잠시 멈추고 스스로에게 질문하는 것은 종종 깨달음을 준다. '지금 자극받거나 모욕당하는 나의 성격 강점은 무엇인가?' 핫버튼의 개인적 경험은 독특하며, 어떤 사람이 특정 성격 강점을 과다사용 혹은 과소사용하는 것을 인식함으로써 자극될 수 있다. 자극되는 사람은 그 특정 강점이 높은 순위에 있거나 그렇지 않을 수도 있다.

목적

자극이 되는 상황에 대한 알아차림을 강화한다. 강점 언어로 문제를 구성한다. 통찰력과 긍정적 행동을 동시에 기른다.

단계

① 삶에서 일반적으로 당신을 자극하는, 즉 당신의 균형을 깨뜨리거나 마음을 상하게 하는 상황이나 관계와 관련된 일이나 상황을 말해 보라.

② 어떤 성격 강점이 자극되었는가? 왜 그런가?

③ 다음의 사항을 고려하여 이 핫버튼 이슈에 새로운 통찰을 만들어 보라. 다음에는 어떻게 다르게 할 수 있는가? 자극된 것을 가라앉히기 위해 사용할 수 있는 성격 강점은 무엇인가?

④ **추가선택**: 조금 더 깊게 파악하기 위해 다음을 고려하라. 그 상황에서 '강점 충돌'이 있는가? 즉, 표현하고자 하는 두 가지 강점이 있고 서로 경쟁하고 있는 것인가? 설명해 보라.

⑤ **추가선택**: 당신이 할 수 있는 '강점 시너지'가 있는가? 즉, 상황의 균형을 맞추기 위해 강력하게 함께 작업할 수 있는 두 가지 강점에 집중할 수 있는가?

연구

사람들이 타인이나 특정 상황에 의해 자극을 받는 것은 당연한 현상이다. 그때 혼히 자극되는 감정은 분노, 슬픔, 불안 등이다. 이렇게 자극되는 상황에 성격 강점이 미치는 영향에 대한 탐색은 아직 부족하다. 나의 온라인 과정, 교육 프로그램 및 워크숍 등에서 핫버튼으로서의 성격 강점은 더 흥미롭고 인기 있는 주제 중 하나이다. 이 개입의 효과나 행동 절차에 대한 연구뿐 아니라 이 개입의 본질적 특성, 적용 및 핫버튼의 관계에 대한 연구도 필요하다. 핫버튼이라는 표현이 사용되지 않았을 때, 공정성의 핫버튼은 시민들의 용기를 구성하는 것을 설명하는 것으로 보였다. 또한 연구에서 공정성은 사회적 · 윤리적 규범을 시행하려는 의도를 가진 분노와 분함을 동반한 용감한 행동으로 정의되었다(Greitemeyer, Osswald, Fischer, & Frey, 2007). 강점의 관점에서 볼 때, 시민적 용기와 관련된 사람들은 자신들의 공정성 핫버튼이 모욕당했고, 사회 속에서 존재하지 않는 것으로 인식되는 특정 집단을 위한 더 큰 공정성을 원하기 때문에 행동한다.

예시

Martha는 남편이 놀릴 때 기분이 상한다. 그녀는 남편이 자신에게 유머를 과다사용하며, 친절, 사랑, 사회지능을 과소사용한다고 지각하면서, 남편의 유머를 자신의 친절 핫버튼에 대한 모욕으로 여긴다. 곰곰이 생각하면, 남편이 그녀에게 감정적으로 상처를 주려고 하는 것이 아니라 단지 그의 대표 강점 중 하나를 사용하고 있다는 것을 인정하게 되는데, 이 상황에서 그녀의 통찰력 강점이 중요한 역할을 한다. 그녀는 남편이 농담을 할 때마다 호기심을 이용해 한 가지 질문을 하고, 통찰력을 사용하여 그의 대표 강점에 대한 그녀의 넓은 시야를 계속 유지하기로 결심한다.

목표 설정/성취

▌들어가기

목표를 설정하고 이를 성취하기 위해 애쓰는 것에서 사람들이 이득을 얻는다는 것이 연구를 통해 명백히 밝혀졌다. 이것은 웰빙을 향한 중요한 경로인 긍정적 성취와 밀접한 관련이 있다. 게다가 성격 연구는 특질(trait)이 목표를 달성하는 데 유용하다는 것을 보여 주고 있다(McCabe & Fleeson, 2016). 이 절에서는 성격 강점과 목표 설정 및 성취의 통합을 제시한다.

▌목차

CSI 60: 성격 강점으로 목표 설정하기
CSI 61: 목표를 위한 희망
CSI 62: 정신적 대비(contrasting)
CSI 63: 실행 의도
CSI 64: 최대한 가능한 나

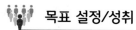 **목표 설정/성취**

성격 강점으로 목표 설정하기

개요

성격 강점은 목표 설정의 수단이나 목적으로 사용될 수 있다. 즉, 당신은 업무에서 신중성을 향상하거나 용감함을 증진하고자 하는 목표를 세울 수 있다. 이것이 '목적', 즉 목표의 종점으로 삼는다는 의미이다(비록 성격 강점의 작업이 일생의 여정이라고 해도!). 그리고 성격 강점은 어떤 목표에 도달하는 수단이 될 수 있고, 더 맞게 표현한다면 그렇게 되어야 한다. 이것이 성격 강점이 목표에 도달하는 길이다.

특히 희망, 신중성, 인내 같은 일부 특정 성격 강점은 원래부터 목표 설정과 관련되어 있다. 다음을 목표 설정을 위해 중요한 성격 강점들을 기억하는 하나의 방법으로 고려하라. 희망은 당신이 목표를 마음속에 상상하는 것에, 신중성은 목표를 위한 계획을 세우는 것에, 그리고 인내는 목표를 실행하는 것에 도움이 된다.

널리 사용되는 약어인 SMART는 근거에 기반한 전략적인 방법으로서 목표 설정에 적용된다. 그러나 이 약어는 각각의 글자가 수많은 동의어와 대안적인 의미가 있다는 점에서 다소의 '방황'을 경험했다. Rubin(2002)은 SMART 목표의 가장 흔한 대표적 약어의 의미는 구체적이고(Specific), 측정 가능하며(Measurable), 달성할 수 있고(Attainable), 관련이 있으며(Relevant), 시간이 정해져 있어야 한다(Time-bound)는 것임을 발견했다.

목적

목표 달성 기술을 향상한다. 웰빙을 증진한다. 목표를 진척시킨다. 성격 강점과 목표를 매끄럽게 통합한다. 미래의 목표 설정을 위한 틀을 만든다.

단계

① 달성할 수 있는 하나의 목표를 마음속에 그려 보라. 당신의 흥미와 가치에 관련된 무언가(자기일치적 목표)를 그리기 위해 희망 강점을 사용하라.

② **목표를 SMART하게 만들라.** SMART라는 약어를 이용해서 당신의 목표가 구체적이고, 측정 가능하며, 달성할 수 있고, 실제로 관련된, 시간이 정해진 것인지 확인하라. 이 다섯 가지 요소를 철저히 계획하기 위해 당신의 신중성 강점을 활용하라.

③ **성격 강점을 매끄럽게 엮어 보라.** 당신의 대표 강점이 목표를 달성하기 위한 수단으로 어떻게 사용될 수 있는가? 다른 성격 강점들도 목표로 향하는 경로로 향하도록 당신을 도울 수 있을까?

④ **당신의 목표를 향해 행동을 시작하라.** 인내 강점이 장애물을 극복하고 목표에 집중하도록 어떻게 돕는가?

⑤ **지지를 얻으라.** 당신은 목표의 진전을 유지하기 위해 가족과 친구의 도움을 구할 수 있는가? 이것은 당신의 협동심, 호기심 및 사랑의 강점을 표현하는 것과 관련될 수 있다.

연구

연구자들은 대표 강점의 사용이 웰빙과 관련되며, 이는 대표 강점이 개인적 목표의 진전을 이루는 데 도움이 되기 때문임을 발견했다(Linley et al., 2010). Caroline Adams Miller는 목표 설정을 위한 근거 기반 훈련에 대해 광범위하게 저술하였고, 성격 강점 사용이 그 과정에 필수적이라고 주장하였다(Miller & Frisch, 2009).

목표 추구와 과정은 웰빙과 관련된 요인들과 상관이 있다(예: Sheldon & Elliot, 1999; Sheldon & Houser-Marko, 2001). 개인의 흥미 및 가치 개발과 일관되는 자기일치적 목표 추구는 그러한 목표를 달성하기 위한 더 지속적인 노력과 연결되어 있기 때문에 그 목표를 달성할 가능성이 높아진다. 자기일치적 목표를 달성하는 것은 자기일치적이지 않은 목표를 달성하는 것보다 더 큰 웰빙으로 이어진다(Sheldon & Kasser, 1998).

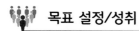

목표를 위한 희망

개요

희망과 목표는 손과 장갑처럼 둘이 함께 미래를 향해서 간다. 희망은 미래 지향적이고 미래에 대한 긍정적인 기대를 갖는 것이 핵심인 성격 강점인 반면, 목표는 미래로 향하여 분투하는 것이다. 희망과 목표는 모두 현재 취해진 행동에서 얻어지는 것이다.

목적

목표를 설정한다. 목표를 달성한다. 희망 강점을 쌓는다.

단계

목표를 중심으로 한 희망을 형성하는 것은 3단계 과정을 통해 배울 수 있다 (Lopez, 2014; Snyder, 2000).

① **목표**: 당신이 되고자 하는 사람, 성취하고자 하는 것 또는 단기적·장기적으로 가고자 하는 곳에 대한 생각을 떠올리라.
② **능동성**: 당신은 목표를 향해 나아가야 하는 책임을 질 수 있고, 자신에게 동기를 부여할 수 있는 성격 강점이 있다는 점을 생각하라.
③ **경로**: 목표 성취를 위한 몇 가지 경로를 만들라. 언제든지 떠오를 수 있는 장애물을 탐색하는 성격 강점 지향적인 계획을 생각하라.

연구

앞서 제시한 희망의 세 가지 요소는 과학자이자 선도적 사상가인 Rick Snyder(2000)의 폭넓은 연구에 기반하였고, 희망은 우리에게 가장 중요한 목표로부터 만들어진다고 주장한 Shane Lopez(2014)에 의해 이어졌다. 이 모델은 8회기 프로그램의 목표 추구 기술(명확한 접근 목표 설정, 그것을 달성하기 위한 경로 생성, 목표 추구를 유지하기 위한 정신적 에너지 북돋기)을 강조한 희망 치료적 접근과 연관된다. 무선 연구에서 희망 치료는 대기통제 집단에 비해 능동성, 의미 및 자존감을 증진시키고 우울과 불안을 낮춘다고 밝혀졌다(Cheavens, Feldman, Gum, Michael, & Snyder, 2006).

목표 설정/성취   CSI **62**

▌정신적 대비

개요

좋은 습관으로 행동을 변화시키는 것은 동기, 의지, 성격 강점 사용 및 간단하면서 좋은 계획 등의 중요한 요소들을 포함한다. 개별적으로도 성공적이었으나, 결합했을 때 특히 강한 두 가지 연습은 정신적 대비(mental contrasting: MC)와 실행 의도(implementation intentions: II)이다(둘을 합하여 MCII로 칭함). 이러한 두 가지 구분된 동기 부여 기법은 수많은 사람이 목표에 더 전념하고, 더 잘 먹는 것에서부터 더 많이 운동하는 것에 이르는 새로운 습관을 성공적으로 만드는 데 도움을 주었다.

목적

목표를 설정하고 추구함으로써 성과를 높인다. 강점을 중심으로 목표를 세운다.

단계

① 당신이 이룰 수 있다고 기대하는 중요한 '행동 변화'의 소원을 하나 떠올리라 (예: 직장에서 동료들에게 나의 최고 대표 강점인 친절을 사용한다).

② 행동이 성공적으로 변화했을 때 얻을 수 있는 가장 긍정적인 결과를 찾고 상상하라(예: 직장에서 친분 관계가 더 많이 생김).

③ 당신의 소원이 이루어지는 데 방해가 되는 가장 중요한 장애물을 확인하고 상상하라(예: 매일 행동하는 것을 잊는 것).

조언

진실하건 그렇지 않건 창의적 성과에 대한 긍정적 피드백이 MC를 향상된 성과로 이행시키는 것으로 나타났다(Oettingen, Marquardt, & Gollwitzer, 2012). 따라서 가능하다면 다른 사람들로부터 긍정적 피드백을 찾아보자. 또한 네 번째 단계로, 소원을 이루는 데 방해가 되는 중요한 장애를 극복하기 위해 자신의 성격 강점을 어떻게 활용할지 고려하는 것을 추가할 수도 있다.

연구

앞서 제시한 세 단계는 이러한 특정한 세 단계가 성공에 중요하다고 언급한 연구자들로부터 비롯되었다(Stadler, Oettingen, & Gollwitzer, 2010). MC의 앞의 세 단계는 목표와 성공에 전념하도록 하지만, 한 단계 단독으로는 성공적인 목표에의 전념이나 성과를 얻지 못한다. MC는 건강에 안 좋은 간식에 대한 핵심적인 신호의 명확성을 높이는 데 특히 효과적인 것으로 보이며(Adriaanse et al., 2010), 운동의 가치에 대한 믿음을 증진시킬 뿐만 아니라 실제 신체 활동 비율을 증가시키는 것으로 밝혀졌다(Sheeran, Harris, Vaughan, Oettingen, & Gollwitzer, 2013).

연구자들은 MC와 II의 조합이 특히 성공적임을 밝혔다. 예를 들어, Adriaanse 등(2010)은 MCII의 참여자가 건강한 간식을 생각하고 목록을 작성한 통제 집단에 비해 건강에 좋지 않은 간식을 먹는 습관을 더 많이 줄였다고 하였다. 더욱이 그들의 두 번째 연구에서 MC나 II를 단독으로 개입했을 때보다 MCII가 더 효과적이었음도 밝혀냈다. 또 다른 연구에서 MCII 개입은 정보 제공만 받은 통제 집단과 비교해서 고기 소비가 더 많이 감소했고(Loy, Wieber, Gollwitzer, & Oettingen, 2016), 과일과 야채 소비는 더 증가하였다(Stadler et al., 2010). MCII는 다양한 집단에서 시간 관리를 현저히 향상시키는 것과 같은 다른 목적에 대해서도 효과적인 도구임이 밝혀졌다(Oettingen, Kappes, Guttenberg, & Gollwitzer, 2015).

실행 의도

개요

실행 의도란 당신이 원하는 목표를 위한 계획을 세울 때 도움이 되는 세부 사항들이다. 즉, 당신이 실행하기 원하는 것을 언제, 어디서 그리고 어떻게 해야 하는지에 대한 것이다. 그 속에는 당신이 설정한 목표를 향해 어떻게 노력할 것인지를 미리 설명하는 '만약-그렇다면' 계획이 포함된다. '만약' 요소는 핵심적 신호를 선택하는 것이고(예: 목표나 좋은 기회에 대한 장애물), '그렇다면' 요소는 이 신호에 대한 반응이다(Gollwitzer & Oettingen, 2013). 많이 알려진 변화 모델(Prochaska & DiClemente, 1982)의 용어를 사용하는 이 연습은 행동 변화의 준비, 행동 또는 유지 단계에서 특히 유용하다.

목적

목표를 달성하고 유지함으로써 성과를 높인다. 목표 설정에서의 장애물을 해결한다. 건강한 강점 행동을 향상한다.

단계

① **목표의 세부 사항**: 당신이 원하는 목표를 명확하게 정하라. 목표의 세부 사항과 목표에 이르는 경로를 생각해 보라. 반드시 언제 행동하고 싶은지, 어디서 행동할 것인지, 그리고 어떻게 행동하고 싶은지를 생각하라.

② **장애물과 기회**: 모든 위기 상황을 예상하도록 노력하라. 당신에게 방해가 될 만한 장애물은 무엇인가? 생길 기회는 무엇인가?

③ **'만약'을 디자인하기**: 이는 내적(느낌, 걱정) 혹은 외적(사람, 상황, 장소, 시간, 물건)일 수 있다. 반드시 당신의 구체적인 장애물과 그리고 기회들을 고려하라!

④ **'그렇다면'을 디자인하기**: 이는 부정적이건 긍정적이건 '만약'이 생겼을 때 당신이 할 수 있는 대응이다.

조언

어떤 목표건 구체적으로 고려하라! 실행 의도는 우리에게 모호한 성격 강점 목표들을 실제 행동으로 옮기는 것을 알려 준다. "나는 나의 호기심을 더 많이 사용하고 싶어."라고 말하는 대신, 만약 그렇다면 접근을 사용하여 "만약 주중의 아침 8시라면, 나는 새로운 사이트를 탐색하기 위해 컴퓨터를 켤 거야."라고 말하라. "내 아이들이 문제 행동을 할 때 자기조절을 과소사용하고 싶지 않아."라고 말하는 대신, "만약 아이들에게 화가 나기 시작한다면 5분간 마음챙김 호흡을 하면서 자기조절을 할 거야."라고 말하라.

연구

Hudson과 Fraley(2015)는 이 연습에서 예시된 것처럼 실행 의도가 사람들의 성격 특질에 원하는 변화를 주는 능력을 촉진한다는 것을 밝혔다. 실행 의도는 상황적 단서에 대한 자각을 높이고 자동적 방식의 통제와 행동을 강화함으로써 목표 달성 및 습관 변화 정도를 증가시킨다(Gollwitzer & Oettingen, 2013). Dalton과 Spiller(2012)는 참여자들이 5일 이상 완료해야 할 덕목 활동의 목록을 가지고, 그들 중 일부는 한 가지 활동, 나머지 일부는 여섯 가지 활동을 완료해야 하는 연구를 수행했다. 실행 의도와 계획은 특히 한 가지 목표에 도움이 되었고, 여섯 가지 목표에는 도움이 되지 않았다.

예시

다음의 세부 사항에 따라 자신의 창의성을 향상하려는 목표를 지닌 내담자가 있다. 만약 누군가 내가 창의성을 사용하는 것을 거절해서 실망한다면(장애물), 내 자신을 솔직히 표현하는 것이 좋다는 것을 스스로 상기할 것이다. 만약 사람들에게 나의 창의성에 대해 말할 때 자랑하는 것처럼 느낀다면(장애물), 나는 미소를 지으며 그들에게 그들의 강점에 대해 질문할 것이다. 만약 내 상사가 진행하고 있는 새로운 프로젝트에 관해서 듣는다면(기회), 내가 기여할 수 있는 일이 있는지 물어볼 것이다.

목표 설정/성취   CSI **64**

▌최대한 가능한 나

개요

앞날을 생각하는 것은 개인적으로 의미 있는 목표를 설정하는 중요한 경로가 된다. 그것은 당신의 삶이 어디로 향하기를 원하는지에 대한 관점을 제공할 수 있다. 성격 강점을 이 상상된 미래와 연결하는 것은 중요하며, 힘을 주는 추가물이 된다.

목적

성격 강점과 삶의 목표들을 연결한다. 긍정적 미래로 향하는 길을 만든다.

단계

① 몇 분 동안 시간을 들여서 지금부터 6개월, 1년 혹은 5년과 같은 미래의 어떤 시점을 선택하고 그때 당신이 표현하고 있는 최대한의 가능한 나 자신을 상상하라. 당신이 만족하고 또 관심이 있는 방식으로 최대한으로 가능한 나 자신을 시각화하라. 세세한 부분까지 자세히 상상해 보라. 이에 대해 당신은 모든 가능성에 도달하거나, 중요한 획기적인 일을 달성하거나, 혹은 당신 인생의 하나의 꿈을 실현하는 것을 생각할지도 모른다. 높은 곳에 도달하면서도 현실적이 되라.

② 매우 명확하게 상상한 후에 자세한 세부적인 것들을 적어 보라. 최대한으로 가능한 자신에 대해 쓰는 것은 당신이 미래를 위한 논리적인 구조를 만들고 모호한 생각과 조각난 생각들을 구체적이고 실제적인 가능성으로 바꿀 수 있도록 돕는다.

③ 이 상상과 글 속에서 관찰된 성격 강점에 대해 적어 보라. 이 비전을 실제로 만드는 데 어떤 성격 강점을 사용해야 하는가?

④ 이 연습의 결과로 나온 구체적인 목표들과 행동 계획을 적어 보라.

조언

이 연습에는 두 가지 기본 단계가 있다. 시각화 요소와 성격 강점 요소이다. 미래의 순간을 시각화한 후에 반드시 성격 강점 경로를 세밀히 고려하라. 또한 대인관계나 직장 등 인생의 한 영역에서의 '최대한 가능한 나'로 초점을 좁히도록 하라(예: Huffman et al., 2014에서처럼). 그다음의 연습은 '관계에서의 최대한 가능한 나'가 된다. 많은 사람이 이러한 초점 좁히기를 높이 평가한다.

연구

이 연습은 사람들의 긍정 정서, 행복 수준, 낙관성, 희망, 대처 기술 및 미래에 대한 긍정적 기대를 증진시킨다(Austenfeld, Paolo, & Stanton, 2006; Austenfeld & Stanton, 2008; King, 2001; Meevissen et al., 2011; Peters et al., 2010; Shapira & Mongrain, 2010).

예시(축약)

나는 가정을 꾸리고 가족과 함께 휴가를 보내면서 좋은 시간을 보내고 그 도시에서 함께 액티비티를 하는 것을 상상할 수 있다. 나의 장기적인 재정을 계획하기 위해 신중성 강점을, 나의 배우자와 내가 계속해서 '아이를 갖기 위해' 노력하는 데 나의 인내 강점을 그리고 우리가 도중에 장애물에 부딪힐 때 내가 나 자신이나 나의 배우자에게 부과할 수 있는 어떤 비난도 '내려놓게' 도와줄 용서 강점을 사용할 필요가 있을 것이다.

예시(축약)

나는 사람들이 매일 꿈을 이룰 수 있도록 도와줌으로써 의미 있고, 나를 목적의식으로 충만하게 하는 일을 하는 자신을 본다. 나는 새로운 분야를 공부하기 위해 학교로 돌아가는 데 나의 학구열 강점을 사용할 것이다. 나는 사회사업에 종사하는 사람들과 대인관계를 형성하고 내 경험을 넓힐 수 있는 새로운 길을 열어 두기 위해 사회지능 강점을 사용할 것이다.

마음챙김

▌들어가기

성격 강점과 마음챙김은 강력한 웰빙 증진 요소이며, 그들의 통합은 인간의 동기와 행동을 이해하고 영향을 미치는 데 통찰력과 깊이를 제공한다(5장 참조). 이절에서는 이러한 영역들을 하나로 묶는 긍정적 개입을 제시한다. 이것들은 근거 기반의 매뉴얼화된 8주 프로그램인 마음챙김에 기반한 강점 훈련(MBSP)에 속한 가장 인기 있는 활동 중 하나이다.

▌목차

마음챙김   CSI 65

마음챙김 멈춤

개요

"지금 순간을 살아라." "한 번에 한 순간씩." "단지 멈춰서 호흡하라." "내면을 들여다봐라." "지금 여기에 머물러라." "당신의 문제에 직면하라." 같은 말은 흔히 들을 수 있다. 이 활동은 이러한 격언들을 빨리 알 수 있는 동시에 최고의 내부 자원을 활성화시키는 비법을 제공한다.

목적

걱정, 스트레스, 자동조종 사고를 줄인다. 현재 순간의 알아차림을 이용한다. 순간의 성격 강점을 활성화한다. 당신의 마음자세를 마음챙김과 성격 강점으로 전환한다.

단계

① 멈춰서 10~15초 동안 당신의 들숨과 날숨을 느껴 보라. 호흡을 제외하고 모두 놓아버리라. 당신의 호흡에 온전히 주의를 기울이라.

② 질문으로 매듭지어 보라. 성격 강점 중 어떤 것을 지금 당장 불러올 수 있을까?

조언

이 연습은 어떤 성격 강점이든 나타나게 하는 것이다. 특정 강점을 조절하거나 새로 수립하거나 혹은 어떤 강점이 생겨나기를 바라는 것이 아니다. 그 대신 자신을 믿고, 24개의 성격 강점을 모두 가지고 있음을 기억하며, 어떤 강점이 나타나는지 보라. 그것이 무엇이건 나아가라! 당신의 생각(예: '공정성' 생각을 분류하고 생성함), 감정(예: 당신의 몸에서 감사가 느껴지는 곳을 알아차리고 그것을 음미함), 행동(예: 타인에게 혹은 자신에게 하는 행동)에서 강점을 표현할 수 있는 것을 기억하라! 이것은 말그대로 모든 순간이 당신의 성격 강점 표현의 잠재적인 순간이라는 것을 의미한다.

문제 해결

마음챙김 멈춤이 어렵다면, 다음의 다섯 가지 변형 중 하나를 시도해 보라. 첫째, 멈춰서 당신이 불러올 수 있는 대표 강점 중 하나를 검토하라. 둘째, 멈춰서 현재 당신의 역할(부모, 직장인, 친구)을 떠올리고 그 역할에 맞는 행동을 하라. 셋째, 증진하고 싶은 강점을 하나 정하고, 멈춰서, 그 강점을 사용하려면 어떤 행동이 마음에 떠오르는지 보라. 넷째, 멈춰서 다음 순간에 더 많은 선함을 어떻게 가져올 수 있는지 생각하라. 다섯째, 멈춰서 단지 존재하라(다른 것 없이 그저 호흡하고 존재하라).

연구

이 연습은 마음챙김과 성격 강점을 통합하고 가르치는 나의 연구와 훈련에 기반을 두었다(Niemiec, 2014a). 이 활동의 적용은 부모와 선생님(Lottman et al., 2017), 재능 있는 학생(Sharp et al., 2016), 직장(Niemiec & Lissing, 2016) 및 전문가가 참여하여 돕는 수많은 경우(Niemiec, 2016) 등 다양한 집단에 걸쳐 논의되어 왔다.

예시

나는 마음챙김 멈춤을 하루 중 전환의 순간에 자주 사용하는데, 특히 일을 마치고 가정으로 돌아갈 때 사용한다. 이 순간들은 내가 알아차릴 수 있는 중요한 순간이다. 나는 직장에서의 긴장과 긍정적인 하루에서 벗어나 가족의 시간에 존재하고자 한다. 나에게 가장 흔하게 떠오르는 성격 강점(2단계)은 나의 대표 강점인 사랑이다. 그리고 나는 즉시 그리고 의식적으로 놀고 있는 나의 아이들에게 따뜻하고 상호작용적인 방식으로 나의 모든 관심을 두는 행동을 취한다. 하루는 이 활동 중 나에게 다른 강점이 떠올랐다. 이는 나의 낮은 강점인 협동심이었다. 그리고 나는 협동심을 사용하여 저녁을 하는 아내를 도왔다(대체로 아내는 그 일을 독립적으로 하기를 좋아한다). 이는 내가 새로운 흥미 분야를 발견하도록 이끌었고, 우리 둘의 관계에 즐거운 연결점을 추가해 주었다.

마음챙김 CSI **66**

▌강력한 마음챙김

개요

사람들이 명상에 참여하지 못하는 가장 흔한 장애물로 보고하는 것 세 가지는 마음이 너무 많이 헤맨다는 것, 훈련할 시간이 없다는 것 그리고 훈련하는 것을 잊었다는 것이다. 이는 사람들이 훈련에서 멀어진 느낌을 갖게 하며, 그 결과 마음챙김 훈련이 차츰 시들해져서 결국 명상이나 마음챙김이 자신과 맞지 않는다고 결론짓게 만든다. 명상 지도자가 가르칠 때 가장 잘 잊는 것은 사람들이 이미 그들 안에 성공할 자원을 모두 지니고 있다는 것이다. 그것이 바로 성격 강점이다! 우리의 연습을 활기차게 하고 유지하는 것을 돕기 위해 마음챙김 훈련을 하는 동안 우리의 가장 활기차고 가장 깊은 특성에 의지하는 것은 어떨까?

목적

명상이나 자기조절 훈련에 더 견실하게 임한다. 명상과 마음챙김 삶을 북돋는다. 마음챙김 훈련에 더 많은 '자신'을 가져온다. 훈련의 동기와 의미를 강화한다.

단계

① 정기적으로 마음챙김 훈련을 할 때 가장 장애물이 되는 것을 말해 보라.

② 당신의 5개의 대표 강점 각각이 이 장애물을 극복하고 직면하고 혹은 더 잘 관리하는 데 어떻게 도움이 될지 브레인스토밍을 해 보라.

③ 이 강점 전략 중 하나 이상을 다음번 훈련 회기에 적용해 보라.

연구

'강한 마음챙김'이라는 개념은 마음챙김과 성격 강점 통합의 두 가지 중요한 유형 중 하나이다(Niemiec, 2014a). 이는 24개 성격 강점 중 어떤 것이든지 그것을 택하는 방법을 찾는 것과 그 강점을 명상, 마음챙김 훈련 및 마음챙김 삶에 엮어 넣는 것을 포함한다(Niemiec, Rashid, & Spinella, 2012 참조).

예시

Psychology Today에 있는 나의 블로그에서 24개 성격 강점 모두를 마음챙김 훈련에 스며들도록 하는 예시를 논한 적이 있다. 다음에 몇 가지 예시를 제시한다.

- **겸손**: 연습을 시작할 때, 당신과 당신이 사랑하는 사람들의 유한성을 생각하면서 삶의 무상함을 상기하라.
- **자기조절**: 규율화된 일상의 구조를 따라 보라. 일주일간 같은 날, 같은 시간, 같은 기간, 같은 훈련을 해 보라.
- **감상력**: 외부에서 눈을 뜬 채로 마음챙김 앉기나 마음챙김 걷기 훈련을 해 보라.
- **감사**: 명상의 시작과 끝에 축복의 요소를 넣어 보라.

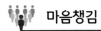

▌새로운 관점 명상

개요

재구성 훈련은 우리가 문제를 새로운 시각으로 새롭게 볼 수 있도록 해 준다. 이렇게 정화한 관점을 지니면, 최대한으로는 문제가 전환 혹은 치료될 수 있고, 아니면 적어도 힘을 북돋아서 더 잘 처리하도록 한다. 성격 강점으로 재구성하는 것은 다음 각각을 생각함으로써 촉진된다.

① 성격 강점은 이미 문제 안에 존재한다. 이는 우리가 간과했거나 충분히 인식하지 못한 것이다.
② 성격 강점은 과다사용 혹은 과소사용됨으로써 문제에 기여하고 있다.
③ 성격 강점은 단독으로는 충분히 강하지 않다. 따라서 시너지를 내기 위해서 추가적인 강점들과 조합을 이룰 필요가 있다.

목적

문제나 스트레스를 다룰 새로울 방법을 연습한다. 문제를 재구성하는 능력을 강화한다. 성격 강점의 과다사용, 과소사용 및 성격 사용의 기회들을 보는 능력을 기른다.

단계

다음은 이 명상의 오디오 레코딩이 포함된 Niemiec(2014a)의 책에서 개괄적으로 소개된 다섯 단계이다.

① 당신의 호흡에 주의를 고정하라. 몇 분 동안 현재 순간에 집중하고 접촉하라.
② 당신이 직면하고 있는 작은 삶의 도전이나 문제를 그려 보라. 세부적인 것까지 단편 영화처럼 펼쳐 보라.

③ 순간에 떠오르는 당신의 생각과 감정에 집중하라. 당신의 '영화'에서 당신의 성격 강점들이 과다사용 혹은 과소사용되는 것을 주목하라.

④ 당신의 영화를 다시 시작하라. 그러나 이번에는 삶의 도전이나 문제들을 다루고 균형 잡고 혹은 해결하는 데 성공적으로 사용되는 당신의 성격 강점들을 살펴보라.

⑤ 주의를 고정된 호흡으로 다시 돌리라.

연구

이 명상 활동은 마음챙김에 기반한 강점 훈련(Niemiec, 2014a)의 중심 활동으로 볼 수 있다. 그리고 재구성의 이득을 밝힌 중요한 연구들에 기반하는데, 이에는 임상 최면의 과학과 실제(임상적 실례는 Hammond, 1990; Yapko, 2011 참조), 마음챙김이 긍정적 재평가를 촉진한다는 긍정적 재평가 연구(Garland, Gaylord, & Park, 2009) 및 이 두 현상이 긍정적인 상향 나선 과정에 함께 연결되어 있다는 연구(Garland, Gaylord, & Fredrickson, 2011)가 있다.

마음챙김　　　　　　　　　　　　　　　　　　　　　　　　CSI **68**

▌마음놓침에서 마음챙김으로

개요

정의에 의하면 습관에는 마음놓침의 요소가 있고 우리의 의식적 자각 밖에서 스스로 작동할 수 있다. 우리는 이를 '자동조종'의 은유로 이해할 수 있다. 비행기 조종사가 적절한 운행 속도에 도달하면, 조종사는 자동조종 장치를 켤 수 있고 비행기는 혼자 날 수 있다. 우리의 습관과 나쁜 행위는 이러한 방식으로 작동한다. 우리는 마음놓침의 상태에서 매일 찬장에서 간식을 꺼내 먹고(행동 습관), 동시에 몇 시간씩 TV를 본다(행동 습관). 그리고 걱정하기 쉬운 유사한 시나리오를 마음속으로 돌리면서(마음 습관) 긴장이 높아진다. 우리의 자동조종 마음은 마음이 가길 원하는 곳이면 어디에서든지 우리의 습관을 이어받고 내놓는다. 우리는 그 순간 자동조종 마음을 포착하는 것, 그것으로부터 배우는 것, 강점을 바탕으로 한 새로운 마음과 행동 습관을 만들어 내는 것을 배울 수 있다.

목적

강점을 함양하도록 전환한다. 강점 사용을 조금 더 일상적으로 만든다. 새로운 습관을 위해 마음챙김을 활용한다.

단계

① 당신의 '나쁜' 습관이나 행위를 선택하라. 당신이 고군분투하고 있거나 귀찮아 하는 것이면서 동료나 가족과의 긴장된 토론, 점심에 과식하는 것, 밤에 과음 하는 것, 늦게까지 자지 않는 것 등과 같이 매일 혹은 거의 매일 하는 것을 선 택하라.

② 다음에 이러한 습관이나 행위를 하게 될 때 당신의 자동조종 마음을 생각하라. 자동조종 상태에서 당신은 얼마나 습관을 행하는가? 언제 당신의 마음이 길을 잃는가?

③ 다음에 당신이 이 활동을 할 때 당신의 자동조종 마음을 목표물로 정하고 그 활동을 하기전, 하는 동안, 그리고 한 후에 벌어지는 것에 마음챙김 주의를 가져오는 것을 훈련하라. 더불어 마음챙김 상태를 위해 성격 강점 중 하나를 의도적으로 가져오라.

조언

습관이나 행위를 고를 때, 당신의 마음놓침 행동을 전형적으로 보여 주는 상황, 분노나 좌절감을 가지고 즉시 반응하게 되는 상황, 멈추고 싶지만 멈출 수 없는 행동 등을 고려하라. 혹시 배우자와 말다툼을 많이 벌이는 것을 알아차렸는가? 동료와 하는 수많은 긴장된 토론은? 저녁에 과식이나 과음하는 습관은? 출근할 때마다 스트레스 받는다는 것을 알아차렸는가?

연구

이 활동은 MBSP(Niemiec, 2014a)의 일부로, 사람들이 습관적인 자동 반응에서 훈련된 대처 반응으로 바꾸는 것을 돕는 다양한 마음챙김 연습(Kabat-Zinn, 1990; Segal et al., 2013)으로부터 만들어졌다.

예시

Jodie는 초점을 두고자 하는 영역으로 밤에 고칼로리 음식을 과식하고 간식을 먹는 경향을 꼽았다. 밤에 간식을 먹는 동안 자동조종 마음에 주의를 가져오면서 그녀는 마음놓침과 마음챙김 사이에 큰 격차가 있다는 것을 알아차렸다. 다음 날 저녁, 그녀는 마음챙김 먹기를 했고, 간식을 먹기 전(아이들 방에서 주방으로 걸어가면서), 간식을 먹을 동안(주방에 서 있으면서), 그리고 간식을 먹은 후(속이 거북하여 소파에 누워 있으면서)의 과정에 즉시 의도적으로 호기심 강점을 가져왔다. 그녀는 마음챙김 먹기가 보상으로 먹고 있는 것('고된 하루를 보냈으니 먹을 만해.')뿐 아니라 다음날 업무에 대한 불안을 느끼는 것을 알아차리도록 자신의 속도를 늦추게 했다고 보고했다. 자신의 호기심 강점이 준비된 상태가 이러한 생각과 감정을 직접적으로 직시하는 데 도움이 되었다. 이것은 먹는 음식의 양을 줄였고, 오감을 모두 이용해서 호흡하고 음식 한 입을 음미할 기회를 주었다. 그녀는 또한 음식이 어디에서 왔는지와 몸에 흐르는 음식 한 입 한 입의 경험에 대해 호기심을 갖게 되었다. 이를 통해 그녀는 앞으로의 저녁에서 자신의 감정을 처리하고 자신에게 보상을 주는 대안적인 접근방법에 대해 호기심을 갖게 되었다.

마음챙김

▌성격 강점을 목표로 한 명상

개요

마음챙김은 알아차림, 탐색 및 행위를 촉진하기 위한 명상으로 활용할 수 있다. 24개 성격 강점 각각은 명상 훈련의 목표가 될 수 있다. 사랑, 감사, 용서 같은 성격 강점들은 자주 인기 있는 명상의 초점이 되는 반면에, 유머, 공정성, 판단력 같은 다른 성격 강점들은 명상의 주제가 되는 경우가 드물다.

목적

당신의 성격 강점 중 하나를 증진한다. 마음챙김과 당신의 성격 강점 중 하나를 통합한다. 자연스럽게 당신의 활기를 북돋는 명상을 훈련한다.

단계

다음 단계들은 당신이 선택한 성격 강점으로 시작하는 데 도움이 될 것이다.

① 눈을 감고 당신의 주의를 온전히 현재의 순간에 가져오라. 그리고 약 2~5분간 당신의 들숨과 날숨에 집중하라.
② 초점을 맞추고자 하는 성격 강점 하나를 마음속에 떠올리라. 이 성격 강점을 당신 안에 존재하도록 하면서 이와 함께 호흡하라.
③ 이 성격 강점을 당신과 타인에게 득이 되는 방식으로 긍정적으로 잘 사용했던 상황을 하나 떠올리라.
④ 이 성격 강점에 집중할 때 느껴지는 당신의 느낌을 알아차려 보라. 그것은 당신의 몸 어디에 있는가?
⑤ 계속해서 당신의 강점과 함께 호흡하라. 이 성격 강점의 사용과 관련된 모든 이미지를 알아차리라. 이 강점의 사용과 관련하여 통찰이건 문장이건 또는 긍정적 생각이건 모두 알아차려 보라.

⑥ 당신의 성격 강점과 감정, 신체 및 심상, 생각을 연결할 단서를 선택하라. 이것은 앞으로 당신이 당신 안에서 이 성격 강점의 힘을 상기할 때 사용할 단서이다. 단서는 말(예: 단어나 문장)이나 신체적인 것(예: 가슴 위에 손을 얹는 것, 손가락을 위로 뻗는 것, 머리를 두드리는 것)일 수 있다. 당신에게 개인적으로 의미 있는 것을 고르라.

⑦ 앞으로 당신이 그 성격 강점을 꺼내고자 할 때, 당신은 단지 그 단서를 활성화하면 된다. 이 연습을 통해 당신은 단서를 더 강력하게 만들고, 당신의 성격 강점을 자동적으로 작동시킬 수 있다.

조언

앞의 단계들을 사용하여 하나의 명상마다 당신의 대표 강점 각각을 살펴보라. 각각의 강점마다, 초점을 분명히 하고 이해가 더 깊어지도록 하라.

연구

덕목과 성격 강점에 대한 명상은 영성 훈련, 최면 훈련, 인도된 심상 작업 및 심신의학과 같은 다양한 명상의 기원과 전통에 따라 다른 형태로 이루어져 왔다. 아마도 실무자와 연구자들이 가장 관심을 두어 온 성격 강점은 사랑일 것이다. 자애 명상에 대한 여러 편의 연구가 있고(예: Hutcherson et al., 2008), 감사(Brach, 2003), 용서(Kornfield, 2008) 및 영성(Brahm, 2006)에 대한 명상들도 찾을 수 있다.

마음챙김   CSI **70**

강점 가타(노래)

개요

가타(gatha)는 산스크리트어로 노래, 시 혹은 시조나 운문을 의미한다. 가타는 가타의 내용에 기반하여 지금 현재 순간의 알아차림과 가까운 미래와의 연결을 만들고자 한다. 가타는 이완이나 일치(oneness)의 상태를 만들고자 단어나 소리를 반복하는 만트라(mantra)와 다르다. 그 대신 가타는 가까운 미래를 위한 긍정적 행동뿐 아니라 마음챙김 삶의 순간을 촉진하는 데 도움을 준다.

목적

좋은 순간과 도전적인 순간에 즉시 강점과 마음챙김을 사용한다. 더 강화된 알아차림을 갖고 행동한다. 의도적으로 강점을 보인다. 마음챙김 삶에 참여한다.

단계

① 초점을 맞출 성격 강점(예: 감사)이나 성격 강점 개념(예: 대표 강점, 강점의 과다 사용)을 선택하라.

② 그 성격 강점의 본질, 그 강점의 마음챙김이 실제 어떻게 보이는지를 포착하는 짧은 가타(예: 두 마디에서 네 마디 정도 되는)를 만들라.

③ 호흡, 걷기, 늦추기, 알아차림을 더 깊게 하기, 명확하게 보기, 통찰력 넓히기, 감각 사용하기, 현재의 도전에 직면하기 등 같은 마음챙김 훈련을 적절하게 가타에 엮어 넣어 보라.

연구

Thich Nhat Hanh은 광범위한 가타의 글을 썼다(Nhat Hanh, 1979, 2001 참조). 그는 운전하기, 일하기, 먹기, 전화 받기, 웃기, 정서 조절하기, 수많은 일상의 행동, 감정 및 상황을 위한 가타를 고안했다. 강점 가타 개입은 MBSP(Niemiec, 2014a)의 일부이며, 학교 수업에서 학생들을 위한 개입으로 추천된다(Sharp et al., 2016).

예시

숨 들이쉬며, 내 몸을 편하게 하고,
숨 내쉬며, 나는 웃는다.
지금 이 순간에 머무르며,
이 순간이 아주 멋진 순간임을 안다(Nhat Hanh, 1979).

숨 들이쉬며, 나의 강점을 보며,
숨 내쉬며, 나의 강점을 가치 있게 여긴다.
지금 내 강점에 머무르며,
나 자신을 온전히 표현한다(Niemiec, 2014a).

숨 들이쉬며, 나의 공포를 보며,
숨 내쉬며, 나의 용기에 경의를 표한다.
그것을 꺼내야 함을 기억하면서,
나의 능력을 기른다.

추가적인 성격 강점 활동

▌들어가며

여기에서는 실무자가 내담자와 함께 활용할 수 있는 12개의 추가적인 성격 강점 활동을 제시한다. 일부는 이제 막 제시되는 이론을 반영한 활동에 기반해 있기에 세부 사항이 부족하다. 그리고 또 일부는 유인물로 잘 정리되어 있지 않다. 각각은 확실한 개념이 제시되며, 일부의 경우 과학에 기반한 개입을 함께 제공한다.

다양한 목소리: 강점 목소리를 확장하기

내면의 비평가는 가혹하고 지나치게 부정적이며 불친절할 수 있다. 내면의 비평가들을 짓뭉개거나 추방하기 위해서가 아니라 그것에 대해 대담하고 긍정적인 면을 강조하기 위해서 종종 균형을 잡는 것이 필요하다. 우리는 다른 사람들이 우리를 어떻게 묘사하는지를 반영하여 우리의 머릿속에 있는 성격 강점 목소리를 확장할 수 있다. 당신의 운동 코치는 당신을 어떻게 묘사하는가? 선생님이나 상사가 꺼내어 이야기하지 않았어도 지난 몇 달간 그들이 당신에게서 관찰한 좋은 측면은 어떤 것 같은가? 만약 지금 당신의 부모님 혹은 조부모님이 옆에 앉아 계신다면, 그들은 당신을 어떻게 묘사하겠는가? 당신의 삶에서 다섯 명의 긍정적인 사람을 떠올려 본 뒤, 그들의 말을 사용하여 한 문장으로 자신을 긍정적으로 묘사하는 방법을 쓰도록 함으로써 이것을 현장에서 실제로 적용하게 만들 수 있다. 성격 강점 목소리를 확대하는 것의 중요성은 Wong(2006)과 Niemiec(2014a)이 논의하여 왔으며, 비판적이거나, 자책하거나, 낮은 자존감으로 분투하고 있는 사람들에게 특히 유용할 수 있다.

떠오르는 성격 강점들을 식별하고 이름 붙이기

마음챙김 주의란 지금 이 순간에 떠오르는 것은 무엇이든 주의를 두고 알아차리는 것을 의미한다. 성격 강점과 관련된 재료들에 특히 주의를 기울이라. 이는 사고(예: 생각들, 겸허한 신념), 감정(예: 감사의 느낌, 열정으로 인한 신체적 감각) 혹은 행동

(예: 사회지능을 사용하여 말하기, 자기조절하며 걷기)일 수 있다. 존재하는 성격 강점 '조각'에 이름을 붙이고, 통찰을 정리하고, 현재의 순간에 다시 집중하라(Niemiec, 2014a). 이러한 이름 짓기는 새로운 에너지 자원을 열 수 있는 가능성을 지니고 있다. 예를 들어, 용서의 행위가 더 많은 자원을 자유롭게 한다는 가설이 제기되어 왔는데, 이것은 명상에 투자할 수 있는 추가적인 정신 에너지 역할을 할 수도 있다(Webb, Phillips, Bumgarner, & Conway-Williams, 2012).

비밀스럽게 강점 발견하기

이는 자비에르 대학교의 나의 학생들 사이에서 가장 인기 있는 활동이다. 이 활동은 24개 성격 강점에 대한 기본적인 이해를 가진 사람들의 집단에서 이루어진다. 워크숍이나 학기 초반에 각자 다른 사람의 이름이 적힌 종이를 뽑는다. 학생들은 '비밀리에' 그 사람의 성격 강점을 찾아야 한다. 강점들은 수업 시간이나 이외 시간 언제든지 발견될 수 있다. 일정 시간 후에(대학에서는 중간고사 정도까지가 적당한 시간이다), 학생들은 자신이 관찰한 사람을 밝히고, 정식으로 그 사람에게 자신이 관찰한 성격 강점들, 각 강점의 근거, 관찰된 결과 등을 이야기한다. 학생들은 다른 학생의 눈을 통해서, 장기간에 걸쳐 강점 렌즈로 찍은 것이 무엇이었는지 그리고 자신의 강점에 대해 들은 것이 어떤 것인지에 대해 생각하도록 권장된다. 그 활동은 자신과 타인의 강점들과, 더 일반적으로는 긍정적인 사건에 대한 알아차림을 늘린다. 더 어린 학생들을 위해 변형된 활동은 Linkins와 동료들(2015)에 의해 논의되었다.

주변 환경에 '깨어남을 위한 종소리'를 설치하기

Thich Nhat Hanh(1979, 2009)은 사람들에게 습관적인 마음놓침에서 벗어나 현재에 깨어 있도록 하는 마음챙김의 '종소리'를 만들 것을 권장하였다. 종소리는 자연적으로 들리는 소리들(예: 실제 종소리, 아기 울음소리)이거나, 스스로 상기할 수 있게 만든 것(예: 접착식 메모지) 같은 외부적인 단서로 설치할 수 있다. 그 접착식 메모지를 보거나 주변에서 특정 소리를 들을 때마다, 그 순간은 자신의 호흡 및 이미 무의식적으로 작동해 왔을 그 순간의 성격 강점들과 재연결할 수 있는 지금 현재로 돌아오는 깨어남의 순간이 된다(Niemiec, 2014a).

강점들의 전체 심리작용에 몰입하기

당신의 대표 강점 중 하나를 이야기해 보라. 그 강점을 경험할 때 전형적으로 가지게 되는(혹은 가질 수 있는) 건강한 생각 세 가지를 열거해 보라. 당신이 그 강점을 표현할 때 느끼는 느낌 혹은 감정을 밝혀 보라. 그 강점에 동반되는 신체의 감각을 적어 보라. 마지막으로 그 강점이 행동으로 어떻게 나타나는가? Niemiec(2014a)의 책에서 볼 수 있는 이 연습은 각각의 성격 강점은 발전할 수 있는 능력이나 잠재력이라는 개념으로부터 만들어졌다.

강점 매트릭스

이 연습은 당신이 당신의 강점과 상호 연결되는 방법을 이해하고 탐색하는 데 도움이 된다. 하나의 강점을 강하고 완전하게 표현할 때 다른 성격 강점이 반드시 포함된다. 성격 강점 배열이 형성되고 표현된다. 성격 강점을 표현할 때 첫 번째 강점과 두 번째 강점의 연결, 두 번째 강점과 세 번째 강점의 연결 등을 알아차린다. Robert McGrath(2013)는 24개 성격 강점의 상호상관 관계를 연구했고, 그 결과 모든 성격 강점이 서로 연관되어 있고 어떤 것은 다른 강점보다 더 많이 연관됨을 발견했다.

당신의 주인 강점

일부 연구자는 다른 성격 강점들의 사용을 조종하는 하나의 '주인 강점(master strength)'이 있다는 가설을 내놓았다. 예를 들어, 자기조절(Baumeister & Vohs, 2004), 통찰력/지혜(Schwartz & Sharpe, 2006), 사랑(Vaillant, 2008) 등이다. 다른 연구자들은 겸손, 정직/진실성, 리더십, 영성, 감사 등의 다른 강점을 제안하기도 하였다. 그러나 자주 제안되고 있는 강점은 그 연구자 자신의 주요 연구 영역이다. 나는 주인 강점 개념이 개별화, 즉 각 개인의 가장 높은 대표 강점에 따라 맞춰질 수 있다고 제안하였다(Niemiec, 2014a). 직접 시험해 보라. 매일 감정이 중립적일 때뿐 아니라 기복이 있을 때 당신이 하는 행동을 조사하는 습관을 들이도록 하라. 다른 강점의 사용을 조종하거나, 강점을 촉진하는 행동을 하거나, 또는 더 깊은 목적을 추진하는 높은 순위의 강점이 되는 것처럼 보이는 핵심 강점의 각 예시와 상황을 검토하라. 이 활동과 개념은 대부분 아직 탐구되지 않았으므로 가능성에 대해 열린 마음을 가지라.

긍정적인 마음의 시간여행

다음 날 잠자기 전까지 일어날 수 있는 네 가지 긍정적 사건을 생생하게 상상해 보라. 이는 미래 지향적 음미하기 활동으로 긍정 정서를 촉진한다(Quoidbach et al., 2009). 이 활동에 포함된 핵심적인 성격 강점은 통찰력 쌓기이다.

미래에서 온 편지

미래의 자신이 현재의 자신에게 보내는 편지를 써 보라. 달성한 중요한 목표들이나 이룩한 멋진 삶에 대해서 묘사해 보라(Hoffman, Hinkle, & Kress, 2010). 이 연습은 최대한 가능한 나 연습의 변형으로 웰빙을 증진한다. 성격 강점의 관점에서 보면, 미래 및 목표 달성과 관련된 이러한 연습은 희망 성격 강점을 포함한다.

나쁜 습관이나 나쁜 행위 부수기

강하게 붙어 있는 습관의 경우, 행동을 시작하기 전에 멈추는 것에 집중하라. 이러한 경계하는 관찰 접근법은 자신이 그것을 하지 않았다는 것을 확실히 하기 위해서 원치 않는 행동에 세심한 주의를 기울이는 것을 포함한다. 실수가 있는지 자신을 관찰하라. 이 전략은 주의 분산 전략과는 반대되는 것이며 나쁜 습관을 억제하는 데 도움이 된다(Quinn, Pascoe, Wood, & Neal, 2010). 경계하는 관찰에 포함된 핵심적인 성격 강점은 신중성이다.

에어로빅 웃음

유머나 농담 혹은 정식 코미디쇼에 의존하지 않는 집단 웃음에 참여하라. 이것은 아마도 인도된 경험, 웃음 클럽, 웃음 요가, 혼자 혹은 파트너와 단지 웃기와 같은 것일 수 있다. 이런 종류의 에어로빅 웃음 유도 접근은 긍정 정서와 웰빙을 유발하는 것으로 밝혀졌다(Beckman, Regier, & Young, 2007).

즉각적인 긍정적 관계 행동 대 지연된 긍정적 관계 행동

연인에게 사랑을 전하기 위해 "사랑해."라고 말하면서 얼른 등을 안마해 주는 것, 깜짝 저녁 만찬이나 친절을 베푸는 행위와 같은 작고 자발적인 사랑의 행위를 한다. 이러한 행위들은 매일 집안일을 하거나 중요한 일을 기억하는 것, 5일간 돌보는 일을 하는 것과 같은 더 장기적이고 지속적인 행동보다 '사랑'을 더 잘 전달하는 것으로 밝혀졌다. 연구자들은 순간적인 긍정적 관계 행동은 마음에서 나온 행동인 반면, 지연된 지속적인 긍정적 관계 행동은 의지의 행동이라고 결론 내렸다(Kammrath & Peetz, 2011). 전자는 친절과 사랑 같은 성격 강점의 사용을 포함하는 반면, 후자는 자기조절, 신중성 및 인내 같은 성격 강점의 사용을 포함한다.

맺는 말

Values In Action

Inventory of

Strengths

W I S D O M

C O U R A G E

H U M A N I T Y

J U S T I C E

T R A N S C E N D E N C E

T E M P E R A N C E

- 더 많은 성격 강점 연구가 필요하거나 새로운 연구 결과를 원하는가? 우리는 VIA 연구소 사이트에서 연구 결과들을 계속 업데이트하고 있다. 연결 링크는 https://www.viacharacter.org/www/Research/Character-Research-Findings 이다.
- 성격 강점에 관한 더 많은 책을 원하는가? Doman(2016), McQuaid & Lawn (2014), Niemiec(2014a), Niemiec & Wedding(2014), Polly & Britton(2015), 그리고 당연히 Peterson & Seligman(2004)를 참조하라.
- 특정한 성격 강점에 관한 책을 원하는가? 다음 목록을 참고하라.

  - 창조성: 『Wired to Create』(Kaufman & Gregoire, 2015)
  - 호기심: 『Curious?』(Kashdan, 2009)
  - 학구열: 『The Power of Mindful Learning』(Langer, 1997)
  - 판단력: 『Thinking, Fast and Slow』(Kahneman, 2011)
  - 통찰력: 『Practical Wisdom』(Schwartz & Sharpe, 2011)
  - 용감함: 『The Courage Quotient』(Biswas-Diener, 2011)
  - 인내: 『Mindset: How You Can Fulfill Your Potential』(Dweck, 2006)
  - 정직: 『The Gifts of Imperfection』(Brown, 2010)
  - 열정: 『The Body and Positive Psychology』(Hefferon, 2013)
  - 사랑: 『Love 2.0』(Fredrickson, 2013)
  - 친절: 『Self-Compassion』(Neff, 2011)
  - 사회지능: 『Social Intelligence』(Goleman, 2006)
  - 협동심: 『Effective Teamwork』(West, 2012)
  - 공정성: 『The Fairness Instinct』(Sun, 2013)
  - 리더십: 『The Humanitarian Leader in Each of Us』(Lafasto & Larson, 2012)
  - 용서: 『Beyond Revenge』(McCullough, 2008)
  - 겸손: 『Humility: The Quiet Virtue』(Worthington, 2007)
  - 자기조절: 『Willpower』(Baumeister & Tierney, 2011)

- 감상력:『Awe』(Pearsall, 2007)
- 감사:『Thanks!』(Emmons, 2007)
- 희망:『Making Hope Happen』(Lopez, 2014)
- 유머:『Humor as Survival Training for a Stressed-Out World』(McGhee, 2010)
- 영성:『The Gospel of Happiness』(Kaczor, 2015)

- 첫 번째 성격 강점 훈련 프로그램과 유일한 강점 기반의 마음챙김 프로그램을 경험하고 연구하고 배우고 싶은가? MBSP에 관한 다양한 무료 자료를 정독하거나 늘어나고 있는 MBSP 지도자들의 네트워크에 참여하고 싶은가? 다음의 사이트를 참고하라. https://www.viacharacter.org/mindfulness.

- 성격 강점과 관련하여 더 많은 훈련과 사용자 친화적인 관찰이 필요하다면 Psychology Today의 나의 블로그 'What Matters Most?'를 참고하라. 사이트 주소는 https://www.psychologytoday.com/blog/what-matters-most이다.

- 선도적인 긍정심리학 게임형 웹사이트 Happify?에서 성격 강점(그리고 마음챙김)에 참여하고 싶은가? MBSP의 요약본인 'Awaken Your Potential'이라는 나의 인기 트랙을 다음의 사이트 링크를 통해 확인해 보라. https://www.happify.com/o/lp27/?tmp=38&srid=via&fl=1&trid=47

- 내 가족에 대해 더 많이 알고 싶은가? 좋다. 이 책이 출판될 때, 나의 아들 Rhys는 만 6세이고, Ryland는 만 3.5세이며 내 딸인 Maya는 18개월이다. 아동 심리학자인 아내의 나이는 공개하지 않을 것이다. Rhys는 어떤 상황에서 매우 열정적이 되기 전에 신중하다. Ryland는 자신의 사랑과 유머를 발산하는 데 매우 열정적이다. Maya는 사회지능이 높다. Maya는 댄스 파티 동안 시끄러운 가족의 익살에도 아랑곳하지 않고 상호작용을 할 때마다 미소를 짓고, 때때로 가장 즐거운 웃음과 함께 자신의 세계에 대한 차분하고 꾸준한 호기심을 유지한다.

부록

Values In Action

Inventory of

Strengths

WISDOM

COURAGE

HUMANITY

JUSTICE

TRANSCENDENCE

TEMPERANCE

성격 강점의 VIA 분류체계 및 VIA 검사의 배경

VIA 분류체계: 배경

▌긍정심리학

1998년도 미국심리학회의 회장이었던 Martin Seligman은 균형 잡힌 심리학과 인간 경험의 긍정적인 것이 무엇인지에 대해 동등한 과학적 관심을 줄 것을 요구했다. 그때까지 심리학자들은 긍정적인 경험을 연구했지만, 장애, 질병, 갈등 그리고 다른 문제들에 훨씬 더 많은 관심을 두어 왔다. Seligman은 긍정심리학이 긍정적인 주관적 경험, 긍정 특성, 긍정 기관을 연구하는 것에 초점을 두고 있다고 설명했다. 이로 인해 두 배의 기회가 생긴 것이었다.

① 첫 번째는 1990년대 후반 이전에 행해진 최고의 연구와 실무를 강조하고 전면에 내세우는 것이다(예: Ed Diener의 주관적 안녕감에 대한 수십 개의 논문, Csikszentmihalyi의 몰입 이론, Jon Kabat-Zinn의 마음챙김 명상, Daniel Batson의 공감 연구 등). 실제로 긍정심리학에 관한 몇몇 글이 곧 등장했고, 연구자와 실무자들이 하나의 우산 아래에서 많은 개념을 찾을 수 있는 웰빙의 다양한 영역을 통합하는 데 도움을 주었다. 예를 들어, 이러한 초기 문헌들 중 하나인『긍정심리학 핸드북(Handbook of Positive Psychology)』에서는 55개의 장(chapter)에서 이미 삶의 긍정적 측면에서 행해진 풍부한 학문적 연구를 보여 주며, 이들 중 상당수는 대부분의 실무자에게 이전에는 알려지지 않았던 것들이었다(Snyder & Lopez, 2002).
② 두 번째는 웰빙의 여러 갈래의 길을 따라서 새로운 연구를 촉진하는 것(그리고 이 연구를 위한 자금 모음을 촉진하는 것)이다. 2000년 이후 긍정심리학 연구가

폭발적으로 증가하고 있다. 행복, 탄력성, 마음챙김, 긍정 정서, 성격 강점, 웰빙 그리고 많은 다른 분야에 대한 학문적인 글들이 풍부하다. 그 분야는 특히 코칭, 비즈니스, 교육 분야와 같은 심리학 외의 분야로 빠르게 확산하였다.

Seligman은 성격 강점이 긍정심리학과 진정한 행복을 만드는 것에 있어 근간이 된다고 설명하였다(Seligman, 2002). 그리고 이후 24개의 성격 강점을 웰빙의 다섯 가지 핵심 영역(즉, PERMA; Seligman, 2011)으로 가는 중심 경로로서 집중해야 한다고 주장하였다.

▌초기 연구 모임

오하이오 신시내티에 있는 심리학자이자 자선가인 Neal Mayerson은 긍정심리학에 대한 Seligman의 글에 점차 관심을 가졌고, 긍정심리학의 발전을 위한 협력을 모색하기 위해 그에게 연락하기로 결정했다. Mayerson은 긍정 청소년 발달과 문제 중심적 접근에서 강점 기반의 접근으로의 인식 전환에 관한 연구에 관심을 가지고 있었다. 2000년 2월, 미국에서 어떤 프로그램이 더 깊이 연구되고 전국적으로 전개되는 것이 가장 좋을지를 잠재적으로 선택하기 위해, 두 사람은 '긍정심리학 회의의 힘(Power of Positive Psychology Conference)'이라는 이름의 2개의 작은 회담을 조직하여 선도적인 근거 기반 프로그램을 검토하였다. 몇몇 팀은 긍정 청소년 발달, 제품 개발, 정부 자금 유치 프로그램의 대표적인 선구적 이론가들로 구성된 '청취자 전문 위원단'을 대상으로 발표하였다. 각 그룹의 발표를 듣고 나서 전문 위원단 사이에서 어떤 통찰이 생기고 퍼져 갔다. 그들은 하나 이상의 특정한 프로그램을 도입하는 대신에 미래의 많은 프로그램이 성장할 수 있는 지적이고 과학적인 틀을 확립함으로써 미래의 프로그램에 정당성을 부여하는 것이 더 중요하다고 인식했다. 그 시점에 Seligman과 Mayerson은 이 통찰에 부응하기 위해서 이러한 성격들을 측정하기 위한 도구뿐 아니라 탐구가 필요한 성격 요소들을 설명하는 명명법, 즉 성격 과학을 발전시키는 데 필요한 기본 도구를 개발하는 데 협력적인 노력을 집중하는 쪽으로 방향을 바꾸었다.

그리고 Mayerson은 Seligman에게 "누가 성격 강점의 분류체계를 만드는 이 대규모의 프로젝트를 이끄는 데 가장 적합할까요?"라고 물었다. 그는 조금의 망설임도 없이 다음과 같이 대답했다. "Chris Peterson이요. 그는 뛰어난 연구자인 미시간 대학의 교수입니다. 아마 그가 우리나라에서 가장 최고일 것입니다. 그가 가능한지 모르겠는데 전화해 볼게요." Peterson(2014)에 의하면 Seligman은 그 전화 통화에서 "남은 인생을 어떻게 하고 싶습니까?"라고 물었고, '드디어 프로포즈를 듣게 되는 것인가?'라고 농담처럼 생각했다고 말했다. 질문이 명확해지자, Peterson은 대화(추천사에 제시된) 도중 그 제안을 받아들이기로 했다. Mayerson은 미시간 대학교로부터 Peterson의 3년간 책임 휴지기를 받기 위해 협상했고, Peterson은 한시적으로 그의 사무실을 펜실베이니아 대학으로 옮겼다. 그다음 그들은 글래스번 인(Glasbern Inn)에서 다양한 연구자와 실무자와 함께 주말 모임을 가졌다. 실무자들 중에는 청소년 발달 실무자나 정신 질환 분야에서 진단 체계로 사용되는 진단 및 통계 편람(Diagnostic and Statistical Manual) 개발에 참여한 핵심 인물들뿐 아니라 심리학, 철학, 생물학 분야의 유명 학자들도 있었다. 그 모임의 임무는 Peterson과 Seligman이 인류에게 무엇이 최선인지를 이해하기 위한 과학을 만드는 도전을 어떻게 다루어야 하는지, 그리고 그러한 특성들이 개인과 사회의 좋은 삶을 만들기 위해 어떻게 사용되는지를 알아내는 데 도움을 주는 것이었다. Seligman(2000)은 이 회의에 대해 다음과 같이 정리하였다.

> 오늘 나는 이론 공부가 엄청난 실수를 저지르게 한다는 것을 알게 되었습니다. 부정적 감정과 긍정적 감정을 강화물로 간주했습니다. 그리고 그것은 확실히 사실이지만 사소한 것입니다. 새롭게 떠오르는 이론은 부정적인 감정이 당신이 제로섬 게임에 처해 있음을 알려 주는 신호라는 것입니다. 이것은 확장 및 수립 체계입니다. 나는 우리가 범주화의 초기에 있다고 생각합니다. ……(중략)…… 우리에게는 분류체계가 없고 ……(중략)…… 성격과 덕목의 VIA 분류체계라는 범주화가 있습니다. 나는 실제로 우리가 인간 동기에 대한 새로운 이론을 갖게 되었다고 생각합니다.

그 후 Peterson과 Seligman은 55명의 저명한 과학자 집단의 의견을 이 연구에 포함시키고자 하는 노력을 하였는데, 그들 중에는 Barbara Fredrickson, Mihaly Csikszentmihalyi, Ed Diener, Donald Clifton, Howard Gardner, Robert Sternberg,

George Vailant 등이 있었다. 모든 프로젝트는 Value In Action Institute라고 불리는 새로운 비영리 단체의 후원 아래 진행되었다. Value In Action 연구소는 오하이오주 신시내티에 있고, Mayerson 박사가 회장직을 맡고 있는 매뉴얼 D. 앤드 로다 메이어슨 재단(Manuel D. & Rhoda Mayerson Foundation)의 자금 지원으로 세워졌다 (VIA 연구소에 관한 더 자세한 정보는 부록 H 참조).

VIA 분류체계: 발달

DSM−5(American Psychiatric Association, 2013)나 ICD−10(World Health Organization, 1992)과 같이 사람들이 지니고 있는 문제를 연구하는 분류체계는 이미 존재한다. 그러나 VIA 분류체계 이전에 인간 강점에 대해서는 그와 비교할 만한 것이 없었다. 긍정심리학은 연구, 진단 및 개입의 중추적 역할을 하기 위해 긍정 특질을 분류하기 위한 합의된 명칭이 필요했다.

▌덕목

Peterson은 2,600여 년을 내려온 덕목, 강점 그리고 인간의 선함에 대한 최선의 생각을 검토하는 실질적인 역사적 분석을 이끌었다. 이전의 시도들이 보편적인 덕목을 포함하지 않는다는 이유로 인해 부족하다거나 또는 그 체계가 조사자나 조직(정치적ㆍ종교적 등)의 개인적 가치를 문화적으로 제한하거나 과잉대표했기 때문에, 이는 도전적인 과제였다(Dahlsgaard et al., 2005). 이러한 과학자들은 체계적인 이중 접근법을 취했다. 하나는 덕목 분류를 시도한 이전의 문헌들에 대한 리뷰이고, 다른 하나는 '초기 사상가들의 덕목 목록이 과연 수렴될까?'와 '전통이나 문화에 관계없이 어떤 덕목이 널리 평가될 것인가?'라는 두 가지 질문에 의한 경험적 접근이다(Dahlsgaard et al., 2005; Peterson & Seligman, 2004). 연구자들은 "다른 어떤 핵심 덕목보다 범문화적인 덕목과 더 잘 맞는, 특정 핵심 덕목 뒤에 숨겨진 더 높은 순위의 의미"를 반영하여 "일관된 유사성"을 찾았다(Dahlsgaard et al., 2005, p. 204). 아테네 철학, 유교, 도교, 불교, 힌두교, 기독교, 유대교 및 이슬람교의 전통에서 여섯 개의 유사한 주제가 등장했다. 이 유사한 주제들은 지혜, 용기, 자애, 정의, 절제, 초월이었다.

▌성격 강점

다음 과제는 어떤 성격 강점이 포함될 것인가라는 선택을 위한 학문적 과정을 고안하는 것이었다. 초기 브레인스토밍에는 갤럽사의 Donald Clifton과 Marcus Buckingham, 몰입의 창시자 Mihaly Csikszentmihalyi, 행복 연구자 Ed Diener, 학자인 Kathleen Hall Jamieson과 George Vaillant, 긍정심리학의 창시자인 Martin Seligman, 프로젝트 책임연구자인 Chris Peterson 등을 포함한 몇몇 뛰어난 학자가 참여했다. Peterson과 팀원들은 현대의 주요한 세계 종교와 철학자들의 범위를 넘어서서 모든 문헌, 문화 유물 그리고 생산물을 검토하였고, 그들은 어떤 식으로든 인간의 최상의 자질과 미덕, 강점 그리고 인간의 선함에 대해 정리할 수 있다는 것을 발견하였다. 여기에는 자기실현적 개인의 특성을 연구한 Abraham Maslow(1970)와 같은 유명한 심리학자들과 최초의 긍정심리학적 지향의 책 중의 하나를 쓴 Marie Jahoda(1958)와 같이 덜 알려진 심리학자들은 물론이고, Benjamin Franklin, Thomas Aquinas, Aristotle, Charlemagne 대제의 작품들도 포함되었다. 그들은 또한 미국 보이스카우트의 핵심 교제, 허구적인 묘사들(예: 〈스타트랙〉의 클링온기호), 인사카드에 적혀 있는 지혜, 찬가, 대중가요, 기념비, 묘비 및 덕과 긍정적 느낌이 공통적으로 표현되는 또 다른 것들도 검토하였다. 그들은 정신의학, 청소년 발달, 철학, 심리학을 포함한 다양한 과학 분야의 성격을 중심으로 한 관련 연구 문헌을 연구했다. 또한 인성교육 프로그램(Berkowitz, 2000)이나 강점 지향적 사회사업(Saleebey, 1996)에서 나온 문헌도 검토했다. 갤럽의 재능 있는 선구자적 작업을 검토했으며, 갤럽의 선임 과학자들과 다양한 토론이 진행되었다(Peterson & Seligman, 2001). 기본 전제는 어떤 것도 남기지 않는다는 것이었다(Peterson & Seligman, 2004; Peterson, 2006a).

그 후 성격 강점은 상황에 따라 발현되거나, 시간에 따라 안정적이거나, 혹은 생각, 감정, 행동에서 나타나거나 하는 데서 특질 같은 특성인지 아닌지와 같은 열 가지 구체적인 기준(Peterson & Seligman, 2004)에 따라 결정되었다. 다른 기준으로는 그 특성이 그 자체로 충분히 힘을 발휘하는지, 그것이 표현되었을 때 다른 강점을 감소시키는지, 그 강점을 지닌 귀감이나 모범적인 대상이 있는지 등이었다. 24개의 강점 각각은 10개 기준 중 적어도 9개 혹은 10개를 충족시켰고, 예외적으로 그 중 열정과 학구열만 10개 기준 중 8개를 충족시켰다. 예를 들어, 호기심 강점은 그 자체로 충분히 힘을 발휘할 수 있었고, 도덕적으로 가치가 있으며, 다른 강점들을 감소시키지 않았고, 반대말의 부정성이 없고, 특질적이었으며, 다른 성격 강점과 구분되며, 일부 상황에서 일부 사람에게는 없을 수 있고, 호기심이 많은 전형적인 혹은 영재인 사람이 있으며, 이를 발달시키는 것을 지원하는 기관이 있다는 점에서 모든 10개의 기준을 충족시켰다.

다른 강점들은 강점 기준을 충분히 충족시키지 못하였기 때문에 VIA 분류체계에 포함되지 않았다. 즉, 이성(reason)의 경우에는 보편적인 가치가 아니고(예: 야망과 자율성이라는 두드러진 서구 가치적 강점), 다른 강점들(예: 공손함, 점잖음)의 전제조건이며, 혹은 몇몇 기본적인 성격 강점의 혼합이었다(Peterson, 2006; Peterson & Seligman, 2004). 예를 들어, 장기적으로 어떤 과제나 프로젝트에 대한 노력과 관심을 유지하는 것을 포함하는 투지(grit)의 긍정심리학 구성개념(Duckworth, Peterson, Matthews, & Kelly, 2007)은 주로 인내와 호기심 성격 강점의 혼합으로 설명되는 것 같다. 참을성, 관용, 책임감, 마음챙김 및 다른 긍정심리학 구성개념들에 대해서도 유사한 성격 강점들의 '복합체'라고 주장되어 왔다.

보편성

2000년대 초반, 30개국에서 모인 자료가 성격 강점의 편재성의 근거가 되었고(Peterson & Seligman, 2004), 몇 년 후에는 50개국 이상에서 성격 강점의 편재성에 관한 자료가 발표되었고(Park et al., 2006), 또다시 9년 후에는 75개국 연구가 발표되었다(McGrath, 2015b). 이와 더불어 Robert Biswas-Diener(2006)가 VIA 분류체계에 대한 선도적인 범문화적 연구를 시행하였고, VIA 강점들이 서양의 문화적 현상 이상임을 보여 주는 보편성의 근거를 보여 주었다. 그는 이 24개 강점의 존재와 그 기준을 확인하기 위해 지구상에서 가장 떨어져 있는 곳들을 여행했다. 그는 글을 통해 특히 케냐의 마사이족, 그린란드 북쪽의 이누이트족, 그리고 영국의 대학생이라는 3개의 문화에 주목했다고 밝혔다. 이 집단들을 선택한 이유는 언어와 기술 발전, 문화 및 영적 수행, 지형 및 역사가 서로 가장 다르다고 평정되었기 때문이었다.

Biswas-Diener과 동료들은 이 문화들에서 모든 24개의 성격 강점의 존재, 중요성 및 바람직성에 대한 동의가 모두 높게 평정되었음을 발견하였다. 또한 그 문화들에서 남녀노소 누구나 강점을 발달시키고 육성할 수 있는 문화적 조직이 있을 가능성을 확인했다. 몇몇 문화적 차이가 발견되었는데, 이누이트 여성들은 친절함에서, 남성들은 자기조절에서 더 높은 점수를 받은 반면, 마사이족은 여성이 자기조절에서 더 높은 점수를 받았다.

측정 가능성

몇몇 강점은 다른 것들보다 더 쉽게 측정할 수 있다. 예를 들면, 창의성은 자기보고식 질문지로 정확하게 측정할 수 있다(Silvia, Wigert, Reiter-Palmon, & Kaufman, 2012). 유사하게, 호기심도 개인의 새로운 경험을 추구하려는 동기나 새롭고 불확실한 것을 기꺼이 받아들이는지에 관한 질문을 통해 타당하게 측정될 수 있다(Kashdan et al., 2009). 그런 반면에 만약 "나는 겸손한 사람이다."와 같은 질문 문항에 그렇다고 응답한다면, 그 사람이 정확하게 응답을 한 것인지 혹은 실제로는 겸손함이 부족한 것인지 확실하지 않기 때문에 겸손 강점을 측정하는 것은 더 어렵다. 실제로 겸손을 측정하는 데 자기보고를 사용하는 것은 정보의 보고를 우세한 접근으로 사용한다는 점에서 강하게 비판받아 왔다(Davis, Worthington, & Hook, 2010).

▌VIA 검사

분류체계가 고안된 과학적 영역에서 중요하게 필요한 것은 분류를 연구할 측정도구이다. 따라서 처음부터 VIA 프로젝트의 초점 중 하나는 24개의 성격 강점을 측정할 수 있는 과학적으로 타당한 평가 도구를 개발하는 것이었다. VIA 프로젝트의 책임자인 Christopher Peterson은 이를 성공적으로 수행했다. 몇 번의 개정 후에, VIA 강점 검사(VIA Inventory of Strength: VIA-IS, VIA 검사)가 완성되었고, 심리측정적 측면에서 좋은 신뢰도와 타당도를 보였으며, 대중에게 무료로 공개되었다(Park & Peterson, 2006a; Peterson & Seligman, 2004).

VIA 검사는 개인의 특성별로 단독으로 혹은 조합으로 표현되는 긍정적 성격 특성('성격')의 24개 요소를 파악하는 자기보고식 질문지이다. 원래의 질문지는 각 강점별 10개 문항으로 되어 총 240개의 문항으로 구성되었으며, 현재의 기본 질문지는 각 강점별 5개 문항으로 총 120개 문항으로 이루어져 있다. VIA 사이트에는 더욱 엄격한 과학적 기준에 맞는 추가적인 버전들이 공개되어 있다(McGrath, 2017). 또한 10세에서 17세 사이의 청소년을 위한 VIA 청소년 검사도 있다. 이 측정 도구도 심리측정적으로 좋은 적합도 수준을 보였다(Park & Peterson, 2006b 참조). 한 대규모 연구에서는 두 개의 대인관계 요인, 하나의 일반적 관여 요인 및 하나의 기타 지향적 요인으로 이루어진 4요인 모델이 가장 적합하다는 것을 발견했다(McGrath & Walker, 2016). 청소년의 주의집중 시간이 짧기 때문에, 많은 학교와 아동이 이 198개 문항의 검사를 실행할 때 문제가 발생했다. 따라서 상당히 단축되었고, 여전히 심리측정적 적합도는 수용 가능한 수준을 유지했다. 연구자들이 사용하는 성인용 VIA 검사의 축약판인 72개 문항과 추가적인 측정 도구들의 심리측정적 적합도는 VIA 연구소 웹사이트에서 확인할 수 있다. VIA 검사는 35개 이상의 언어로 번역되었다. McGrath(2015a)는 덴마크어, 네델란드어, 프랑스어, 독일어, 이스라엘어, 이탈리아어, 일본어, 한국어, 포르투갈어, 브라질에서 사용하는 포르투갈어, 스페인어, 스웨덴어, 터키어, 중국어(북경어), 중국어(광둥어)를 포함한 여러 개의 번역판에 분석과 타당도 정보를 출판하였다.

　VIA 검사는 한 사람의 성격 강점에 대한 종합적인 관점을 제공한다. 수검자는 제일 높은 강점부터 중간 강점 및 낮은 강점을 한눈에 볼 수 있는 순위로 된 결과를 받게 된다. 이를 통해 수검자는 강점들 간의 상대적인 비교를 할 수 있다. 그러나 수검자들 간의 비교는 가능하지 않다. 자신이 받은 결과가 자신의 삶을 앞서는 것은 아니다. 만약 친절한 삶을 살지만, 친절 강점이 하위 5개에 속할 경우, 특히 가족이나 친구들이 친절함이 자신의 핵심 부분이라는 점을 지지한다면 검사에서 발견된 사실보다는 자신의 삶 속에서의 발견을 더 우선시해야 한다.

부록 B

강점 기반의 실무자를 위한 체크리스트

당신은 정말 강점에 기반합니까? 다음 질문을 통해 당신의 치료나 코칭 회기 또는 업무나 학교 모임을 검토해 보자. 만약 당신이 특정 분야에서 고군분투하고 있다고 믿는다면, 이 책의 개념과 관련 훈련을 검토하는 것이 상황을 진전시키는 데 도움이 될 것이다. 이것은 강점에 기반한 행동의 모든 전체 목록을 의미하지는 않으며, 오히려 실무자들이 자신의 작업을 검토하고 진전을 이루기 위한 실질적인 도약 지점이다.

☐ 당신은 내담자를 만나기 전 혹은 초기에 VIA 검사를 사용합니까?

☐ 각 내담자의 가장 좋은 점을 평가하고 탐색하기 위해 여러 개의 질문을 사용합니까?

☐ 약점이나 결점을 탐색하는 것과 비슷한 정도로 강점이나 유능성을 탐색하기 위한 질문을 합니까?

☐ 능력이나 재능, 기술, 흥미, 자원 등 다양한 인간 강점의 분류를 소개합니까?

☐ 문제, 대인관계 갈등, 스트레스 요인 등에 대한 통찰이나 다른 관점을 제시하기 위해 의도적으로 성격 강점을 사용합니까?

☐ 회기 중 해당 순간에 성격 강점을 명명하고 당신이 포착한 강점을 설명합니까?

☐ 매 회기에서 내담자의 성격 강점에 대한 요약 피드백을 제공합니까?

☐ 내담자와의 만남에서 의식적으로 성격 강점, 특히 대표 강점을 사용합니까?

☐ 내담자와 만나기 전 회기 준비를 위해 내담자의 대표 강점을 검토합니까?

☐ 내담자가 성격 강점을 개발하는 것을 도울 때 구조화된 모델이나 접근에 따릅니까?

☐ 내담자의 목표와 성격 강점 간의 직접적인 관계를 내담자와 협력적으로 토론하고 이끌어 냅니까?

☐ 당신의 내담자를 '보고' 있습니까? 그들이 사용하는 대표 강점을 통해 그들이 진정 누구인지 이해하고 있습니까?

☐ 적어도 당신의 마음속에서 이론적 지향이나 접근(예: 해결중심 접근, 인지행동치료, 역동적 접근, 실행 지향적 접근 등)에 다양한 성격 강점의 개념 및 적용을 일관성 있게 연결시킵니까?

☐ 적어도 몇 개의 성격 강점 개입과 그것을 내담자에 맞춰서 적용하는 방법을 알고 있습니까?

부록 C

강점 기반 모델의 예시

다음의 강점에 기반한 모델 중 몇몇은 이 책에서 소개하였다. 모델들은 마음챙김에 기반한 강점 훈련과 같은 강점에 기반한 프로그램과 구별되며, Saleeby(1996)의 이론과 같은 오직 강점에 기반한 이론들과도 구별된다.

- 자각–탐색–적용(aware–explore–apply)(Niemiec, 2013, 2014a): 성격 강점 과정 모델로 내담자가 성격 강점으로 작업을 하면서 겪는 단계들을 설명한다.
  - 자각: 강점맹을 돌파해서 성격 강점을 표면으로 가져온다.
  - 탐색: 과거의 사용, 미래의 사용 가능성, 좋았던 시기와 나빴던 시기에 성격 강점이 어떻게 사용되었는지를 파헤쳐 본다.
  - 적용: 성격 강점을 발달시키기 위한 목표를 정하고 행동한다(3장 참조).
- 자각–정렬–인정(aware-align-appreciate: AAA): VIA 연구소 소장인 Neal Mayerson이 경영 분야를 위해 개발한 모델이다.
  - 자각: 성격 강점의 자각을 촉진한다.
  - 정렬: 성격 강점들을 업무에서의 대인관계, 과제, 조직의 미션과 가치에 연결한다.
  - 인정: 함께 일하는 사람들의 장점을 인식하는 것뿐 아니라 그것들이 얼마나 가치 있는지를 표현한다.
- 인정적 탐구(appreciative inquiry: AI) 모델(Cooperrider & Whitney, 2005): 조직 분야에서 일하는 긍정심리학자들 사이에서 유명하다. AI–4D 틀은 사람들이 긍정적이고 체계적인 변화를 만들도록 이끈다. 과거로부터 가장 최선의 것(개인과 조직의 강점들)을 밝히고, 미래에 가능한 것을 꿈꾸며, 전진하기 위한 길을 닦고, 가장 바람직한 변화를 만들어 낸다(Cooperrider & Whitney, 2005).
- 강점 기반 CBT(Padesky & Mooney, 2012): 치료 장면에서 탄력성을 기르기 위해

만든 네 단계 모델이다. 내담자는 강점을 찾고, 탄력성의 개인 모델을 구성하고, 모델을 적용하며, 행동 과제를 통해 탄력성을 훈련한다.

- 4E 모델(Wong, 2006): Joel Wong이 주장한 심리치료에 대한 사회 구성주의적 접근인 강점 중심 치료이다.
  - 명백화 단계: 재구성이나 다양한 목소리(polyvocality) 같은 기법을 사용해서 강점을 파악한다.
  - 구상 단계: 치료 목표를 진전시키기 위해 내담자가 발달시키고자 하는 성격 강점을 명명한다.
  - 강화 단계: 더 강화된 느낌을 경험하기 위한 강점 습관과 경험을 개발한다.
  - 진화 단계: 이득, 특히 성격 강점의 성장을 검토하고 기념한다.
- GROW 모델: John Whitmore 경(1996)에 의해 개발된 모델로, 다양한 종류의 코치들이 사용한다. 4개의 단계는 목표, 현실, 선택 그리고 의지/방법의 전진이다.
- ACHIEVE 모델: Sabine Dembkowski와 Fiona Eldridge(2003)에 의해 개발되어 경영자 코칭을 하는 사람들이 사용하는 모델이다. 7개의 단계는 현재 상황 평가, 대안에 대한 창의적 브레인스토밍, 목표의 연마, 선택 시작, 선택의 평가, 타당한 행동 프로그램 설계, 추진력 강화이다.
- PRACTICE 모델: Steven Palmer(2008)에 의해 개발되었고 코칭에 사용된다. 단계는 문제의 식별, 현실적인 관련 목표의 개발, 대안적 해결책 생성, 결과의 고려, 가장 실현 가능한 해결책을 목표로 함, 실행, 선택된 해결책의 평가이다.

부록 D

성격 강점에 관해 자주 묻는 질문

다음의 질문들은 실무자와 내담자들이 모두 흔히 묻는 것들이다. 대부분은 이 책의 본문에서 답을 얻었겠지만, 이것들은 아마도 성격 강점을 배우는 데 또 다른 관점을 제시할 것이다.

Q 대표 강점과 성격 강점의 차이는 무엇인가요?

A 성격 강점은 VIA 분류체계에 있는 24개의 긍정적이고 보편적인 특질 모두를 가리키는 반면, 대표 강점은 이러한 성격 강점들의 하위 묶음이다. 대표 강점은 개인의 프로파일에서 상위에 위치한 것들로, 그 사람이 사용하기에 자연스럽고 활력이 넘치는 자질일 뿐 아니라 가장 본질적인 것으로 여겨진다.

Q 대표 강점으로 작업하는 것이 나을까요, 아니면 하위 강점으로 작업하는 것이 나을까요?

A 일반적으로 이것은 둘 중 하나의 문제로 보지 않는 것이 제일 좋다. 각각이 각기 다른 상황에 처한 각각의 내담자들에게 중요할 것이다. 연구에서는 두 가지 접근이 모두 효과적이라고 밝혀졌다. 참여자들이 자신의 대표 강점으로 작업할 때 즐거워하고 또 더 활기찰 가능성이 있다. 참여자들은 종종 이를 깨닫지 못하고 낮은 강점을 키우는 데 초점을 맞출 것을 요청할 수 있다. 실무자들은 긍정적 강화, 자연스럽게 다가오는 강점에 집중하기 쉬우므로 자기효능감을 증진할 수 있는 더 큰 기회, 대표 강점이 활성화됨에 따라 개입에 대해 더 높은 유지와 지속가능성 등 대표 강점에 초점을 맞출 때 개인에게 더 좋은 요소들을 인식할 필요가 있다. 이것은 총체적으로 내담자들에게 더 다양한 범위의 이득을 가져올 수 있다. 이러한 가설들을 확인하기 위해서 더 많은 연구가 필요하다.

실제적으로 내담자의 대표 강점들은 그들이 누구인지를 이해할 때 매우 좋은 시작점이 된다. 내담자가 어떤 강점이 진짜 대표 강점인지 아닌지 확인하는 것이 중요하다. 많은 내담자가 자신의 상위 10개 강점에서 대표 강점이라고 믿는 다른 강점들을 포착할 것이고, 동시에 상당한 성찰과 토론에도 상위 5개의 강점에서 자신에게 반향을 일으키지 않는 1~2개의 강점을 언급할 것이다. 이 부분이 대표 강점을 구체화하기 위해 실무자-내담자의 대화와 관계가 중요한 지점이다.

Q VIA 검사 결과는 기분에 영향을 받나요?

A 기분은 상태의 개념(일시적인 긍정 정서나 불쾌한 정서 상태)과 유사하지만, 성격은 우리의 특질과 조금 더 유사하다(시간과 상황에 따라 지속되고 안정적인 특징). 어쩌면 기분이 나쁘거나 스트레스가 많은 날이 중요한 영향을 미치고, 이것이 우리의 검사 반응에 영향을 줄 것이라고 느낄 수도 있다. 실제로 기분은 특정한 상황에서 어느 쪽으로든 특질이나 성격에 영향을 줄지도 모른다. 그러나 중요한 것은 우리의 성격이 궁극적으로 기분이나 가치들을 초월한다는 것이다. 성격은 우리 자신이고, 상황마다 함께 지니고 있는 것이며, 좋은 때나 나쁜 때 모두 있는 것이다. 그래서 내가 속상할 때 VIA 검사를 하고, 몇 주 후에 내가 행복할 때 검사를 한다 해도, 나의 대표 강점인 희망과 호기심은 두 경우 모두에서 내가 지니고 있는 것이기 때문에 결과는 비슷할 것 같다. VIA 검사가 우수한 검사-재검사 신뢰도를 가지고 있다는 사실이 이를 뒷받침한다. 게다가 나의 핵심 강점이 단기간에 실제로 바뀔 것 같지는 않다.

Q 가장 낮은 순위의 강점이 약점이 맞는 거죠?

A 우리의 가장 낮은 순위의 강점이 약점이라는 믿음은 특히 우리의 약점 중심적, 문제 중심적인 세상을 감안하면 엄청나게 흔한 감정이다. VIA 검사는 약점을 측정하는 것이 아니기 때문에, VIA 검사 결과에서 가장 아래에 있는 것이 우리의 약점이라고 결론 내릴 수 없다는 것을 기억해야 한다. VIA 검사는 오직 우리의 강점을 측정하고 순위를 매긴다. 우리가 분명히 말할 수 있는 최선의 것은 우리에게는 높은, 중간의 그리고 낮은 강점이 있다는 것이다. 우리는 '대표'

나 '단계' 강점, '초점' 강점, '균형' 강점 또는 물론 '더 적은' 혹은 '더 낮은' 강점이라는 등의 부가적인 이름을 부여할 수 있다. 어떤 것들이 가장 낮은 순위이건 여전히 당신이 이 강점을 사용한다는 점(아마 오늘도 조금은 사용했을 것이다)은 의심할 여지가 없다. 아침에 침대에서 빠져나와서 이를 닦고 아침을 먹는데 약간의 자기조절을 발휘하지는 않았는가? 내담자와 대화하는 중 약간의 신중성을 발휘하지는 않았는가? 직장에서 동료와 상호작용을 하면서 약간의 겸손을 표현하지는 않았는가?

실무자가 이를 이해하는 것은 매우 중요하다. 왜냐하면 당신이 믿거나 이해하는 것이 당신의 내담자나 학생 등에게 전해질 것이기 때문이다. 그리고 우리는 잘못된 메시지나 내담자의 최선 혹은 최대 가능성에 기여하지 않는 메시지를 전달하기를 원하지 않기 때문이다. 나는 이 문제에 대해 한 내담자와 가슴 아픈 대화를 나누었는데, 그 내담자는 '강점'이라는 단어를 자신에게 더 낮게 다가오는 특징과 같은 문장에서 함께 사용하는 것을 싫어했다. 오랜 토론 끝에 그녀가 깨달은 것은 그녀가 '광범위하게' 사용하는 강점(모든 삶의 영역에서 맞닥뜨리는 모든 상황에서 사용했다고 깨달은 것이 바로 그녀의 창의성과 호기심이었다)과 '좁게' 사용하는 강점(오직 특정한 때에 특정한 상황에서 사용하는 것)이 있다는 것이다.

그와 동시에 하위 순위를 보고 약점을 이야기하는 내담자들을 위해 이 주제를 공식화하는 것이 좋다. 당신은 그들에게 아마도 다음과 같이 말할 수 있을 것이다.

네, 하위에 위치한 특징들을 약점이라고 생각하는 경우는 흔합니다. 그러나 Maria, 이 검사는 오직 강점을 측정하는 것이고, 그래서 이 모든 것이 당신 안에 있는 강점 능력임을 당신이 이해했으면 좋겠어요. 당신은 단지 이러한 낮은 강점을 자주 사용하지 않거나, 익숙하지 않거나, 또는 실제로 더 많이 사용하고 싶어도 할 수 없다고 느끼는 것 같아요. Maria, 이것을 덜 사용되는 강점으로 생각하게 된다면, 당신과 나는 그것들을 더 많이 사용하거나 더 증진하는 방법에 대해 이야기할 수 있습니다. 그러나 당신이 계속해서 그것들을 약점으로 본다면, 당신은 그저 당신 자신에 대해 더 나쁘게 느낄 수도 있고 그것들은 당신 안에서 변화될 수 없는 무능한 것이라고 느낄 수도 있어요. 자, Maria, 이 낮은 강점들이 더 증진되기 위해서 필요한 것은 당신의 추가적인 주의이거나, 그것들과 균형을 맞추기 위해 대표 강점을 사용해야 하는 것일 거에요. 그것들은 당신의 대표 강점만큼 강해질 수도 있고 그렇지 않을 수도 있지만, 나는 낮은 강점으로 실질적인 변화를 이룬 사람들을 보아 왔습니다. 그래서 우리가 낮은 강점들에 대해 더 토론하고 그에 더 집중하기 시작할 때 발견되는 것은 흥미로울 것이에요.

　　최근에 나는 자신의 가장 낮은 강점인 신중성에 대해 '약점'이라는 말을 이리저리 사용하고 있는 긍정심리학 리더와 협력하고 있었다. 그는 자신의 신중성이 약점이라는 것을 증명하기 위해 강점 검사를 여러 번 받았고 그의 VIA 결과에서 24위가 되는 것이 그것을 확인시켜 준다고 믿었다. 그는 그것을 약점으로 간주했기 때문에, 신중성에 대한 그의 낙관적 인식은 마치 자신에게 바꿀 수 없는 어떤 문제가 있는 것처럼 이 강점을 중심으로 힘을 잃게 되었다. 그는 신중성을 낮은 강점, 즉 개선이 가능한 능력으로 보고 있지 않았다. 마치 이 말을 중심으로 자신만의 가상의 세계를 구축한 것 같았고, 그 세계가 그의 현실이 되었다. 이것의 모순적인 점은 그가 자신의 행동과 관련하여 이 강점—신중성—에 대해 매우 부정확했다는 것이다. 그는 엄청나게 계획적이고 실용적이며, 매우 존경스럽고, 언제나 정확히 시간을 지키며, 잘못에 대해 양심적이고, 개인적 목표를 세우고 달성하는 데 뛰어났다. 그와 함께 논문, 발표, 포커스 그룹 모임을 하는 나의 관점에서 그는 꽤 '실제적으로 현명한' 사람이었다. 이것들은 신중한 행동들의 본보기가 아닌가! 내가 그의 강점에 대해 질문을 받았을 때, 나는 그의 강점 1위로 신중성을 꼽았다. 그가 자신의 낮은 강점을 '약점'으로 보는 것이 스스로에 대한 인식을 좁혔고, 이것이 그를 제한했다는 것이 바로 여기서의 문제인 것이다. 그는 결과에 대해 곰곰이 생각해 봤을 때 신중성이 그를 그다지 행복하게 하거나 기운을 북돋아 주지는 못했기 때문에 강점 검사가 이를 보여 준다고 결론지었고, 그것이 이야기의 결론이었을 것이다. 그리고 이 경우 두 가지 대화를 통해 여러 가지 분명한 사례와 함께 강점을 포착하는 것은 그가 그의 신중성과 낮은 강점뿐만 아니라 자신의 강점 전체 프로파일을 바라보는 방식에 변화를 주는 데 도움이 되었기 때문에 이야기의 시작에 불과하였다.

다른 강점 분류에 대한 초기 연구는 강점을 개발하는 데 집중하는 것이 약점을 교정하는 것에 집중하는 것보다 더 낫다는 것을 보여 주고 있다. 지금까지의 성격 강점 연구는 우리의 프로파일상 어떤 성격 강점으로 작업을 해도 다 이득이 있다는 것을 발견하였다. 그 이유는 단기적으로 보면, 자기 자신을 향상하려고 노력하고 우리 본연의 능력 중 어떤 것에 의지하는 것 자체가 활력을 주고 있기 때문인 것 같다. 그러나 대부분의 사람은 매일매일 낮은 강점을 개발하기 위해 노력하면서 에너지와 동기가 부족하게 될 가능성이 있다. VIA 연구소에서는 잠깐 동안은 이것이 흥미롭지만, 넓게 보면 우리의 대표 강점을 확장하고, 공유하고, 촉진하고, 표현하는 것이 장기적 이득으로 이어질 가능성이 있다는 가설을 세워 두고 있다. 우리는 대표 강점이 우리 자신이 되고, 우리의 내면적이고 핵심적인 자아에 따라 진솔하게 행동하도록 도와주며, 이것은 아마도 행복, 활력, 친밀감, 연결, 성공과 관련된 고유한 이득을 발견하도록 이끌 것이기 때문에 그럴 가능성이 있다고 제안한다.

나 자신과 다른 사람들을 위해 찾은 것은, 만약 당신이 더 높은 강점을 다룬다면, 그리고 창의적으로 그것을 확장하고 하루 종일 그것을 마음챙김적으로 다룬다면, 당신이 생각할 수 있는 것 이상으로 그 강점이 확장되고 중하위 강점은 종종 '함께 편승하게 될 것'이라는 점이다. 즉, 대표 강점의 확장은 다른 모든 것을 들어 올린다[아마도 "밀물은 모든 배를 띄운다(the rising tide lifts all boats)."라는 은유가 여기에 적용될 것이다]. 그것이 '견인 효과'라고도 불리는 대표적인 강점 확장 접근법이다.

이것을 요약하면, 단순히 의미론적 경험일 수 있다. 왜냐하면 우리는 모두 확실히 약점과 맹점을 가지고 있고, 우리가 강점을 가져올 때 맥락이 중요한 역할을 하기 때문이다. 하지만 모든 훌륭한 실무자가 알고 있듯이, 언어와 의사소통 방법은 그 과정의 큰 부분이다. 그래서 VIA의 언어는 내담자들에게 매우 중요할 뿐만 아니라, 우리가 그것을 소개하고, 강점 원리를 설명하고, 맥락의 중요성과 그 속의 이슈를 설명하는 방식도 매우 중요하다.

Q VIA 검사는 갤럽의 StregnthsFinder 2.0과 어떻게 다른가요?

A VIA 검사와 가장 자주 비교되는 강점 측정 도구는 갤럽의 StregnthsFinder이다. 이는 1990년대 개인의 재능에 대한 객관적 척도를 만드는 데 관심이 많았던 Donald Clifton의 선구적 작업으로 만들어졌다. 후대의 사람들이 몇 십 년 전부터 이 두 척도를 자주 비교하는 이유는 분명하다. Clifton은 강점을 재능의 확장으로 보았고 재능이 지식 및 기술과 일관되게 결합했을 때 개인은 거의 완벽한 수행을 보인다(즉, 강점). Clifton과 갤럽의 많은 과학자는 수십 년 동안 강점을 가지고 선구적인 연구를 계속해 왔고, 수많은 개인과 조직의 마음의 중심에 강점을 가져오는 데 도움을 주었다.

   VIA 검사와 StregnthsFinder는 둘 다 긍정적 특징을 측정하는 자기보고식 검사라는 면에서 유사하지만, 몇 가지 중요한 차이가 있다(부록 E 참조). VIA 검사는 일반적인 성격의 강점을 측정하는 데 초점을 둔 반면, StregnthsFinder는 직장에서의 재능과 기술에 초점을 둔다. 대부분의 강점 측정 도구와 같이 StregnthsFinder는 동료 리뷰 같은 과학적으로 정밀한 검증에는 개방되지 않는다. VIA 검사와 VIA 연구소의 다른 검사 도구들의 고유한 특성은 바로 동료 리뷰를 권장한다는 것이다! 실제 매년 수백 명의 과학자, 학생 및 사람들이 VIA 측정 도구를 무료로 이용해서 연구하고 있다.

Q VIA 검사 결과가 시간에 따라 변하나요?

A 결과가 변화할 수 있다. 그러나 이는 사람들이 이 질문을 할 때 상상하는 것과 다른 방향이다. VIA 검사는 좋은 신뢰도를 보여 주는데, 이는 결국 시간에 따라 반복 검증이 된다는 것이다. 즉, 사람들은 유사한 결과들을 받게 된다. 우리의 성격이 시간에 따라 안정적이고, 우리가 스트레스를 받든, 고통의 와중에 있든, 기껏해야 두 살 더 먹든, 우울한 기분이 들든 간에 시간이 지나도 일관된 결과를 받으리라는 것이 일반적이다. 자, 그렇다고 해서 누군가가 더 깊은 성숙한 자기이해를 하거나, 충격적인 사건을 경험하거나, 결혼을 하거나, 아이를 갖거나, 혹은 군입대를 했을 때 그들의 강점이 변하지 않을 것이라는 말을 하는 것은 아니다. 그래도 상위 5위가 하위 5위가 되거나 그 반대로 되는 것은 아닐 것이다. 특히 최고 강점은 10위권 안팎에서 움직이는 것이 일반적이며, 최

저 강점도 마찬가지일 것이다.

개인의 VIA 검사 결과가 변한 것인지를 평가하기 위한 첫 단계는 원점수 요약을 검토하는 것이다(자세한 VIA 해석 보고서에서 제공). 아마도 변화는 상위 강점들이 실제적으로는 같은 점수이거나 차이가 얼마 안 나는 것(예: 원점수 차이가 1~2점)이기 때문일 수 있다. 이것을 고려한 뒤에 검사들 사이에 상대적인 비교를 적절히 할 수 있다.

덧붙여서, 만약 실무자가 내담자의 원점수에서 중요한 변화가 있음을 발견한다면, 내담자와 이에 대해 탐색하는 것이 중요하다. 예를 들면, "감사가 상위 5위 안으로 들어오게 된 이유가 뭘까요?" "최근 호기심을 가지는 것에 집중했나요?" "올해 당신의 삶에서 협동심이 상위 강점이 될 만한 일이 있었나요?"와 같이 질문할 수 있다.

Q 성격 강점은 타고나는 것인가요, 아니면 양육의 영향인가요?

A 우리의 성격과 관련해서 이에 대한 대답은 거의 언제나 "둘 다 중요해요."이다. 그리고 일부 과학자는 후성유전학(epigenetics)의 진보 및 유전자와 환경의 상호작용의 연구로 타고나는 것/길러지는 것에 관한 질문은 수사적이고 아무런 결실도 없는 것이고, '사각형의 면적에 높이와 너비 중 어느 것이 더 큰 기여를 하는 것인가?'와 유사한 질문이라고 믿는다. 우리는 어떤 것이 더 영향을 미치는지 알아보는 대신에 양쪽으로부터 배우려고 시도할 수 있고, 따라서 이것을 즉시 실무에 적용할 수 있다. 타고나는 것과 길러지는 것은 모두 우리 삶에서 중요한 역할을 한다. 어머니와 나는 둘 다 사랑이 높은 강점이기 때문에, 내가 유전적으로 어머니와 유사한 강점을 공유한다는 것, 그리고 양아버지(내가 3세 때부터 길러 주신)와 나는 둘 다 공정성이 높기 때문에 내가 양아버지와도 유사한 강점을 공유한다는 것을 생각할 수 있다.

성격 강점 연구자들은 336쌍의 쌍둥이 연구를 통해 24개 성격 강점의 유전학을 검토하였고, 24개 강점 대부분에서 유의미한 유전적 영향이 있음을 발견하였다(Steger, Hicks, Kashdan, Krueger, & Bouchard, 2007). 그들은 일란성 쌍둥이와 이란성 쌍둥이를 대상으로 검토하여 결론을 내릴 수 있었고, 일란성 쌍둥이가 이란성 쌍둥이에 비해 더 강한 상관을 보임을 발견하였다. 유전자가 강력한 역할을 한다는 것은 명확하다. 그러나 우리의 성격 강점을 설명하는 데 환경 또한 중요한 역할을 하는 것도 발견하였다.

우리 유전자(유전자형)의 발현인 표현형은 외견상으로 무한해 보인다. 자, 창의성이 높은 10명의 사람이 한 방에 있다고 생각해 보자. 그 창의성의 표현은 매우 다양할 것이다. 한 사람은 시나 단편을 쓰는 것을 통해서 창의성을 표현하고, 또 다른 사람은 팀의 브레인스토밍 모임에서 수많은 창의적 아이디어를 내는 데 뛰어나며, 또 다른 사람은 아주 멋진 수채화를 그리는 화가이고, 어떤 사람은 문제를 해결하는 데 고유한 방법을 생각해 내는 것에 능하다. Neal Mayerson의 은유를 제시하자면, 기쁨과 슬픔의 표현과 같은 보편적인 얼굴 표정의 수가 한정되어 있지만, 그러한 얼굴 표정의 표현은 매우 다양하며 그 당사자에게 고유하다. 마찬가지로, 사람들은 각자의 성격 강점을 독특한 방식으로 표현하는데, 이는 유전자와 환경의 상호작용의 결과임에 틀림없고, 이는 모두 이미 우리 삶에서 중요한 역할을 해 오고 있는 것이다.

Ⓠ 연구에서 6개의 덕목과 그 하위에 속한 24개의 성격 강점은 얼마나 잘 연결되는 것으로 나타나나요?

Ⓐ 첫 번째로 기억해야 할 것은 VIA 분류체계가 상관 모델보다는 개념을 기반으로 개발되었다는 것이다. VIA 분류체계에서 6개의 덕목은 인간 선(善)의 복잡성을 담고 있는 폭넓은 범주이며, 성격 강점은 덕목을 구성하는 긍정적 특질이라는 조금 더 구체적인 구성요소이다. 관련하여 수많은 분석이 시행되었고 출판되었다. 요인 분석은 군집이 구성된 방법을 조사하기 위해 고안된 연구 절차이다. VIA 검사에 대한 요인 분석 결과 다수의 요인이 나타났는데, 대개 4개 혹은 5개의 요인이었고(Azañedoa, Fernández-Abascalb, & Barracac, 2014; Brdar & Kashdan, 2010; Choubisa & Singh, 2011; Khumalo, Wissing, & Temane, 2008; Littman-Ovadia & Lavy, 2012; MacDonald, Bore, & Munro, 2008; McGrath, 2014; Peterson, Park, Pole, D'Andrea, & Seligman, 2008; Ruch et al., 2010; Shryack, Steger, Krueger, & Kallie, 2010; Singh & Choubisa, 2010 참조), 하나의 연구에서는 VIA 분류체계의 여섯 가지 덕목으로 설명되는 6개 요인이었다(Ng, Cao, Marsh, Tay, & Seligman, 2016). McGrath(2014)가 65만 명 이상의 자료를 사용하여 4개의 요인

을 밝힌 것이 가장 대규모의 연구이다. 이러한 연구가 VIA 분류체계와 동일한 배치를 보여 주지는 않지만, 양호한 무결성(integrity)이 유지되며 구조틀도 개념적으로 유지된다. 이는 강점과 덕목 개념, 동의어, 짧고 긴 정의, 항목 내용 등에 대한 전문가 70명과 일반인 41명의 평정을 분석한 후 요인 분석을 실시한 Ruch와 Proyer(2015)에 의해 더욱 뒷받침되었다. 평정이 상당히 일치하였고 여섯 가지 요인이 나타났다. 전부는 아니지만 많은 강점이 본래의 덕목에 해당하였다. Peterson과 Seligman(2004)은 정의와 자애에 해당하는 강점들이 하나의 대인관계 강점 묶음으로 합쳐질 수 있지만, 덕목 구분이 개념적으로 유용하다고 지적한다.

다른 연구들은 몇몇 강점이 다른 덕목 분류에 속하는 것이 더 낫다는 것을 발견하였다. 예를 들면, 희망은 용기 덕목에 높은 요인부하량을 보이는 반면 열정은 그렇지 않았고(Pury & Kowalski, 2007), 유머는 여러 덕목에 속했는데 특히 지혜와 자애 덕목에 더 적절했다(Muller & Ruch, 2011).

또 다른 강력한 연구에서는 성격 강점을 다양한 도구로 측정한, 백만 명 이상으로 구성된 네 종류의 표본에서 모두 세 가지 덕목 모델이 나타났다(McGrath, 2015c). 이 일관된 구조는 '탐구심(inquisitiveness)' '보살핌(caring)' '자기통제(self-control)'로 밝혀졌다. 실제적 관점에서 이것은 '머리, 가슴 그리고 손'의 강점 사용으로 볼 수 있다.

연구자들이 Peterson과 Seligman(2004) 저서의 개정판의 미래를 내다본다면, VIA 분류체계의 변경은 단 하나의 연구 결과가 아니라 광범위한 출처에서 나온 포괄적인 분석, 반복 검증 연구, 문화 간 양적 및 질적 자료를 수렴한 결과일 것으로 짐작할 수 있을 것이다.

ⓠ VIA 검사는 사람들이 최적의 직업을 찾거나 직원을 선발할 때 도움이 되는 도구인가요?

Ⓐ 간단히 말하면 '아니요'이다. 자세한 내용은 다음과 같다. VIA 검사가 진로 결정이나 진로 상담에서 어떻게 도움이 될 수 있는지부터 시작해 보자. 자신의 대표 강점, 중간 강점, 낮은 강점에 대한 지식이 변화를 이끌 수 있는 깊은 자각과 개인적 통찰을 제공할 수 있다는 점에서 검사는 자기인식의 중추적 역할

을 한다. 이것은 각자가 그들의 고유한 성격 강점 프로파일과 그들이 관심을 가질 수 있는 잠재적인 진로와 최적의 업무 환경 사이의 상호작용을 더 많이 알게 할 수 있다. 성격 강점은 또한 강점 인식을 통해 경력 경로를 쌓고 있는 사람들에게 그들의 포부를 뒷받침하기 위해 더 잦은 빈도, 강도, 지속성과 더 큰 균형, 풍부함, 그리고 더 능숙한 것으로 사용될 수 있는 긍정성과 즐거움, 몰입 및 의미를 촉진한다.

VIA 검사는 일반적으로 자동적인 진로 매칭 결정을 위해 추천되지 않는다 (예: "당신은 호기심이 높기 때문에 심리학자가 되기 위해 대학원에 진학하면 됩니다." 또는 "당신은 판단이나 비판적 사고가 높지 않기 때문에 법학 쪽으로는 가지 마세요."). 여기서의 근거는 모든 특정 진로 방향에는 수많은 직업과 역할이 있다는 점이다. 예를 들어, 회계사는 비사교적이고 고립된 부기 업무를 할 수도 있고 최고재무책임자처럼 창의적이고 사교적인 직업을 가질 수도 있다. 진로 선택은 복잡하고 미묘하며 상당히 개별화된 개인적인 결정이다.

VIA 검사는 일반적으로 채용, 해고, 승진이나 기타 다른 선택 결정에 추천되지 않는다. 왜냐하면 이 도구는 이러한 목적으로 만들어진 것이 아니기 때문이다(이러한 목적을 위해 고안된 다른 도구가 있다). 게다가 지원자들은 검사에서 그들의 고용인이 원한다고 믿는 답을 해서 거짓말을 할 수 있다. 물론 이는 결과를 타당하지 않게 한다. 또한 VIA 검사는 사람들을 서로 비교하기 위해 만들어진 것이 아니어서 지원자들의 결과나 원점수를 다른 지원자와 비교하는 것이 좋은 방법이 아니다.

부록 E

VIA 검사와 갤럽의 StregnthsFinder 및
MBTI(Myers-Briggs Type Indicator)의 비교

	VIA 연구소/VIA 검사	갤럽/StrengthsFinder 2.0
주요 제공물	공통 언어	재능
목표 영역	삶의 전 영역(가정, 일, 학교, 사회)	일
성격 관련성	정체성	해당 사항 없음
핵심 현상	존재와 행위	행위
확인 강점	핵심 성격	재능/기술
타당성 근거	역사적 분석, 규준, 심리측정	여론조사
초점	대표 강점, 그러나 모든 24개 강점	상위 5개
기관	비영리	영리
과학적 관여	모든 연구자에게 개방	소유권 있음
과학적 검토	동료 리뷰	동료 리뷰를 하지 않음

	VIA 검사	MBTI
주요 제공물	공통 언어	유형
목표 영역	삶의 전 영역(가정, 일, 학교, 사회)	삶의 전 영역(가정, 일, 학교, 사회)
접근	차원적(사람들은 각 강점을 약간씩은 모두 가지고 있음)	범주적(사람들은 특정 유형에 속함)
확인 강점	핵심 성격	선호
타당성 근거	역사적 분석, 규준, 심리측정	C. G. Jung의 이론에 기초함
초점	당신이 누구인지, 세상에서 무엇을 하는지	세계관의 지향성
개입법	매우 중요함	관련 없음
성격(Big 5)	증분 타당성(고유함)	Big 5에 포함됨(고유하지 않음)
비용	무료	사용료 있음
기관	비영리	영리
과학적 관여	모든 연구자에게 개방	소유권 있음; 개방되지 않음
과학적 검토	동료 리뷰	동료 리뷰를 하지 않음

부록 F

성격 강점에 관한 주요 논문

비공식적인 출판물이 성격 강점 분야의 대표 논문이나 영향력 있는 논문이 되어 있는 상황에서 몇 가지 고려해야 할 점이 있다. 뒤에 제시된 목록은 훈련을 위해 직접적인 효과가 있는 대표 논문들에 초점을 맞추고 있다. 만약 이것이 기초 연구나 측정에서 성격 강점의 대표 논문에 초점을 맞춘 것이라면, 아마도 Willibald Ruch와 Robert McGrath의 논문들이 많이 있을 것이다. 제시된 논문은 다음의 요소들을 고려하였다.

- **영역 특정적**: 논문은 특정 영역(예: 교육), 특정 대상(예: 중독 문제를 가진 사람들), 또는 적용 방법(예: 개입법)에 성격 강점을 통합하는 개념적 토대나 연구 기반을 마련하는 토론을 통해 영향력 있고 권위 있는 내용을 제공한다. 현재 알려진 것을 검토하고, 새로운 통찰과 연구 및 훈련 개발에 대한 개방성을 반영하고 있다. 여기에는 일반적으로 해당 영역의 이론, 연구, 실무에 대한 검토가 포함된다. 그것은 경험적 연구를 포함할 수도 있고 포함하지 않을 수도 있다.
- **실제적**: 논문은 실무자가 초점을 둔 영역에서 성격 강점 사용 활동을 할 수 있는 즉각적인 방법을 제공한다. 이는 또한 향후 연구를 위한 제안들을 제공할 수 있다.
- **성격 강점**: 논문의 초점은 성격 강점에 대한 것이지 넓은 측면의 긍정심리학이나 재능/능력, 기술 또는 자원 같은 강점의 다른 분류나 일반적인 강점에 대한 것이 아니다.
- **동료 리뷰 학술지**: 논문은 동료 리뷰 학술지에 출판되며, 책이나 책의 한 챕터, 신문기사 혹은 블로그에 실린 것이 아니다.

일/조직

Mayerson, N. M. (2016). Creating sustained organizational success: An application of character science. *Positive Work and Organizations: Research and Practice, 2.* 확장판은 원래 덴마크 학회지인 『Kognition & Paedagogik』에 2015년에 Mads Bab의 편집하에 출판되었다.

교육

Linkins, M., Niemiec, R. M., Gillham, J., & Mayerson, D. (2015). Through the strengths lens: A framework for educating the heart. *Journal of Positive Psychology, 10*(1), 64-68.

(지적/발달)장애

Niemiec, R. M., Shogren, K. A., & Wehmeyer, M. L. (2017). Character strengths and intellectual and developmental disability: A strengths-based approach from positive psychology. *Education and Training in Autism and Developmenal Disabilities, 52*(1).

심리치료

Seligman, M. E. P., Rashid, T., & Parks, A. C. (2006). *Positive psychotherapy. American Psychologist, 61,* 774-788.

진로 상담

Littman-Ovadia, H., Lazar-Butbul, V., & Benjamin, B. A. (2014). Stregnths-based career counseling: Overview and initial evaluation. *Journal of Career Assessment, 22*(3), 403-419.

마음챙김

Niemiec, R. M., Rashid, T., & Spinella, M. (2012). Strong mindfulness: Integrating mindfulness and character strengths. *Journal of Mental Health*

Counseling, 34(3), 240-253.

개입법

Seligman, M. E. P., Steen, T. A., Park, N., & Peterson, C. (2005). Positive psychology process: Empirical validation of interventions. *American Psychologist, 60*, 410-420.

빠진 것

매우 많다. 여기서 언급된 것들을 더 발전시키는 것 외에도, 성격 강점의 대표적인 논문들은 더 전문적인 교육에서 더 환영받을 것이다. 예를 들면, 친밀감과 긍정적 관계, 양육, 건강과 의료(예방, 삶의 방식, 만성적 질환 관리), 정신장애와 임상심리학, 중독, 스포츠(경기력 향상), 인문학(미술, 음악, 문학 등)이다.

부록 G
영화에서 보는 열 가지 성격 강점 개념과 적용

도덕적 선함
〈스타워즈: 깨어난 포스(Star Wars: Episode VII-The Force Awakens)〉(2015)

관련 논문: Sansom, Bretherton, & Niemiec (2016)

성격 강점의 과다사용
〈다이버전트(Divergent)〉(2014)

관련 논문: Niemiec (2014b)

대표 강점의 본보기와 성격 강점의 과소사용: 대조
〈겨울왕국(Frozen)〉(2013)

관련 논문: Niemiec & Bretherton (2015)

긍정적 개입법
〈이상한 나라의 앨리스(Alice in Wonderland)〉(2010)

관련 논문: Niemiec (2010b)

'성격' 개념의 진정한 의미
〈우리가 꿈꾸는 기적: 인빅터스(Invictus)〉(2009)

관련 논문: Niemiec (2010C)

겸손의 이해
〈트와일라잇(Twilight)〉(2008)

관련 논문: Niemiec & Clyman (2009)

영성의 이해

⟨빨간 풍선(Flight of the Red Balloon)⟩(2007)

관련 논문: Niemiec (2008)

긍정심리학 영화를 위한 기준

⟨행복을 찾아서(The Pursuit of Happyness)⟩(2006)

관련 논문: Niemiec (2007)

강점을 통한 공포의 극복

⟨배트맨 비긴즈(Batman Begins)⟩(2005)

관련 논문: Niemiec & Ferland (2006)

강점을 통한 외로움의 극복

⟨스테이션 에이전트(The Station Agent)⟩(2003)

관련 논문: Niemiec (2005)

부록 H

VIA 성격 연구소

현재

- 조직: VIA 성격 연구소는 비영리 단체로 본부는 오하이오주 신시내티에 있다. 웹사이트는 https://www.viacharacter.org이다.
- 미션: 성격 강점의 과학과 실제의 발전
- 팀: 두 명의 선임 연구자와 다섯 개의 핵심 부서, 여러 명의 자문위원, 그리고 전 세계적으로 수많은 열성가로 구성되어 있다.
- 활동: 성격 검사를 만들고 타당화하며, 개인과 실무자들을 위한 실무적 도구를 개발한다. 그리고 사람들을 대상으로 성격 강점을 교육한다.
  - 기초과학과 응용과학 분야에 성격 강점 검사를 이용하도록 매년 수백 명의 신규 및 기존 연구자에게 연구 코드를 제공한다.
  - 매년 수백 명의 실무자에게 성격 강점에 대해 발표한다.
  - 연간 백만 명 이상이 방문하는 웹사이트에서 실무에 사용할 수 있는 도구와 자원을 제공한다.
  - VIA의 미션을 진척시키기 위해 글로벌 리더들과 협력한다.
- 지원금을 받는다. 그러나 또한 VIA 보고서와 과정으로부터 비용을 받아서 성격 과학의 새로운 연구를 지원하기 위해 지원금을 제공한다.

역사

원래 Values in Action Institute, 즉 VIA라는 이름으로 Neal Mayerson 박사가 2000년에 설립하였다. 그 후 긍정심리학의 Martin Seligman 박사와 사회과학 분야의 수많은 최고의 학자가 함께 광범위한 토론과 협력을 이어 갔다.

『성격 강점과 덕목의 분류(Character Strengths and Virtues: A Handbook and Classification)』(Peterson & Seligman, 2004)가 옥스퍼드 대학교 출판사와 미국심리학

회에서 출판되었다.

2006년에 핵심적인 작업이 성격이라는 점을 강조하기 위하여, 비영리 단체 이름을 공식적으로 VIA 성격 연구소(그리고 VIA 분류체계, VIA 검사/VIA 강점 목록, VIA 청소년 검사)로 변경하였다. 'VIA'라는 단어는 라틴어로 '경로(path)' 또는 '길(road)'을 의미하며, 좋은 은유 역할을 한다.

VIA 연구소는 오하이오주 신시내티의 민간 가족 자선 단체인 매뉴얼 D. 앤드 로다 메이어슨 재단(Manuel D. and Rhoda Mayerson Foundation)의 풍부한 지원을 받아 왔다.

참고문헌

Adler, A. (1963). *The practice and theory of individual psychology.* Paterson, NJ: Littlefield, Adams.

Adler, M. G., & Fagley, N. S. (2005). Appreciation: Individual differences in finding value and meaning as a unique predictor of subjective well-being. *Journal of Personality, 73*(1), 79-114. http://doi.org/10.1111/j.1467-6494.2004.00305.x

Adriaanse, M. A., Oettingen, G., Gollwitzer, P. M., Hennes, E. P., de Ridder, D. T. D., & de Witt, J. B. F. (2010). When planning is not enough: Fighting unhealthy snacking habits by mental contrasting with implementation intentions (MCII). *European Journal of Social Psychology, 40,* 1277-1293. http://doi.org/10.1002/ejsp.730

Algoe, S. B., Gable, S. L., & Maisel, N. C. (2010). It's the little things: Everyday gratitude as a booster shot for romantic relationships. *Personal Relationships, 17,* 217-233. http://doi.org/10.1111/j.1475-6811.2010.01273.x

Algoe, S. B., & Haidt, J. (2009). Witnessing excellence in action: The "other-praising" emotions of elevation, gratitude, and admiration. *Journal of Positive Psychology, 4,* 105-127. http://doi.org/10.1080/17439760802650519

Allan, B. A. (2014). Balance among character strengths and meaning in life. *Journal of Happiness Studies, 16,* 1247-1261. http://doi.org/10.1007/s10902-014-9557-9

Allan, B. A., & Duffy, R. D. (2013). Examining moderators of signature strengths use and well-being: Calling and signature strengths level. *Journal of Happiness Studies, 15,* 323-337. http://doi.org/10.1007/s10902-013-9424-0

Allison, S. T., & Goethals, G. R. (2011). *Heroes: What they do and why we need them.* New York, NY: Oxford University Press.

American Psychiatric Association. (2013). *Diagnostic and statistical manual of mental disorders* (5th ed.). Washington, DC: Author.

Andrewes, H. E., Walker, V., & O'Neill, B. (2014). Exploring the use of positive psychology interventions in brain injury survivors with challenging behavior. *Brain Injury, 28*(7), 965-971. http://doi.org/10.3109/02699052.2014.888764

Ang, S. H., Lim, E. A. C., Leong, S. M., & Chen, Z. (2015). In pursuit of happiness: Effects of mental subtraction and alternative comparison. *Social Indicators Research, 122*(1), 87-103.

http://doi.org/10.1007/sl1205-014-0681-z

Aquinas, T. (1989). *Summa theologiae: A concise translation* (T. McDermott, Ed. & Trans.). Westminster, MD: Christian Classics. (Original work completed 1265-1273)

Aquino, K., McFerran, B., & Laven, M. (2011). Moral identity and the experience of moral elevation in response to acts of uncommon goodness. *Journal of Personality and Social Psychology, 100*(4), 703-718. http://doi.org/10.1037/a0022540

Aristotle (2002). *Nicomachean ethics* (R. Crisp, Trans.). Cambridge, UK: Cambridge University Press. (Original work composed 4th century BCE)

Aronson, E. (1999). The power of self-persuasion. *American Psychologist, 54,* 875-884. http://doi.org/10.1037/h0088188

Asplund, J., Lopez, S. J., Hodges, T., & Harter, J. (2007). *The Clifton Strengths Finder® 2.0 technical report: Development and validation.* Princeton, NJ: The Gallup Organization.

Atkinson, K. E. (2007). *Psythotherapists' views of using signature strengths in the workplace: An exploratory study* (master's dissertation). University of Lethbridge, Alberta, CA. Retrieved from http://www.uleth.ca/dspace/bitstream/handle/10133/959/Atkinson_Katherine_E.pdf?sequence=1

Austenfeld, J. L., Paolo, A. M., & Stanton, A. L. (2006). Effects of writing about emotions versus goals on psychological and physical health among third-year medical students. *Journal of Personality, 74*(1), 267-286.

Austenfield, J. L., & Stanton, A. L. (2008). Writing about emotions versus goals: Effects on hostility and medical care utilization moderated by emotional approach coping processes. *British Journal of Health Psychology, 13,* 35-38. http://doi.org/10.1348/135910707X250857

Azañedoa, C. M., Fernández-Abascalb, E. G., & Barracac, J. (2014). Character strengths in Spain: Validation of the Values in Action Inventory of Strengths (VIA-IS) in a Spanish sample. *Clínica y Salud, 25,* 123-130. http://doi.org/10.1016/j.clysa.2014.06.002

Baer, R. (2015). Ethics, values, virtues, and character strengths in mindfulness-based interventions: A psychological science perspective. *Mindfulness, 6,* 956-969. http://doi.org/10.1007/s12671-015-0419-2

Baer, R. A., & Lykins, E. L. M. (2011). Mindfulness and positive psychological functioning. In K. M. Sheldon, T. B., Kashdan, & M. F. Steger (Eds.), *Designing positive psychology: Taking stock and moving forward* (pp. 335-348). New York, NY: Oxford University Press.

Baker, W., & Bulkley, N. (2014). Paying it forward versus rewarding reputation: Mechanisms of generalized reciprocity. *Organization Science, 25*(5), 1493-1510. http://doi.org/10.1287/orsc.2014.0920

Baltes, P. B., & Staudinger, U. (2000). Wisdom: A metaheuristic (pragmatic) to orchestrate mind and virtue toward excellence. *American Psychologist, 55,* 122-136. http://doi.

org/10.1037/0003-066X.55.1.122

Bandura, A. (1977). *Social learning theory.* New York, NY: General Learning Press.

Bandura, A. (2003). On the psychosocial impact and mechanisms of spiritual modeling. *The International Journal for the Psychology of Religion, 13,* 167-174. http://doi.org/10.1207/S15327582IJPR1303_02

Bandura, A. (2008). An agentic perspective on psychology. In S. J. Lopez (Ed.), *Positive psychology: Exploring the best in people* (Vol. 1., pp. 167-196). Westport, CT: Praeger.

Banth, S., & Singh, P. (2011). Positive character strengths in middle-rung army officers and managers in civilian sector. *Journal of the Indian Academy of Applied Psychology, 37*(2), 320-324.

Bao, K. J., & Lyubomirsky, S. (2013). Making it last: Combating hedonic adaptation in romantic relationships. *Journal of Positive Psychology, 8*(3), 196-206. http://doi.org/10.1080/17439760.2013.777765

Baskin, T. W., & Enright, R. D. (2004). Intervention studies on forgiveness: A meta-analysis. *Journal of Counseling & Development, 82,* 79-90. http://doi.org/10.1002/j.1556-6678.2004.tb00288.x

Bates-Krakoff, J., McGrath, R. E., Graves, K., & Ochs, L. (2016). Beyond a deficit model of strengths training in schools: Teaching targeted strength use to gifted students. *Gifted Education International.* Advance online publication. http://doi.org/10.1177/0261429416646210

Bauer, J. J., McAdams, D. P., & Pals, J. L. (2008). Narrative identity and eudaimonic well-being. *Journal of Happiness Studies, 9,* 81-104. http://doi.org/10.1007/s10902-006-9021-6

Baumeister, R. F., Bratslavsy, E., Finkenaeuer, C., & Vohs, K. D. (2001). Bad is stronger than good. *Review of General Psychology, 5*(4), 323-370. http://doi.org/10.1037/1089-2680.5.4.323

Baumeister, R. F., Matthew, G., DeWall, C. N., & Oaten, M. (2006). Self-regulation and personality: How interventions increase regulatory success, and how depletion moderates the effects of traits on behavior. *Journal of Personality, 74*(6), 1773-1802. http://doi.org/10.1111/j.1467-6494.2006.00428.x

Baumeister, R. F., & Tierney, J. (2011). *Willpower: Rediscovering the greatest human strength.* New York, NY: Penguin Books.

Baumeister, R. F., & Vohs, K. D. (Eds.). (2004). *Handbook of self-regulation: Research, theory, and applications.* New York, NY: Guilford.

Beck, A. T., Rush, A. J., Shaw, B. F., & Emery, G. (1979). *Cognitive therapy of depression.* New York, NY: Guilford Press.

Beck, A. T., Ward, C., & Mendelson, M. (1961). Beck depression inventory (BDI). *Archives of General Psychiatry, 4*(6), 561-571. http://doi.org/10.1001/archpsyc.1961.01710120031004

Beckman, H., Regier, N., & Young, J. (2007). Effect of workplace laughter groups on personal efficacy beliefs. *The Journal of Primary Prevention, 28,* 167-182. http://doi.

org/10.1007/s10935-007-0082-z

Berg, I. K., & Dolan, Y. M. (2001). *Tales of solutions: A collection of hope-inspiring stories.* New York, NY: Norton.

Berkowitz, M. W. (1985). The role of discussion in moral education. In M. W. Berkowitz & F. Oser (Eds.), *Moral education: Theory and applications* (pp. 197-218). Hillsdale, NJ: Lawrence Erlbaum and Associates.

Berkowitz, M. W. (2000). Character education as prevention. In W. B. Hansen, S. M. Giles, & M. D. Fearnow-Kenney (Eds.), *Improving prevention effectiveness* (pp. 37-45). Greensboro, NC: Tanglewood Research.

Berkowitz, M. W. (2011). What works in values education. *International Journal of Educational Research, 50.* 153-158. http://doi.org/10.1016/j.ijer.2011.07.003

Berkowitz, M. W., & Bier, M. C. (2007). What works in character education. *Journal of Research in Character Education, 5*(1), 29-48.

Berthold, A., & Ruch, W. (2014). Satisfaction with life and character strengths of nonreligious and religious people: It's practicing one's religion that makes the difference. *Frontiers in Psychology, 5.* http://doi.org/10.3389/fpsyg.2014.00876

Biggs, E. E., & Carter, E. W. (2015). Quality of life for transition-age youth with autism or intellectual disability. *Journal of Autism and Developmental Disabilities, 46*(1), 190-204. http://doi.org/10.1007/s10803-015-2563-x

Bishop, S. R., Lau, M., Shapiro, S. L., Carlson, L.,

Anderson, N. D., Carmody, J., ... Devins, G. (2004). Mindfulness: A proposed operational definition. *Clinical Psychology: Science and Practice, 11,* 230-241. http://doi.org/10.1093/clipsy.bph077

Biswas-Diener, R. (2006). From the equator to the North Pole: A study of character strengths. *Journal of Happiness Studies, 7,* 293-310. http://doi.org/10.1007/s10902-005-3646-8

Biswas-Diener, R. (2012). *The courage quotient: How science can make you braver.* San Francisco, CA: Jossey-Bass.

Biswas-Diener, R., Kashdan, T. B., & Minhas, G. (2011). A dynamic approach to psychological strength development and intervention. *Journal of Positive Psychology, 6*(2), 106-118. http://doi.org/10.1080/17439760.2010.545429

Balckie, L. E. R., Roepke, A. M., Forgeard, M. J. C., Jayawickreme, E., & Fleeson, W. (2014). Act well to be well: The promise of changing personality states to promote well-being. In A. C. Parks, & S. Schueller (Eds.), *The Wiley-Blackwell handbook of positive psychological interventions* (pp. 462-474). Oxford, UK: Wiley-Blacekwell.

Blatner, A. (1988). *Foundations of psychodrama: History, theory, and practice.* New York, NY: Springer.

Bohart, A. C. (2007). An alternative view of concrete operating procedures form the perspective of the client as active self-healer. *Journal of Psychotherapy Integration, 17,* 125-137. http://doi.org/10.1037-1053-

0479.17.1.125

Bohart, A. C., & Tallman, K. (2010). Client: The neglected common factor in psychotherapy. In B. L. Duncan, S. D. Miller, B. E. Wampold, & M. A. Hubble (Eds.), *The heart and soul of change: Delivering what works in therapy* (2nd ed., pp. 83–111). Washington, DC: American Psychological Association.

Boiler, L., Havermann, M., Westerhof, G. J., Riper, H., Smit, F., & Bohlmeijer, E. (2013). Positive psychology interventions: A meta-analysis of randomized controlled studies. *BMC Public Health, 13,* 119. http://doi.org/10.1186/1471-2458-13-119

Borghans, L. Duckworth, A. L., Heckman, J. J., & Ter Weel, B. (2008). The economics and psychology of personality traits. *Journal of Human Resources, 43*(4), 972–1059. http://doi.org/10.1353/jhr.2008.0017

Bower, J. E., Low, C. A., Moskowitz, J. T., Sepah, S., & Epel, E. (2008). Benefit finding and physical health: Positive psychological changes and enhanced allostasis. *Social and Personality Psychology Compass, 2*(1), 223–244. http://doi.org/10.1111/j.1751-9004.2007.00038.x

Brach, T. (2003). *Radical acceptance: Embracing your life with the heart of a Buddha.* New York, NY: Bantam.

Brahm, A. (2006). *Mindfulness, bliss, and beyond: A meditator's handbook.* Boston, MA: Wisdom Publications.

Brdar, I., & Kashdan, T. B. (2010). Character strengths and well-being in Croatia: An empirical investigation of structure and correlates. *Journal of Research in Personality, 44,* 151–154. http://doi.org/10.1016/j.jrp.2009-12.001

Bright, D. (2016). What is a virtue theory and why does it matter? *Positive Work and Organizations: Research and Practice, 2.* Available at http://www.ippanetwork.org/wo-division/what-is-a-virtue-theory-and-why-does-it-matter/

Brown, B. (2010). *The gifts of imperfection: Let go of who you think you're supposed to be and embrace who you are.* Center City, MN: Hazelden.

Bryant, F. B., Smart, C. M., & King, S. P. (2005). Using the past to enhance the present: Boosting happiness through positive reminiscence. *Journal of Happiness Studies, 6,* 227–260. http://doi.org/10.1007/s10902-005-3889-4

Bryant, F. B., & Veroff, J. (2007). *Savoring: A new model of positive experience.* Mahwah, NJ: Lawrence Erlbaum Associates.

Buckingham, M., & Clifton, D. O. (2001). *Now, discover your strengths: How to develop your talents and those of the people you manage.* New York, NY: Free Press.

Buschor, C., Proyer, R. T., & Ruch, W. (2013). Self- and peer-rated character strengths: How do they related to satisfaction with life and orientations to happiness? *Journal of Positive Psychology, 8*(2), 116–127. http://doi.org/10.1080/17439760.2012.758305

Butina, B. L. (2016). *An investigation of the*

efficacy of the using your signature strengths in a new way exercise to enhance strengths use in work settings (Doctoral dissertation). Northcentral University, Scottsdale, AZ. Manuscript submitted for publication.

Caprariello, P. A., & Reis, H. T. (2013). To do, to have, or to share? Valuing experiences over material possessions depends on the involvement of others. Journal of Personality and Social Psychology, 104(2), 199-215. http://doi.org/10.1037/a0030953

Carrere, S., & Gottman, J. M. (1999). Predicting divorce among newlyweds from the first three minutes of a marital conflict discussion. Family Process, 38(3), 293-301. http://doi.org/10.1111/j.1545-5300.1999.00293.x

Carson, J. W., Keefe, F. J., Lynch, T. R., Carson, K. M., Goli, V., Fras, A. M., & Thorp, S. R. (2005). Loving-kindness meditation for chronic low back pain: Results from a pilot trial. Journal of Holistic Nursing, 23(3), 287-304. http://doi.org/10.1177/0898010105277651

Carter, E. W., Boehm, T. L., Biggs, E. E., Annandale, N. H., Taylor, C. E., Loock, A. K., & Liu, R. Y. (2015). Known for my strengths: Positive traits of transition-age youth with intellectual disability and/or autism. Research and Practice for Persons with Severe Disabilities, 40(2), 101-119. http://doi.org/10.1177/1540796915592158

Chan, D. W. (2009). The hierarchy of strengths: Their relationships with subjective wellbeing among Chinese teachers in Hong Kong.

Teaching and Teacher Education, 25(6), 867-875. http://doi.org/10.1016/j.tate.2009.01.010

Chan, J., Chan, F., Ditchman, N., Phillips, B., & Chou, C. (2013). Evaluating Snyder's hope theory as a motivational model of participation and life satisfaction for individuals with spinal cord injury: A path analysis. Rehabilitation Research, Policy, and Education, 27(3), 187-205. http://doi.org/10.1089/2168-6653.27.3.171

Chaves, C., Harvás, G., García, F. E., & Vázquez, C. (2016). Building life satisfaction through well-being dimensions: A longitudinal study in children with a life-threatening illness. Journal of Happiness Studies, 17(3), 1051-1067.

Chaves, C., Vázquez, C., & Harvás, G. (2016). Positive interventions in seriously-ill children: Effects on well-being after granting a wish. Journal of Health Psychology, 21(9), 1870-1883.

Cheavens, J. S., Feldman, D. B., Gum, A., Michael, S. T., & Snyder, C. R. (2006). Hope therapy in a community sample: A pilot investigation. Social Indicators Research, 77(1), 61-78. http://doi.org/10.1007/s11205-005-5553-0

Cheavens, J. S., Strunk, D. R., Lazarus, S. A., & Goldstein, L. A. (2012). The compensation and capitalization models: A test of two approaches to individualizing the treatment of depression. Behaviour Research and Therapy, 50, 699-706. http://doi.org/10.1016/j.brat.2012.08.002

Choubisa, R., & Singh, K. (2011). Psychometrics encompassing VIA-IS: A comparative cross cultural analytical and referential reading. *Journal of the Indian Academy of Applied Psychology, 37*(2), 325-332.

Christopher, J. C. (1996). Counseling's inescapable moral visions. *Journal of Counseling and Development, 75,* 17-25. http://doi.org/10.1002/j.1556-6676.1996.tb02310.x

Clifton, D. O., & Harter, J. K. (2003). Strengths investment. In K. S. Cameron, J. E. Dutton, & R. E. Quinn (Eds.), *Positive organizational scholarship* (pp. 111-121). San Francisco, CA: Berrett-Koehler.

Clinton, B. (2007). *Giving: How each of us can change the world.* New York, NY: Alfred A. Knopf.

Coelho, P. (2012, February 3). *The law of Jante* [Web log post]. Retrieved from http://paulocoelhoblog.experience. *Leisure Sciences, 38*(2), 100-117.

Cohen, G. L., & Sherman, D. K. (2014). The psychology of change: Self-affirmation and social psychological intervention. *Annual Review of Psychology, 65,* 333-371. http://doi.org/10.1146/annurevpsych-010213-115137

Cohn, M. A., & Fredrickson, B. L. (2010). In search of durable positive psychology interventions: Predictors and consequences of long-term positive behavior change. *Journal of Positive Psychology, 5*(5), 355-366. http://doi.org/10.1080/17439760.2010.508883

Comte-Sponville, A. (2001). *A small treatise on the great virtues* (C. Temerson, Trans.). New York, NY: Metropolitan Books.

Consentino, A. C., & Castro, A. (2012). Character strengths: A study of Argentinean soldiers. *Spanish Journal of Psychology, 15*(1), 199-215. http://doi.org/10.5209/rev_SJOP.2012.v15.n1.37310

Cook, J. E., Purdie-Vaughns, V., Garcia, J., & Cohen, G. L. (2012). Chronic threat and contingent belonging: Protective benefits of values affirmation on identity development. *Journal of Personality and Social Psychology, 102*(3), 479-496. http://doi.org/10.1037/a0026312

Cooperrider, D., & Whitney, D. (2005). *Appreciative inquiry: A positive revolution in change.* San Francisco, CA: Berrett-Koehler.

Cornish, M. A., & Wade, N. G. (2015). Working through past wrongdoing: Examination of a self-forgiveness counseling intervention. *Journal of Counseling Psychology, 62*(3), 521-528. http://doi.org/10.1037/cou0000080

Cornum, R., Matthews, M. D., & Seligman, M. E. P. (2011). Comprehensive soldier fitness: Building resilience in a challenging institutional context. *American Psychologist, 66*(1), 4-9. http://doi.org/10.1037/a0021420

Covington, M. V. (1999). Caring about learning: The nature and nurturing of subject-matter appreciation. *Educational Psychologist, 34*(2), 127-136. http://doi.org/10.1207/s15326985ep3402_5

Cox, K. (2006). Investigating the impact of strength-based assessment on youth with emotional or behavior disorders. *Journal of*

Child and Family Studies, 15(3), 278–292. http://doi.org/10.1007/s10826-006-9021-5

Cox, K. S. (2010). Elevation predicts domain-specific volunteerism 3 months later. *Journal of Positive Psychology, 5*(5), 333–341. http://doi.org/10.1080/17439760.2010.507468

Crabb, S. (2011). The use of coaching principles to foster employee engagement. *The Coaching Psychologist, 7*(1), 27–34.

Creswell, J. D., Welch, W., Taylor, S. E., Sherman, D. K., Gruenewald, T., & Mann, T. (2005). Affirmation of personal values buffers neuroendocrine and psychological stress responses. *Psychological Science, 16,* 846–851. http://doi.org/10.1111/j.1467-9280.2005.01624.x

Crocker, J., Niiya, Y., & Mischkowski, D. (2008). Why does writing about important values reduce defensiveness?: Self-affirmation and the role of positive other-directed feelings. *Psychological Science, 19,* 740–747. http://doi.org/10.1111/j.1467-9280.2008.02150.x

Cropley, D. H., Kaufman, J. C., White, A. E., & Chiera, B. A. (2014). Layperson perceptions of malevolent creativity: The good, the bad, and the ambiguous. *Psychological of Aesthetics, Creativity, and the Arts, 8*(4), 400–412. http://doi.org/10.1037/a0037792

Csikszentmihalyi, M. (1997). *Finding flow: The psychology of engagement with everyday life.* New York, NY: Basic Books.

Cummings, N., & Sayama, M. (1995). *Focused psychotherapy: A casebook of brief,* *intermittent psychotherapy throughout the life cycle.* New York, NY: Brunner/Mazel.

Dahlsgaard, K., Peterson, C., & Seligman, M. E. P. (2005). Shared virtue: The convergence of valued human strengths across culture and history. *Review of General Psychology, 9,* 203–213. http://doi.org/10.1037/1089-2680.9.3.203

Dalton, A. N., & Spiller, S. A. (2012). Too much of a good thing: The benefits of implementation intentions depend on the number of goals. *Journal of Consumer Research, 39*(3), 600–614. http://doi.org/10.1086/664500

Davis, D. E., McElroy, S. E., Rice, K. G., Choe, E., Westbrook, C., Hook, J. N., ... Worthington, E. L. (2016). Is modesty a subdomain of humility? *Journal of Positive Psychology, 11*(4), 439–446. http://doi.org/10.1080/17439760.2015.1117130

Davis, D. E., Worthington, E. L., & Hook, J. N. (2010). Humility: Review of measurement strategies and conceptualization as personality judgment. *Journal of Positive Psychology, 5*(4), 243–252. http://doi.org/10.1080/17439761003191672

Deci, E., & Ryan, R. (2000). The "what" and "why" of goal pursuits: Human needs and the self-determination of behavior. *Psychological Inquiry, 11*(4), 227–268. http://doi.org/10.1207/S15327965PLI1104_01

DeMaria, L., Andrew, G., & Leventhal, K. S. (2016, January). *Girls first and youth first: Building the evidence for personal resilience training for India's youth.* Conference presentation at Youth First: Fostering Youth Development From the

Inside Out, New Delhi, India.

Dembkowski, S., & Eldridge, F. (2003). Beyond GROW: A new coaching model. *International Journal of Mentoring and Coaching, 1*(1), 1-6.

Diener, E., Emmons, R. A., Larsen, R. J., & Griffin, S. (1985). The Satisfaction With Life Scale. *Journal of Personality Assessment, 49,* 71-75. http://doi.org/10.1207/s15327752jpa4901_13

Diener, E., Lucas, R. E., & Scollon, C. N. (2006). Beyond the hedonic treadmill: Revising the adaptation theory of well-being. *American Psychologist, 61*(4), 305-314. http://doi.org/10.1037/0003-066X.61.4.305

Diener, E., Wirtz, D., Tov. W., Kim-Prieto, C., Choi, D., Oishi, S., & Biswas-Diener, R. (2009). New measures of well-being: Flourishing and positive and negative feelings. *Social Indicators Research, 39,* 247-266. http://doi.org/10.1007/978-90-481-2354-4_12

Diessner, R., Davis, L., & Toney, B. (2009). Empirical relationships between beauty and justice: Testing Scarry and elaborating Danto. *Psychology of Aesthetics, Creativity, and the Arts, 3*(4), 249-258. http://doi.org/10.1037/a0014683

Diessner, R., Iyer, R., Smith, M. M., & Haidt, J. (2013). Who engages with moral beauty? *Journal of Moral Education, 42*(2), 139-163. http://doi.org/10.1080/03057240.2013.785941

Diessner, R., Rust, T., Solom, R., Frost, N., & Parsons, L. (2006). Beauty and hope: A moral beauty intervention. *Journal of Moral Education, 35,* 301-317. http://doi.org/10.1080/03057240600874430

Diessner, R., Woodward, D., Stacy, S., & Mobasher, S. (2015). Ten once-a-week brief beauty walks increase appreciation of natural beauty. *Ecopsychology, 7*(3), 126-133. http://doi.org/10.1089/eco.2015.0001

Dimidjian, S., Hollon, S. D., Dobson, K. S., Schmaling, K. B., Kohlenberg, R. J,. Addis, M. E., ... Jacobsen, N. S. (2006). Randomized trial of behavioral activation, cognitive therapy, and antidepressant medication in the acute treatment of adults with major depression. *Journal of Consulting and Clinical Psychology, 74,* 658-670. http://doi.org/10.1037/0022-006X.74.4.658

Doman, F. (2016). *Authentic strengths.* Las Vegas, NV: Next Century Publishing.

Douglass, R., & Duffy, R. (2015). Strengths use and life satisfaction: A moderated mediation approach. *Journal of Happiness Studies, 16,* 619-632. http://doi.org/10.1007/s10902-014-9525-4

Drigotas, S. M., Rusbult, C. E., Wieselquist, J., & Whitton, S. W. (1999). Close partner as sculptor of the ideal self: Behavioral affirmation and the Michelangelo phenomenon. *Journal of Personality and Society Psychology, 77*(2), 293-323. http://doi.org/10.1037/0022-3514.77.2.293

Drozd, F., Mork, L, Nielsen, B., Raeder, S., & Bjørkli, C. A. (2014). Better days: A randomized controlled trial of an internet-based positive psychology intervention. *Journal of Positive*

Psychology, 9(5), 377-388. http://doi.org/10.1 080/17439760.2014.910822

Duan, W., & Bu, H. (2017) Randomized trial investigating of a single-session character-strength-based cognitive intervention on freshman's adaptability. *Research on Social Work Practice*. Advance online publication. http://doi.org/10.1177/1049731517699525

Duan, W., Ho, S. M. Y., Tang, X., Li, T., & Zhang, Y. (2013). Character strength-based intervention to promote satisfaction with life in the Chinese university context. *Journal of Happiness Studies, 15*, 1347-1361. http://doi.org/10.1007/s10902-013-9479-y

Dubreuil, P., Forest, J., & Courcy, F. (2013). From strengths use to work performance: The role of harmonious passion, subjective vitality and concentration. *Journal of Positive Psychology, 9*(4), 1-15.

Dubreuil, P., Forest, J., Gillet, N., Fernet, C., Thibault-Landry, A., Crevier-Braud, L., & Girouard, S. (2016). Facilitating well-being and performance through the development of strengths at work: Results from an intervention program. *International Journal of Applied Positive Psychology*. Advance online publication. http://doi.org/10.1007/s41042-016-0001-8

Duckworth, A. L., Peterson, C., Matthews, M. D., & Kelly, D. R. (2007). Grit: Perseverance and passion for long-term goals. *Journal of Personality and Social Psychology, 9*, 1087-1101. http://doi.org/10.1037/0022-3514.92.6.1087

Duckworth, A. L. Steen, T. A., & Seligman, M. E. P. (2005). Positive psychology in clinical practice. *Annual Review of Clinical Psychology, 1*, 629-651. http://doi.org/10.1146/annurev.clinpsy.1.102803.144154

Duhigg, C. (2012). *The power of habit: Why we do what we do in life and business*. New York, NY: Random House.

Dunn, E. W., Aknin, L. B., & Norton, M. I. (2008). Spending money on others promotes happiness. *Science, 319*, 1687-1688. http://doi.org/10.1126/science.1150952

Dunn, E. W., Aknin, L. B., & Norton, M. I. (2014). Prosocial spending and happiness using money to benefit others pays off. *Current Directions in Psychological Science, 23*, 41-47. http://doi.org/10.1177/0963721413512053

Duttro, K. (Ed.). (2003). Special issue: The influence of Bernard Haldane. *Career Planning and Adult Development Journal, 19*(3), 1-128.

Dweck, C. (1986). Motivational processes affecting learning. *American Psychologist, 41*(10), 1040-1048. http://doi.org/10.1037/0003-066X.41.10.1040

Dweck, C. (2006). *Mindset: The new psychology of success*. New York, NY: Random House.

Edelkott, N., Engstrom, D. W., Hernandez-Wolfe, P., & Gangsei, D. (2016). Vicarious resilience: Complexities and variations. *American Journal of Orthopsychiatry, 86*(6), 713-724.

Ellis, A., & Dryden, W. (1987). *The practice of rational-emotive therapy*. New York, NY:

Springer.

Elston, F., & Boniwell, I. (2011). A grounded theory study of the value derived by women in financial services through a coaching intervention to help them identify their strengths and practice using them in the workplace. *International Coaching Psychology Review, 6*(1), 16-32.

Emmons, R. A. (2007). *Thanks!: How the new science of gratitude can make you happier.* Boston, MA: Houghton-Mifflin.

Emmons, R. A., & McCullough, M. E. (2003). Counting blessings versus burdens: An experimental investigation of gratitude and subjective well-being in daily life. *Journal of Personality and Social Psychology, 84,* 377-389. http://doi.org/10.1037/0022-3514.84.2.377

Ericsson, K. A., & Ward, P. (2007). Capturing the naturally occurring superior performance of experts in the laboratory: Toward a science of expert and exceptional performance. *Current Directions in Psychological Science, 16*(6), 346-50. http://doi.org/10.1111/j.1467-8721.2007.00533.x

Escandoón, S., Martinez, M. L., & Flaskerud, J. H. (2016). Exploring character strengths: Forging a relationship between nursing students and community youth. *Issues in Mental Health Nursing, 37*(11), 875-877.

Exline, J. J., & Geyer, A. (2004). Perceptions of humility: A preliminary study. *Self and Identity, 3,* 95-114. http://doi.org/10.1080/13576500342000077

Feldman, D. B., & Dreher, D. E. (2012). Can hope be changed in 09 minutes? Testing the efficacy of a single-session goal-pursuit intervention for college students. *Journal of Happiness Studies, 13*(4), 745-759. http://doi.org/10.1007/s10902-011-9292-4

Ferragut, M., Blanca, M. J., & Ortiz-Tallo, M. (2014). Psychological virtues during adolescent: A longitudinal study of gender differences. *European Journal of Development Psychology, 11*(5), 521-531. http://doi.org/10.1080/17405629.2013.876403

Finkel, E. J., Slotter, E. B., & Luchies, L. B., Wlaton, G. M., & Gross, J. J. (2013). A brief intervention to promote conflict reappraisal preserves marital quality over time. *Psychological Science, 24*(8), 1595-1601. http://doi.org/10.1177/0956797612474938

Fleeson, W. (2001). Toward a structure-and process-integrated view of personality: Traits as density distributions of states. *Journal of Personality and Social Psychology, 60*(1), 1011-1027. http://doi.org/10.1037/0022-3514.80.6.1011

Fleeson, W. (2004). Moving personality beyond the person-situation debate: The challenge and the opportunity of within-person variability. *Current Directions in Psychological Science, 13,* 83-87. http://doi.org/10.1111/j.0963-7214.2004.00280.x

Fleeson, W., Malanos, A. B., & Achille, N. M. (2002). An intraindividual process approach to the relationship between extraversion and positive affect: Is acting extraverted as "good" as being extraverted? *Journal of Personality and Social Psychology, 83,* 1409-1422. http://doi.org/10.1037/0022-3514.83.6.1409

Fluckiger, C., Caspar, F., Grosse Holtforth, M., & Willutzki, U. (2009). Working with patients' strengths: A microprocess approach. *Psychotherapy Research, 19*(2), 213-223. http://doi.org/10.1080/10503300902755300

Fluckiger, C., & Grosse Holtforth, M. (2008). Focusing the therapist's attention on the patient's strengths: A preliminary study to foster a mechanism of change in outpatient psychotherapy. *Journal of Clinical Psychology, 64,* 876-890. http://doi.org/10.1002/jclp.20493

Fluckiger, C., & Wusten, G., Zinbarg, R. E., & Wampold, B. E. (2010). *Resource activation: Using client's own strengths in psychotherapy and counseling.* Cambridge, MA: Hogrefe & Huber Publishers.

Folkman, S. (1997). Positive psychology states and coping with severe stress. *Social Science & Medicine, 45,* 1207-1221. http://doi.org/10.1016/S0277-9536(97)00040-3

Forest, J., Mageau, G. V. A., Crevier-Braud, L., Bergeron, L., Dubreuil, P., & Lavigne, G. V. L. (2012). Harmonious passion as an explanation of the relation between signature strengths's use and well-being at work: Test of an intervention program. *Human Relations, 65*(9), 1233-1252. http://doi.org/10.1177/0018726711433134

Forster, J. R. (2009). *Articulating strengths together: An interactive process to enhance positivity.* New York, NY: Booksurge.

Fowers, B. J. (2000). *Beyond the myth of marital happiness.* San Francisco, CA: Jossey-Bass.

Fowers, B. J. (2005). *Virtue and psychology: Pursuing excellence in ordinary practices.* Washington, DC: American Psychological Association. http://doi.org/10.1037/11219-000

Fowers, B. J. (2008). From continence to virtue: Recovering goodness, character unity, and character types for positive psychology. *Theory & Psychology, 18*(5), 629-653. http://doi.org/10.1177/0959354308093399

Fox Eades, J. (2008). *Celebrating strengths: Building strengths-based schools.* Warwick, UK: CAPP Press.

Franklin, B. (1962). *Autobiography of Benjamin Franklin.* New York, NY: MacMillan.

Franklin, S. S. (2009). *The psychology of happiness.* New York, NY: Cambridge University Press. http://doi.org/10.1017/CBO9780511819285

Fredrickson, B. L. (2001). The role of positive emotions in positive psychology: The broaden-and-buld theory of positive emotions. *American Psychologist, 56,* 218-226. http://doi.org/10.0003-066X.56.3.218

Fredrickson, B. L. (2013). *Love 2.0: How our supreme emotion affects everything we feel, think, and do.* New York, NY: Hudson Street Press.

Fredrickson, B. L., Cohn, M. A., Coffey, K. A., Pek, J., & Finkel, S. M. (2008). Open hearts build lives: Positive emotions, induced through loving-kindness meditation, build consequential personal resources. *Journal of Personality and Social Psychology, 95*(5), 1045-1062. http://doi.org/10.1037/a0013262

Fredrickson, B. L., & Joiner, T. (2002). Positive emotions trigger upward spirals toward emotional well-being. *Psychological Science, 13*(2), 172-175. http://doi.org/10.1111/1467-9280.00431

Freidlin, P., Littman-Ovadia, H., & Niemiec, R. M. (2017). Positive psychopathology: Social anxiety via character strengths underuse and overuse. *Personality and Individual Differences, 108,* 50-54. http://doi.org/10.1016/j.paid.2016.12.003

Froh, J. J., Sefick, W. J., & Emmons, R. A. (2008). Counting blessings in early adolescents: An experimental study of gratitude and subjective well-being. *Journal of School Psychology, 46,* 213-233. http://doi.org/10.1016/j.jsp.2007.03.005

Fung, B. K., K., Ho, S. M. Y., Fung, A. S. M., Leung, E. Y. P., Chow, S. P., Ip, W. Y., … Barlaan, P. I. G. (2011). The dei of a strength-focused mutual support group for caretakers of children with cerebral palsy. *East Asian Archives of Psychiatry, 21*(2), 64-72.

Gable, S. L., Reis, H. T., Impett, E. A., & Asher, E. R. (2004). What do you do when things go right? The intrapersonal and interpersonal benefits of sharing positive events. *Journal of Personality and Social Psychology, 87*(2), 228-245. http://doi.org/10.1037/0022-3514.87.2.228

Gander, F., Proyer, R. T., Ruch, W., & Wyss, T. (2012). The good character at work: An initial study on the contribution of character strengths in identifying healthy and unhealthy work-related behavior and experience patterns. *International Archives of Occupational and Environmental Health, 85*(8), 895-904. http://doi.org/10.1007/s00420-012-0736-x

Gander, F., Proyer, R. T., Ruch, W., & Wyss, T. (2013). Strength-based positive interventions: Further evidence for their potential in enhancing well-being and alleviating depression. *Journal of Happiness Studies, 14,* 1241-1259. http://doi.org/10.1007/s10902-012-9380-0

Gardner, H. (1983). *Frames of mind: The theory of multiple intelligence.* New York, NY: Basic Books.

Garland, E., Gaylord, S., & Park, J. (2009). The role of mindfulness in positive reappraisal. *Explore: The Journal of Science and Healing, 5*(1), 37-44. http://doi.org/10.1016/j.explore.2008.10.001

Garland, E. L., Gaylord, S. A., & Fredrickson, B. L. (2011). Positive reappraisal mediates the stress-reductive effects of mindfulness: An upward spiral process. *Mindfulness, 2*(1), 59-67. http://doi.org/10.1007/s12671-011-0043-8

Gayton, S. D., & Kehoe, E. J. (2015). Character strengths and hardiness of Australian army special forces applicants. *Military Medicine, 180*(8), 857-862.

Gibbs, T., & Larcus, J. (2015). Wellness coaching: Helping students thrive. *Journal of Student Affairs, 24,* 23-34.

Gillham, J. (2011, July). *Teaching positive psychology to adolescents: Three-year follow-up.* Paper presented as part of the symposium Positive Psychology in Schools, presented at the 2nd World Congress on Positive Psychology, Philadelphia.

Gillham, J., Adams-Deutsch, Z., Werner, J., Reivich, K., Coulter-Heindl, V., Linkins, M., ... Seligman, M. E. P. (2011). Character strengths predict subjective well-being during adolescence. *Journal of Positive Psychology, 6*(1), 31-44. http://doi.org/10.1080/17439760.2010.536773

Gluck, J., & Baltes, P. B. (2006). Using the concept of wisdom to enhance the expression of wisdom knowledge: Not the philosopher's dream but differential effects of developmental preparedness. *Psychology and Aging, 21,* 679-690. http://doi.org/10.1037/0882-7974.21.4.679

Goddard, H. W., Olson, J. R., Galovan, A. M., Schramm, D. G., & Marshall, J. P. (2016). Qualities of character that predict marital well-being. *Family Relations: An Interdisciplinary Journal of Applied Family Studies, 65*(3), 424-438.

Goldstein, E. D. (2007). Sacred moments: Implications on well-being and stress. *Journal of Clinical Psychology, 63*(10), 1001-1019. http://doi.org/10.1002/jclp.20402

Goldstein, K. (1995). *The organism: A holistic approach to biology derived from pathological data in man.* New York, NY: Zone Books. (Originally published in 1934)

Goleman, D. (1997). *Healing emotions: Conversations with the Dalai Lama on mindfulness, emotions, and health.* Boston, MA: Shambhala.

Goleman, D. (2006). *Social intelligence: The new science of human relationships.* New York, NY: Random House.

Gollwitzer, P. M., & Oettingen, G. (2013). Implementation intentions. In M. Gellman & J. R. Turner (Eds.), *In Encyclopedia of behavioral medicine* (pp. 1043-1048). New York, NY: Springer.

Gordon, C. L., Arnette, R. A., & Smith, R. E. (2011). Have you thanked your spouse today? Felt and expressed gratitude among married couples. *Personality and Individual Differences, 50,* 339-343. http://doi.org/10.1016/j.paid.2010.10.012

Gordon, A. M., Impett, E. A., Kogan, A., Oveis, C., & Keltner, D. (2012). To have and to hold: Gratitude promotes relationship maintenance in intimate bonds. *Journal of Personality and Social Psychology, 103*(2), 257-274. http://doi.org/10.1037/a0028723

Gottman, J., & Silver, N. (1999). *The seven principles for making marriage work.* New York, NY: Three Rivers.

Gradisek, P. (2012). Character strengths and life satisfaction of Slovenian in-service and preservice teachers. *CEPS Journal, 2*(3), 167–180.

Grant, A. M., & Schwartz, B. (2011). Too much of a good thing: The challenge and opportunity of the inverted u. *Perspectives on Psychological Science, 6*, 61–76. http://doi.org/10.1177/1745691610393523

Greitemeyer, T., Osswald, S., Fischer, P., & Frey, D. (2007). Civil courage: Implicit theories, related concepts, and measurement. *Journal of Positive Psychology, 2*(2), 115–119. http://doi.org/10.1080/17439760701228789

Griffin, B. J., Worthington, E. L., Lavelock, C. R., Greer, C. L., Lin, Y., Davis, D. E., & Hook, J. N. (2015). Efficacy of a self-forgiveness workbook: A randomized controlled trial with interpersonal offenders. *Journal of Counseling Psychology, 62*(2), 124–136. http://doi.org/10.1037/cou0000060

Güsewell, A., & Ruch, W. (2012). Are only emotional strengths emotional? Character strengths and disposition to positive emotions. *Applied Psychology: Health and Well-Being, 4*(2), 218–239. http://doi.org/10.1111/j.1758-0854.2012.01070.x

Güsewell, A., & Ruch, W. (2015). Character strength profiles of musicians. *Journal of Arts and Humanities, 4*(6), 1–17.

Guo, J., Wang, Y., & Liu, X. Y. (2015). Relation between marital satisfaction and character strengths in young people. *Chinese Mental Health Journal, 29*(5), 383–388.

Gustems-Carnicer, J., & Calderón, C. (2016). Virtues and character strengths related to approach coping strategies of college students. *Social Psychology of Education, 19*(1), 77–95.

Haidt, J. (2000). The positive emotion of elevation. *Prevention and Treatment, 3*. http://doi.org/10.1037/1522-3736.3.1.33c

Hall, L. (2013). *Mindful coaching: How mindfulness can transform coaching practice.* Philadelphia, PA: Kogan Page.

Halvorson, H. G. (2011). *Succeed: How we can reach our goals.* New York, NY: Penguin.

Hammond, D. C. (1988). *Hypnotic induction and suggestion: An introductory manual.* Des Plaines, IL: American Society of Clinical Hypnosis.

Hammond, D. C. (1990). *Handbook of hypnotic suggestions and metaphors.* New York, NY: W. W. Norton.

Hannah, S. T., & Jennings, P. L. (2013). Leader ethos and big-C character. *Organizational Dynamics, 42*, 8–16. http://doi.org/10.1016/j.orgdyn.2012.12.002

Hannah, S. T., Sweeney, P. J., & Lester, P. B. (2007). Toward a courageous mindset: The subjective act and experience of courage. *Journal of Positive Psychology, 2*(2), 129–135. http://doi.org/10.1080/17439760701228854

Harackiewicz, J., Canning, E., Tibbetts, Y., Giffen, C., & Hyde, J. (2014). Closing the social class achievement gap for first generation students in undergraduate biology. *Journal of Educational Psychology, 106*, 375–389. http://doi.org/10.1037/a0034679

Harris, M. A., Brett, C. E., Johnson, W., & Deary,

I. J. (2016). Personality stability from age 14 to age 77 years. *Psychology and Aging, 31*(8), 862-874.

Hart, W., Albarracin, D., Eagly, A. H., Brechan, I., Lindberg, M. J., & Merrill, L. (2009). Feeling validated versus being correct: A meta-analysis of selective exposure to information. *Psychological Bulletin, 135*(4), 555-588. http://doi.org/10.1037/a0015701

Harzer, C., & Ruch, W. (2012). When the job is a calling: The role of applying one's signature strengths at work. *Journal of Positive Psychology, 7,* 362-371. http://doi.org/10.1080/17439760.2012.702784

Harzer, C., & Ruch, W. (2013). The application of signature character strengths and positive experiences at work. *Journal of Happiness Studies, 14*(3), 965-983. http://doi.org/10.1007/s10902-012-9364-0

Harzer, C., & Ruch, W. (2014). The role of character strengths for task performance, job dedication, interpersonal facilitation, and organizational support. *Human Performance, 27,* 183-205. http://doi.org/10.1080/08959285.2014.913592

Harzer, C., & Ruch, W. (2015). The relationships of character strengths with coping, work-related stress, and job satisfaction. *Frontiers in Psychology, 6.* http://doi.org/10.3389/fpsyg.2015.00165

Harzer, C., & Ruch, W. (2016). Your strengths are calling: Preliminary results of a web-related strengths intervention to increase calling. *Journal of Happiness Studies, 17*(6), 2237-2256. http://doi.org/10.1007/s10902-015-9692-y

Hefferon, K. (2013). *The body and positive psychology: The somatopsychic side to flourishing.* London, UK: McGraw-Hill.

Helzer, E. G., Furr, R. M., Barranti, M., & Fleeson, W. (2014). *Visible virtues: Agreement on perceptions of moral character.* Conference presentation: Annual Meeting of the Society for Personality and Social Psychology, Austin, Texas. http://doi.org/10.1037/e578192014-023

Hill, P. L., Sumner, R., & Burrow, A. L. (2014). Understanding the pathways to purpose: Examining personality and well-being correlates across adulthood. *Journal of Positive Psychology, 9*(3), 227-234. http://doi.org/10.1080/17439760.2014.888584

Hodges, T. D., & Clifton, D. O. (2004). Strengths-based development in practice. In A. Linley & S. Joseph (Eds.), *Handbook of positive psychology in practice.* Hoboken, NJ: John Wiley and Sons.

Hoffman, R., Hinkle, M. G., & Kress, V. W. (2010). Letter writing as an intervention in family therapy with adolescents who engage in nonsuicidal self-injury. *The Family Journal, 18,* 24-30. http://doi.org/10.1177/1066480709355039

Hofmann, S. G., Grossman, P., & Hinton, D. E. (2011). Loving-kindness and compassion meditation: Potential for psychological interventions. *Clinical Psychology Review, 31*(7), 1126-1132. http://doi.org/10.1016/

j.cpr.2011.07.003

Hone, L. (2017). *Resilient grieving: Finding strength and embracing life after a loss that changes everything.* New York, NY: The Experiment.

Hone, L., Jarden, A., Duncan, S., & Schofield, G. M. (2015). Flourishing in New Zealand workers: Associations with lifestyle behaviors, physical health, psychosocial, and work-related indicators. *Journal of Occupational and Environmental Medicine, 57*(9), 973-983. http://doi.org/10.1097/JOM.0000000000000508

Hone, L., Jarden, A., & Schofield, G. M. (2014). An evaluation of positive psychology intervention effectiveness trials using the re-aim framework: A practice-friendly review. *Journal of Positive Psychology, 10*(4), 303-322. http://doi.org/10.1080/17439760.2014.965267

Hudson, N. W., & Fraley, R. C. (2015). Volitional personality trait change: Can people choose to change their personality traits? *Journal of Personality and Social Psychology, 109*(3), 490-507. http://doi.org/10.1037/pspp0000021

Huffman, J. C., DuBois, C. M., Healy, B. C., Boehm, J. K., Kashdan, T. B., Celano, C. M., ... Lyubomirsky, S. (2014). Feasibility and utility of positive psychology exercises for suicidal inpatients. *General Hospital Psychiatry, 36*(1), 88-94. http://doi.org/10.1016/j.genhosppsych.2013.10.006

Hunter, J. W. (2000). *The death of character: Moral education in an age without good or evil.* New York, NY: Basic Books.

Hurley, D. B., & Kwon, P. (2012). Results of a study to increase savoring the moment: Differential impact on positive and negative outcomes. *Journal of Happiness Studies, 13,* 579-588. http://doi.org/10.1007/s10902-011-9280-8

Huta, V., & Hawley, L. (2010). Psychological strengths and cognitive vulnerabilities: Are they two ends of the same continuum or do they have independent relationships with well-being and ill-being? *Journal of Happiness Studies, 11,* 71-93. http://doi.org/10.1007/s10902-008-9123-4

Hutcherson, C. A., Seppala, E. M., & Gross, J. J. (2008). Loving-kindness meditation increases social connectedness. *Emotion, 8*(5), 720-724. http://doi.org/10.1037/a0013237

Ivtzan, I., Lomas, T., Hefferon, K., & Worth, P. (2016). *Second wave positive psychology: Embracing the dark side of life.* New York, NY: Routledge.

Ivtzan, I., Niemiec, R. M., & Briscoe, C. (2016). A study investigating the effects of mindfulness-based strengths practice (MBSP) on wellbeing. *International Journal of Wellbeing, 6*(2), 1-13.

Jahoda, M. (1958). *Current concepts of positive mental health.* New York, NY: Basic Books. http://doi.org/10.1037/11258-000

Joseph, S., & Linley, A. (2006). *Positive therapy: A meta-theory for positive psychological practice.* New York, NY: Routledge.

Kabat-Zinn, J. (1990). *Full catastrophe living.* New York, NY: Dell.

Kaczor, C. (2015). *The gospel of happiness: Rediscover your faith through spiritual practice and positive psychology*. New York, NY: Penguin Random House.

Kahneman, D. (2011). *Thinking, fast and slow*. London, UK: Penguin Books.

Kaiser, R. B., & Hogan, J. (2011). Personality, leader behavior, and overdoing it. *Consulting Psychology Journal: Practice and Research, 63*(4), 219-242. http://doi.org/10.1037/a0026795

Kaiser, R. B., & Overfield, D. V. (2011). Strengths, strengths overused, and lopsided leadership. *Consulting Psychology Journal: Practice and Research, 63*, 89-109.

Kammrath, L. K., & Peetz, J. (2011). The limits of love: Predicting immediate vs. sustained caring behaviors in close relationship. *Journal of Experimental & Social Psychology, 47*(2), 411-417. http://doi.org/10.1016/j.jesp.2010.11.004

Kannangara, C. S. (2015). From languishing dyslexia to thriving dyslexia: Developing a new conceptual approach to working with people with dyslexia. *Frontiers in Psychology, 6*. http://doi.org/10.3389/fpsyg.2015.01976

Kannangara, C. S., Griffiths, D., Carson, J., & Munasinghe, S. (2015). The relevance of cybernetics for a positive psychology approach to dyslexia. *Kybernetes, 44*(8/9), 1284-1297. http://doi.org/10.1108/K-11-2014-0270

Kashdan, T. B. (2009). *Curious? Discover the missing ingredient to a fulfilling life*. New York, NY: HarperCollins.

Kashdan, T. B., Blalock, D. V., Young, K. C., Machell, K. A., Monfort, S. S., McKnight, P. E., & Ferssizidis, P. (2017). Personality strengths in romantic relationships: Measuring perceptions of benefits and costs and their impact on personal and relational well-being. *Psychological Assessment*. Advance online publication. http://doi.org/10.1037/pas0000464

Kashdan, T. B., Julian, T., Merritt, K., & Uswatte, G. (2006). Social anxiety and posttraumatic stress in combat veterans: Relations to well-being and character strengths. *Behaviour Research and Therapy, 44*, 561-583. http://doi.org/10.1016/j.brat.2005.03.010

Kashdan, T. B., McKnight, P. E., Fincham, F. D., & Rose, P. (2011). When curiosity breeds intimacy: Taking advantage of intimacy opportunities and transforming boring conversations. *Journal of Personality, 79*, 1369-1401. http://doi.org/10.1111/j.1467-6494.2010.00697.x

Kauffman, C., Silberman, J., & Sharpley, D. (2008). Coaching for strengths using VIA. In J. Passmore (Ed.), *Psychometrics in coaching: Using psychological and psychometric tools for development* (pp. 239-253). Philadelphia, PA: Kogan Page.

Kaufman, S. B., & Gregoire, C. (2015). *Wired to create: Unravelling the mysteries of the creative mind*. London, UK: Vermilion.

Kern, M. L., & Bowling, D. S. (2015). Character strengths and academic performance in law students. *Journal of Research in Personality, 55,* 25-29. http://doi.org/10.1016/j.jrp.2014.12.003

Kesebir, P. (2014). A quiet ego quiets death anxiety: Humility as an existential anxiety buffer. *Journal of Personality and Social Psychology, 106*(4), 610-623. http://doi.org/10.1037/a0035814

Keyes, C. L. M. (2002). The mental health continuum: From languishing to flourishing in life. *Journal of Health and Social Behavior, 43,* 207-222. http://doi.org/10.2307/3090197

Keyes, C. L. M. (2003). Complete mental health: an agenda for the 21st century. In C. L. M. Keyes & J. Haidt (Eds.), *Flourishing: Positive psychology and the life well-lived* (pp. 293-312). Washington, DC: American Psychological Association.

Khumalo, I. P., Wissing, M. P., & Temane, Q. M. (2008). Exploring the validity of the Values-In-Action Inventory of Strengths (VIA-IS) in an African context. *Journal of Psychology in Africa, 18*(1), 133-142.

Kilduff, G. J., & Galinsky, A. D. (2013). From the ephemeral to the enduring: How approach-oriented mindsets lead to greater status. *Journal of Personality and Social Psychology, 105*(5), 816-831. http://doi.org/10.1037/a0033667

Kim, W. C., & Mauborgne, R. (1997). Value innovation: The strategic logic of high growth. *Harvard Business Review, 75,* 103-112.

King, L. A. (2001). The health benefits of writing about life goals. *Personality and Social Psychology Bulletin, 27,* 798-807. http://doi.org/10.1177/0146167201277003

Kirchner, J., Ruch, W., & Dziobek, I. (2016). Brief report: Character strengths in adults with autism spectrum disorder without intellectual impairment. *Journal of Autism and Developmental Disorders, 46*(10), 3330-3337. http://doi.org/10.1007/s10803-016-2865-7

Kobau, R., Seligman, M. E. P., Peterson, C., Diener, E., Zack, M. M., Chapman, D., & Thompson, W. (2011). Mental health promotion in public health: Perspectives and strategies from positive psychology. *American Journal of Public Health, 101*(8), e1-e9. http://doi.org/10.2105/AJPH.2010.300083

Koo, M., Algoe, S. B., Wilson, T. D., & Gilbert, D. T. (2008). It's wonderful life: Mentally subtracting positive events improves people's affective states, contrary to their affective forecasts. *Journal of Personality and Social Psychology, 95,* 1217-1224. http://doi.org/10.1037/a0013316

Kooij, D. T., van Woerkom, M., Wilkenloh, J., Dorenbosch, L., & Denissen, J. J. (2017). Job crafting towards strengths and interests: The effects of a job crafting intervention on person-job fit and the role of age. *Journal of Applied Psychology.* Advance online publication. http://doi.org/10.1037/apl0000194

Kornfield, J. (1993). *A path with heart.* New York, NY: Bantam Books.

Kornfield, J. (2008). *The art of forgiveness, lovingkindness, and peace.* New York, NY: Bantam Books.

Korotitsch, W. J., & Nelson-Gray, R. O. (1999). An overview of self-monitoring research in assessment and treatment. *Psychological Assessment, 11*(4), 415–425. http://doi.org/10.1037/1040-3590.11.4.415

Krentzman, A. R. (2013). Review of the application of positive psychology to substance abuse use, addiction, and recovery research. *Psychology of Addictive Behaviors, 27*(1), 151–165. http://doi.org/10.1037/a0029897

Kruse, E., Chancellor, J., Ruberton, P. M., & Lyubomirsky, S. (2014). An upward spiral between gratitude and humility. *Social, Psychological, and Personality Science, 5*(7), 805–814. http://doi.org/10.1177/1948550614534700

Kurtz, J. L. (2008). Looking to the future to appreciate the present: The benefits of perceived temporal scarcity. *Psychological Science, 19,* 1238–1241. http://doi.org/10.1111/j.1467-9280.2008.02231.x

LaFasto, F., & Larson, C. (2012). *The humanitarian leader in each of us: Seven choices that shape a socially responsible life.* Thousand Oaks, CA: Sage.

Laham, S. M. (2013). Ease of retrieval and the moral circle. *Social Psychology, 44*(1), 33–36. http://doi.org/10.1027/1864-9335/a000099

Lambert, N. M., & Fincham, F. D. (2011). Expressing gratitude to a partner leads to more relationship maintenance behavior. *Emotion, 11,* 52–60. http://doi.org/10.1037/a0021557

Lambert, N. M., Gwinn, A. M., Fincham, F. D., & Stillman, T. F. (2011). Feeling tired? How sharing positive experiences can boost vitality. *International Journal of Wellbeing, 1*(3), 307–314. http://doi.org/10.5502/ijw.v1i3.1

Landis, S. K., Sherman, M. F., Piedmont, R. L., Kirkhart, M. W., Rapp, M. E., & Bike, D. H. (2009). The relation between elevation and self-reported prosocial behavior: Incremental validity over the five-factor model of personality. *Journal of Positive Psychology, 4*(1), 71–84. http://doi.org/10.1080/17439760802399208

Langer, E. J. (1997). *The power of mindful learning.* Reading, MA: Addison-Wesley.

Langer, E. (2006). *On becoming an artist: Reinventing yourself through mindful creativity.* New York, NY: Ballantine Books.

Lapsley, D. K., & Power, F. C. (Eds.). (2005). *Character psychology and character education.* Notre Dame, IN: University of Notre Dame Press.

Larcus, J., Gibbs, T., & Hackmann, T. (2016). Building capacities for change: Wellness coaching as a positive approach to student development. *Philosophy of Coaching: An International Journal, 1*(1), 43–62. http://doi.org/10.22316/poc/01.1.05

Laska, K. M., Gurman, A. S., & Wampold, B. E. (2014). Expanding the lens of evidence-based practice in psychotherapy A common factors perspective. *Psychotherapy: Theory, Research, & Practice, 51,* 467–481. http://doi.org/10.1037/a0034332

Lavelock, C. R., Worthington, E. L., & Davis, D. E. (2014a). *The path to humility: Six practical sections for becoming a more humble person.* Retrieved from https://www.evworthington-forgiveness.com/diyworkbooks/

Lavelock, C. R., Worthington, E. L., Jr., Davis, D. E., Griffin, B. J., Reid, C. A., Hook, J. N., & Van Tongeren, D. R. (2014b). The quiet virtue speaks: An intervention to promote humility. *Journal of Psychology & Theology, 42,* 99-100.

Lavy, S., & Littman-Ovadia, H. (2016). My better self: Using strengths at work and work productivity, organizational citizenship behavior and satisfaction. *Journal of Career Development.* Advance online publication.

Lavy, S., Littman-Ovadia, H., & Bareli, Y. (2014a). Strengths deployment as a mood-repair mechanism: Evidence from a diary study with a relationship exercise group. *Journal of Positive Psychology, 9*(6), 547-558. http://doi.org/10.1080/17439760.2014.936963

Lavy, S., Littman-Ovadia, H., & Bareli, Y. (2014b). My better half: Strengths endorsement and deployment in married couples. *Journal of Family Issues, 37,* 1730-1745. http://doi.org/10.1177/0192513X14550365

Lavy, S., Littman-Ovadia, H., & Boiman-Meshita, M. (2016). The wind beneath my wings: The role of social support in enhancing the use of strengths at work. *Journal of Career Assessment.* Advance online publication.

Layous, K., Nelson, S. K., Oberle, E., Schonert-Reichl, K. A., & Lyubomirsky, S. (2012). Kindness counts: Promoting prosocial behavior in preadolescents boosts peer acceptance and well-being. *PLoS ONE, 7*(12), e51380. http://doi.org/10.1371/journal.pone.0051380

Lefevor, G. T., & Fowers, B. J. (2016). Traits, situational factors, and their interactions as explanations of helping behavior. *Personality and Individual Difference, 92,* 159-163. http://doi.org/10.1016/j.paid.2015.12.042

Legault, L., Al-Khindi, T., & Inzlicht, M. (2012). Preserving integrity in the face of performance threat: Self-affirmation enhances neurophysiological responsiveness to errors. *Psychological Science, 23,* 1455-1460. http://doi.org/10.1177/0956797612448483

Leppma, M. (2012). Loving-kindness meditation and counseling. *Journal of Mental Health Counseling, 34*(3), 197-204. http://doi.org/10.17744/mehc.34.3.955g218326616282

Leventhal, K. S., DeMaria, L. M., Gillham, J. E., Andrew, G., Peabody, J., & Leventhal, S. M. (2016). A psychosocial resilience curriculum provides the "missing piece" to boost adolescent physical health: A randomized controlled trial of Girls First in India. *Social Science & Medicine, 161,* 37-46. http://doi.org/10.1016/j.socscimed.2016.05.004

Leventhal, K. S., Gillham, J., DeMaria, L., Andrew, G., Peabody, J., & Leventhal, S. (2015). Building psychosocial assets and wellbeing among adolescent girls: A randomized controlled trial. *Journal of Adolescence, 45,* 284-295. http://doi.org/10.1016/

j.adolescence.2015.09.011

Levitt, H. M., Pomerville, A., & Surace, F. I. (2016). A qualitative meta-analysis examining clients' experiences of psychotherapy: A new agenda. *Psychological Bulletin, 142*(8), 801–830. http://doi.org/10.1037/bul0000057

Linkins, M., Niemiec, R. M., & Gillham, J., & Mayerson, D. (2015). Through the strengths lens: A framework for educating the heart. *Journal of Positive Psychology, 10*(1), 64–68. http://doi.org/10.1080/17439760.2014.888581

Linley, A. (2008). *Average to A+: Realising strengths in yourself and others.* Coventry, UK: CAPP Press.

Linley, P. A., & Harrington, S. (2006). Strengths coaching: A potential-guided approach to coaching psychology. *International Coaching Psychology Review, 1*(1), 37–46.

Linley, P. A., Nielsen, K. M., Gillett, R., & Biswas-Diener, R. (2010). Using signature strengths in pursuit of goals: Effects on gaol progress, need satisfaction, and well-being, and implications for coaching psychologists. *International Coaching Psychology Review, 5*(1), 6–15.

Littman-Ovadia, H., & Davidovitch, N. (2010). Effects of congruence and character-strength deployment on work adjustment and well-being. *International Journal of Business and Social Science, 1*(3), 138–146.

Littman-Ovadia, H., & Lavy, S. (2012). Differential ratings and associations with well-being of character strengths in two communities. *Health Sociology Review, 21*(3), 1378–1410. http://doi.org/10.5172/hesr.2012.21.3.299

Littman-Ovadia, H., & Lavy, S. (2016). Going the extra mile: Perseverance as a key character strength at work. *Journal of Career Assessment, 24*(2), 240–252. http://doi.org/10.1177/1069072715580322

Littman-Ovadia, H., Lavy, S., & Boiman-Meshita, M. (2016). When theory and research collide: Examining correlates of signature strengths use at work. *Journal of Happiness Studies.* Advance online publication.

Littman-Ovadia, H., Lazar-Butbul, V., & Benjamin, B. A. (2014). Strengths-based career counseling: Overview and initial evaluation. *Journal of Career Assessment, 22*(3), 403–419. http://doi.org/10.1177/1069072713498483

Littman-Ovadia, H., & Niemiec, R. M. (2017). Meaning, mindfulness, and character strengths. In P. Russo-Netzer, S. E. Schulenberg, & A. Batthyany (Eds.), *To thrive, to cope, to understand: Meaning in positive and existential psychology.* New York, NY: Springer.

Littman-Ovadia, H., & Steger, M. (2010). Character strengths and well-being among volunteers and employees: Toward an integrative model. *Journal of Positive Psychology, 5*(6), 419–430. http://doi.org/10.1080/17439760.2010.516765

Logan, D. E., Kilmer, J. R., & Marlatt, G. A. (2010). The virtuous drinker: Character virtues as correlates and moderators of college student drinking and consequences. *Journal of American College Health, 58,* 317–324. http://doi.org/10.1080/07448480903380326

Lomas, T. (2016). Towards a positive cross-cultural lexicography: Enriching our emotional landscape through 216 "untranslatable" words pertaining to well-being. *Journal of Positive Psychology, 11*(5), 546-558. http://doi.org/10.1080/17439760.2015.1127993

Lopez, S. J. (Ed.). (2008). *Positive psychology: Exploring the best in people. Volume 1: Discovering human strengths.* Westport, CT: Praeger.

Lopez, S. J. (2014). *Making hope happen: Create the future you want for yourself and others.* New York, NY: Atria Books.

Lottman, T., Zawaly, S., & Niemiec, R. M. (2017). Well-being and well-being: Bringing mindfulness and character strengths to the early childhood classroom and home. In C. Proctor (Ed.), *Positive psychology interventions in practice.* New York, NY: Springer.

Louis, M. C. (2011). Strengths interventions in higher education: The effect of identification versus development approaches on implicit self-theory. *Journal of Positive Psychology, 6*(3), 204-215. http://doi.org/10.1080/17439760.2011.570366

Lounsbury, J. W., Fisher, L. A., Levy, J. J., & Welsch, D. P. (2009). An investigation of character strengths in relation to the academic success of college students. *Individual Differences Research, 7*(1), 52-69.

Loy, L. S., Wieber, F., Gollwitzer, P. M., & Oettingen, G. (2016). Supporting sustainable food consumption: Mental contrasting with implementation intentions (MCII) aligns intentions and behavior. *Frontiers in Psychology, 7.*

Lynch, M. F., La Guardiab, J. G., & Ryan, R. M. (2009). On being yourself in different cultures: Ideal and actual self-concept, autonomy support, and well-being in China, Russia, and the United States. *Journal of Positive Psychology, 4*(4), 290-304. http://doi.org/10.1080/17439760902933765

Lyubomirsky, S. (2008). *The how of happiness: A scientific approach to getting the life you want.* New York, NY: Penguin Press.

Lyubomirsky, S., Dickerhoof, R., Boehm, J. K., & Sheldon, K. M. (2011). Becoming happier takes both a will and a proper way: An experimental longitudinal intervention to boost well-being. *Emotion, 11*(2), 391-402. http://doi.org/10.1037/a0022575

Lyubomirsky, S., & Layous, K. (2013). How do simple positive activities increase well-being? *Current Directions in Psychological Science, 22*, 57-62. http://doi.org/10.1177/0963721412469809

Lyubomirsky, S., Sheldon, K. M., & Schkade, D. (2005). Pursuing happiness: The architecture of sustainable change. *Review of General Psychology, 9*, 111-131. http://doi.org/10.1037/1089-2680.9.2.111

Macdonald, C., Bore, M., & Munro, D. (2008). Values in action scale and the big 5: An empirical indication of structure. *Journal of Research in Personality, 42*(4), 787-799. http://

doi.org/10.1016/j.jrp.2007.10.003

Madden, W., Green, S., & Grant, A. M. (2011). A pilot study evaluating strengths-based coaching for primary school students: Enhancing engagement and hope. *International Coaching Psychology Review, 6*(1), 71-83.

Mann, T. C., & Gilovich, T. (2016). The asymmetric connection between money and material vs. experiential purchases. *Journal of Positive Psychology, 11*(6), 647-658. http://doi.org/10.1080/17439760.2016.1152594

Marigold, D. C., Holmes, J. G., & Ross, M. (2007). More than words: Reframing compliments from romantic partners fosters security in low self-esteem individuals. *Journal of Personality and Social Psychology, 92*, 232-248. http://doi.org/10.1037/0022-3514.92.2.232

Marigold, D. C., Holmes, J. G., & Ross, M. (2010). Fostering relationship resilience: An intervention for low self-esteem individuals. *Journal of Experimental Social Psychology, 46*, 624-630. http://doi.org/10.1016/j.jesp.2010.02.011

Martela, F., & Steger, M. F. (2016). The three meanings of meaning in life: Distinguishing coherence, purpose, and significance. *Journal of Positive Psychology, 11*(5), 531-545. http://doi.org/10.1080/17439760.2015.1137623

Martinez-Marti, M. L., Avia, M. D., & Hernandez-Lloreda, J. (2014). Appreciation of beauty training: A web-based intervention. *Journal of Positive Psychology, 9*(6), 477-481. http://doi.org/10.1080/17439760.2014.920512

Martinez-Marti, M. L., & Ruch, W. (2014). Character strengths and well-being across the life span: Data from a representative sample of German-speaking adults in Switzerland. *Frontiers in Psychology, 5*.

Martinez-Marti, M. L., & Ruch, W. (2016). Character strengths predict resilience over and above positive affect, self-efficacy, optimism, social support, self-esteem, and life satisfaction. *Journal of Positive Psychology, 12*(2), 110-119. http://doi.org/10.1080/17439760.2016.1163403

Maslow, A. (1970). *Motivation and personality* (2nd ed.). New York, NY: Harper & Row.

Maslow, A. H. (1973). *The farther reaches of human nature.* New York, NY: Viking.

Matthews, M. D., Eid, J., Kelly, D., Bailey, J. K. S., & Peterson, C. (2006). Character strengths and virtues of developing military leaders: An international comparison. *Military Psychology, 18*(Suppl.), S57-S68. http://doi.org/10.1207/s15327876mp1803s_5

Mayerson, N. M. (2013, June). *Signature strengths: Validating the construct.* Presentation at Third World Congress on Positive Psychology, Los Angeles, CA: Abstract retrieved from http://psycnet.apa.org/?fa=main.doiLanding&doi=10.1037/e574802013-112

Mayerson, N. M. (2015). "Characterizing" the workplace: Using character strengths to create sustained success. *Kognition & Paedagogik, 96*, 14-27.

Mayerson, N. M. (2016). Creating sustained organizational success: An application of character science. *Positive Work and Organizations: Research and Practice, 2.* Retrieved from http://www.viacharacter.org/blog/strengths-at-work/

Mazzucchelli, T. G., Kane, R. T., & Rees, C. S. (2010). Behavioral activation interventions for well-being: A meta-analysis. *Journal of Positive Psychology, 5*(2), 105-121.

McAdams, D. P., Anyidoho, N. A., Brown, C., Huang, Y. T., Kaplan, B., & Machado, M. A. (2004). Traits and stories: Links between dispositional and narrative features of personality. *Journal of Personality, 72*(4), 761-784. http://doi.org/10.1111/j.0022-3506.2004.00279.x

McCabe, K. O., & Fleeson, W. (2016). Are traits useful?: Explaining trait manifestations as tools in the pursuit of goals. *Journal of Personality and Social Psychology, 110*(2), 287-301. http://doi.org/10.1037/a0039490

McCullough, M. E. (2008). *Beyond revenge: The evolution of the forgiveness instinct.* San Francisco, CA: Jossey-Bass.

McCullough, M. E., Root, L. M., & Cohen, A. D. (2006). Writing about the benefits of an interpersonal transgression facilitates forgiveness. *Journal of Consulting and Clinical Psychology, 74*(5), 887-897. http://doi.org/10.1037/0022-006X.74.5.887

McGhee, P. E. (1999). *Health, healing, and the amuse system: Humor as survival training.* Dubuque, IA: Kendall/Hunt.

McGhee, P. E. (2010). *Humor as survival training*

for a stressed-out world: The 7 humor habits program.* Bloomington, IN: AuthorHouse.

McGrath, R. E. (2013). *Intercorrelation matrix of VIA Survey results of 458,854 respondents.* Unpublished data of the VIA Institute.

McGrath, R. E. (2014). Scale- and item-level factor analysis of the VIA Inventory of Strengths. *Assessment, 21*(1), 4-14. http://doi.org/10.1177/1073191112450612

McGrath, R. E. (2015a). Measurement invariance in translations of the VIA inventory of strengths. *European Journal of Psychological Assessment, 32*(3), 187-194. http://doi.org/10.1027/1015-5759/a000248

McGrath, R. E. (2015b). Character strengths in 75 nations: An update. *Journal of Positive Psychology, 10*(1), 41-52. http://doi.org/10.1080/17439760.2014.888580

McGrath, R. E. (2015c). Integrating psychological and cultural perspectives on virtue: The hierarchical structure of character strengths. *Journal of Positive Psychology, 10*(5), 407-424. http://doi.org/10.1080/17439760.2014.994222

McGrath, R. E. (2017). *Technical report-the VIA test suite for adults: Development and preliminary evaluation.* Cincinnati, OH: VIA Institute on Character. Available at www.viacharacter.org

McGrath, R. E., Rashid, T., Park, N., & Peterson, C. (2010). Is optimal functioning a distinct state? *The Humanistic Psychologist, 38*, 159-169. http://doi.org/10.1080/08873261003635781

McGrath, R. E., & Walker, D. I. (2016). Factor

structure of character strengths in youth: Consistency across ages and measures. *Journal of Moral Education, 45,* 400-418.

McGovern, T. V., & Miller, S. L. (2008). Integrating teacher behaviors with character strengths and virtues for faculty development. *Teaching of Psychology, 35*(4), 278-285. http://doi.org/10.1080/00986280802374609

McNulty, J., & Russell, V. M. (2010). When "negative" behaviors are positive: A contextual analysis of the long-term effects of problem-solving behaviors on changes in relationship satisfaction. *Journal of Personality and Social Psychology, 98,* 587-604. http://doi.org/10.1037/a0017479

McQuaid, M., & Lawn, E. (2014). *Your strengths blueprint: How to be engaged, energized, and happy at work.* Albert Park, Australia: McQuaid Pty. Ltd.

McQuaid, M., Niemiec, R. M., & Doman, F. (in press). Character strengths-based approaches in positive psychology coaching. In S. Green, & S. Palmer (Eds.), *Positive psychology coaching in practice.* London, UK: Routledge.

McQuaid, M., & VIA Institute on Character (2015). *VIA character strengths at work* [Web log post]. Retrieved from https://www.viacharacter.org/blog/category/via-character-strengths-in-use/

Meevissen, Y. M. C., Peters, M. L., & Alberts, H. J. E. M. (2011). Become more optimistic by imagining a best possible self: Effects of a two-week intervention. *Journal of Behavior Therapy and Experimental Psychiatry, 42,* 371-378.

http://doi.org/10.1016/j.jbtep.2011.02.012

Meyers, M. C., & van Woerkom, M. (2016). Effects of a strengths intervention on general and work-related well-being: The mediating role of positive affect. *Journal of Happiness Studies.* Advance online publication.

Meyers, M. C., van Woerkom, M., de Reuver, R., Bakk, Z., & Oberski, D. L. (2015). Enhancing psychological capital and personal growth initiative: Working on strengths or deficiencies? *Journal of Counseling Psychology, 62*(1), 50-62. http://doi.org/10.1037/cou0000050

Miller, C. A., & Frisch, M. B. (2009). *Creating your best life: The ultimate life list guide.* New York, NY: Sterling.

Miller, C. B. (2013). *Moral character: An empirical theory.* Oxford, UK: Oxford University Press. http://doi.org/10.1093/acprof:oso/9780199674350.001.0001

Miller, W. R., & Rollnick, S. (2002). *Motivation interviewing: Preparing people for change* (2nd ed.). New York, NY: Guilford.

Minhas, G. (2010). Developing realised and unrealised strengths: Implications for engagement, self-esteem, life satisfaction and well-being. *Assessment and Development Matters, 2,* 12-16.

Mitchell, J., Stanimirovic, R., Klein, B., & Vella-Brodrick, D. (2009). A randomised controlled trial of a self-guided Internet intervention promoting well-being. *Computers in Human Behavior, 25,* 749-760. http://doi.org/10.1016/j.chb.2009.02.003

Moberg, D. J. (2008). Mentoring for protégé character development. *Mentoring & Tutoring: Partnership in Learning, 16*(1), 91–103. http://doi.org/10.1080/13611260701801056

Money, K., Hillenbrand, C., & Camara, N. D. (2008). Putting positive psychology to work in organizations. *Journal of General Management, 34*(2), 21–26.

Mongrain, M., & Anselmo-Matthews, T. (2012). Do positive psychology exercises work? A replication of Seligman et al. (2005). *Journal of Clinical Psychology, 68*, 382–389. http://doi.org/10.1002/jclp.21839

Moore, W. (2011). An investigation of character strengths among college attendees with and without a history of child abuse. *Dissertation Abstracts International: Section B: The Sciences and Engineering, 71*(8-B), 5137.

Moradi, S., Nima, A. A., Ricciardi, M. R., Archer, T., & Garcia, D. (2014). Exercise, character strengths, well-being, and learning climate in the prediction of performance over a 6-month period at a call center. *Frontiers in Psychology, 5*, Article 497.

Muller, L., & Ruch, W. (2011). Humor and strengths of character. *Journal of Positive Psychology, 6*(5), 368–376.

Murray, S. L., Rose, P., Holmes, J. G., Derrick, J., Podchaski, E. J., Bellavia, G., & Griffin, D. W. (2005). Putting the partner within reach: A dyadic perspective on felt security in close relationships. *Journal of Personality and Social Psychology, 88*(2), 327–347. http://doi.org/10.1037/0022-3514.88.2.327

Neff, K. D. (2003). The development and validation of a scale to measure self-compassion. *Self and Identity, 2*, 223–250. http://doi.org/10.1080/15298860309027

Neff, K. D. (2011). *Self-compassion: The proven power of being kind to yourself.* New York, NY: Harper-Collins Publishers.

Neff, K. D., & Germer, C. K. (2013). A pilot study and randomized controlled trial of the mindful self-compassion program. *Journal of Clinical Psychology, 69*(1), 28–44. http://doi.org/10.1002/jclp.21923

Neff, K. D., Rude, S. S., & Kirkpatrick, K. L. (2007). An examination of self-compassion in relation to positive psychological functioning and personality traits. *Journal of Research in Personality, 41*, 908–916. http://doi.org/10.1016/j.jrp.2006.08.002

Neff, K. D., & Vonk, R. (2009). Self-compassion versus global self-esteem: Two different ways of relating to oneself. *Journal of Personality, 77*(1), 23–50. http://doi.org/10.1111/j.1467-6494.2008.00537.x

Nilis, D., Quoidbach, J., Mikolajczak, M., & Hansenne, M. (2009). Increasing emotional intelligence: (How) is it possible? *Personality and Individual Differences, 47*, 36–41. http://doi.org/10.1016/j.paid.2009.01.046

Ng, V., Cao, M., Marsh, H. W., Tay, L., & Seligman, M. E. P. (2016). The factor structure of the values in action inventory of strengths (VIA-IS): An item-level exploratory structural equation modeling (ESEM) bifactor analysis. *Psychological Assessment.* Advance online publication.

Nhat Hanh, T. (1979). *The miracle of mindfulness: An introduction to the practice of meditation.* Boston, MA: Beacon.

Nhat Hanh, T. (1993). *For a future to be possible: Commentaries on the five mindfulness trainings.* Berkeley, CA: Parallax Press.

Nhat Hanh, T. (2001). *Anger: Wisdom for cooling the flames.* New York, NY: Riverhead Books.

Nhat Hanh, T. (2009). *Happiness.* Berkeley, CA: Parallax Press.

Niemiec, R. M. (2005). Friendship: A spiritual antidote to loneliness [Review of the motion picture The station agent]. *PsycCRITIQUES, 50*(24), http://doi.org/10.1037/041054

Niemiec, R. M. (2007). What is a positive psychology film? [Review of the motion picture The pursuit of happyness]. *PsycCRITIQUES, 52*(38). http://doi.org/10.1037/a0008960

Niemiec, R. M. (2008). A call to the sacred. [Review of the motion picture The flight of the red balloon]. *PsycCRITIQUES, 53*(48).

Niemiec, R. M. (2009). *VIA intensive manual: Character strengths and virtues in practice.* Cincinnati, OH: VIA Institute on Character.

Niemiec, R. M. (2010a). Character strengths and positive psychology: On the horizon in family therapy. *The Family Psychologist, 26*(1), 16–17.

Niemiec, R. M. (2010b). A wonderland journey through positive psychology intervention. [Review of the motion picture Alice in wonderland]. *PsycCRITIQUES, 55*(31). http://doi.org/10.1037/a0020690

Niemiec, R. M. (2010c). The true meaning of character. [Review of the motion picture Invictus]. *PsycCRITIQUES, 55*(19). http://doi.org/10.1037/a0019539

Niemiec, R. M. (2012). Mindful living: Character strengths interventions as pathways for the five mindfulness trainings. *International Journal of Wellbeing, 2*(1), 22–33. http://doi.org/10.5502/ijw.v2il.2

Niemiec, R. M. (2013). VIA character strengths: Research and practice (The first 10 years). In H. H. Knoop & A. Delle Fave (Eds.), *Well-being and cultures: Perspectives on positive psychology* (pp. 11–30). New York, NY: Springer Science + Business Media.

Niemiec, R. M. (2014a). *Mindfulness and character strengths: A practical guide to flourishing.* Boston, MA: Hogrefe.

Niemiec, R. M. (2014b). The overuse of strengths: 10 principles. [Review of the motion picture Divergent]. *PsycCRITIQUES, 59*(33).

Niemiec, R. M. (2016). The best mindfulness exercise most people don't know. *Psychology Today.* Retrieved from https://www.psychologytoday.com/blog/what-matters-most/201604/the-best-mindfulness-exercise-most-people-don-t-know

Niemiec, R. M. (2017). The positive psychology of zombies. [A review of the motion picture Train to Busan]. *PsycCRITIQUES, 62*(10), Article 10. http://doi.org/10.1037/a0040769

Niemiec, R. M., & Bretherton, R. (2015). The character-driven person: How Frozen's Anna, not Elsa, is an exemplar. *PsycCRITIQUES, 50*(26). http://doi.org/10.1037/a0039283

Niemiec, R. M., & Clyman, J. (2009). Temperance: The quiet virtue finds a home. [Review of the motion picture Twilight]. *PsycCRITIQUES, 54*(46). http://doi.org/10.1037/a0017924

Niemiec, R. M., & Ferland, D. (2006). The layers of transformation [Review of the motion picture Batman begins]. *PsycCRITIQUES, 51*(2).

Niemiec, R. M., & Lissing, J. (2016). Mindfulness-based strengths practice (MBSP) for enhancing well-being, life purpose, and positive relationships. In I. Ivtzan & T. Lomas (Eds.), *Mindfulness in positive psychology: The science of meditation and wellbeing* (pp. 15–36). New York, NY: Routledge.

Niemiec, R. M., Rashid, T., Linkins, M., Green, S., & Mayerson, N. H. (2013). Character strengths in practice. *IPPA Newsletter, 5*(4).

Niemiec, R. M., Rashid, T., & Spinella, M. (2012). Strong mindfulness: Integrating mindfulness and character strengths. *Journal of Mental Health Counseling, 34*(3), 240–253. http://doi.org/10.17744/mehc.34.3.34p6328x2v204v21

Niemiec, R. M., Shogren, K. A., & Wehmeyer, M. L. (2017). Character strengths and intellectual and developmental disability: A strengths-based approach from positive psychology. *Education and Training in Autism and Developmental Disabilities, 52*(1).

Niemiec, R. M., & Wedding, D. (2014). *Positive psychology at the movies: Using films to build character strengths and well-being* (2nd ed.). Boston, MA: Hogrefe Publishing.

Noftle, E. E. (2014, February). *Are you a moral person? Examining the substance, stability, and outcomes of explicit moral self-views to gain insight into character.* Conference presentation at the 15th Annual Meeting of the Society for Personality and Social Psychology, Austin, Texas.

Norcross, J. C., & Goldfried, M. R. (Eds.). (2005). *Handbook of psychotherapy integration.* New York, NY: Oxford University Press. http://doi.org/10.1093/med:psych/9780195165791.001.0001

Norrish, J. M. (2015). *Positive education: The Geelong Grammar School journey.* New York, NY: Oxford University Press. http://doi.org/10.1093/acprof:oso/9780198702580.001.0001

Nusbaum, E. C., Silvia, P. J., & Beaty, R. E. (2014). Ready, set, create: What instructing people to "be creative" reveals about the meaning and mechanisms of divergent thinking. *Psychology of Aesthetics, Creativity, and the Arts, 8*(4), 423–432. http://doi.org/10.1037/a0036549

Oettingen, G., Kappes, H. B., Guttenberg, K. B., & Gollwitzer, P. M. (2015). Self-regulation of time management: Mental contrasting with implementation intentions. *European Journal of Social Psychology, 45*, 218–229. http://doi.org/10.1002/ejsp.2090

Oettingen, G., Marquardt, M. K., & Gollwitzer,

P. M. (2012). Mental contrasting turns positive feedback on creative potential into successful performance. *Journal of Experimental Social Psychology, 48,* 990-996. http://doi.org/10.1016/j.jesp.2012.03.008

Oliver, M. B., & Bartch, A. (2010). Appreciation as audience response: Exploring entertainment gratifications beyond hedonism. *Human Communication Research, 36,* 53-81. http://doi.org/10.1111/j.1468-2958.2009.01368.x

Oman, D., Shapiro, S. L., Thoresen, C. E., Flinders, T., Driskill, J. D., & Plante, T. G. (2007). Learning from spiritual models and meditation: A randomized evaluation of a college course. *Pastoral Psychology, 55*(4), 473-493. http://doi.org/10.1007/s11089-006-0062-x

Oman, D., & Thoresen, C. E. (2007). How does one learn to be spiritual? The neglected role of spiritual modeling in health. In T. G. Plante & C. E. Thoresen (Eds.), *Spirit, science and health: How the spiritual mind fuels physical wellness* (pp. 39-54). Westport, CT: Praeger.

Oman, D., Thoresen, C. E., Park, C. L., Shaver, P. R., Hood, R. W., & Plante, T. G. (2009). How does one become spiritual? The Spiritual Modeling Inventory of Life Environments (SMILE). *Mental Health, Religion & Culture, 12*(5), 427-456. http://doi.org/10.1080/13674670902758257

Oppenheimer, M. F., Fialkov, C., Ecker, B., & Portnoy, S. (2014). Teaching to strengths: Character education for urban middle school students. *Journal of Character Education, 10*(2), 91-105.

Otake, K., Shimai, S., Tanaka-Matsumi, J., Otsui, K., & Fredrickson, B. (2006). Happy people become happier through kindness: A counting kindness intervention. *Journal of Happiness Studies, 7*(3), 361-375. http://doi.org/10.1007/s10902-005-3650-z

Padesky, C. A., & Mooney, K. A. (2012). Strengths-based cognitive-behavioural therapy: A four-step model to build resilience. *Clinical Psychology & Psychotherapy, 19*(4), 283-290. http://doi.org/10.1002/cpp.1795

Palmer, S. (2008). The PRACTICE model of coaching: Towards a solution-focused approach. *Coaching Psychology International, 1*(1), 4-6.

Pargament, K. I., Lomax, J. W., McGee, J. S., & Fang, Q. (2014). Sacred moments in psychotherapy from the perspectives of mental health providers and clients: Prevalence, predictors, and consequences. *Spirituality in Clinical Practice, 1*(4), 248-262. http://doi.org/10.1037/scp0000043

Pargament, K., & Mahoney, A. (2002). Spirituality: Discovering and conserving the sacred. In C. R. Snyder & S. J. Lopez (Eds.), *Handbook of positive psychology* (pp. 646-659). New York, NY: Oxford University Press.

Park, N., & Peterson, C. (2006a). Methodological issues in positive psychology and the assessment of character strengths. In A. D. Ong & M. van Dulmen (Eds.), *Handbook of methods in positive psychology* (pp. 292-305).

New York, NY: Oxford University Press.

Park, N., & Peterson, C. (2006b). Moral competence and character strengths among adolescents: The development and validation of the Values in Action Inventory of Strengths for Youth. *Journal of Adolescence, 29,* 891–905.

Park, N., & Peterson, C. (2006c). Character strengths and happiness among young children: Content analysis of parental descriptions. *Journal of Happiness Studies, 7,* 323–341. http://doi.org/10.1007/s10902-005-3648-6

Park, N., Peterson, C., & Seligman, M. E. P. (2004). Strengths of character and well-being. *Journal of Social & Clinical Psychology, 23,* 603–619. http://doi.org/10.1521/jscp.23.5.628.50749

Park, N., Peterson, C., & Seligman, M. E. P. (2006). Character strengths in fifty-four nations and the fifty US states. *Journal of Positive Psychology, 1*(3), 118–129. http://doi.org/10.1080/17439760600619567

Park, N., & Peterson, C. (2009). Character strengths: Research and practice. *Journal of College and Character, 10*(4), np. http://doi.org/10.2202/1940-1639.1042

Park, N., & Peterson, C. (2010). Does it matter where we live? The urban psychology of character strengths. *American Psychologist, 65*(6), 535–547. http://doi.org/10.1037/a0019621

Parks, A. C., & Schueller, S. (Eds.). (2014). *The Wiley-Blackwell handbook of positive psychological intervention.*

Hoboken, NJ: Wiley-Blackwell. http://doi.org/10.1002/9781118315927

Passmore, J., & Marianetti, O. (2007). The role of mindfulness in coaching. *The Coaching Psychologist, 3*(3), 130–136.

Pearsall, P. (2007). *Awe: The delights and dangers of our eleventh emotion.* Deerfield Beach, FL: Health Communications.

Peters, M. L., Flink, I. K., Boersma, K., & Linton, S. J. (2010). Manipulating optimism: Can imagining a bets possible self be used to increase positive future expectancies? *Journal of Positive Psychology, 5*(3), 204–211. http://doi.org/10.1080/17439761003790963

Peterson, C. (2006a). *A primer in positive psychology.* New York, NY: Oxford University Press.

Peterson, C. (2006b). The values in action (VIA) classification of strengths. In M. Csikszentmihalyi & I. Csikszentmihalyi (Eds.), *A life worth living: Contributions to positive psychology* (pp. 29–48). New York, NY: Oxford University Press.

Peterson, C. (2014). Foreword to the second edition. In R. M. Niemiec & D. Wedding, *Positive psychology at the movies* (2nd ed.). Boston, MA: Hogrefe Publishing.

Peterson, C., & Park, N. (2009). Classifying and measuring strengths of character. In S. J. Lopez & C. R. Snyder (Eds.), *Oxford handbook of positive psychology* (2nd ed., pp. 25–33). New York, NY: Oxford University Press.

Peterson, C., Park, N., & Castro, C. A. (2011).

Assessment for the US Army comprehensive soldier fitness program: The global assessment tool. *American Psychologist, 66*(1), 10–18. http://doi.org/10.1037/a0021658

Peterson, C., Park, N., Hall, N., & Seligman, M. E. P. (2009). Zest and work. *Journal of Organizational Behavior, 30,* 161–172. http://doi.org/10.1002/job.584

Peterson, C., Park, N., Pole, N., D'Andrea, W., & Seligman, M. E. P. (2008). Strengths of character and posttraumatic growth. *Journal of Traumatic Stress, 21,* 214–217. http://doi.org/10.1002/jts.20332

Peterson, C., Park, N., & Seligman, M. E. P. (2005). Orientations to happiness and life satisfaction: The full life versus the empty life. *Journal of Happiness Studies, 6,* 25–41. http://doi.org/10.1007/s10902-004-1278-z

Peterson, C., Ruch, W., Beermann, U., Park, N., & Seligman, M. E. P. (2007). Strengths of character, orientations to happiness, and life satisfaction. *Journal of Positive Psychology, 2,* 149-156. http://doi.org/10.1080/17439760701228938

Peterson, C., & Seligman, M. E. P. (2001). *Complementarity of VIA classification and Gallup Strengths-Finder.* Unpublished manuscript.

Peterson, C., & Seligman, M. E. P. (2003). Character strengths before and after September 11. *Psychological Science, 14,* 381–384. http://doi.org/10.1111/1467-9280.24482

Peterson, C., & Seligman, M. E. P. (2004).

Character strengths and virtues: A handbook and classification. New York, NY: Oxford University Press/ Washington, DC: American Psychological Association.

Peterson, T. D., & Peterson, E. W. (2008). Stemming the tide of law student depression: What law schools need to learn from the science of positive psychology. *Yale Journal of Health Policy, Law, and Ethics, 9*(2), 358–359.

Pinquart, M., & Forstmeier, S. (2012). Effects of reminiscence interventions on psychosocial outcomes: A meta-analysis. *Aging & Mental Health, 16,* 541–558. http://doi.org/10.1080/13607863.2011.651434

Plante, T. G. (2008). What do the spiritual and religious traditions offer the practicing psychologist? *Pastoral Psychology, 56,* 429–444. http://doi.org/10.1007/s11089-008-0119-0

Pocono Record. (2012). *Obituary for Mary E. Craig.* Retrieved from www.poconorecord.com/article/20110102/NEWS07/101020334

Pollak, S. M., Pedulla, T., & Siegel, R. D. (2014). *Sitting together: Essential skills for mindfulness-based psychotherapy.* New York, NY: Guilford Press.

Polly, S., & Britton, K. (2015). *Character strengths matter: How to live a full life.* Washington, DC: Positive Psychology News.

Pressman, S. D., Kraft, T. L., & Cross, M. P. (2015). It's good to do good and receive good: The impact of a "pay it forward" style kindness intervention on giver and receiver well-being. *Journal of Positive Psychology, 10*(4), 293–302.

http://doi.org/10.1080/17439760.2014.965269

Prochaska, J. O., & DiClemente, C. C. (1982). Transtheoretical therapy: Toward a more integrative model of change. *Psychotherapy: Theory, Research, and Practice, 19*, 276–288. http://doi.org/10.1037/h0088437

Proctor, C., & Fox Eades, J. (2011). *Strengths gym: Build and exercise your strengths!* St. Peter Port, UK: Positive Psychology Research Centre.

Proctor, C., Maltby, J., & Linley, P. A. (2009). Strengths use as a predictor of well-being and health-related quality of life. *Journal of Happiness Studies, 10*, 583–630.

Proctor, C., Tsukayama, E., Wood, A. M., Maltby, J., Eades, F., & Linley, P. A. (2011). Strengths gym: The impact of a character strengths-based intervention on the life satisfaction and well-being of adolescent students. *Journal of Positive Psychology, 6*, 377–388. http://doi.org/10.1080/17439760.2011.594079

Proctor, C., Tweed, R., & Morris, D. (2016). The Rogerian fully functioning person: A positive psychology perspective. *Journal of Humanistic Psychology, 56*(5), 503–529.

Proyer, R. T., Gander, F., Wellenzohn, S., & Ruch, W. (2013). What good are character strengths beyond subjective well-being? The contribution of the good character on self-reported health-oriented behavior, physical fitness, and the subjective health status. *Journal of Positive Psychology, 8*(3), 222–232. http://doi.org/10.1080/17439760.2013.777767

Proyer, R. T., Gander, F., Wellenzohn, S., & Ruch, W. (2014a). Positive psychology interventions in people aged 50-79 years: Long-term effects of placebo-controlled online interventions on well-being and depression. *Aging & Mental Health, 18*, 997–1005. http://doi.org/10.1080/13607863.2014.899978

Proyer, R. T., Gander, F., Wellenzohn, S., & Ruch, W. (2014b). The European football championship as a positive festivity: Changes in strengths of character before, during, and after the Euro 2008 in Switzerland. In H. A. Marujo & L. M. Neto (Eds.), *Positive nations and communities: Collective, qualitative and cultural-sensitive processes in positive psychology* (pp. 119-134). New York, NY: Springer.

Proyer, R. T., Gander, F., Wellenzohn, S., & Ruch, W. (2015). Strengths-based positive psychology interventions: A randomized placebo-controlled online trial on long-term effects for a signature strengths vs. a lesser strengths-intervention. *Frontiers in Psychology, 6*. http://doi.org/10.3389/fpsyg.2015.00456

Proyer, R. T., Gander, F., Wyss, T., & Ruch, W. (2011). The relation of character strengths to past, present, and future life satisfaction among German-speaking women. *Applied Psychology: Health and Well-Being, 3*(3), 370-384. http://doi.org/10.1111/j.1758-0854.2011.01060.x

Proyer, R. T., & Ruch, W. (2011). The virtuousness of adult playfulness: The relation of playfulness with strengths of character. *Psychology of*

Well-Being: Theory, Research and Practice, 1(4).

Proyer, R. T., Ruch, W., & Buschor, C. (2013). Testing strengths-based interventions: A preliminary study on the effectiveness of a program targeting curiosity, gratitude, hope, humor, and zest for enhancing life satisfaction. *Journal of Happiness Studies, 14*(1), 275-292. http://doi.org/10.1007/s10902-012-9331-9

Proyer, R. T., Sidler, N., Weber, M., & Ruch, W. (2012). A multimethod approach to studying the relationship between character strengths and vocational interests in adolescents. *International Journal for Educational and Vocational Guidance, 12*(2), 141-157. http://doi.org/10.1007/s10775-012-9223-x

Proyer, R. T., Wellenzohn, S., Gander, F., Ruch, W. (2014). Toward a better understanding of what makes positive psychology interventions work: Predicting happiness and depression from the person × intervention fit in a follow-up after 3.5 years. *Applied Psychology: Health and Well-Being, 7*(1), 108-128. http://doi.org/10.1111/aphw.12039

Pury, C. L. S. (2008). Can courage be learned? In S. J. Lopez (Ed.), *Positive psychology: Exploring the best in people, Vol. 1: Discovering human strengths* (pp. 109-130). Westport, CT: Prager.

Pury, C. L. S., & Kowalski, R. M. (2007). Human strengths, courageous actions, and general and personal courage. *Journal of Positive Psychology, 2*(2), 120-128.

Pury, C. L. S., Starkey, C. B., Kulik, R. E., Skjerning, K. L., & Sullivan, E. A. (2015). Is courage always a virtue? Suicide, killing, and bad courage. *Journal of Positive Psychology, 10*(5), 383-388.

Putnam, D. (1997). Psychological courage. *Philosophy, Psychiatry, and Psychology, 4,* 1-11. http://doi.org/10.1353/ppp.1997.0008

Quinlan, D., Swain, N., & Vella-Brodrick, D. A. (2011). Character strengths interventions: Building on what we know for improved outcomes. *Journal of Happiness Studies, 13,* 1145-1163. http://doi.org/10.1007/s10902-011-9311-5

Quinlan, D. M., Swain, N., Cameron, C., & Vella-Brodrick, D. A. (2014). How "other people matter" in a classroom-based strengths intervention: Exploring interpersonal strategies and classroom outcomes. *Journal of Positive Psychology, 10*(1), 77-89. http://doi.org/10.1080/17439760.2014.920407

Quinn, J., Pascoe, A., Wood, W., & Neal, D. (2010). Can't control yourself? Monitor those bad habits. *Personality and Social Psychology Bulletin, 36,* 499-511. http://doi.org/10.1177/0146167209360665

Quoidbach, J., Berry, E. V., Hansenne, M., & Mikolajczak, M. (2010). Positive emotion regulation and well-being: Comparing the impact of eight savoring and dampening strategies. *Personality and Individual Differences, 49,* 368-373. http://doi.org/10.1016/j.paid.2010.03.048

Quoidbach, J., Mikolajczak, M., & Gross, J. J. (2015). Positive interventions: An emotion regulation perspective. *Psychological Bulletin, 141*(3), 655–693. http://doi.org/10.1037/a0038648

Quoidbach, J., Wood, A. M., & Hansenne, M. (2009). Back to the future: The effect of daily practice of mental time travel into the future on happiness and anxiety. *Journal of Positive Psychology, 4*(5), 349–355. http://doi.org/10.1080/17439760902992365

Rashid, T. (2004). Enhancing strengths through the teaching of positive psychology. *Dissertation Abstracts International, 64,* 6339.

Rashid, T. (2009). Positive interventions in clinical practice. *Journal of Clinical Psychology: In Session, 65*(5), 461–466. http://doi.org/10.1002/jclp.20588

Rashid, T. (2012, May). *The role of positive psychology in maximizing human potential.* Presentation at the Diversity Roundtable, Toronto, Ontario, Canada.

Rashid, T. (2015). Positive psychotherapy: A strength-based approach. *Journal of Positive Psychology, 10*(1), 25–40. http://doi.org/10.1080/17439760.2014.920411

Rashid, T., & Anjum, A. (2008). Positive psychotherapy for young children and adults. In J. R. Z. Abela & B. L. Hankin (Eds.), *Handbook of depression in children and adolescents* (pp. 250–287). New York, NY: Guilford Press.

Rashid, T., & Niemiec, R. M. (2013). Character strengths. In A. Micahlos (Ed.), *Encyclopedia of quality of life and well-being research.* New York, NY: Springer Science & Business Media.

Rashid, T., & Ostermann, R. F. (2009). Strength-based assessment in clinical practice. *Journal of Clinical Psychology, 65*(5), 488–498. http://doi.org/10.1002/jclp.20595

Rashid, T., & Seligman, M. E. P. (2013). Positive psychotherapy. In D. Wedding & R. J. Corsini (Eds.), *Current Psychotherapies* (pp. 461–498). Belmont, CA: Cengage.

Rath, T. (2007). *StrengthsFinder 2.0.* New York, NY: Gallup Press.

Reis, H., Smith, S., Carmichael, C., Caprariello, P., Tsai, F., Rodrigues, A., & Maniaci, M. R. (2010). Are you happy for me? How sharing positive events with others provides personal and interpersonal benefits. *Journal of Personality and Social Psychology, 99*(2), 311–329. http://doi.org/10.1037/a0018344

Reivich, K. J., Seligman, M. E. P., & McBride, S. (2011). Master resilience training in the U.S. Army. *American Psychologist, 66*(1), 25–34. http://doi.org/10.1037/a0021897

Reivich, K. J., & Shatté, A. J. (2003). *The resilience factor.* New York, NY: Broadway Books.

Rempel, G. R., Neufeld, A., & Kushner, K. E. (2007). Interactive use of genograms and ecomaps in family caregiving research. *Journal of Family Nursing, 13*(4), 403–419. http://doi.org/10.1177/1074840707307917

Resnick, S. G., & Rosenheck, R. A. (2006). Recovery and positive psychology: Parallel themes and potential synergies. *Psychiatric Services, 57*(1), 120–122. http://doi. org/10.1176/appi.ps.57.1.120

Riches, S., Schrank, B., Rashid, T., & Slade, M. (2016). WELLFOCUS PPT: Modifying positive psychotherapy for psychosis. *Psychotherapy, 53*(1), 68–77. http://doi.org/10.1037/ pst0000013

Roberts, L. M., Dutton, J. E., Spreitzer, G., Heaphy, E., & Quinn, R. (2005). Composing the reflected best-self portrait: Building pathways to becoming extraordinary in work organizations. *Academy of Management Review, 30,* 712–736. http://doi.org/10.5465/ AMR.2005.18378874

Roberts, B. W., Luo, J., Briley, D. A., Chow, P. I., Su, R., & Hill, P. L. (2017). A systematic review of personality trait change through intervention. *Psychological Bulletin, 143*(2), 117–141.

Rock, D., & Page, L. J. (2009). *Coaching with the brain in mind: Foundations for practice.* Hoboken, NJ: Wiley.

Rogers, C. (1961). *On becoming a person.* Boston, MA: Houghton Mifflin.

Rubin, R. S. (2002). Will the real SMART goals please stand up? *The Industrial-Organizational Psychologist, 39*(4), 26–27.

Ruch, W., Bruntsch, R., & Wagner, L. (2017). The role of character traits in economic games. *Personality and Individual Differences, 108,* 186–190.

Ruch, W., Gander, F., Platt, T., & Hofmann, J. (2016). Team roles: Their relationships to character strengths and job satisfaction. *Journal of Positive Psychology.* Advanced online publication.

Ruch, W., & Proyer, R. T. (2015). Mapping strengths into virtues: The relation of the 24 VIA-strengths to six ubiquitous virtues. *Frontiers in Psychology, 6,* http://doi. org/10.3389/fpsyg.2015.00460

Ruch, W., Proyer, R. T., Harzer, C., Park, N., Peterson, C., & Seligman, M. E. P. (2010). Values in action inventory of strengths (VIA-IS): Adaptation and validation of the German version and the development of a peer-rating form. *Journal of Individual Differences, 31*(3), 138–149.

Rusbult, C. E., Kumashiro, M., Kubacka, K. E., & Finkel, E. J. (2009). "The part of me that you bring out": Ideal similarity and the Michelangelo phenomenon. *Journal of Personality and Social Psychology, 96*(1), 61–82. http://doi. org/10.1037/a0014016

Rust, T., Diessner, R., & Reade, L. (2009). Strengths only or strengths and relative weaknesses?: A preliminary study. *Journal of Psychology, 143*(5), 465–476. http://doi. org/10.3200/JRL.143.5.465–476

Ryan, R. M., & Deci, E. L. (2008). From ego-depletion to vitality: Theory and findings concerning the facilitation of energy available to the self. *Social and Personality Psychology Compass, 2,* 702–717. http://doi.org/10.1111/ j.1751-9004.2008.00098.x

Ryan, R. M., Weinstein, N., Bernstein, J., Brown,

K. W., Mistretta, L., & Gagné, M. (2010). Vitalizing effects of being outdoors and in nature. *Journal of Environmental Psychology, 30*, 159-168. http://doi.org/10.1016/j.jenvp.2009.10.009

Saleebey, D. (1996). The strengths perspective in social work practice: Extensions and cautions. *Social Work, 41*(3), 296-306.

Salzberg, S. (1995). *Lovingkindness: The revolutionary art of happiness.* Boston, MA: Shambhala.

Samson, A. C., & Antonelli, Y. (2013). Humor as character strength and its relation to life satisfaction and happiness in autism spectrum disorders. *Humor: International Journal of Humor Research, 26*(3), 477-491.

Sansom, L., Bretherton, R., & Niemiec, R. M. (2016). Doing the right thing: Character, moral goodness and Star Wars [A review of Star Wars: Episode VII - The Force Awakens]. *PsycCRITIQUES, 61*(25). http://doi.org/10.1037/a0040387

Schnall, S., Roper, J., & Fessler, D. M. T. (2010). Elevation leads to altruistic behavior. *Psychological Science, 21*, 315-320. http://doi.org/10.1177/0956797609359882

Schnall, S., & Roper, J. (2011). Elevation puts moral values into action. *Social Psychological and Personality Science, 3*, 373-378. http://doi.org/10.1177/1948550611423595

Schnitker, S. A., & Emmons, R. A. (2007). Patience as a virtue: Religious and psychological perspectives. *Research in the Social Scientific Study of Religion, 18*, 177-207. http://doi.org/10.1163/ej.9789004158511.i-301.69

Schramm, D. G., Marshall, J. P., Harris, V. W., & Lee, T. R. (2005). After "I do": The newlywed transition. *Marriage and Family Review, 38*, 45-67. http://doi.org/10.1300/J002v38n01_05

Schueller, S. M. (2010). Preferences for positive psychology exercises. *Journal of Positive Psychology, 5*(3), 192-203. http://doi.org/10.1080/17439761003790948

Schueller, S. M. (2011). To each his own well-being boosting intervention: Using preference to guide selection. *Journal of Positive Psychology, 6*(4), 300-313. http://doi.org/10.1080/17439760.2011.577092

Schueller, S. M., & Parks, A. C. (2012). Disseminating self-help: Positive psychology exercises in an online trial. *Journal of Medical Internet Research, 14*(3), e63. http://doi.org/10.2196/jmir.1850

Schutte, N. S., & Malouff, J. M. (2011). Emotional intelligence mediates the relationship between mindfulness and subjective well-being. *Personality and Individual Differences, 50*(7), 1116-1119. http://doi.org/10.1016/j.paid.2011.01.037

Schwartz, B., & Sharpe, K. E. (2006). Practical wisdom: Aristotle meets positive psychology. *Journal of Happiness Studies, 7*, 377-395. http://doi.org/10.1007/s10902-005-3651-y

Schwartz, B., & Sharpe, K. E. (2011). *Practical wisdom: The right way to do the right thing.* New York, NY: Riverhead Books.

Scott, G., Leritz, L. E., & Mumford, M. D. (2004). The effectiveness of creativity training: A quantitative review. *Creativity Research Journal, 16*(4), 361–388. http://doi.org/10.1080/10400410409534549

Segal, Z. V., Williams, J. M. G., & Teasdale, J. D. (2013). *Mindfulness-based cognitive therapy for depression: A new approach to preventing relapse* (2nd ed.). New York, NY: Guilford.

Seligman, M. E. P. (1991). *Learned optimism*. New York, NY: Knopf.

Seligman, M. E. P. (2000). *The VIA taxonomy meeting minutes*. Retrieved from https://www.sas.upenn.edu/psych/seligman/glasbernsummary1.htm

Seligman, M. E. P. (2002). *Authentic happiness*. New York, NY: Free Press.

Seligman, M. E. P. (2011). *Flourish*. New York, NY: Free Press.

Seligman, M. E. P., Ernst, R. M., Gillham, J., Reivich, K., & Linkins, M. (2009). Positive education: Positive psychology and classroom interventions. *Oxford Review of Education, 35*(3), 293–311. http://doi.org/10.1080/03054980902934563

Seligman, M. E. P., Rashid, T., & Parks, A. C. (2006). Positive psychotherapy. *American Psychologist, 61*, 774–788. http://doi.org/10.1037/0003-066X.61.8.774

Seligman, M. E. P., Steen, T. A., Park, N., & Peterson, C. (2005). Positive psychology progress: Empirical validation of intervention. *American Psychologist, 60*, 410–421. http://doi.

org/10.1037/0003-066X.60.5.410

Shapira, L. B., & Mongrain, M. (2010). The benefits of self-compassion and optimism exercises for individuals vulnerable to depression. *Journal of Positive Psychology, 5*(5), 377–389. http://doi.org/10.1080/17439760.2010.516763

Sharp, J. E., Niemiec, R. M., & Lawrence, C. (2016). Using mindfulness-based strengths practices with gifted populations. *Gifted Education International*. Advance online publication. http://doi.org/10.1177/0261429416641009

Sheeran, P., Harris, P., Vaughan, J., Oettingen, G., & Gollwitzer, P. M. (2013). Gone exercising: Mental contrasting promotes physical activity among overweight, middle-aged, low-SES fishermen. *Health Psychology, 32*, 802–809. http://doi.org/10.1037/a0029293

Shek, D. T. L., & Yu, L. (2015). Character strengths and service leadership. *International Journal on Disability and Human Development, 14*(4), 299–307.

Sheldon, K. M., & Elliot, A. J. (1999). Goal striving, need satisfaction, and longitudinal well-being: The self-concordance model. *Journal of Personality and Social Psychology, 76*, 482–497. http://doi.org/10.1037/0022-3514.76.3.482

Sheldon, K. M., & Houser-Marko, L. (2001). Self-concordance, goal attainment, and the pursuit of happiness: Can there be an upward spiral? *Journal of Personality and Social Psychology, 80*, 152–165. http://doi.org/10.1037/0022-

3514.80.1.152

Sheldon, K. M., & Kasser, T. (1998). Pursuing personal goals: Skills enable progress but not all progress is beneficial. *Personality and Social Psychology Bulletin, 24*, 546-557. http://doi.org/10.1177/01461672982412006

Sheldon, K. M., & Lyubomirsky, S. (2012). The challenge of staying happier: Testing the hedonic adaptation prevention (HAP) model. *Personality and Social Psychology Bulletin, 38*, 670-680. http://doi.org/10.1177/0146167212436400

Sheldon, K. M., Ryan, R. M., Rawsthorne, L. J., & Ilardi, B. (1997). Trait self and true self: Cross-role variation in the big-five personality traits and its relations with psychological authenticity and subjective well-being. *Journal of Personality and Social Psychology, 73*(6), 1380-1393. http://doi.org/10.1037/0022-3514.73.6.1380

Sheridan, S. M., & Burt, J. D. (2009). Family-centered positive psychology. In S. J. Lopez & C. R. Snyder (Eds.), *Oxford handbook of positive psychology* (pp. 551-559). New York, NY: Oxford University Press.

Sherman, D., Nelson, L., & Steele, C. (2000). Do messages about health risks threaten the self? Increasing the acceptance of threatening health messages via self-affirmation. *Personality and Social Psychology Bulletin, 26*, 1046-1058. http://doi.org/10.1177/01461672002611003

Shermer, M. (2015). *The moral arc: How science and reason lead humanity toward truth, justice, and freedom.* New York, NY: Henry Holt & Co.

Shimai, S., Otake, K., Park, N., Peterson, C., & Seligman, M. E. P. (2006). Convergence of character strengths in American and Japanese young adults. *Journal of Happiness Studies, 7*, 311-322. http://doi.org/10.1007/s10902-005-3647-7

Shogren, K. A., Shaw, L. A., Khamsi, S., Wehmeyer, M. L., Niemiec, R., & Adkins, M. (in press). Assessing character strengths in youth with intellectual disability: Reliability and factorial validity of the VIA-Youth. *Intellectual and Developmental Disabilities.*

Shogren, K. A., Wehmeyer, M. L., Lang, K., & Niemiec, R. M. (2017). *The application of the VIA classification of strengths to youth with and without disabilities.* Manuscript submitted for publication.

Shoshani, A., & Ilanit Aviv, I. (2012). The pillars of strength for first-grade adjustment: Parental and children's character strengths and the transition to elementary school. *Journal of Positive Psychology, 7*(4), 315-326. http://doi.org/10.1080/17439760.2012.691981

Shoshani, A., & Slone, M. (2012). Middle school transition from the strengths perspective: Young adolescents' character strengths, subjective well-being, and school adjustment. *Journal of Happiness Studies, 14*(4), 1163-1181. http://doi.org/10.1007/s10902-012-9374-y

Shoshani, A., & Slone, M. (2016). The resilience function of character strengths in the face of war and protracted conflict. *Frontiers in Psychology,*

6. http://doi.org/10.3389/fpsyg.2015.02006

Shryack, J., Steger, M. F., Krueger, R. F., & Kallie, C. S. (2010). The structure of virtue: An empirical investigation of the dimensionality of the virtues in action inventory of strengths. *Personality and Individual Differences, 48*, 714–719. http://doi.org/10.1016/j.paid.2010.01.007

Siegel, J. T., Thomson, A. L., & Navarro, M. A. (2014). Experimentally distinguishing elevation from gratitude: Oh, the morality. *Journal of Positive Psychology, 9*, 414–427. http://doi.org/10.1080/17439760.2014.910825

Silvia, P. J., Wigert, B., Reiter-Palmon, R., & Kaufman, J. C. (2012). Assessing creativity with self-report scales: A review and empirical evaluation. *Psychology of Aesthetics, Creativity, and the Arts, 6*(1), 19–34. http://doi.org/10.1037/a0024071

Simonton, D. K. (2000). Creative development as acquired expertise: Theoretical issues and an empirical test. *Developmental Review, 20*, 283–318. http://doi.org/10.1006/drev.1999.0504

Sims, A., Barker, C., Price, C., & Fornells-Ambrojo, M. (2015). Psychological impact of identifying character strengths in people with psychosis. *Psychosis: Psychological, Social and Integrative Approaches, 7*(2), 179–182.

Sin, N. L., & Lyubomirsky, S. (2009). Enhancing well-being and alleviating depressive symptoms with positive psychology interventions: A practice-friendly meta-analysis. *Journal of Clinical Psychology: In Session, 65*(5), 467–487. http://doi.

org/10.1002/jclp.20593

Singh, K., & Choubisa, R. (2010). Empirical validation of values in action-inventory of strengths (VIA-IS) in Indian context. *National Academy of Psychology India Psychological Studies, 55*(2), 151–158.

Smith, B. W. (2014). *Positive psychology movies and pre-post changes.* Unpublished data.

Smith, E. N., & Barros-Gomes, P. (2015). Soliciting strengths systemically: The use of character strengths in couple and family therapy. *Journal of Family Psychotherapy, 26*(1), 42–46.

Smith, J. L., Harrison, P. R., Kurtz, J. L., & Bryant, F. B. (2014). Nurturing the capacity to savor: Interventions to enhance the enjoyment of positive experiences. In A. C. Parks & S. Schueller (Eds.), *The Wiley-Blackwell handbook of positive psychological interventions* (pp. 42–65). Oxford, UK: Wiley-Blackwell.

Smithikrai, C. (2016). Effectiveness of teaching with movies to promote positive characteristics and behaviors. *Procedia-Social and Behavioral Sciences, 217*, 522–530. http://doi.org/10.1016/j.sbspro.2016.02.033

Snow, N. (2016). Virtue acquisition: The paradox of striving. *Journal of Moral Education, 45*(2), 179–191.

Snyder, C. R. (2000). *Handbook of hope: Theory, measures, and applications.* San Diego, CA: Academic Press.

Snyder, C. R., & Lopez, S. J. (Eds.). (2002).

Handbook of positive psychology. New York, NY: Oxford University Press.

Snyder, C. R., Rand, K. L., & Sigmon, D. R. (2002). Hope theory: A member of the positive psychology family. In C. R. Snyder & S. J. Lopez (Eds.), *Handbook of positive psychology* (pp. 257-276). New York, NY: Oxford University Press.

Son, V., Jackson, B., Grove, J. R., & Feltz, D. L. (2011). "I am" versus "we are": Effects of distinctive variants of self-talk on efficacy beliefs and motor performance. *Journal of Sports Sciences, 29,* 1417-1424. http://doi.org/10.1080/02640414.2011.593186

Sorenson, S. (2014, February). How employees' strengths make your company stronger. *Gallup Business Journal.* Retrieved from https://www.gallup.com/businessjournal/167462/employees-strengths-company-stronger.aspx

Spreitzer, G. (2006). Leadership development lessons from positive organizational studies. *Organizational Dynamics, 35,* 305-315.

Spreitzer, G., Stephens, J. P., & Sweetman, D. (2009). The reflected best self field experiment with adolescent leaders: Exploring the psychological resources associated with feedback source and valence. *Journal of Positive Psychology, 4,* 331-348. http://doi.org/10.1080/17439760902992340

Stadler, G., Oettingen, G., & Gollwitzer, P. M. (2010). Intervention effects of information and self-regulation on eating fruits and vegetables over two years. *Health Psychology, 29*(3), 274-

283. http://doi.org/10.1037/a0018644

Stapel, D. A., & van der Linde, L. A. (2011). What drives self-affirmation effects?: On the importance of differentiating value affirmation and attribute affirmation. *Journal of Personality and Social Psychology, 101*(1), 34-45. http://doi.org/10.1037/a0023172

Steele, C. M. (1999). The psychology of self-affirmation: Sustaining the integrity of the self. In R. F. Baumeister (Ed.), *The self in social psychology* (pp. 372-390). New York, NY: Psychology Press.

Steen, T. A., Kachorek, L. V., & Peterson, C. (2003). Character strength among youth. *Journal of Youth & Adolescence, 32*(1), 5-16. http://doi.org/10.1023/A:1021024205483

Steger, M. F., Hicks, B., Kashdan, T. B., Krueger, R. F., & Bouchard, T. J., Jr. (2007). Genetic and environmental influences on the positive traits of the values in action classification, and biometric covariance with normal personality. *Journal of Research in Personality, 41,* 524-539. http://doi.org/10.1016/j.jrp.2006.06.002

Steger, M. F., Kashdan, T. B., & Oishi, S. (2008). Being good by doing good: Daily eudaimonic activity and wellbeing. *Journal of Research in Personality, 42*(1), 22-42. http://doi.org/10.1016/j.jrp.2007.03.004

Steimer, A., & Mata, A. (2016). Motivated implicit theories of personality: My weaknesses will go away, but my strengths are here to stay. *Personality and Social Bulletin, 42*(4), 415-429. http://doi.org/10.1177/0146167216629437

Stichter, M. (2007). Ethical expertise: the skill model of virtue. *Ethical Theory and Moral Practice, 10*(2), 183-194. http://doi.org/10.1007/s10677-006-9054-2

Stichter, M. (2015). Practical skills and practical wisdom in virtue. *Australasian Journal of Philosophy, 94,* 435-448. http://doi.org/10.1080/00048402.2015.1074257

Stoltzfus, T. (2008). *Coaching questions: A coach's guide to powerful asking skills.* Virginia Beach, VA: Coach22.

Summers, R. F., & Lord, J. A. (2015). Positivity in supportive and psychodynamic therapy. In D. V. Jeste & B. W. Palmer (Eds.), *Positive psychiatry: A clinical handbook* (pp. 167-192). Arlington, VA: American Psychiatric Press.

Sumner-Armstrong, C., Newcombe, P., & Martin, R. (2008). A qualitative investigation into leader behavioural flexibility. *Journal of Management Development, 27*(8), 843-857. http://doi.org/10.1108/02621710810895668

Sun, L. (2013). *The fairness instinct: Robin Hood mentality and our biological nature.* New York, NY: Prometheus Books.

Tangney, J. P. (2005). Humility. In C. R. Snyder & S. J. Lopez (Eds.), *Handbook of positive psychology* (pp. 411-419). New York, NY: Oxford University Press.

Thomson, A. L., Nakamura, J., Siegel, J. T., & Csikszentmihalyi, M. (2014). Elevation and mentoring: An experimental assessment of causal relations. *Journal of Positive Psychology, 9,* 402-413. http://doi.org/10.1080/17439760.2014.910824

Tomasulo, D. (2014). Positive group psychotherapy modified for adults with intellectual disabilities. *Journal of Intellectual Disabilities, 18*(4), 337-350. http://doi.org/10.1177/1744629514552153

Tomich, P. L., & Helgeson, V. S. (2004). Is finding something good in the bad always good? Benefit finding among women with breast cancer. *Health Psychology, 23,* 16-23. http://doi.org/10.1037/0278-6133.23.1.16

Tweed, R. G., Biswas-Diener, R., & Lehman, D. R. (2012). Self-perceived strengths among people who are homeless. *Journal of Positive Psychology, 7*(6), 481-492. http://doi.org/10.1080/17439760.2012.719923

Vaillant, G. E. (2008). *Spiritual evolution: A scientific defense of faith.* New York, NY: Broadway Books.

van Woerkom, M., Bakker, A. B., & Nishii, L. H. (2016). Accumulative job demands and support for strengths use: Fine-tuning the job demands-resources model using conservation of resources theory. *Journal of Applied Psychology, 101*(1), 141-150. http://doi.org/10.1037/apl0000033

van Woerkom, M., & Meyers, M. C. (2014). My strengths count! Effects of a strengths-based psychological climate on positive affect and job performance. *Human Resource Management, 54*(1), 81-103. http://doi.org/10.1002/hrm.21623

van Woerkom, M., Mostert, K., Els, C., Bakker,

A. B., de Beer, L., & Rothmann, S. (2016). Strengths use and deficit correction in organizations: Development and validation of a questionnaire. *European Journal of Work and Organizational Psychology, 25*, 960-975. http://doi.org/10.1080/1359432X.2016.1193010

van Woerkom, M., Oerlemans, W., & Bakker, A. B. (2016). Strengths use and work engagement: A weekly diary study. *European Journal of Work and Organizational Psychology, 25*, 384-397. http://doi.org/10.1080/135943 2X.2015.1089862

Veldorale-Brogan, A., Bradford, K., & Vail, A. (2010). Marital virtues and their relationship to individual functioning, communication, and relationship adjustment. *Journal of Positive Psychology, 5*(4), 281-293. http://doi.org/10.1 080/17439760.2010.498617

Vella-Brodrick, D. A., Park, N., & Peterson, C. (2009). Three ways to be happy: Pleasure, engagement, and meaning: Findings from Australian and US samples. *Social Indicators Research, 90*, 165-179. http://doi.org/10.1007/ s11205-008-9251-6

VIA Institute on Character. (2014). *VIA Pro: Character strengths profile (a personalized report)*. Available at http://www.viacharacter.org

Vie, L. L., Scheier, L. M., Lester, P. B., & Seligman, M. E. P. (2016). Initial validation of the US Army global assessment tool. *Military Psychology, 28*(6), 468-487. http://doi.org/10.1037/mil0000141

Wachholtz, A., & Pargament, K. (2005). Is spirituality a critical ingredient of meditation? Comparing the effects of spiritual meditation, secular meditation, and relaxation on spiritual, psychological, cardiac, and pain outcomes. *Journal of Behavioral Medicine, 28*, 369-384. http://doi.org/10.1007/s10865-005-9008-5

Wagner, L., & Ruch, W. (2015). Good character at school: Positive classroom behavior mediates the link between character strengths and school achievement. *Frontiers in Psychology, 6.* http://doi.org/10.3389/fpsyg.2015.00610

Walker, L. J., & Frimer, J. A. (2007). Moral personality of brave and caring exemplars. *Journal of Personality and Social Psychology, 93*, 845-860. http://doi.org/10.1037/0022-3514.93.5.845

Walker, L. J., & Hennig, K. H. (2004). Differing conceptions of moral exemplarity: Just, brave, and caring. *Journal of Personality and Social Psychology, 86*, 629-647. http://doi.org/10.1037/0022-3514.86.4.629

Wallin, L. (2013). *Styrkebaserat arbeite* [Strengths-based work]. Stockholm, Sweden: In focus & wb AB.

Walton, G. M. (2014). The new science of wise psychological interventions. *Current Directions in Psychological Science, 23*, 73-82. http://doi.org/10.1177/0963721413512856

Waterman, A. S. (2012). In support of labeling psychological traits and processes as positive and negative. *American Psychologist, 67*(7), 575-576. http://doi.org/10.1037/a0029735

Watts, R. E. (2013, April). Reflecting "as if." *Counseling Today: A Publication of the American Counseling Association.* Retrieved from http://ct.counseling.org/2013/04/reflecting-as-if/

Webb, J. R., Phillips, T. D., Bumgarner, D., & Conway-Williams, E. (2012). Forgiveness, mindfulness, and health. *Mindfulness, 4*(3), 235-245. http://doi.org/10.1007/s12671-012-0119-0

Weber, M., & Ruch, W. (2012a). The role of character strengths in adolescent romantic relationships: A initial study on partner selection and mates' life satisfaction. *Journal of Adolescence, 35,* 1527-1546.

Weber, M., & Ruch, W. (2012b). The role of a good character in 12-year-old school children: Do character strengths matter in the classroom? *Child Indicators Research, 5*(2), 317-334. http://doi.org/10.1007/s12187-011-9128-0

Weber, M., Wagner, L., & Ruch, W. (2016). Positive feelings at school: On the relationships between students' character strengths, school-related affect, and school functioning. *Journal of Happiness Studies, 17,* 341-355. http://doi.org/10.1007/s10902-014-9597-1

Wedding, D., & Corsini, R. J. (2013). *Current psychotherapies* (10th ed.). Belmont, CA: Cengage Learning.

Wedding, D., & Niemiec, R. M. (2003). The clinical use of films in psychotherapy. *Journal of Clinical Psychology, 59,* 207-215. http://doi.org/10.1002/jclp.10142

Wedding, D., & Niemiec, R. M. (2014). *Movies and mental illness: Using films to understand psychopathology* (4th ed.). Boston, MA: Hogrefe Publishing.

Weick, M., & Guinote, A. (2010). How long will it take? Power biases time predictions. *Journal of Experimental Social Psychology, 46*(4), 595-604. http://doi.org/10.1016/j.jesp.2010.03.005

Wellenzohn, S., Proyer, R. T., & Ruch, W. (2016a). Humor-based online positive psychology interventions: A randomized placebo-controlled long-term trial. *The Journal of Positive Psychology, 11*(6), 584-594. http://doi.org/10.1080/17439760.2015.1137624

Wellenzohn, S., Proyer, R. T., & Ruch, W. (2016b). How do positive psychology interventions work? A short-term placebo-controlled humor-based study on the role of the time focus. *Personality and Individual Differences, 96,* 1-6. http://doi.org/10.1016/j.paid.2016.02.056

West, B. J., Patera, J. L., & Carsten, M. K. (2009). Team level positivity: Investigating positive psychological capacities and team level outcomes. *Journal of Organizational Behavior, 30,* 249-267. http://doi.org/10.1002/job.593

West, M. A. (2012). *Effective teamwork: Practical lessons from organizational research* (3rd ed.). Oxford, UK: Blackwell Publishing.

Wethington, E. (2003). Turning points as opportunities for psychological growth. In C. L. M. Keyes & J. Haidt (Eds.), *Flourishing: Positive psychology and the life well-lived* (pp. 37-

53). Washington, DC: American Psychological Association.

White, M. A., & Murray, A. S. (Eds.). (2015). *Evidence-based approaches in positive education: Implementing a strategic framework for well-being in schools.* New York, NY: Springer. http://doi.org/10.1007/978-94-017-9667-5

White, M. A., & Waters, L. E. (2014). A case study of "The Good School:" Examples of use of Peterson's strengths-based approach with students. *Journal of Positive Psychology, 10*(1), 69-76. http://doi.org/10.1080/17439760.2014.920408

Whitmore, J. (1996). *Coaching for performance.* London, UK: Nicholas Brealey Publishing.

Witvliet, C. V. O., DeYoung, N. J., Hofelich, A. J., & DeYoung, P. A. (2011). Compassionate reappraisal and emotional suppression as alternatives to offense-focused rumination: Implications for forgiveness and psychophysiological well-being. *Journal of Positive Psychology, 6*(4), 286-299. http://doi.org/10.1080/17439760.2011.577091

Witvliet, C. V. O., Knoll, R. W., Hinman, N. G., & DeYoung, P. A. (2010). Compassion-focused reappraisal, benefit-focused reappraisal, and rumination after an interpersonal offense: Emotion-regulation implications for subjective emotion, linguistic responses, and physiology. *Journal of Positive Psychology, 5*(3), 226-242. http://doi.org/10.1080/17439761003790997

Wolf, S. (2007). Moral psychology and the unity of the virtues. *Ratio, 20,* 145-167. http://doi.org/10.1111/j.1467-9329.2007.00354.x

Wong, P. T. P. (2010). Meaning therapy: An integrative and positive existential psychology. *Journal of Contemporary Psychotherapy, 40*(2), 85-99. http://doi.org/10.1007/s10879-009-9132-6

Wong, P. T. P. (2015). Meaning therapy: Assessments and interventions. *Existential Analysis, 26*(1), 154-167.

Wong, Y. J. (2006). A strength-centered therapy: A social constructionist, virtues-based psychotherapy. *Psychotherapy: Theory, Research, Practice, Training, 43,* 133-146. http://doi.org/10.1037/0033-3204.43.2.133

Wood, A. M., Linley, P. A., Matlby, J., Kashdan, T. B., & Hurling, R. (2011). Using personal and psychological strengths leads to increases in well-being over time: A longitudinal study and the development of the strengths use questionnaire. *Personality and Individual Differences, 50,* 15-19. http://doi.org/10.1016/j.paid.2010.08.004

Wood, A. M., & Tarrier, N. (2010). Positive clinical psychology: A new vision and strategy for integrated research and practice. *Clinical Psychology Review, 30,* 819-829. http://doi.org/10.1016/j.cpr.2010.06.003

Woodard, C. (2009). Psychometric properties of the ASPeCT-DD: Measuring positive traits in persons with developmental disabilities. *Journal of Applied Research in Intellectual Disabilities, 27,* 433-444. http://doi.org/10.1111/j.1468-

3148.2009.00494.x

Woodworth, R. J., O'Brien-Malone, A., Diamond, M. R., & Schüz, B. (2017). Web-based positive psychology interventions: A reexamination of effectiveness. *Journal of Clinical Psychology, 73*(3), 218-232.

World Health Organization. (1992). *ICD-10 classification of mental and behavioural disorder: Clinical descriptions and diagnostic guidelines.* Geneva, Switzerland: The author.

Worthington, E. L. (2007). *Humility: The quiet virtue.* Philadelphia, PA: Templeton Foundation Press.

Wrzesniewski, A., LoBuglio, N., Dutton, J. E., & Berg, J. M. (2013). Job crafting and cultivating positive meaning and identity in work. *Advances in Positive Organizational Psychology, 1,* 281-302. http://doi.org/10.1108/S2046-410X(2013)0000001015

Yapko, M. D. (2011). *Mindfulness and hypnosis: The power of suggestion to transform experience.* New York, NY: W. W. Norton & Co.

Yeager, D. S., Henderson, M. D., Paunesku, D., Walton, G. M., D'Mello, S., Spitzer, B. J., & Duckworth, A. L. (2014). Boring but important: A self-transcendent purpose for learning fosters academic self-regulation. *Journal of Personality and Social Psychology, 107*(4), 559-580. http://doi.org/10.1037/a0037637

Yeager, D. S., Johnson, R., Spitzer, B. J., Trzesniewski, K. H., Powers, J., & Dweck, C. S. (2014). The far-reaching effects of believing people can change: Implicit theories of personality shape stress, health, and achievement during adolescence. *Journal of Personality and Social Psychology, 106*(6), 867-884. http://doi.org/10.1037/a0036335

Yeager, J. M., Fisher, S. W., & Shearon, D. N. (2011). *Smart strengths: Building character, resilience and relationships in youth.* Putnam Valley, NY: Kravis Publishing.

Yearley, L. H. (1990). *Mencius and Aquinas: Theories of virtue and conceptions of courage.* Albany, NY: State University of New York Press.

Young, K. C., Kashdan, T. B., & Macatee, R. (2014). Strength balance and implicit strength measurement: New considerations for research on strengths of character. *Journal of Positive Psychology, 10,* 17-24. http://doi.org/10.1080/17439760.2014.920406

찾아보기

인명

A

Aristotle 178

D

Diclemente, C. C. 273

E

Ellis, A. 195

F

Fleeson, W. 050
Fowers, B. J. 206
Fredrickson, B. L. 077

L

Lyubomirsky, S. 249

M

Maslow, A 127
Mayerson, N. M. 111, 342, 429
McGrath, R. E. 029, 60, 90, 218, 301, 307, 447
McQuaid, M. 051

N

Neff, K. D. 334
Nhat Hanh, T. 197, 358, 415, 418

P

Peterson, C. 025, 035, 90, 180, 217, 218, 301, 430
Prochaska, J. O. 273

R

Rashid, T. 067, 335, 380
Rogers, C. 127

S

Seligman, M. E. P. 025, 041, 064, 217, 428

W

Walton, G. M. 250

내용

저자 소개

Ryan M. Niemiec 박사는 VIA 성격 연구소(VIA Institute on Character)의 교육 부문 장이다. VIA 성격 연구소는 미국 오하이오주 신시내티에 있는 비영리 단체로, 성격 강점의 연구와 실제 적용의 발전에 있어 세계적인 리더로 여겨진다. Ryan은 『Mindfulness and Character Strength: A Practical Guide to Flourishing』을 포함한 다양한 책의 저자이자, 『Positive Psychology at the Movies』『Movies and Mental Illness』의 공저자이다. Ryan은 수상 경력이 있는 심리학자, 공인 코치, 국제 워크숍 리더이며, 자비어 대학교와 펜실베이니아 대학교의 겸임교수이자 몇몇 다른 기관의 초빙 강사이기도 하다.

Ryan은 VIA의 과정, 보고서 및 프로그램들을 개발 혹은 공동 개발하였고, 강점을 성격 강점 코칭 중심으로 적용하였다. 그는 VIA에서 성격 강점을 적용하고 있는 전 세계의 상담, 코칭, 비즈니스, 장애 및 교육 분야 전문가들의 작업을 개인적으로 그리고 전문적으로 돕고 있다. 또한 성격 강점, 마음챙김 및 관련 주제에 관해 60개가 넘는 동료 리뷰 및 문헌을 발표했고, 2004년부터 APA 저널인 『PsycCRITIQUES』를 포함한 4개 학술지의 부편집자 및 고문 편집자로 활동하고 있다. 2017년에는 국제긍정심리학회(International Positive Psychology Association)의 특별회원상을 받았다.

Ryan은 지난 15년간 다양한 청중을 대상으로 수백 개의 마음챙김 집단을 지도해 왔고, 성격 강점과 마음챙김에 관한 기조연설, 수련회 및 워크숍을 진행해 온 마음챙김 분야의 선도자이다. 그는 근거에 바탕을 둔 마음챙김에 기반한 강점 훈련(Mindfulness-Based Strengths Practice: MBSP)과 성격 강점 구축을 위한 구조화된 프로그램을 처음으로 만들었다.

Ryan의 SNS 계정:
- Psychology Today의 개인 블로그: 'What Matters Most?'
- LinkedIn: ryan VIA
- Twitter: @ryanVIA
- TEDx talk: 'Ryan Niemiec'과 'TEDx'로 검색

역자 소개

안도연(Doyoun An)

서울대학교 심리학과 석사 및 박사(임상 · 상담심리 전공)

삼성서울병원 정신건강의학과 임상심리레지던트 수련

한국심리학회 신진연구자상 수상(2016)

임상심리전문가(한국임상심리학회)

정신건강임상심리사 1급(보건복지부)

상담심리사 1급(한국상담심리학회)

한별정신건강병원 임상심리 수련감독자 역임

현 한신대학교 심리 · 아동학부 조교수

긍정심리학 기반 성격 강점 개입 가이드

-성격 강점의 중용적 적용-

Character Strengths Interventions: A Field Guide for Practitioners

2021년 8월 5일 1판 1쇄 인쇄
2021년 8월 15일 1판 1쇄 발행

지은이 • Ryan M. Niemiec
옮긴이 • 안도연
펴낸이 • 김진환
펴낸곳 • ㈜**학 지 사**

04031 서울특별시 마포구 양화로 15길 20 마인드월드빌딩
대표전화 • 02-330-5114   팩스 • 02-324-2345
등록번호 • 제313-2006-000265호

홈페이지 • http://www.hakjisa.co.kr
페이스북 • https://www.facebook.com/hakjisabook

ISBN 978-89-997-2461-9 93180

정가 23,000원

출판 · 교육 · 미디어기업 학 지 사

간호보건의학출판 **학지사메디컬** www.hakjisamd.co.kr
심리검사연구소 **인싸이트** www.inpsyt.co.kr
학술논문서비스 **뉴논문** www.newnonmun.com
교육연수원 **카운피아** www.counpia.com